航空安全管理

Aviation Safety Management

王穎駿◎著

序

　　《航空安全管理概論》一書自2007年9月初版付梓匆匆已過一紀，在此期間全球發生許多離奇的飛安事故與意外，臺灣的復興航空公司也因2014年及2015年兩次重大空難導致載客率下滑，於2016年11月22日戛然停止所有航線營運走入歷史。

　　安全是航空業最重要的一項堅持，也是一條不可被跨越的紅線，航空安全管理攸關民航主管機關、飛機製造公司與航空業者的營運績效與生存之道，向來都是主事者重視的課題。近年來政府及民航業者著重全方位安全管理系統（SMS）的落實，2019年考試院通過民航特考「航務管理」科別原應試科目「空氣動力學」改考「航空安全管理」，使肩負機場飛航安全及空側營運重責大任的航務員，更能理解航空安全、風險管理、緊急應變處理及機場安全管理對其本職學能之重要。

　　本書除了延續《航空安全管理概論》中航空業安全管理系統思維外，新版主要刪除、增修及補充各章節議題、案例及圖片，並力求文句簡明通順。為配合航空安全管理新趨勢，本書將原第9章〈航空保安／危險物品〉改為與「安全管理系統」相關的〈航空安全風險管理〉議題，主要考量航空保安屬於指機上及機場之犯罪與危及飛航安全及正常飛航秩序行為的防範，屬於治安防護上之工作及問題；危險物品則屬於與保安有關的機場旅客地面服務實務，兩者與航空安全主要強調之範圍（人為、機械、環境、組織）所造成之飛航意外事故及防護工作有別。因此，將重新編修後的新版書籍命名為《航空安全管理》，期能系統化地論述民用航空安全議題及契合航空安全管理之變革。

　　安全與服務是航空業終極追求之目標，服務可以是99分，但安全沒有99分，只有0分與100分的區別。「飛安不妥協」近來競相成為許多航空公司耳熟能詳的宣傳口號。安全是一種習慣、文化，也是一種能觸動人心而

改變傳統認知的一種做法。航空安全管理範圍廣泛，本書內容尚有未臻涵蓋之處，作者才疏學淺，書中文字、參考文獻、圖表、照片等若有疏漏之處，望請各位先進賢達、專家及讀者，不吝提供意見與指正。

國立高雄餐旅大學航空暨運輸服務管理系

王穎駿 謹識

2019年9月

目　錄

Chapter 8　機坪安全　319

Chapter 9　航空安全風險管理　367

Chapter 10　航空公司線上安全管理　393

 Chapter 11　飛機失事預防／調查　461

Chapter 12　航空安全未來趨勢　493

Chapter 1
航空安全概論

- 前言
- 航空安全史話
- 航空失事理論分析與應用
- **IATA**失事肇因分類
- 航空安全計畫管理

Accidents don't happen by accident.

「任何失事絕非偶然」

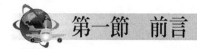

第一節　前言

　　航空運輸是一項與大眾生活攸關的高科技產業，各式新穎設計及優越性能聚集一身的新式民航客機，不斷地追求高速度、高載客量、高經濟效率及環保，航機作業程序、維護技術、人員訓練、監管制度及助導航設施等基礎亦不斷改善。

　　國際航空運輸協會（International Air Transport Association, IATA）統計2018年全球4,610萬次航班共搭載了43億人次的旅客，相當於世界一半以上人口數（IATA, 2018a）。航空事業的發展已成為全球每個國家進步的指標，近年來隨著國民所得提高、經濟持續成長及廉價航空興起，民眾搭機自助旅行的風氣日盛，推升整體航空運輸市場高度蓬勃發展，載客量屢創新高，IATA（2018b）預測西元2037年全球航空客運量將達82億人次。

　　然而，在欣欣向榮的產業背後，卻是過去多少血淚的空難史所堆砌建構而來。長久以來，安全一直是民航運輸最重要的核心，確保安全可靠的旅行更是航空業恆久不變的價值，也是對員工及顧客的絕對承諾。民航運輸業販售的是「服務」與「安全」，空中交通運輸提供快速移動服務，但亦存在相對風險。「服務」可以是99分，但「安全」卻沒有99分，只有0分與100分的區別。

　　航空安全的重要性，已由近年來國內外多起重大空難事件得到警惕。然而參與安全工作的體系龐大複雜，致使至今仍時有飛安事件發生。因此，如何有效控管空中運輸的安全，達成「零失事」的終極目標，一直是民航業界戮力以赴的重要管理工作。

　　國際民航組織（International Civil Aviation Organization, ICAO）（2018）對航空安全的定義為：「將航空活動或直接支援飛機作業有關的風險狀態減少並控制在可接受的水準內」（the state in which risks associated with aviation activities, related to, or in direct support of the operation of aircraft, are reduced and controlled to an acceptable level）。航空安全是動態的，必須加以減輕那些不斷出現新的安全危害和風險，只要安全風險保持在適當的控制水平下，開放和動態的航空系統仍然可以保持安全。

　　回顧臺灣近二十五年民航客機重大空難，從1994年4月26日華航日本名古屋空難；1998年2月16日華航大園空難，同年3月19日國華航空新竹空難；1999年8月22日華航香港赤鱲角機場事故，同年8月24日立榮航空花蓮火燒機事故；2000年10月31日新加坡航空客機於桃園國際機場誤闖跑道墜毀事故；2002年5月25日華航CI611班機澎湖上空解體事故（**圖1-1**），同年12月21日復興航空貨機澎湖墜海事故；2007年8月20日華航120號班機於日本沖繩那霸機場火燒機全毀事故；2014年7月23日復興航空馬公事故；2015年2月4日復興航空南港事故等多起案例，數百條生命的犧牲，再次凸顯臺灣地區飛航安全的重要性。

　　隨著目前全球飛機數量及客貨運的快速成長，若漠視航空安全管理後果將是難以想像，以目前失事率估算，西元2037年後全球民航客機每年失事次數將是目前2倍以上。

圖1-1　華航2002年5月25日澎湖空難中時新聞

資料來源：作者翻攝

　　相對而言，良好的航空安全管理卻可以帶給航空業諸多的效益（ICAO, 2018）：

1. 加強安全文化：透過管理階層確實的承諾並積極讓員工參與安全風險管理，可以加強組織的安全文化。當管理階層積極支持安全作為優先事項時，它通常會受到員工歡迎並成為正常作業的一部分。

2. 以程序方法確保安全的文件化：建立一種明確及文件記錄的方式來實現員工可以理解的安全作業，並且可以輕易地向其他人解釋。此外，在不斷改進安全計畫及系統時，明確定義可以接受行為改變的底線，進而幫助組織實施變革時優化所需的資源。

3. 更佳理解與安全相關的介面與關係：記錄和定義安全管理介面的過程有利於組織對內部流程關係，從而增強點對點流程的理解，提高效率。

4. 加強安全危害的早期檢測：提高政府及業者檢測新安全問題的能力，透過主動識別危害與安全風險管理，可以預防失事和意外事件。

5. 安全數據導向的決策：提高政府及業者蒐集安全數據的能力，以便進行安全分析。透過一些策略思考來確定需要解決哪些問題，最後的安全資訊可以幫助決策者及時做出更明智、有效的決策。此決策的重要事項是資源可以分配到更需關注或需要的領域。

6. 加強安全溝通：在整個組織和產業中提供一個共同的安全語言。共同的安全語言是發展組織安全目標和成就共同理解的關鍵推動因素。特別是它為組織的安全目標及其安全績效指標（Safety Performance Indicators, SPIs）和安全績效目標（Safety Performance Targets, SPTs）提供一個評價、安全方向和動力。員工將更能瞭解組織的績效以及在實現既定安全目標方面取得的進展，以及員工如何為組織的成功做出貢獻。共同安全語言使得提供複合型服務的航空業者能夠跨組織彙整安全資訊。

7.證明安全是優先事項：證明安全管理如何支持和實現安全，如何識別和管理安全風險，以及如何改進安全績效，從而提高航空產業組織內部和外部的信心。這也使得員工對組織安全績效有信心，提升對高素質員工的吸引力和在職率，也讓各國和區域安全查核組織（Regional Safety Oversight Organizations, RSOOs）建立對業者服務安全績效的信心。

8.可能的財務節省：可以讓某些業者有資格獲得保險費折扣，或根據他們的「安全管理系統」（Safety Management System, SMS）實行結果減少業者支付員工的賠償保險金。

9.提高效率：檢核當前無效率的流程和系統，可降低作業成本。整合其他內部或外部管理系統還可能節省額外的費用。

10.避免成本：透過主動識別危害和安全風險管理（Safety Risk Management, SRM），可以避免因失事和意外事件產生的成本。直接成本包括：受傷、財產損失、設備維修、飛機延誤的安排等。間接成本包括：法律訴訟、業務損失和聲譽受損、剩餘備料、工具和訓練、保險費增加、員工生產力下降、裝備回收和清理、裝備損失導致週期過短更換、內部調查費用等。

因此，如何提升飛航品質、保障旅客生命財產安全，實為政府機關及民航業界共同要面臨的第一課題。航空安全作業涵蓋廣泛，且為一持續不斷之工作，飛安成效有賴方向正確與訓練之落實，確實遵守標準作業程序及嚴守工作紀律等。因此，廣義的「航空安全管理」（又稱飛航安全管理）（aviation safety management），應包括所有涉及飛航作業相關的安全管理議題：(1)飛行安全（flight safety）；(2)客艙安全（cabin safety）；(3)機坪安全（ramp safety）；(4)棚廠安全（hanger safety）；(5)維修安全（maintenance safety）；(5)機場安全（airport safety）。

民航運輸業在此高複雜度及高風險的情境下，如何確保百分之百的安全，確實是現今所有航空從業人員所要努力之目標。因此，唯有力圖增進

人員對安全的認識、確認飛安之重要性、強化飛安共識，才能朝向飛安零失事之目標前進。

第二節　航空安全史話

　　人類嚮往飛行由來已久，東、西方的神話及傳說，都曾經記載魔毯以及女巫騎掃帚的故事，但其中最爲膾炙人口的莫過於古希臘神話傳說中對飛行的諸多想像與描述。

　　古希臘神話記載：雅典名匠戴德勒斯（Daedalus）因嫉妒自己弟子塔洛斯（Talus）才華而殺害了他，因此被趕出了雅典。當他來到克里特（Crete）島，奉克里特國王邁諾斯（Minos）之命建造一座迷宮，迷宮內風大得令人找不到出口，因此被關在其內的人無法逃出，建造迷宮是爲了要囚禁一隻人身牛頭的怪物——米諾托（Minotaur）。此怪物十分凶殘，必須以童男、童女爲食，當時雅典臣服於邁諾斯王，每年需進貢十四名童男、童女供其食用。雅典王子忒修斯（Theseus）年輕英勇，爲拯救童男女，誓言殺死怪物，於是自願當犧牲品，與其他童男女一起被送往克里特島。在抵達克里特島後，偶然邂逅該國公主阿麗雅德妮（Ariadne），彼此相互傾心，得公主提示，使用黑線牽引進入迷宮，殺死怪物後，循線始得安然退出，隨即偕同公主逃回雅典。邁諾斯王聞悉後大怒，誤以爲工匠戴德勒斯將迷宮之秘告訴王子，乃將戴德勒斯及其獨子伊卡洛斯（Icarus）關入迷宮測試他們，戴德勒斯深知迷宮奧秘難解，自知無法逃離，但亦不甘坐以待斃，當即尋覓工具材料製成弓箭，俟機射下飛經之鷹，採集羽毛，並用木頭做成框架以布料覆蓋其上，後將蜜蠟熔化將羽毛貼於其上，製作兩副羽翼，並教導其子飛行技術，準備飛向雅典附近的那不勒斯（Naples）小島避難，起飛前告誡其子：「飛行高度過低，蠟翼會因霧氣潮溼而使飛行速度受阻；而飛行高度過高，則會因炙熱陽光燒灼，造成蠟翼熔化。」起飛後一路平安無事，將近目的地時，伊卡洛斯因第一次飛行

異常興奮，違背其父教誨，愈飛愈高，終至過於接近太陽，蠟翼熔化墜海失事（圖1-2）。戴德勒斯目睹此景，悲傷地飛回家鄉，並將自己身上的那對蠟翼懸掛在奧林帕斯山的阿波羅神殿，從此不再飛翔。

雖然這是一則人類第一次飛行的神話記載，但卻也是歷史上第一次因不遵守標準作業程序（Standard Operating Procedure, SOP）——亦即其父的告誡——所導致的飛行失事。

然而儘管伊卡洛斯的飛行以悲劇收場，但人類對飛行的探索卻未曾卻步。第一起致命的航空事故是1785年6月15日法國Wimereux附近一個氣球墜毀，導致氣球的發明者Jean-François Pilâtre de Rozier和另一名乘客死亡。事實上，自從1903年萊特兄弟第一次以動力將重於空氣的飛行器在空中飛翔（Power Flight），實現了人類有史以來駕機飛行的夢想，而在此之前，不知有多少先烈，歷經無數次失敗而在飛安事件中殞命。

1896年德國的奧托‧李林達爾（Otto Lilienthal）試驗滑翔機，但於試飛時失敗身亡。同年，三名瑞典人死於企圖飛越北極的氣球上。

圖1-2　美國Smithsonian國家航太博物館收藏之希臘飛行神話圖

資料來源：作者翻攝

航空安全 管理

　　1908年9月3日，萊特兄弟之弟——奧維爾‧萊特（Orville Wright）將第一架萊特原型機（Wright A）送交新成立的美國陸軍通信兵團航空小隊所在地——邁爾斯堡（Fort Myers），並為美國陸軍做了一次成功的飛行展演。9月17日，奧維爾‧萊特搭載軍方觀察員陸軍中尉湯瑪斯‧塞爾弗雷奇（L. T. Selfridge），起飛後一片螺旋槳葉斷裂飛脫，擊斷機翼張力線，飛機失速墜毀，塞爾弗雷奇中尉頭部傷重死亡，奧維爾‧萊特左腿及四根肋骨斷裂，此為軍事飛行史也是人類駕機首次失事。1909年9月21日，中國航空先驅馮如在舊金山奧克蘭駕駛馮如1號成功試飛，開創了中國的航空事業，兩年後他返華為中國的航空事業奔走，卻不幸在1912年8月25日廣州燕塘的試飛中失事罹難。

　　自1908年至1913年，美國國內五年半內共發生11次飛機重大失事，74人罹難，其大多為美國陸軍西點軍校畢業改習飛行的高材生，這就是航空安全史上所稱的「最初之11次」（The First Elevens），航空安全問題因而引起美國國會強烈震驚，咸認航空危險性太大，不值得犧牲這麼多的年輕菁英。1913年至1921年，美國朝野為航空事業之存廢爭論不休，當時可稱之為美國航空發展的黑暗期。

　　1921年，美國空軍前身——美國陸軍航空隊正式成立，緊接著民間發起的航空郵遞飛行亦如火如荼地展開，此為美國民航事業之先鋒。

　　回顧飛航事業創建初期，飛安事件層出不窮。1922年，美國陸軍航空隊成立的第二年，其飛機失事率每十萬小時就有507次，創下了歷年最高的失事率紀錄。1943年，第二次世界大戰期間，美國空軍有18,700餘架飛機作戰損毀（combat loss），但因飛安問題損失的各型飛機則有20,083架，多過作戰損毀的架數，創下一年內損失飛機最多之紀綠。

　　此外，航空郵遞飛行事業由於失事率過高，僅維持了九年便告終結，48位空郵飛行員存活者僅6人，其中4位後來都成為美國民航事業的前輩，亦有擔任美國民航事業主管者。

　　在這些航空事業發展的艱辛歲月中，人們不斷地思考如何改善飛安問題，從學術與技術兩方面同時入手，促進航空器設計製造技術之發展，除

了協助飛航裝備設施的改善、飛行技術的精進外,在飛安學術方面,特別是失事預防理念與技巧,更多有建樹。

首先,他們認為「安全是一種理念的領悟」(safety is a state of mind),只要心中時時存有安全的意念,安全就會時刻伴隨,一旦在心意上疏離安全的意念,安全就會離你遠去。換言之,從事航空事業的人員,不論其工作性質,內心必須時刻存有安全的意識與警覺。

萊特兄弟是首位駕駛「重於空氣的機器」升空的第一人,而且可自由控制飛行的穩定。但全世界第一條有關飛行安全的規定,是由義大利航空工藝家達文西(Leonardo da Vinci)在西元1500年所宣布:「在製造機翼時,支撐機翼重量的拉力線,必須有另外一條並列;如果主線斷裂,可由另一條取代,以保安全。」此種「重複」(redundancy)安全保險及「失效安全」(fail-safe)之觀念,形成了今日飛機設計的安全基礎。

其次,是失事預防的要領,目的在於設法能在失事發生前預先察覺危害所在(prevention is try to see the hazard before accident occurrence)。

一架飛機在空中飛行,必須隨時面對與重力爭衡、與飛鳥爭天空、與大自然環境爭勝等問題,任何故障與失誤,不若地面運輸工具拋錨可就地待援,其所面臨的問題與危機要比想像中嚴重。因此,確保百分之百飛行安全固然是一個偉大理想,但「絕對的安全」過去沒有獲得,現在尚未獲得,未來亦恐難如願,因為許多大自然的問題人力並無法克服,何況還有「人為因素」的疑難雜症等。

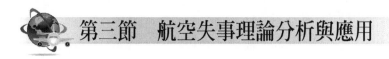

第三節　航空失事理論分析與應用

一、骨牌效應理論（Domino Sequence Theory）

(一)原理

1. 美國工業安全理論專家韓瑞琦（H. W. Heinrich）認為，工業意外事故的發生多因人、機、任務、管理、環境等五者間失調而產生異常狀況，進而導致失事之發生。故航空事故之發生乃是一連串普通程序的失誤（error）結合所致。

2. 骨牌效應原理把每一張骨牌代表每一件失事因素，當前一失事因素發生（前一張骨牌倒下）時，後續關聯的失事因素則依序反應出來（後續骨牌倒下），並引發下一階段的失誤，最後造成事故的產生（**圖1-3**）。

3. Heinrich發現98%的意外傷害是可預防的，預防之道在於排除先前的失事原因（抽掉骨牌），使失誤停止而不致造成連環效應，終致重大事故。

4. 該原理主要是追溯整個事故發生的過程，分析所有可能造成失事的原因，再謀求解決或改善之道，以防止類似事故再度發生。

　　骨牌效應係運用推理，自失事結果倒推追溯至整個事件發生之過程，發掘所有可能造成失事的原因，來協助管理階層檢討其在各項工作督導上之問題，進而謀求改善之道，以防止類似事件再度發生。

圖1-3　骨牌效應理論

(二)基本理論

1.航空人員之傷亡是由不幸事件中衍生。

2.不幸事件是由危險事件衍生。

3.危險事件是由人為因素衍生。

4.人為因素是由環境和個人背景衍生。

(三)重點

該理論雖經多次修訂，但仍不脫離下列各項重點：

1.失事是由接觸衍生。

2.接觸發生是由次標準操作結果或狀況衍生。

3.次標準操作結果或狀況是由人與工作因素衍生。

4.人與工作因素則可追溯至管理上之欠缺掌控。

(四)目的

骨牌效應原理應用在飛安管理，可依照介入點的不同達到以下三種目的：

1.預防錯誤：將錯誤發生的機率降低。

2.阻斷起始錯誤：在錯誤造成負面影響前及時察覺或改正錯誤。

3.降低錯誤造成的影響：控制或降低錯誤結果的嚴重程度。

二、航空失事錯誤鏈法則（Error Chain Rule）

由布蘭博士（Dr. Blame）所提出，他認為重大飛安事故的發生是由一連串的危險事件所形成，而造成這些危險事件的來源共可分成七大類：

1.組員（crew）。

2.飛航作業（flight operations）。

3.飛機設計／性能（airplane design/ performance）。

4.飛機維修（airplane maintenance）。

5.飛航管制（aircraft traffic control）。

6.航站管理（airport management）。

7.氣象（weather information）。

布蘭認為只要打破其中一個（或一個以上）鏈環就可避免重大事故的發生，進而達到風險管理的目的（**圖1-4**、**圖1-5**）。

飛機失事極少肇因於單一因素，而多是出自於一連串的錯誤造成，通稱為「錯誤鏈」。失事事件是這個錯誤鏈的終端，如果能從飛安體系中研發出一套機制，打破造成飛安事故的錯誤鏈或錯誤網路，即可有效降低飛安事故發生的風險，進一步改善飛航安全。往常的失事調查在尋找失事原因時，通常會過度重視失事結果或主要原因，而忽略了這個錯誤鏈的演進過程。因此，我們可以從錯誤鏈的長短看出飛安系統裡的弊病，弊病越多反映出改正的機率越大，只要能改正或打斷其中一個鏈環，即可避免災難發生。

布蘭認為重大飛安事故乃是由許多輕微飛安事件累積，而輕微飛安事件又由許多危險事件累積，危險事件再由許多一般事件所累積而成，其間的比例關係為1：10：300：600，形成一個三角比例堆積（**圖1-6**）。因此如

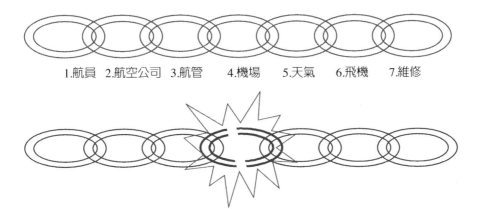

1.航員　2.航空公司　3.航管　　4.機場　　5.天氣　　6.飛機　　7.維修

圖1-4　布蘭理論：去除某一鏈環即可防止事故之發生

資料來源：作者繪製

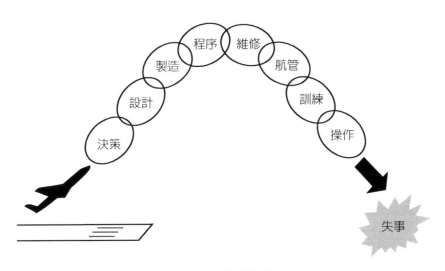

圖1-5　失事錯誤鏈

資料來源：作者繪製

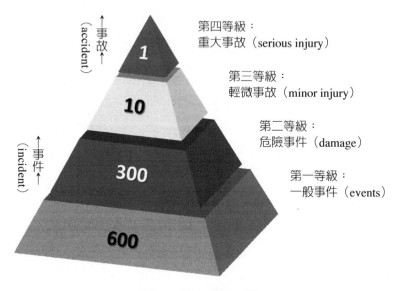

第四等級：
重大事故（serious injury）

第三等級：
輕微事故（minor injury）

第二等級：
危險事件（damage）

第一等級：
一般事件（events）

事故（accident）

事件（incident）

圖1-6　飛安事故比例

資料來源：作者繪製

果一家公司累積至600件的「一般事件」（events）數量，最終可能就會造成一次「重大傷害事故」（serious injury）。

三、莫菲定律（Murphy's Law）

莫菲定律是1949年一位任職於美國萊特飛機實驗室（Wright Field Aircraft Lab.）的設計工程師——愛德華‧莫菲（Edward A. Murphy），在美國加州愛德華空軍基地執行戰機地面滑軌測試時，因在假人身上獲取數據失敗後所衍生的一段話。

該次試驗是因為他設計了一條纜索，用來纏繞在假人身體上以量測人體在高速運動中所承受的加速力狀況。纜索上一共裝置了十六支能量轉換感測器，在送到加州愛德華基地執行假人滑軌測試時，係將高速火箭推進器裝置於駕駛艙後，並架設於地面的鐵軌上。測試時先用假人乘坐測

試，再讓眞人測試。第一位眞人坐上測試的是約翰・史塔普少校（John P. Stapp），當時噴射火箭的速度高達每小時600海里，使得史塔普少校成爲地面上「有史以來最快的人」。

當用假人乘坐測試時，莫菲設計的纜索卻因故未發生作用而告失敗。由於莫菲設計的纜索上有些零件是利用現成的零件裝配而成，其中感測器在焊接時可以採取兩種方式，卻只有一種方式是正確的，若轉90度再焊接就不會發生作用。莫菲判斷該次失敗可能是焊接錯誤導致，後來經他在事件現場親自檢查實驗裝置後，果然印證了他的猜測，十六支感測器的焊接方式都轉了90度。因此他在調查報告中感慨的寫下：「如果有任何方式可能讓技工出錯，他就會出錯！」（If there is any for the technician to do it wrong, he will !）。當時諾斯洛普（Northrop）飛機公司派駐在該基地的一位主管尼可斯（George E. Nichols）就在旁順手加註「莫菲定律」（Murphy's Law），從此該名言就隨著一些技術文件傳播開來。惟後來傳出不同說法，其中以「任何可能出錯的，就會出錯！」（Whatever can go wrong, it will !）最爲簡潔，故後來以該句名之。

基本上莫菲定律是在闡釋一位工程設計師在設計任何一套設備或裝置時，要考慮到操作者在操作上的安全觀念與措施，以使該設備或裝置在操作時不致產生差錯或失誤。若完成一件事會有兩種途徑，而其中一個途徑可能肇禍的話，那麼就會有人闖禍。

莫菲定律主要精神在於強調工程設計之初，即應竭盡所能思考每一個可能產生差錯的地方，並事先預防之。

莫菲定律

Nothing is as easy as it looks, everything takes longer than you expect. And if anything can go wrong -- it will, at the worst possible moment.

「沒有一件事情是如我們所看到的簡單，每一件事都比你預期來得複雜，任何可能發生的事一定會發生，而且都是在最糟的情況下。」

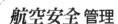

莫菲定律失事案例

【案例1】

　　中華航空公司在1994年4月26日日本名古屋空中巴士客機A300B4-622R（簡稱AB6，如圖1-7）的空難中，進場中副駕駛誤觸重飛鈕而不知（此時飛機為自動駕駛模式），導致人與電腦產生對抗，待正駕駛接手後發現異常，解除自動駕駛，飛機瞬間進入不正常姿態而墜毀，造成264人罹難的慘劇。

　　空中巴士A300系列客機在設計之初，工程師認為飛機在1,500英尺高度以下，當自動駕駛運作時，若發生任何不正常狀況，飛航組員要解除自動駕駛由開關解除即可。但波音公司的飛機設計邏輯卻認為「人」應該是駕駛艙中飛行操作的主要決策者而非電腦，人可以跨越電腦所設定的飛航指令，在自動駕駛掛上情況下，1,500英尺高度以下若遭遇不正常狀況，當施予駕駛桿33磅以上力道自動駕駛將會自行解除。然而，根據莫菲定律，當時空中巴士A300B4-622R的程式設計卻認為大量使用電腦介入人為操作失誤的邏輯概念，雖然在大部分的飛航狀況能增進安全與效率，但一旦陰錯陽差遭遇如飛航組員遺忘自動駕駛運作中而產生人機對抗，人便無法跨越所設定的程式邏輯，就可能讓飛機陷入危機。

圖1-7　華航名古屋失事之A300B4-622R同型客機

資料來源：作者翻攝自中華航空公司

【案例2】

　　2009年5月31日，法航447航班一架空中巴士A330-203型客機在巴西聖佩德羅和聖保羅島嶼附近墜毀。飛機上測量空速的皮托管因結冰而失效，飛控系統發現了不正常的飛行數據後，解除了自動駕駛模式，發動機自動油門亦同時解除進入手動模式。當時飛航組員完全沒有意識到空速指示器的資料不正確，加上駕駛艙的飛航導向儀（Flight Director）顯示應抬高機頭，飛航組員以為飛機超速，而採取各種減速措施，雖然減速後觸發了失速警報，但由於操控的飛航組員一直以為飛機超速未予理會，繼續減低推力，並試圖打開減速板，最後飛機失控墜海，機上228人全數罹難。

【案例3】

　　2018年10月29日，一架印尼獅航的波音B737 MAX 8客機從印尼蘇加諾—哈達國際機場起飛十三分鐘後墜毀於爪哇海，機上189人全部罹難。

　　2019年3月10日，一架衣索比亞航空波音B737 MAX 8客機從首都阿迪斯阿貝巴飛往肯亞首都奈洛比途中墜毀，機上157人全數罹難。

　　上述兩起重大失事都與美國波音飛機公司在B737 MAX 8和MAX 9機型上安裝了一套新的自動防失速系統——「操控特性增益系統」（Maneuvering Characteristics Augmentation System, MCAS）有關。

　　當飛機在手動飛行情況下遇到攻角（氣流與機翼之間的夾角）過高，導致飛機面臨失速危險時，MCAS會悄然啟動幫助飛行員壓低機頭，以避免飛航組員錯誤地將飛機機頭抬高到危險姿態。然而在某些情況下，該系統會將機頭大幅下壓，可能導致飛機俯衝或墜機。印尼獅航客機的飛航資料數據顯示，機首外側一個攻角感測器故障導致空速指示器資料異常，觸發了失速警告，飛航組員為了防止飛機失速，壓低機頭向下俯衝加速。然而當速度上升到時速330海里左右，又觸發了超速警告。當困惑的飛航組員又降低速度時，此時失速警報又被觸發，同時飛機高度還在下降。此過程中，駕艙內失速警報與超速警報交互產生，並夾雜著高度警報，在此期間機上電腦多次觸發MCAS啟動，開啟了飛航組員與MCAS間的拉鋸戰，因為MCAS反覆推機頭向下，導致組員多次與該系統搏鬥試圖將機頭拉回，沒有經過此異常狀況訓練的組員，在最關鍵的幾分鐘內完全亂了手腳，導致飛機最後高度過低墜海。

任何事如預防得法，根本不讓它有機會發生錯誤，這豈不就是安全？預防失事的最高準則就是設法將任何人、事、地、物適當管理，不讓它有機會出錯，即使發生錯誤，亦備有妥善之對策因應以確保安全，我們稱之為「失效安全」（fail-safe）設計。此安全準則證諸於日常家居、休閒、運動、交通等無不靈驗，對「安全」這一課題更是至理名言。

日常生活的莫菲定律

- 喝酒開車，總是會遇上警察臨檢；不喝酒卻常遇不到。
- 你早到了，會議卻取消；你準時到，卻還要等；遲到，就是遲了。
- 東西一丟掉，往往就必須要用到。
- 你丟掉東西時，最先去找的地方，往往也是可能找到的最後一個地方。你往往會找到不是你正想找的東西。
- 當你出去買爆米花或上廁所的時候，電視或電影銀幕上偏偏就出現了精彩鏡頭。
- 你攜伴出遊，越不想讓人看見，越會遇見熟人。
- 別跟傻瓜吵架，不然旁人會搞不清楚，到底誰是傻瓜。
- 不帶傘時，偏偏下雨；帶了傘時，偏不下雨！
- 在門外，電話鈴猛響；進了門，就不響了！
- 一到約會那天，青春痘就長出來。
- 唱片故障，總是發生在最愛聽的那首歌上。
- 買衣服有你合意的花色，偏沒你要的尺寸；有你合意的花色，也有你要的尺寸，試穿偏不合身；有你合意的花色，試穿也合身，偏就買不起。
- 撥錯電話號碼時，總不會打不通。

「明知有問題，試了再說」是典型的莫菲定律違背者，自然也違背了安全準則，常常心存安全意念，絕不違背莫菲定律，實為促進安全的最大保障。

四、SHEL、SHELL及SHELLO模式

1972年，英國Elwyn Edwards教授發現所有飛安事故不外乎是由人（Liveware）、硬體（Hardware）、軟體（Software）和環境（Environment）等四種因素所組成，其中又以「人」為中心，而形成彼此之間主要和次要的交互關係（SHEL）。

主要的四種關係即人與人（L-L）、人與硬體（L-H）、人與軟體（L-S）和人與環境（L-E），而次要的關係則為硬體與軟體（H-S）、硬體與環境（H-E）和軟體與環境（S-E），Edwards認為一切飛安事故的來源可分類成這四種主要關係的一種或兩種以上的組合；亦即個體的人為失誤是造成飛安事故的主因，而要澈底減少人為失誤的發生，就必須充分瞭解人與其他因素間的交互影響關係，並應用系統工程將這些關係加以整合，且研擬一套適當的預防失事方法，以避免人為失誤而造成不可收拾的殘局。

而後，Hawkins（1993）以英國Edwards的SHEL模式為基礎，增加了人（Liveware）與人（Liveware）的互動關係（L-L），發展出SHELL模式。Hawkins使用：人（Liveware, L）、硬體（Hardware, H）、軟體（Software, S）、環境（Environment, E）及人與人（Liveware-Liveware, L-L）之間的關係等因素，來描述人在工作職場中所遭遇或發生的各種情形，亦可用來說明失誤的來源。當這些因素未互相配合時，便發生了失誤。

SHELL的架構包括：

1. L──人本身的因素：生理、知識、態度、文化、壓力等。
2. L-L──人與人介面：領導、組員合作、人際互動、溝通、團隊合作、慣例等。
3. L-H──人與硬體介面：座椅設計、顯示面板設計、控制設計、裝備位置、工具使用、工作場所等。
4. L-S──人與軟體：標準作業程序、政策、規定、手冊、檢查表

（checklist）、工作卡、電腦程式等。

5. L-E——人與環境：與個人相關的手套、飛行衣、氧氣面罩、戰鬥機使用之抗G衣，以及與飛機環境相關的艙壓、空調系統、燈光、噪音、溫度，以及機外環境如天氣等影響人為表現的事項。

近年許多飛機失事報告及理論逐漸強調組織（Organization）層面對事故肇因之影響，學者Chang與本書作者（Chang & Wang, 2010）將原本屬於SHELL模式中「人與環境」構面內的「組織」因素獨立出來，以避免與原本的「環境」因素混淆，為該模型增加「人與組織」（L-O）互動構面，改良後的模型稱為SHELLO模式（圖1-8）。「人與組織」（L-O）構面項目內包括：航空公司經營目標、組織安全文化、規章及獎賞懲罰規定、溝通管道功能、人員選擇與訓練、行政效率、高階管理、管制與監督、排班型態、薪資報酬、人力配置、標準與法規訂定、商業競爭等。

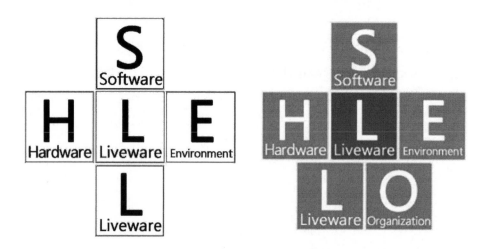

圖1-8 SHELL及SHELLO模式之演進

資料來源：作者繪製

五、乳酪理論（James Reason's Model）

英國學者理森（James Reason）於1990年提出乳酪理論來解釋飛安事故發生的連鎖關係，故此理論又稱「理森模式」（Reason's Model）（圖1-9）。「乳酪理論」假設大多數事故可追溯到四個失誤領域中的一個或多個層次：組織影響（organizational influences）、監督（supervision）、先決條件（preconditions）和特定行為（specific acts）。例如：在航空領域中，不安全行為的先決條件包括飛航組員的疲勞或不當的溝通行為。不安全的監督包括將沒有夜航經驗的飛航組員分配到已知的惡劣天氣。組織影響包括在財務緊縮時減少飛航組員訓練支出。

一個組織對失誤的防禦被模擬為一系列障礙，視為每一乳酪切片。切片中的孔洞代表系統各個部分的弱點，且在切片上的大小和位置上不斷改變。當每個切片中的孔洞在一瞬間對齊時，系統便會產生故障，即「事故機會的軌跡」（a trajectory of accident opportunity），允許危險通過所有切

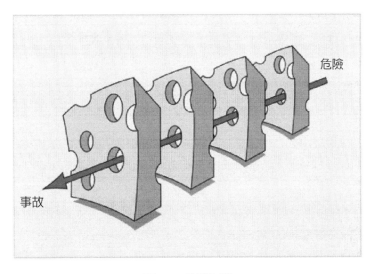

圖1-9 乳酪理論

片中的孔洞，進而導致事故發生。

簡單來說，每一片乳酪的孔洞即代表一事件環節所可能發生的失誤點，當某一項失誤點發生時，即表示光線可穿透該片乳酪，若多片串連乳酪的空洞正好連成一直線，可讓光線完全穿透時，即表示事故的發生。預防之道即在設法移動其中某一片乳酪，以阻斷光線穿透。乳酪理論的重點在於強調組織整體性的失事預防能力，亦即航空業者或主管機關在平常即應表現主動積極的態度與方式，及時消除潛在的缺失，並以系統化的管理程序來改正顯著的缺失，使預防功能達到預定目標，消弭飛安事故於無形之中。

理森教授將事故肇因的調查擴展至組織內的更多層級。他認爲一個高危險組織內，深度防禦的系統不會讓單一的不安全行爲導致系統故障，組織必定另有弱點才會讓事故發生。他將系統失效的人爲因素分爲「顯性失效」（active failure）和「隱性失效」（latent failure）。顯性失效是指失誤與違規發生在直接接觸人員與系統介面的操作者身上，可能包括與事故相關的不安全行爲，失誤的因果關係是立即直接而明顯的。隱性失效是指組織上層階級的決策所產生的延遲性作用，這些與工廠及設備的設計、組織架構、規劃、訓練、預算、預測和資源分配有關，而安全上的不良影響會潛藏一段時間才發作，只有在發生顯性失效與局部觸發事件（local triggering events）穿透系統防禦時，隱性失效才會變明顯。

六、風險管理與天秤理論（Scales Theory）

航空運輸業者成立之目的爲安全運送旅客及貨物，以獲取利潤。安全雖非最主要之營業目標，但卻有助於業者達到營利之目標，一方面唯有安全的將旅客與貨物運送至目的地，方能獲取報酬；另一方面安全之確保亦可降低業者營運風險，使得企業在追求營利目標之同時，能減少人員傷亡與機具設備之財產損失。

航空業主要營運目標實爲「營利」與「飛安」兩項業務，而業者所可能使用的資源即視爲「天秤」，如何使有限的資源做最有效的分配，以使

天秤兩端維持平衡，這就得靠航空業者對於風險管理運用的巧妙與否。就長期而言，該兩目標係相輔相成，惟在短期內卻可能發生利益上之衝突，這就形成天秤理論之基礎。因此，在執行各項目標和進行資源分配的同時，需兼顧這兩個目標，並求此兩者之平衡。若太重視飛安目標，必耗損過多的資源，造成營利上的虧損；反之，若太重視營利目標，則飛安資源分配不夠，可能導致飛安工作產生漏洞，而造成飛航事故的發生（**圖1-10**）。

　　因此，在資源有限的情況下，航空公司應合理有效分配在營運與安全計畫上，以求取最大之經濟效益與安全目標；「安全」和「營利」如同槓桿之兩端，公司之資源即是槓桿，管理部門必須在該兩端尋求最佳支點，並特別著重風險管理，以兼顧天秤兩端最佳之利益。

七、冰山理論

　　航空公司運作猶如一座浮在海面上的冰山，浮出水面的冰山一角代表著作業的安全問題已經可見，而其他的安全問題則潛伏在水線以下（**圖1-11**）。

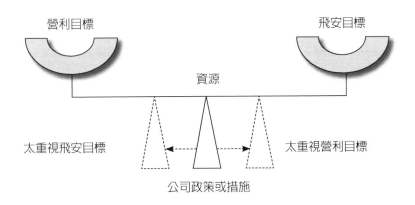

圖1-10　航空公司風險管理與天秤理論模型

資料來源：作者繪製

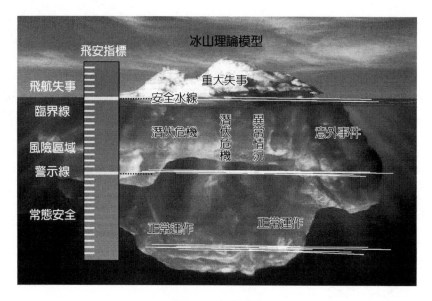

圖1-11　冰山理論

資料來源：作者繪製

　　從冰山水線對應的飛安指標可以明顯看出，航空業日常的運作，是在警示線下所謂的常態安全區，此區域在冰山最底層非常穩定，幾乎不會有任何上浮至水面機會。然而，日常運作偶爾會發生意外事件或異常狀況，就會躍升至警示線以上、臨界線以下的風險區域。風險區域的事件尚未浮上水面，因此多數人尚不知，但對飛安管理而言是潛伏的危機，一旦事件數量積累越多，則隨時可能浮上臺面（水線以上），肇致航空業最大的夢魘──失事及重大意外事件。

　　冰山理論提醒航空業除了維持日常的基本作業外，重要的是如何透過飛安指標的警示線與臨界線，防止常態區的日常作業超越警示線而發生意外事件或異常狀況，以及防止風險區的意外事件或異常狀況超越臨界線而導致失事及重大意外事件。

八、MOTH模式

由於人為因素的研究與預防目前仍是航空業努力的焦點，人為因素中人為失誤管理的預防必須上從高階主管、中階主管、基層主管到第一線員工一連串可能導致的失誤。因此，事件發生後的應變（reactive）計畫也提早於事件發生前做預防（proactive）。這種把作業失誤（active failure）歸咎於潛在失誤（latent failure）及從片面（peace-meal）延伸至系統（systems）的概念，並結合個人（Human, H）、組織（Organization, O）、科技（Technology, T）與管理（Management, M）的航空體系「MOTH」模型觀（圖1-12），便成了航空人為因素管理另一個方向及契機。

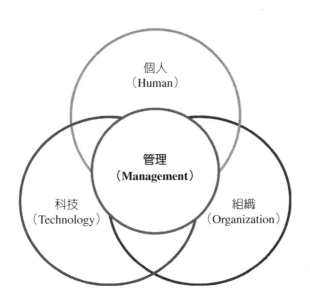

圖1-12　MOTH模式

資料來源：作者繪製

第四節　IATA失事肇因分類

　　國際航空運輸協會（International Air Transport Association, IATA）是一個來自120個國家，擁有290個航空公司會員，占全球航空運量82%的非政府組織。由IATA失事分類工作小組（Accident Classification Task Force, ACTF）主編，每年出版的《安全報告》（*Safety Report*）是自1964年以來，由IATA主打的航空安全指標性文件。IATA的安全報告為航空產業提供航空事故關鍵資訊分析，瞭解航空安全風險，並提出改善策略。

一、影響飛行失事的五大因素

　　IATA（2006）在2005年的安全報告中把影響飛行失事的因素概分為：人為因素（Human Factors, HUM）、機械因素（Technical Factors, TEC）、環境因素（Environment Factors, ENV）、組織因素（Organization Factors, ORG）及其他無法歸類肇因或資料不足（Insufficient Factors, I）等五大類，各類別再細分代碼分別說明，敘述造成航空意外事件或失事的主要肇因（Aviation Incident/ Accident Causes），簡稱為「HOTEI」。茲說明如下：

(一)人為因素

　　主要是針對飛航組員，IATA把人為因素定為五項（H1～H5）（**表1-1**）。

(二)機械因素

　　包括飛機系統、零組件、適航及維修能力等共十二項（T1～T12）（**表1-2**）。

表1-1　影響飛行失事的人為因素（IATA, 2006）

代碼 （CODE）	說明	範例
H1	故意不遵守	有意地違反公司的程序或規定，例如故意忽略操作限制或標準作業程序
H2	專業	因知識及技能不足使飛航組員表現失效。若加上經驗、知識或訓練不足會讓情況更加惡化，例如無法建立飛機的進場參數或無法正確地管理飛航電腦
H3	溝通	溝通不良、誤解或飛航組員與管制員、地勤人員等機外人員間未傳達適當資訊。組員資源管理有落差，包括未監控及相互確認，誤解航管許可或未傳達有關的操作資訊
H4	程序	在執行操作程序及規定時無意的偏差。飛航組員雖有必備的知識及技能且意圖明確，但卻錯誤地執行。包括飛航組員在適當時機忘記或遺漏相關行動，例如在控制面板上輸錯高度或未輸入
H5	失能／疲勞	飛航組員因心理或生理受損無法執行任務

表1-2　影響飛行失事的機械因素（IATA, 2006）

代碼 （CODE）	說明	範例
T1	發動機重大故障、發動機失火無法控制	無法遏止的發動機損壞
T2	發動機故障、火警	發動機過熱、螺旋槳失效
T3	起落架，輪胎	影響飛機停靠、滑行、起飛及落地
T4	飛行操作系統	影響飛機操控
T5	結構損壞	顫振、超載、腐蝕／疲勞、發動機脫落
T6	火警、冒煙（駕駛艙、客艙、貨艙）	飛機系統或其他原因的火警導致起火墜毀
T7	未經同意的修改／假零件	—
T8	航空電子	除自動駕駛及飛航管理電腦之外的所有航電系統
T9	設計、製造	設計缺點、製造瑕疵
T10	自動駕駛／飛航管理電腦	—
T11	液壓系失效	—
T12	其他	其他機械不明因素

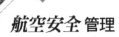

(三)環境因素

與飛機操作及需要完美表現的地面基礎設施（公司除外）有關的自然環境，共八項（E1～E8）（**表1-3**）。

表1-3　影響飛行失事的環境因素（IATA, 2006）

代碼 （CODE）	說明	範例
E1	氣象	風切、噴射氣流、大氣亂流、積冰、機尾亂流、火山灰、沙塵暴、降水、閃電、低能見度、跑道狀況不良
E2	航管服務／通訊／航機衝突	錯誤、不適當或令人誤解的指示或報告、誤解／遺漏的通訊、無法提供空中及地面隔離
E3	鳥擊／外物損傷（FOD）	—
E4	機場設施	對空難、搶救能力、鏟雪、鋪沙等機場支援能力不足、無法消除跑道危險、不足的、不適當的或讓人容易誤解的機場標誌或資訊
E5	助航設施	地面助航設施未裝設、不適用或故障
E6	保安	保安設施不足、違反保安程序
E7	管理監督	主管機關未執行法規的監督或缺乏規定
E8	其他	其他不明之環境因素

環境因素包含了自然及人為環境，茲補充說明如下：

◆自然環境

①氣象

古人說：「天有不測風雲」，氣象因素不但左右人類的日常生活，更在飛行安全中占有舉足輕重的角色，因為航空器一旦開始移動，首要面對的敵人就是天氣。

歷史上許多航空災難通常伴隨著天氣因素，危害飛航安全的天氣因素包含：颱風、雷雨（thunderstorm）、亂流（turbulence）、晴空亂流（Clear

Air Turbulence, CAT）、霧（fog）、低雲冪、低能見度、風切（低空風切，low level wind-shear）、微風暴（microburst）、積冰、冰雹（hail）、閃電（lightning）、山岳波（mountain wave）等。

　　隨著科技的進步，許多嚴重危害飛航的大氣現象目前已可被預測並掌握，包括加裝高科技的地面及機載都卜勒氣象雷達（Doppler weather radar）。但要避免天氣因素導致之飛安事故，飛航組員除了起飛前必須留意飛行計畫所提供的氣象資訊細節外，飛機落地前因天氣導致重飛時機的判斷更是關鍵，許多失事案例的發生都是氣象因素在先，人為因素在後。

②地形

　　機場標高、地形障礙物（山、丘陵等）、機場周邊建物等。

③大自然現象

　　如火山爆發產生之火山灰雲等。火山灰不是柔軟物質，而是由堅硬岩石和礦物磨成的細小顆粒。這種物質非常粗糙且具有尖銳稜角，高速飛行的飛機穿過火山灰雲時，火山灰中的細小顆粒會磨損風擋玻璃及所有機身機翼的前緣，導致飛機蒙皮受損。

　　2010年冰島艾雅法拉冰蓋附近一座火山噴發，因擔憂火山灰對發動機的破壞，在六天多的時間裡導致大部分的歐洲領空被迫關閉，影響了約1,000萬名旅客，此次歐洲領空關閉也是第二次世界大戰後規模最大的一次。

　　2015年美國航空太空總署（NASA）進行了關於火山灰汙染物對發動機影響的測試報告，發現火山灰可能會對飛機發動機產生致命影響。研究發現自1993年至2008年，有80多架民航機在飛行中或機場遭遇了火山灰。以下是航空史上民航機遭遇火山灰雲著名的兩起案例：

【案例1】

　　1982年6月24日，一架載有262人由吉隆坡飛往澳洲伯斯的英航（British Airways）B747-200客機，於印尼爪哇島附近37,000英尺巡航高度遭遇Galunggung火山噴發之火山灰雲，導致四具發動機全部熄火飛機

陸降，機長於13,000英尺重新啟動四號發動機，隨後並成功啟動其餘三具發動機，但因二號發動機被火山灰雲阻塞，飛機最後以三具發動機平安轉降印尼雅加達機場。

【案例2】

1989年12月15日，一架載有245人由荷蘭阿姆斯特丹飛往美國安哥拉治的荷航B747-400客機，於25,000英尺高度接近美國阿拉斯加州安哥拉治時，飛機進入火山灰雲內，四具發動機及備用電力系統故障，組員嘗試啟動發動機未果，好不容易在13,000英尺啟動一號及二號發動機，但該機下降至11,000英尺時，只剩下二號發動機可用。飛機後來平安降落安哥拉治機場，但飛機風擋玻璃、內部系統、航電及電力系統皆遭受火山灰雲重損。

◆人為環境

如飛航管制、機場跑滑道、助導航設施、跑道入侵、外物損傷、標準作業程序制定、危險品、保安、無人機、風箏及飛鴿危害（**圖1-13**、**圖1-14**）等。

例如：歸類在E8「其他」，目前影響全球飛安甚鉅，最迫切需要解決的人為環境因素——無人飛行載具（Drones或稱Unmanned Aerial Vehicles, UAV）或稱無人飛機系統（Unmanned Aircraft System, UAS）。由於UAS的使用正在迅速增加，其導致的安全問題包括與其他飛機發生碰撞以及失去控制的風險。一些非法操作UAS的風險更難以管理，特別是操作者不可預測性以及無法確定其位置。

(四)組織因素

包括管理方面與飛航組員操作有關的組織環境，共十三項（O1～O13）（**表1-4**）。組織因素也包括：(1)飛航組員的選擇；(2)行政效率；(3)潛伏失察；(4)目標模糊。

圖1-13 遠東航空公司製作之風箏及飛鴿危害海報

資料來源：遠東航空公司

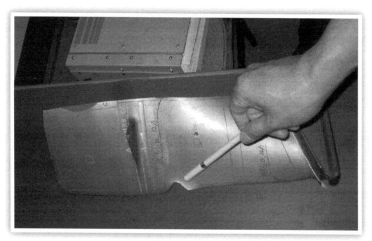

圖1-14 遭受鳥擊（Bird-Strike）之發動機葉片

資料來源：作者拍攝

表1-4　影響飛行失事的組織因素（IATA, 2006）

代碼 （CODE）	說明	範例
O1	安全管理	安全管理系統不足或缺乏，就像：無效或不存在的安全官、失事／意外事件預防計畫或保密性自願報告系統不足或缺乏
O2	訓練系統	訓練不足或忽略、缺乏語文能力、飛航組員的資格及經驗、作業需求導致訓練減少、訓練評估不足、訓練資源如手冊或CBT設備不足
O3	標準及檢查	(1)標準作業程序；(2)操作指示或政策；(3)公司規定；(4)規定及標準作業程序的內控制度不足、不正確或不清楚
O4	空服	客艙服務管理，例如：客艙組員不知如何面對滋擾旅客
O5	地勤	地勤管理，例如：地勤支援程序及訓練、裝載錯誤、錯誤之飛機後推程序、後推作業失誤、除冰或航機地面引導
O6	技術及裝備	未安裝有效的安全裝備，如EGPWS、風切預警系統、TCAS／ACAS等
O7	作業計畫及排程	組員班表及員工業務執掌、飛航時間及值勤時間的限制、健康及福利制度
O8	改變管理	對局勢變化的監視不足，未依作業建立需求。例如：未評估、監控公司業務的膨脹或萎縮變化，來建立組織行動程序，導致被併購
O9	選擇系統	選擇標準不足或欠缺
O10	維修作業	維修行動的管理，包括：未完成維修、維修或修理失誤／疏忽／不當、未記錄、缺少技術文件、缺少故障排除
O11	危險物品	以空運運送對健康、安全具有重大危險性的物質或物品
O12	簽派	－
O13	其他	其他不明之組織因素

(五)其他

　　資料不足無法歸類肇因者，共一項（I）。

二、威脅與失誤管理

　　IATA應會員航空公司、製造商以及參與安全報告其他組織的要求，在2008年（IATA, 2008）出版的前一年度安全報告*Safety Report 2007*中修改了原始的五大失事肇因分類，並開發了一套新的「威脅與失誤管理」（Threat and Error Management, TEM）系統架構。IATA發現1994年美國德州大學奧斯汀分校「人為因素研究計畫」（Human Factors Research Project）所發展出的「組員資源管理」（Crew Resource Management, CRM）內容中之「威脅與失誤管理」的概念架構，其用來解釋飛航中正常和不正常操作數據非常具有代表性。除了持續採用CRM的觀念外，新一代CRM焦點轉向為：「認識威脅，管理威脅，避免讓它形成失誤；認識失誤，管理失誤，以防其演變為非預期的飛機狀態；管理非預期的飛機狀態，以免惡化為意外事故。」

　　之後IATA便開始以「威脅與失誤管理」（TEM）模型作為後續有關失事肇因分類（Accident Classification Taxonomy）的架構，並視為重要指標。TEM是一種概念性模式，其認為威脅無所不在，在不適當的威脅中對系統造成影響時就該進行威脅管理，而無法經由威脅管理抑制的將可能導致失誤的發生，系統便進一步執行失誤管理，一旦缺乏失誤管理更有可能導致非預期狀況的產生，這時便進行非預期狀況的管理，若亦無法挽救，最後則會有事故的產生。

　　至今，TEM已廣泛運用於航空公司，深入飛航安全與人為因素的交互層面，作為安全管理的基本分類架構。TEM主要分為七大構面：(1)潛在狀況；(2)威脅；(3)飛航組員失誤；(4)非預期的飛機狀態；(5)最終狀態；(6)飛航組員對策；(7)其他分類。航空公司在確認其線上作業失誤所在後，經由飛行訓練及標準部門在程序修訂及模擬機訓練考驗的加強，安排全體飛航組員參加TEM訓練課程，來強化組員對失誤管理的認知。

　　茲將TEM架構（IATA, 2018）及內容整理於**表1-5**至**表1-11**。

1. 潛在狀況（latent conditions）：失事前系統存在的現況，被許多可能的因素所觸發，項目及範例如**表1-5**所示。

2. 威脅（threats）：一個事件或失誤發生對飛航組員的影響在於外部。但如果要維持在安全的範圍內，則需要組員的關注與管理，項目及範例如**表1-6**所示。

3. 飛航組員失誤（flight crew errors）：飛航組員明顯偏離組織的期望或組員的意圖，項目及範例如**表1-7**所示。

4. 非預期的飛機狀態（Undesired Aircraft States, UAS）：飛航組員所導致的飛機狀態，明顯地讓飛機降低安全水平，這種安全危害情況是來自無效的失誤管理。非預期的飛機狀態是可以回復的，項目及範例如**表1-8**所示。

5. 最終狀態（end states）：最終狀態是一件需要報告之事件，已經無法回頭。最終狀態項目及範例如**表1-9**所示。

6. 飛航組員對策（flight crew countermeasures）：包括飛航組員能採取的對策。但此處不考慮其他如航管、地面人員及機務人員。飛航組員對策項目及範例如**表1-10**。

7. 其他分類（additional classifications）：項目及範例如**表1-11**所示。

表1-5　IATA失事肇因分類之潛在狀況構面（IATA, 2018）

潛在狀況	範例
設計	設計缺陷；製造缺失
法規監督	政府法規監督不足或缺乏
管理決策	削減成本；緊縮的燃油政策；外包及其他影響作業安全的決策
安全管理	缺少或缺乏：安全政策及目標；安全風險管理（包括危險辨識過程）；安全保證（包括品質管理）；安全提升
改變管理	因業務需要而產生變化的監控不足，例如擴大營業或裁員；整合及監控變化以建立組織的實行程序評估不足；併購或取得的影響
作業計畫與排程	組員輪班和人力配置不足；飛航時間和執勤時間限制議題；健康及福利議題
技術和裝備	未安裝有效的安全裝備（如E-GPWS, predictive wind-shear, TCAS/ACAS等）

（續）表1-5　IATA失事肇因分類之潛在狀況構面（IATA, 2018）

潛在狀況	範例
航務、客艙、地勤、維修、簽派作業	
標準作業程序和檢查	1.標準作業程序；2.作業準則及政策；3.公司法規；4.評估是否合法及標準作業程序的管控
訓練系統	忽略訓練；語言表達能力不足；機務／客艙／地勤／維修／簽派人員的資格及經驗；業務需要導致減少訓練；訓練評估或訓練資源如手冊或電腦輔助訓練（Computer Based Training, CBT）設備不足

表1-6　IATA失事因素分類之威脅構面（IATA, 2018）

環境威脅	範例
氣象	雷雨；低能見度／儀器飛行天氣（IMC）；風切／側風；積冰狀況
缺乏目視參考	黑夜／黑洞效應；導致空間迷向的環境狀態
航管服務	難以達成的航管許可／限制；改道；語言障礙；管制員失誤；隔離失效（空中／地面）
野生動物／禽鳥／外物	—
機場設施	不良的指示牌；模糊的標誌；跑道／滑行道關閉；受汙染跑道／滑行道；煞車動作不當；溝槽／溝渠；跑道緩衝區不良；工程緊鄰跑道／滑行道；機場周邊管制／圍牆；野生動物管制
助航設備	地面助導航裝備故障；缺乏或無效（例如ILS儀器降落系統）；組員不知道助導航裝備未校正
地形／障礙	—
航情（traffic）	—
航空公司威脅	
航機故障	技術異常／失效
最低裝備需求項目	作業使用的最低裝備需求手冊（MEL）項目
作業壓力	作業時間壓力；誤失進場／轉降；其他異常作業
客艙事件	客艙事件（例如滋擾旅客）；客艙組員失誤；分心／中斷
地面事件	飛機裝載事件；加油失誤；代理中斷；地面支援不當；除冰／防冰不當
簽派／文書工作	裝載表失誤；組員排班事件；書面作業逾期變更或失誤
維修事件	飛機地面維修；維修記錄簿問題；維修失誤
危險物品	以航空運送對健康、安全、財產有極大風險的物品或物質
手冊／航圖／檢查表	不正確／不明確的航圖頁面或操作手冊；檢查表的版面／設計問題

（續）表1-6　IATA失事因素分類之威脅構面（IATA, 2018）

環境威脅	範例
技術威脅	
發動機外部／非包容性損傷	由於非包容性造成的損傷
發動機包容性損傷／發動機失效	發動機超溫；螺旋槳故障；發動機組件失效
起落架／輪胎	因為故障而影響到停靠／滑行／起飛或降落
刹車	因為故障影響到停靠／滑行／起飛或降落
飛航控制	
主飛航控制	影響航機可控制性的故障
次飛航控制	影響襟翼／減速板的故障
結構失效	由於顫震（buffeting）、超載（overload）的失效；腐蝕／疲勞；發動機脫落
起火冒煙（駕駛艙／客艙／貨艙）	航機系統火災；其他起火因素
航空電子設備／飛行儀表	除自動駕駛及飛航電腦外之所有航電裝備；儀表包括備用儀表
自動駕駛／飛航管理系統	－
液壓系統故障	－
電源失效	喪失所有電源，包括電池電力

表1-7　IATA失事肇因分類之飛航組員失誤構面（IATA, 2018）

飛航組員失誤	範例
手控／飛行控制	手控垂直／側向或速度偏離；進場選擇偏差（如低於下滑道）；迷失跑道／滑行道、進跑道／滑行速度超過限制；襟翼／減速板／自動刹車／反推力裝置及推力設置不正確
地面導航	滑錯滑行道／跑道、錯過滑行道／跑道／登機門
自動化	高度／速度／航向／自動油門設定／執行模式或輸入不正確
系統／無線電／儀器	空調包／高度表／燃油開關設定或無線電頻道輸入不正確
程序失誤	
遵守標準作業程序／交互確認標準作業程序	有意或無意未交互確認自動輸入的情況；未遵守標準作業程序；操控駕駛員獨自進行自動化的改變；違反駕駛艙靜默規定

（續）表1-7 IATA失事肇因分類之飛航組員失誤構面（IATA, 2018）

飛航組員失誤	範例
一般檢查表	倚靠記憶或遺漏執行檢查表；錯誤地質疑或回應；太晚或在錯誤的時間執行檢查表；遺漏檢查表項目
不正常檢查表	倚靠記憶或遺漏執行檢查表；錯誤地質疑或回應；太晚或在錯誤的時間執行檢查表；遺漏檢查表項目
呼叫（callouts）	忽略起飛、下降、或進場時的呼叫
簡報	忽略離場、起飛、進場或交接的簡報，遺漏項目；簡報未提及預期的狀態
文件	錯誤的載重平衡資訊及燃油資訊；錯誤的終端資料自動廣播服務資訊（ATIS）或管制許可紀錄；誤解書面作業的項目；維修紀錄本記錄不正確或遺漏
不穩定進場後未重飛	在不穩定狀態下飛航組員並未執行重飛
其他程序	在下降後或脫離主跑道前執行行政管理責任；MEL使用不正確
溝通失誤	
組員對外溝通	
與管制員	駕駛員對管制員──錯失呼叫、誤解指示或覆誦不正確；傳達錯誤的許可、滑行道、登機門或跑道
與客艙組員	駕駛員與客艙組員溝通失誤；溝通不良
與地勤人員	駕駛員和地勤人員溝通失誤；溝通不良
與簽派員	駕駛員和簽派員溝通失誤；溝通不良
與維修員	駕駛員和維修員溝通失誤；溝通不良
駕駛員間溝通	組員間溝通失誤；誤解

表1-8 IATA失事肇因分類之非預期的飛機狀態構面（IATA, 2018）

非預期的飛機狀態	範例
飛機操控	粗暴地操控飛機；垂直／側向或速度偏離；突發天氣降臨；穿越未經授權空域；操作超越飛機限制；不穩定進場；不穩定進場後繼續降落；過長、平飄、彈跳、偏離中心線落地；過度偏離角度落地；V1後放棄起飛；操控下撞地；其他
地面導航	進入錯誤的滑行道／跑道；錯誤的滑行道／機坪／登機門或等待點；跑道／滑行道入侵；包括在地面指揮員引導下的機坪移動；航機在地面時失控；其他
飛機外型不正確	煞車／反推力器／地面減速板；系統（燃油、液壓、氣壓、空調、壓力／儀表）；起落架；飛行控制／自動駕駛；發動機；載重平衡；其他

表1-9　IATA失事肇因分類之最終狀態構面（IATA, 2018）

最終狀態	定義
操控下撞地	飛機在飛行中無任何失控指示而撞擊地障、水面或障礙物
飛行中失控	飛機在飛行中失控
跑道相撞	機場內設計用來讓飛機起降的場面保護區出現不該有的飛機、車輛、人員或野生動物的任何事件
空中相撞	飛行中飛機相撞
偏離跑道	偏離或衝出跑道／滑行道面
空中損傷	發生在空中的損傷：天氣相關事件、機械失效、鳥擊、起火／煙／煙霧
地面損傷	在地面上發生損害，包括：地勤作業事件、在滑行或從使用中的跑道相撞（不包括跑道相撞）、外物損傷、起火／濃煙／煙霧
跑道前落地	在跑道道面外落地
重落地	任何導致飛機實質損傷的重落地
無起落架落地／起落架塌陷	凡因無起落架落地／起落架塌陷所導致的實質損害（未偏離跑道）
機尾擦地	導致飛機實質損害的機尾擦地
場外落地／水上迫降	在機場區域外任何的操控落地

表1-10　IATA失事肇因分類之飛航組員對策構面（IATA, 2018）

團隊氣候		
對策	定義	表現範例
溝通環境	建立及維持開放的溝通	良好的交互對談——資訊流暢通、清晰及直接；無社會或文化上的不協調；適當的階級梯度；飛航組員確實回應其他組員的呼叫
領導	機長應該表現領導及協調駕駛艙的行動力	指揮、果斷及鼓勵組員參與
領導	必要時副駕駛要能夠當機立斷接替成為領導者	副駕駛要說出來並提升關注力
全體組員的表現	全體組員應該表現如風險經理人一樣	包括駕駛員、客艙組員、地勤人員以及與飛航管制員的互動
計畫		
依標準作業程序的簡報	必要的簡報應該充分地互動與運作	簡潔明快——建立底線
計畫陳述	作業計畫及決策應被告知並瞭解	分享對於計畫的瞭解：每個人都有共識

（續）表1-10　IATA失事肇因分類之飛航組員對策構面（IATA, 2018）

團隊氣候		
對策	定義	表現範例
應變管理	組員應該發展有效的策略來管理安全的威脅	可以預期威脅及結果；使用所有可利用的資源來管理威脅
執行		
監控／交互檢查	組員應當主動監控及交互檢查飛行路徑、飛機性能、系統及其他組員	驗證飛機位置、設定及組員所採取的動作
工作負荷管理	應優先考慮操作任務並妥善管理主要的航班職責	避免工作太固定；不允許工作負擔過重
自動駕駛管理	自動駕駛應妥善管理以平衡狀況或工作負荷的需要	簡報自動駕駛的設定；有效的改正；處理不正常的方法
滑行道／跑道管理	當在滑行道和跑道航行時，組員應當注意及保持對外顧慮	航管許可應該口語化及瞭解——視需要使用機場及滑行道圖表或駕駛艙滑行顯示器
檢閱／修正		
計畫評估	當需要時，現行計畫應被檢視及修正	組員決策與行動應公開地分析以確保現行計畫是最佳決策
詢問	組員不應害怕提出問題來調查或澄清當前的行動計畫	理所當然態度：組員應毫不猶豫地說出

表1-11　IATA失事肇因分類之其他分類構面（IATA, 2018）

其他分類	範例
資料不足	失事資料不足無法分類
失能	由於生理及心理障礙導致組員無法執行任務
疲勞	由於疲勞，組員無法執行任務
空間迷向／空間軀體重力錯覺（Spatial Disorientation and Spatial/Somatogravic Illusion, SGI）	軀體重力錯覺（SGI）是發生在持續線性加速所導致重力場感覺改變的一種空間迷向，會使人誤解成飛機正在俯仰或傾斜的姿態變化

第五節　航空安全計畫管理

一、航空安全角色

假設把航空安全看成是一張桌面，要維繫桌面的站立，最基本的支撐必須有三隻腳，這最重要的三隻腳分別是政府（主管官署）、製造業（飛機公司）及民航業者（航空公司），近年來航空業界把顧客（搭機旅客）也納入，形成更穩固的「航空安全四腳凳」（**圖1-15**）。

> 航空安全＝政府（主管官署）＋製造業（飛機公司）＋民航業者（航空公司）＋顧客（搭機旅客）

就搭機旅客來說，每一次安全的旅行，來自安全的飛機、安全的營運及安全的基礎設施。因此，旅客與飛機製造公司、航空公司、政府間的關係緊密不可分。

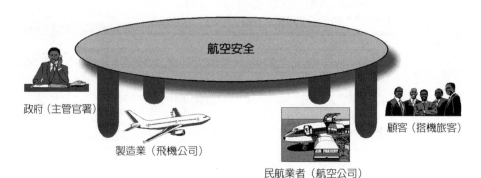

圖1-15　航空安全的組成——航空安全四腳凳

資料來源：作者繪製

安全的飛機＋安全的營運＋安全的基礎設施＝安全的旅行
Safe Airplane+ Safe Operation+ Safe Infrastructure= Safe Travel

　　茲將航空安全四腳凳中，政府（主管官署）、製造業（飛機公司）、民航業者（航空公司）及顧客（搭機旅客）所扮演的角色，說明如下：

(一)政府的角色

　　航空安全的工作是整體的、長久的，上至政府主管官署，下至從事航空工作的每一員工，均負有安全的職責，但政府為航空安全監督與管理的主導者，責任最重。

　　以2018年及2019年兩起B737 MAX事故為例，早在B737 MAX開發之時，美國波音飛機公司的主管機關──美國聯邦航空總署（Federal Aviation Administration, FAA）對於B737 MAX飛機的安全分析與認證理應全權負責，當時B737 MAX的開發進度已落後了勁敵空中巴士「A320 neo」九個月，但FAA一方面無足夠的專業人才及為了節省預算與加速安檢認證，採取「普遍授權」的檢核方式，使得FAA本身只負責「關鍵項目」的主動檢核，其他大部分的「非核心項目」則由波音團隊提出自主檢驗報告；也就是FAA在檢查波音產品飛安的同時，卻把檢核業務外包回給受檢對象，進而出現「球員兼裁判」的奇怪現象。為了商業競爭壓力，被波音牽著鼻子走的FAA擴大了「自檢外包」業務，並對FAA的安檢大力施壓，試圖迫使FAA加快檢驗速率，事故中的主角──為了預防失速的「操控特性增益系統」（Maneuvering Characteristics Augmentation System, MCAS）檢核驗證，即是當時被統包回給波音自檢自核的「非迫切受檢項目」之一。FAA這種怠忽職守、未盡責於飛安認證的監理機關，或許也是間接造成B737 MAX事故的幫兇之一。

　　因此政府機關必須負監理責任及明訂各項管理規定，來規範航空公司及飛機製造商的運作，以達航空安全的整體目標。

政府的飛安責任

1.制定民航法。
2.民航運作規範。
3.人員及器材檢定標準。
4.查核政策、程序及訓練。
5.業者政策作業程序需求。
6.航空器適航標準及維修認證。
7.航空場站、設施、助導航服務。
8.離到場及航管服務。
9.飛安、暴安、保健、環保。
10.督導製造廠商製發適航指令（Airworthiness Directive, AD）、技術通報（Service Bulletin, SB）、緊急技術通報（Alert Service Bulletin, ASB）等。

適航指令（**Airworthiness Directive, AD**）

指由民航主管機關於航空產品與其各項裝備及零組件可能存在影響飛航安全之因素時，通告航空器所有人或使用人應進行必要措施之指令。

技術通報（**Service Bulletin, SB**）

指由航空器製造廠對航空器使用人或所有人發布之產品改善通知。

緊急技術通報（**Alert Service Bulletin, ASB**）

係製造廠發現其產品存在之安全議題須立即改善時，所發布之通知。此類技術通報經常被美國聯邦航空總署發布之適航指令引用。技術通報（SB）如非緊急技術通報（ASB）或未被適航指令（AD）引用，則屬選擇性，航空器使用人或所有人可決定是否須實施。

(二)製造廠商的角色

科技再怎麼進步,也無法確定飛機每種裝備及零組件都萬無一失。飛機製造廠商本身就是一個拼裝工廠,從飛機設計開始以及把來自上、中、下游供應商製造的飛機零組件裝配完成一架實體機,再經由試飛、驗證後交予客戶(航空公司),之後進行售後服務,這當中有任一環節出錯,就很難保證飛機往後的使用不會出問題。

外國的月亮不見得比較圓,航空歷史上不難發現一些與飛機設計、製造有關的失事案例(**表1-12**)。目前全球民航客機市場大餅爲幾家大公司瓜分把持,在政府的監督下,飛機製造廠商應有道德良心維護飛機的安全,不應只是爲了商業競爭而把某些設計及製造上的瑕疵掩蓋,如果因而造成空難,則可能贏了面子卻輸了裡子。2009年11月,英國航空38號班機事故的10名乘客在美國伊利諾州對波音公司提起訴訟,狀告波音公司生產的飛機「有設計缺陷,給乘客帶來危險,而波音未能盡到防範義務」,此訴訟後來使波音公司賠償每位原告一百萬美元結案(維基百科,2019)。

表1-12 與飛機設計製造缺陷有關的航空事故

時間	航班／機型	肇因	傷亡人數
1974/03/03	土耳其航空981號班機麥道DC-10客機	貨艙門設計不良,於飛行中炸開脫落,發生爆炸性減壓失事墜地。	組員13人乘客333人全數罹難
1989/02/24	聯合航空811號班機B747-100客機	貨艙控制電動門鎖設計缺失,貨艙門關閉時並未主動切斷解鎖的馬達電源,C型鎖在飛行途中轉動,導致艙門在飛行中因艙壓突然打開釀成意外。	乘客9人死亡
1992/01/20	因特航空(Air Inter)148號班機A320-100客機	飛航組員無意中將自動駕駛儀設置為垂直速度模式,而非「飛行路徑角」(flight path angle)模式,因而錯誤地將飛行路徑角設成下降速率,即原本3.3的下降率被變成了每分鐘下降3,300英尺(1,000公尺)。事故之後,空中巴士將自動駕駛儀修改,當處於垂直速度模式時顯示四位數字,以避免與飛行路徑角模式混淆。	組員5人／乘客82人死亡

（續）表1-12　與飛機設計製造缺陷有關的航空事故

時間	航班／機型	肇因	傷亡人數
1993/04/06	中國東方航空583航班MD-11客機	由於飛航組員不經意碰撞了設計不良的手柄，導致前緣縫翼在飛行中展開，飛機猛烈向下傾斜，在經歷了多次劇烈的俯仰過程後迫降於美國阿拉斯加申雅島空軍基地。	2死160傷
1994/06/06	中國西北航空2303號班機Tu-154客機	維修失誤是該次空難的主要肇因。在事發前一晚，該機的方向舵電線錯搭接至傾側轉向系統，而傾側轉向系統則搭接至電傳操控系統。Tu-154飛機的航電系統插口設計不當，容易發生插頭錯插現象，且無防呆設計。	組員14人乘客146人全數罹難
1994/09/08	全美航空427號班機B737-300客機	方向舵內液壓器於攝氏零下50度至攝氏30度時，就會出現故障，控制方向舵的踏板亦會同時故障。假如使用踏板修正方向舵，該系統會發出完全相反的指令。	組員5人乘客127人全數罹難
2001/11/12	美國航空587航班A300-600客機	由於副駕駛對方向舵的過度操作，導致垂直安定面脫離，飛機失控墜地。A300-600的方向舵控制系統在高速環境下操作，容易引發潛在危險。	265人罹難（包括地面5人）1人受傷（地面）
2007/08/20	中華航空120號班機B737-800客機	該公司於事故發生前一個半月，依波音公司發布之服務信函，執行下止擋組件預防螺帽鬆脫之維修作業時，螺帽側之墊片掉落造成下止擋組件由軌道脫落。在螺帽側墊片未安裝時，該下止擋組件之設計，無法避免下止擋組件由軌道上脫落。	4人輕傷
2008/01/07	英國航空38號班機B777-200客機	勞斯萊斯Trent 800引擎燃油熱交換器油管被軟冰堵塞，使得燃油流量受限，兩側發動機因無法取得足夠燃料而熄火，飛機最終失去動力迫降在跑道旁。	47人受傷
2010/11/04	澳洲航空32號班機A380-800客機	發動機內的輸油管因製造瑕疵，發生疲勞龜裂，從龜裂處漏出的燃油導致發動機起火，連帶使其中壓機組盤脫落，當時全球相同型號勞斯萊斯Trent 972系列發動機有34具被檢查出同樣問題。	0

資料來源：維基百科（2019）及作者整理

飛機製造商必須確保飛機及裝備器材設計之安全，良好之製造品管，訂定作業程序，以及各類飛機相關安全之改善等，並於交機後負起產品、軟硬體、器材之適時更新與安全強化等責任。

製造廠商的飛安責任

1. 飛機及器材設計之安全考量。
2. 科技安全的發展及加強。
3. 航、機務作業程序之建議、規範、編撰、訓練及後續支援。
4. 產品品質保證及持續改善。
5. 安全相關之各類分析。
6. 系統安全之創新及強化。
7. 適時製發AD、SB等。

(三)航空公司的角色

航空公司安全管理體系是由四大要項組成：(1)安全的相關環境；(2)內部查核過程；(3)矯正缺失環；(4)安全文化。其中最重要的就是「安全文化」（safety culture）。

航空公司經營者的目標，必須是確使每一員工從加入公司的那一刻起，就體認安全是第一優先的。若公司上上下下都強調並促進安全警覺性，最終就成了一種安全文化。

航空公司的飛安責任

1. 公司飛安政策之制定。
2. 整體作業安全程序之建立。
3. 飛安體系之內部查核及自律。

4.依環境因素制定公司內規。

5.專業人力資源之培訓、考核、任用。

6.全員飛安教育及企業飛安文化之塑造。

7.律定航、機、運務政策及程序。

8.高階主管直接參與飛安及品管作業。

9.全面推行「改善」（Kaizen）及「持續品質精進」（Continuous Quality Improvement, CQI）等自律管理

10.研討適航指令（AD）、技術通報（SB）內容，及時執行維修。

(四)搭機旅客的角色

　　每一位搭機旅客也負有航空安全的責任，搭機旅客對航空安全的責任大多與客艙安全（cabin safety）及航空保安（aviation security）有關，例如：(1)穿著輕便舒適衣物以便緊急逃生時保持活力；(2)避免攜帶危險物品；(3)遵守規定繫妥安全帶，避免飛行時因碰撞造成傷害；(4)勿使用電子用品避免干擾飛航儀器；(5)過大、過重的行李托運，以避免影響飛機內乘客動線及重物墜落傷害等。

　　綜上所述，航空安全是整個航空體系每一位人員及單位共同之責任，就航空公司而言，在整體飛安管理流程及回饋環路上，政府主管單位、飛機製造廠商及民航業者，不斷地經由異常事件及政策修訂回饋，可以有效防止意外事件或失事發生（**圖1-16**）。

　　在航空公司方面，飛安潛在的失誤可能來自源頭，也就是高階決策主管（董事長、總經理、副總），所以可以從第一線人員（飛航組員、客艙組員、簽派員及維護人員等相關飛航作業人員）的不安全行為、基層主管（總機師、教師機師、修護長、稽核員）不安全心理徵兆及中階主管（航務處長、機務處長、品管處長、飛安經理）的預防措施，透過內部飛安管理流程及回饋環路，如政策修訂、作業程序改善、危險事件、飛安事件回饋環路等，讓高階決策主管發現其潛在錯誤（**圖1-17**）。因此單就航空公

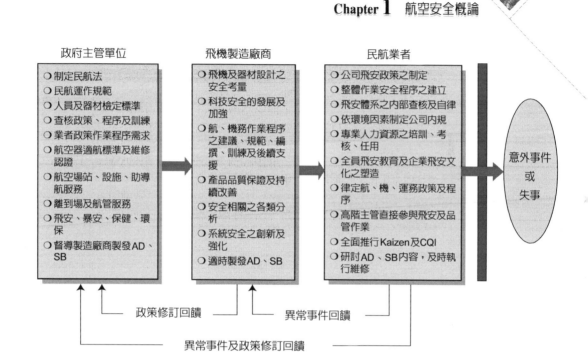

圖1-16 航空體系整體飛安管理流程及回饋環路

資料來源：作者繪製

司內部飛安管理而言，從上至下飛安的防線便能層層防止，而不是把問題都歸咎於第一線人員。

　　同理而推，飛機製造商、政府主管單位內部飛安管理模式，也同航空公司由上而下的飛安管理流程及回饋環路推行起。因此，就整個航空體系飛安管理而言，航空公司內部飛安管理為最後一道防線，往上溯源則是飛機製造商的安全管理，至於源頭則為政府主管單位。避免意外事件或失事，要由這三道安全防線構成的嚴密網控制，缺一不可。

航空安全 管理

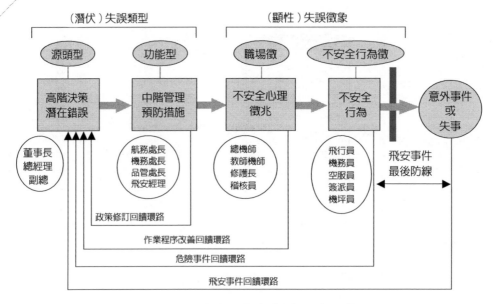

圖1-17　航空公司內部飛安管理流程及回饋環路

資料來源：作者繪製

二、航空安全計畫之建立

(一)基本步驟

　　安全是一種相對而非絕對的觀念，也就是人類社會並無「絕對的安全」可言。因此必須建立適切的安全及風險管理計畫，並藉由有效的管理來追求高標準的「相對安全」。該如何建立，需從四個基本步驟開始：

　　1.決定誰負責。

　　2.擬定計畫目標。

　　3.規劃組織。

4.研擬計畫。

(二)要項內容

航空安全計畫可先藉由沙盤推演，事先建立安全計畫要項，再逐步應用到實際作業，內容包括：

1.狀況假定：針對安全計畫範圍及影響人數作一推估。
2.研擬計畫：計畫需符合以下三項特性：(1)可行性；(2)整體性；(3)長久性。計畫內容至少包含：(1)政策；(2)組織；(3)職責；(4)失事、意外、危險事件報告；(5)資訊蒐集與傳遞；(6)飛安諮詢委員會；(7)飛安檢查；(8)飛安教育與訓練；(9)飛安獎懲；(10)失事調查；(11)飛安分析；(12)檢視及修正。
3.釐訂標準：針對計畫執行內容釐訂各項標準。
4.選定準則：選定一套決策、程序和制度原則，使員工瞭解公司的期待，從而確保作業順利執行。
5.教育訓練：依計畫內容實施教育訓練。
6.任務執行：執行計畫事項。
7.回饋：透過第一線員工回饋及修正計畫內容。

三、航空安全計畫內容

(一)教育與訓練

訓練計畫要求：

1.飛航組員及機務人員導入安全計畫。
2.各單位所有兼任飛安作業之人員，應被訓練及教導如何扮演飛安中間者的角色。

3.飛航組員及機務人員的飛安複訓——複訓可包含在一般操作訓練計
　畫內，並請兼任飛安作業人員來指導此訓練計畫。

4.訓練的內容應視需要有所不同。

5.訓練紀錄需完整（日期、課目、姓名、內容）。

(二)資訊之蒐集與傳遞

◆資訊之蒐集

1.內部資訊：建立回報系統，反應問題及各類資訊。

2.外部資訊：參加國內外組織、飛安人員交流、安全資訊交換（Safety
　Information Exchange, SIE）。

◆資訊之傳遞

　　首先將獲得之資訊分類：重要、值得知悉、未來參考以及無用資訊，
前兩者要傳送給業務相關之人，第三者建檔參考。

1.重要資訊傳遞方法：

　(1)書面文件。

　(2)飛行前之組員提示。

　(3)簽派系統。

　(4)直接郵寄。

2.值得知悉的資訊傳遞方法：

　(1)公告欄。

　(2)通告及簡訊。

　(3)公司內部傳遞。

　(4)飛安會議宣達。

(三)飛安諮詢委員會

飛安諮詢委員會的主要功能在於公司對有關安全的問題，經過討論獲得最佳的可行方案，共同努力、協調合作與解決問題（整體的意見、一致的行動）。故一個有效的安全諮詢委員會是公司安全的最佳資產。

委員會的議程於會前決定，分送各委員參考，並由主席檢閱議程，其議題為：

1.檢視意外、危險事件報告之建議改進事項（可行性）。
2.檢視安全檢查報告及改正措施（適當性）。
3.航空安全問題之建議措施。
4.檢視航空安全計畫因素的效果及未來改進建議。

(四)飛安會議

飛安會議為飛安教育重要的一環，其內容可包括失事、意外、危險事件、航空醫學、航空心理學、緊急事件處理、緊急裝備、防火、危險物品裝載、劫機及爆炸物處理、天氣、航務操作、維修等等。

飛安會議的成效，在於每位人員對飛安會議的認知、熱心的參與，才能發揮會議的功效。

(五)事件報告

在航空公司內部建立一個蒐集影響安全狀況之報告系統，以航空安全管理單位為核心，以各單位兼任飛安作業人員為觸角，深入至基層，廣泛蒐集反應，並分析原因，找出改進措施。

危險及意外事件報告的基本功能，就在於有效反應未發生而有可能發生失事的可貴經驗資料，提供管理階層作為預防策略的參考。

(六)事件評估

藉由事件的嚴重程度及發生機率得出重要性排序，提出客觀及數量化的事件衡量方法。

(七)緊急應變

擬定緊急應變計畫之考量：

1.計畫範圍：依公司的組織及能力，規劃可行的方案。

2.誰要使用：飛機失事可能發生的時間和地點無法預測，故在各分公司均應有適任的航務、機務、地服、航勤人員來處理。

3.編組：依航空公司現有組織及其工作特性，分別編組。

  (1)機務——搶救、殘骸處理。

  (2)地服——旅客處理。

  (3)航勤——行李、貨物處理。

  (4)航務、飛安、機務——調查。

  (5)安管——安全處理。

4.擬訂：以法規為基礎。

(八)檢查

航空安全檢查計畫的目的在於公司主管可以瞭解其安全政策是否被遵守，以及標準是否達成。

管理者要不斷地檢查以確定每件事都依規定執行，以確保其安全標準。因此，可能造成檢查員不受歡迎，因為員工心態總是傾向檢查員是專門找缺失使受檢單位難堪，但檢查畢竟是保障安全的方法之一。故負責檢查任務者，必須以「不是找出錯的事為主，而是確認對的事」的方式來發掘問題及改正問題。

安全檢查有兩個目的：決定符合安全標準的程度，以及確認航空安全計畫的效果。

(九)統計分析

航空安全分析有許多不同的方法，但以目的來講，有兩種定義：

1.使用數字資料作爲評估或決定趨勢。
2.能解決問題或原因分析。

(十)獎懲

發展及管理完善的航空安全獎勵計畫是非常困難的，問題在於管理者經常試著先處罰發生飛安事件者，而忽視了事件本身潛在的危險。因此，要改變人的行爲，最好的方法是獎勵，獎勵的目的在獎勵正面事物及激勵他人行爲，因此任何獎勵計畫必須滿足此要求，但由於無法預測及周全列出，因此勿嚴格限定獎賞範圍。

Chapter 2
民航機失事統計

- 失事定義
- 全球民航機重大飛航事故
- 全球民航機失事統計
- 國籍航空公司失事統計
- 省思

每天都坐一次飛機也要3,078.3年才會遇到一次失事；
每個禮拜坐一次也要21,607.6年才會遇到。

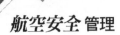

第一節　失事定義

一、國際民航組織定義

國際民航組織（ICAO, 2017）定義「失事」（accident）如下所述：「航空器因運作所發生之事故，發生自任何人為飛航目的登上航空器時起，至所有人離開該航空器時止，或自遙控無人機為飛航目的啟動推進系統準備移動時起，至飛航結束且推進系統關閉時止。此事故造成下列結果之一者」：（An occurrence associated with the operation of an aircraft which, in the case of a manned aircraft, takes place between the time any person boards the aircraft with the intention of flight until such time as all such persons have disembarked, or in the case of an unmanned aircraft, takes place between the time the aircraft is ready to move with the purpose of flight until such time as it comes to rest at the end of the flight and the primary propulsion system is shut down, in which:）

1. 人員死亡或遭受嚴重傷害，肇因於：（A person is fatally or seriously injured as a result of）

   (1)該人員處於航空器之內。（Being in the aircraft）

   (2)該人員直接觸及航空器之任何部位，包括業已與航空器機體分離之部分。（Direct contact with any part of the aircraft, including parts which have become detached from the aircraft）

   (3)該人員直接暴露於航空器所造成或引發之氣流中。但人員之死亡或嚴重傷害係因自然因素、自身之行為、他人之侵害行為、或因其欲偷渡而藏匿於供乘客及組員乘坐之區域以外者，不在此

限。（Direct exposure to jet blast, except when the injuries are from natural causes, self-inflicted or inflicted by other persons, or when the injuries are to stowaways hiding outside the areas normally available to the passengers and crew）

2.航空器之損害或結構變異：（The aircraft sustains damage or structural failure which）

(1)已損及其結構強度、性能或飛航特性。（Adversely affects the structural strength, performance, or flight characteristics of the aircraft）

(2)通常須經大修或更換受損之組件者。但屬下列之損害不在此限：發動機之故障或受損，而其損害僅限於多發動機航空器之單具發動機（包括其整流罩或附件）；螺旋槳、翼尖、天線、感測器、導流片、輪胎、煞車、輪軸、機體整流罩、面板、起落架艙門、擋風玻璃、航空器蒙皮（如航空器表面小凹陷、穿孔者）；或對旋翼葉片、尾旋翼葉片、起落架等之輕微受損，以及由冰雹或鳥擊造成之輕微損害（包括雷達罩上之穿孔）。[Would normally require major repair or replacement of the affected component, except for engine failure or damage, when the damage is limited to a single engine (including its cowlings or accessories), to propellers, wingtips, antennas, probes, vanes, tires, brakes, wheels, fairings, panels, landing gear doors, windscreens, the aircraft skin (such as small dents or puncture holes), or for minor damages to main rotor blades, tail rotor blades, landing gear, and those resulting from hail or bird strike (including holes in the radome)]

3.航空器之失蹤或完全不可能接近者（航空器之失蹤指官方搜尋終止時，航空器之殘骸尚未被發現者）。[The aircraft is missing or is completely inaccessible]（An aircraft is considered to be missing when the official search has been terminated and the wreckage has not been located）

二、國際航空運輸協會定義

國際航空運輸協會（IATA, 2019a）將失事定義為滿足以下所有條件者：

1. 人員為飛航目的登上航空器（飛航組員或乘客）。[Person(s) have boarded the aircraft with the intention of flight (either flight crew or passengers)]
2. 飛航目的僅限於一般的商業航空活動，特別是定期／包機或貨運服務。但執行噴射發動機（試車）作業、訓練、維護／飛行測試除外。（The intention of the flight is limited to normal commercial aviation activities, specifically scheduled/charter passenger or cargo service. Executive jet operations, training, maintenance/test flights are all excluded）
3. 最大起飛重量在5,700公斤（12,540磅）以上之渦輪驅動飛機。[The aircraft is turbine-powered and has a certificated Maximum Take-Off Weight (MTOW) of at least 5,700KG (12,540 lbs.)]
4. 飛機主結構損壞超過一百萬美元或全機殘值的10%，以較低者為準，或已被宣告為全毀。[The aircraft has sustained major structural damage exceeding $1 million or 10% of the aircraft's hull reserve value, whichever is lower, or has been declared a hull loss]

三、美國聯邦法規定義

美國聯邦法規（Code of Federal Regulations, CFR）（CFR, 2019）第四十九篇B分卷第八章830.2款「航空器失事」之定義（aircraft accident）

——於航空器運作中所發生之事故，發生自任何人為飛航目的登上航空器時起，至所有人離開該航空器時止，直接對他人或航空器上之人，造成死亡或傷害，或使航空器遭受實質上損害。就本款而言，「航空器失事」的定義包括「無人機事故」（Aircraft accident means an occurrence associated with the operation of an aircraft which takes place between the time any person boards the aircraft with the intention of flight and all such persons have disembarked, and in which any person suffers death or serious injury, or in which the aircraft receives substantial damage. For purposes of this part, the definition of "aircraft accident" includes "unmanned aircraft accident," as defined herein）

「實質損害」（substantial damage）——指航空器蒙受損害或其結構變異，致損及該航空器之結構強度、性能或飛航特性，而通常須經大修或更換受損之組件者。但屬下列之損害不在此限：發動機之故障或受損，而其損害僅限於多發動機航空器之單具發動機（包括彎曲的整流罩或附件）、航空器蒙皮（如航空器表面小凹陷、穿孔者）、或旋翼葉片、尾旋翼葉片的地面損傷及起落架、輪胎、襟翼、發動機配件、煞車、翼尖。（Substantial damage means damage or failure that adversely affects the structural strength, performance, or flight characteristics of the aircraft, and which would normally require major repair or replacement of the affected component. Engine failure or damage limited to an engine if only one engine fails or is damaged, bent fairings or cowling, dented skin, small puncture holes in the skin or fabric, ground damage to rotor or propeller blades, and damage to landing gear, wheels, tires, flaps, engine accessories, brakes, or wingtips are not considered "substantial damage" for the purpose of this part）

無人機事故是指航空器因運作所發生之事故，發生自為飛航目的啟動推進系統準備移動時起，至飛航結束且推進系統關閉時止，發生的任何公共或民用無人機運作所發生之事故，此事故造成下列結果之一：（Unmanned aircraft accident means an occurrence associated with the operation of any public or civil unmanned aircraft system that takes place between the time that the system is activated with the purpose of flight and the time that the system is deactivated at the conclusion of its mission, in which）

1.人員死亡或遭受嚴重傷害。（Any person suffers death or serious injury; or）
2.飛機最大起飛重量為300磅或更高，並遭受實質損害。（The aircraft has a maximum gross takeoff weight of 300 pounds or greater and sustains substantial damage）

四、我國相關法規定義

有關飛機失事相關法規之用詞及定義說明如**表2-1**所示。

表2-1　飛航失事相關定義

法規	條款	用詞	定義
民用航空法	第2條第十七款	航空器失事	指自任何人為飛航目的登上航空器時起，至所有人離開該航空器時止，或自遙控無人機為飛航目的啟動推進系統準備移動時起，至飛航結束且推進系統關閉時止，於航空器運作中所發生之事故，直接對他人或航空器上之人，造成死亡或傷害，或使航空器遭受實質上損害或失蹤。
	第2條第十八款	航空器重大意外事件	指自任何人為飛航目的登上航空器時起，至所有人離開該航空器時止，或自遙控無人機為飛航目的啟動推進系統準備移動時起，至飛航結束且推進系統關閉時止，發生於航空器運作中之事故，有造成航空器失事之虞者。
	第2條第十九款	航空器意外事件	指自任何人為飛航目的登上航空器時起，至所有人離開該航空器時止，或自遙控無人機為飛航目的啟動推進系統準備移動時起，至飛航結束且推進系統關閉時止，於航空器運作中所發生除前二款以外之事故。

（續）表2-1　飛航失事相關定義

法規	條款	用詞	定義
民用航空法	第2條第二十一款	飛航安全相關事件	指航空器因運作中所發生之航空器失事、航空器重大意外事件、航空器意外事件及非在運作中所發生之地面安全事件。
運輸事故調查法	第一章第2條第一款	重大運輸事故	指造成一定數量之人員傷害、死亡或財物損害，或造成社會關注且經國家運輸安全調查委員會（以下簡稱運安會）認定之重大飛航事故、鐵道事故、水路事故及公路事故。
民用航空器及公務航空器飛航事故調查作業處理規則	第2條第一款	死亡或傷害	指非因自然因素、自身行為、他人入侵、或因偷渡藏匿於非乘客及組員乘坐區域所致，且因下列情形之一所致者： (一)該人處於航空器之內。 (二)該人直接觸及航空器之任何部位，包括已自航空器機體分離之部分。 (三)該人直接暴露於航空器所造成或引發之氣流中。
	第2條第二款	傷害	指下列情形之一： (一)受傷後七日之內須住院治療四十八小時以上者。 (二)骨折。但不包括手指、足趾及鼻等之骨折。 (三)撕裂傷導致嚴重之出血或神經、肌肉或筋腱之損害者。 (四)任何內臟器官之傷害者。 (五)二級或三級之灼傷，或全身皮膚有百分之五以上之灼傷者。 (六)證實曾暴露於感染物質或具傷害力之輻射下者。
	第2條第三款	實質損害	指航空器蒙受損害或其結構變異，致損及該航空器之結構強度、性能或飛航特性，而通常須經大修或更換受損之組件者。但屬下列之損害不在此限：發動機之故障或受損，而其損害僅限於多發動機航空器之單具發動機（包括其整流罩或附件）；螺旋槳、翼尖、天線、感測器、導流片、輪胎、煞車、輪軸、機體整流罩、面板、起落架艙門、擋風玻璃、航空器蒙皮（如航空器表面小凹陷、穿孔者）；或對旋翼葉片、尾旋翼葉片、起落架之輕微受損，以及由冰雹或鳥擊造成之輕微損害（包括雷達罩上之穿孔）。
	第2條第四款	失蹤	指「國家運輸安全調查委員會」（運安會）認定之搜尋終止時，航空器殘骸仍未發現者。

（續）表2-1　飛航失事相關定義

法規	條款	用詞	定義
	第5條	飛航事故或疑似飛航事故	一、人員死亡或傷害者。 二、航空器失蹤或無法接近該航空器者。 三、航空器實質損害，或有充分理由認為該航空器遭受實質損害者。 四、航空器空中接近至五百呎以內，須採緊急避讓動作始能防止相撞或危險之情況者。 五、航空器碰撞事件有造成航空器實質損害之虞者。 六、可控飛航中，偏離航道或未遵守航管指示，須採取緊急避讓操作以避免碰撞地形或地障者。 七、在被關閉或佔用之跑道、滑行道或未指定之跑道上放棄起飛者。 八、在被關閉或佔用之跑道、滑行道或未指定之跑道上起飛者。 九、在被關閉或佔用之跑道、滑行道或未指定的跑道上落地或嘗試落地（高度低於三百呎，或經航管指示修正）者。 十、在起飛或初始爬升階段未能達到預計之性能，情況嚴重者。 十一、駕駛艙、客艙或貨艙內失火或冒煙，或發動機失火者。 十二、飛航組員依操作手冊須緊急使用氧氣者。 十三、航空器之結構失效或發動機零組件脫離者。 十四、航空器系統之多重故障，嚴重影響航空器操作者。 十五、飛航組員於飛航時失能者。 十六、因燃油存量或燃油配送發生狀況，導致駕駛員必須宣布緊急狀況者，例如燃油量不足、燃油耗盡或無法使用所有機載燃油。 十七、航空器起飛或落地時，距障礙物或其他航空器極為接近之跑道入侵狀況者。 十八、起飛或落地時發生之事故，例如落地過早、滑出或偏出跑道者。 十九、航空器因系統失效、天候、操作超出飛航性能限制範圍或其他事故，造成操控困難者。 二十、為航空器飛航所必要之導引及導航系統中發生兩套以上之系統故障者。 二十一、為緊急處置或非蓄意，釋放航空器機外掛載之任何其他負載者。 二十二、其他有造成人員死亡、傷害或航空器實質損害之虞者。

資料來源：作者整理

 # 第二節　全球民航機重大飛航事故

　　表2-2為全球民航機前三十重大飛航事故統計，這些動輒數百人以上的傷亡，不僅造成眾多家庭天倫夢碎，對航空公司形象之重創更是雪上加霜。「他山之石，可以攻錯」，歷史上重大失事事件殷鑑不遠，航空業界應常記取教訓，避免重蹈覆轍，則飛航作業當能持續保持安全。統計前三十大飛航事故中，美國航空及中華航空各有三起事故；泛美航空（現已倒閉）、沙烏地阿拉伯航空、印度航空、韓國航空及馬來西亞航空各有二起事故，上述統計顯示發生二次以上重大事故者多為國營或半國營航空公司，是否也凸顯出這類型的航空公司在飛安管理上之問題。

表2-2　全球民航機前三十重大飛航事故統計（依死亡人數排名）

排序	日期	航空公司	機型	地點	死亡人數（含地面罹難者）	肇因
1	2001/09/11	美國航空 / 聯合航空	B767 / B767	紐約雙子星大廈	2,753	恐怖攻擊
2	1977/03/27	荷蘭航空 / 泛美航空	B747 / B747	西班牙羅斯機場	583	跑道入侵
3	1985/08/12	日本航空	B747	日本群馬縣上野村	520	撞山
4	1996/11/12	沙烏地阿拉伯航空 / 哈薩克航空	B747/ IL76	印度新德里	349	空中相撞
5	1974/03/03	土耳其航空	DC-10	巴黎附近	346	起飛後貨艙門故障失控墜毀
6	1985/06/23	印度航空	B747	愛爾蘭西南	329	爆炸墜海
7	1980/08/19	沙烏地阿拉伯航空	L-1011	利雅德	301	貨艙起火

（續）表2-2　全球民航機前三十重大飛航事故統計（依死亡人數排名）

排序	日期	航空公司	機型	地點	死亡人數（含地面罹難者）	肇因
8	2014/07/17	馬來西亞航空	B777	烏克蘭上空	298	遭飛彈擊落
9	1988/07/03	伊朗航空	A300	波斯灣上空	290	遭美國巡洋艦飛彈擊中
10	1979/05/25	美國航空	DC-10	芝加哥	273	起飛後發動機脫落墜毀
11	1988/12/21	泛美航空	B747	蘇格蘭	270	塑膠炸彈爆炸墜毀
12	1983/09/01	韓國航空	B747	庫頁島上空	269	遭蘇聯戰機飛彈擊落
13	2001/11/12	美國航空	A300	美國紐約皇后區	265	垂直尾翼脫落墜毀
14	1994/04/26	中華航空	A300	日本名古屋	264	落地重飛時失事
15	1991/07/11	奈及利亞航空	DC-8	沙烏地阿拉伯吉達	261	起飛時輪胎起火失控墜毀
16	1979/11/28	紐西蘭航空	DC-10	南極埃里伯斯火山	257	撞山
17	1985/12/12	飛箭航空	DC-8	加拿大紐芬蘭	256	機翼結冰起飛後墜毀
18	2014/03/08	馬來西亞航空	B777	不明	239	失蹤
19	1997/09/26	印尼加魯達航空	A300	印尼棉蘭	234	進場撞山
20	1996/07/17	環球航空	B747	紐約長島	230	中油箱爆炸
21	1998/09/03	瑞士航空	MD-11	加拿大	229	空中起火墜海
22	1997/08/06	韓國航空	B747	關島	228	進場時墜毀
23	2009/06/01	法國航空	A330	大西洋	228	空速管結冰組員操作失誤墜海
24	1996/01/08	非洲航空	AN-32	剛果	227	起飛時衝出跑道
25	2002/05/25	中華航空	B747	臺灣澎湖	225	空中解體

（續）表2-2　全球民航機前三十重大飛航事故統計（依死亡人數排名）

排序	日期	航空公司	機型	地點	死亡人數 （含地面罹難者）	肇因
26	2015/10/31	科加雷姆航空	A321	埃及北西奈省	224	炸彈引爆
27	1991/05/26	勞達航空	B767	泰國	223	飛行中左發動機反推力器打開失控墜毀
28	1999/10/31	埃及航空	B767	大西洋	217	副駕駛操控墜海
29	1978/01/01	印度航空	B747	阿拉伯海	213	駕艙儀表失效失控墜海
30	1998/02/16	中華航空	A300	臺灣桃園	203	重飛時墜毀

資料來源：作者整理

以下為全球航空史上罹難人數前十大失事事件簡述：

【案例1】

　　死亡及失蹤人數2,753人〔2001年9月11日／美國航空與聯合航空（United Airlines, UA）／紐約〕：四架飛機，兩架從波士頓機場起飛的波音B767-200、一架從華盛頓杜勒斯機場起飛的波音B757和一架從紐華克起飛的波音B757被劫持，成為恐怖攻擊的一部分。兩架B767撞上了紐約世界貿易中心雙子星大樓，引起兩棟大樓失火及坍塌。其中一架B757客機撞上五角大廈，而另一架B757客機則在抵達劫機客欲攻擊位於華盛頓州的目標區國會大廈之前，墜毀於賓夕法尼亞州境內。撞擊雙子星大樓的死亡人數包括兩架飛機上的20名組員和137名乘客，大樓及地面2,606人死亡及失蹤。

【案例2】

　　死亡人數583人〔1977年3月27日／荷蘭航空波音B747-200和泛美航空（Pan Am）波音B747-100／特內里費（Tenerife），加那利群島〕：兩

架飛機本來預定飛抵拉斯機場,但在拉斯機場發生炸彈爆炸後就轉降至特內里費島上的羅斯機場降落,由於能見度限制及塔臺與兩架客機溝通上的誤解及落差,已經起飛滾行的荷蘭航空B747與另一架仍在跑道上滑行準備轉彎的泛美航空B747相撞。荷蘭航空上面共234名乘客及14名組員全數罹難。泛美航空的16名組員中有9人罹難、380名乘客中有326人罹難。

【案例3】

死亡人數520人(1985年8月12日/日本航空波音B747-SR/日本中部大倉岩):飛機後客艙失壓造成液壓系統失效與垂直尾翼破損,導致飛機無法控制方向與俯仰動作。所有15位飛航組員與509名乘客中的505人罹難(4人生還)。

【案例4】

死亡人數349人(1996年11月12日/沙烏地阿拉伯航空B747-100與哈薩克航空伊留申IL-76貨機/印度新德里附近):一架B747客機在新德里起飛之後七分鐘,與一架準備降落的哈薩克航空IL-76貨機在空中互撞。這起空中相撞發生在新德里以西大約60英里(96公里),兩架飛機上所有人員全數罹難,包括B747客機上23名組員、289名乘客及貨機上10名組員、27名乘客。

【案例5】

死亡人數346人(1974年3月3日/土耳其航空道格拉斯DC-10/法國巴黎附近):飛機在爬升中,一道未被正確關上的機腹貨艙門突然飛脫,造成客艙失壓並損及主客艙和該區的控制纜線,飛航組員無法控制飛機而墜毀。機上335名乘客和11名組員全數罹難。

【案例6】

死亡人數329人(1985年6月23日/印度航空波音B747-200/大西洋,愛爾蘭海岸附近):一架自加拿大多倫多飛往印度孟買的客機,在愛爾蘭海岸附近因機上炸彈爆炸墜海。機上307名乘客和22名組員全數罹難。

【案例7】

死亡人數301人（1980年8月19日／沙烏地阿拉伯航空洛克希德L-1011／沙烏地阿拉伯利雅德機場）：起飛後不久，機尾的貨艙起火濃煙漫布，飛機立刻折返，但安全降落後，駕駛員卻未宣布緊急逃生而導致機上14名組員和287名乘客全數罹難。

【案例8】

死亡人數298人（2014年7月17日／馬來西亞航空波音B777-200／烏克蘭境內）：馬來西亞航空MH17班機從阿姆斯特丹飛往吉隆坡航程中，於靠近俄羅斯邊界的烏克蘭領空內33,000英尺高空被俄製山毛櫸飛彈攻擊空中解體墜毀，導致機上15名組員和283名乘客全數罹難。

【案例9】

死亡人數290人（1988年7月3日／伊朗航空A300／波斯灣，荷姆茲海峽）：伊朗航空客機被海面上一艘美國海軍文森號巡洋艦發射的飛彈擊落。機上16名組員和274名乘客全數罹難。

【案例10】

死亡人數273人（1979年5月25日／美國航空DC-10／芝加哥，美國）：在飛機起飛過程中，左邊的發動機派龍架與機翼分離，由於發動機脫落而導致機翼毀損，同時也損壞液壓系統導致飛機失控墜毀。包括機上258名乘客、13名組員全數罹難，同時也造成地面2人死亡。

第三節　全球民航機失事統計

全球每年民航機失事統計及分析，通常有幾個主要的資料來源較為可靠與廣泛被採用：

1. 國際民航組織（ICAO）《安全報告》（*Safety Report*）及ICAO網站民航機定期航班（Scheduled Commercial flights）《失事統計》（*Accident Statistics*）。

   ICAO《安全報告》是目前全球年度航空安全及失事統計的一個官方指標，內容涵蓋從安全政策、監控、無人機、航班追蹤、跑道安全、客艙安全、失事統計、區域失事統計、高風險失事類別、失事趨勢等內容。另ICAO網站所提供之2008年迄今全球5,700公斤以上包含：當年度迄今失事次數（Accidents Year-to-date）、失事率（Accident Rate）、失事次數（Accidents）、死亡人數（Fatalities）、失事風險類別（Accidents by Risk Category）、死亡人數風險類別（Fatalities by Risk Category）、風險分布（Risk Distribution）、致命失事中風險類別之比例（Share of Fatal Accidents by Risk Category）等。

2. 歐洲航空安全署（European Aviation Safety Agency, EASA）《年度安全回顧》（*Annual Safety Review*）。

   包括安全概述（Safety Overview）、飛機（Aeroplanes）、旋翼機（Rotorcraft）、氣球（Balloons）、滑翔機（Gliders/ Sailplanes）、機場與地勤（Aerodromes and Ground Handling）、飛航管理／導航服務（Air Traffic Management/ Air Navigation Services），報告中的每個章節以一組關鍵統計數據開頭，其中包括致命失事、非致命失事和重大意外事件的詳細資訊，可以瞭解該領域相關分析的特定資訊及比較，包括過去十年平均的統計資訊比較圖表、年度表現與歷史趨勢相關的參考。此外，也進一步針對特定領域與涉及安全事件的作業類型分析，以及完整的安全風險分析。

3. 國際航空運輸協會《IATA安全報告》（*IATA Safety Report*）。

   主要針對全球民航界在過去一年裡所發生的事故及所反應出各層面的問題，提出分析比較並個別提醒注意事項，內容詳盡充實，對全球航空業界在飛行安全上有極大的貢獻。以2019年IATA（2019a）

公布的資料為例，2018年全球民航機每百萬離場失事率為1.35，相當於每74萬次航班發生一起失事。這比2013～2017年的平均失事率1.79有顯著改善，但與2017年創紀錄的1.11相比卻有所提升。其中，民航噴射機失事率為0.19，相當於每540萬次航班發生一次重大失事，這比2013～2017年的平均0.29有所改善，但不如2017年的0.12。渦輪螺旋槳飛機的失事率為0.60，比2017年的1.23減少，並且也低於2013～2017年的1.83。除中東至北非之外，所有地區的渦輪螺旋槳飛機安全性能在2018年與前五年相比有所改善。涉及渦輪螺旋槳飛機的失事占2018年所有失事的24%和致命失事的45%。

4. 美國波音飛機公司《全球民航噴射機失事統計》（*Statistical Summary of Commercial Jet Airplane Accidents Worldwide Operations/1959-20XX*）。

此份資訊由該公司飛機安全工程（Airplane Safety Engineering）部門在每年的8～9月間於波音公司官網發布，統計資料起迄時間為自1959年（民航噴射機問世）至資訊發布前一年。

5. 法國空中巴士公司《民航機失事統計分析》（*A Statistical Analysis of Commercial Aviation Accidents 1958-20XX*）。

以2019年出版為例，內容涵蓋前一年度（2018）的事故分析，並對民用航空安全的歷史進行回顧及提供趨勢演進分析。包括航班與失事次數的演進（evolution of the number of flights & accidents）、年失事率的演進（evolution of the yearly accident rate）、民航運輸機隊的演進（evolution of the commercial air transport fleet）、科技對航空安全之影響（impact of technology on aviation safety）、以飛機世代區分的失事率演進（evolution of accident rates by aircraft generation）、年度失事率演進（evolution of the yearly accident rate）、失事率十年移動均線（ten year moving average of accident rate）、飛行階段失事次數（accidents by flight phase）、依失事分類的失事次數分布（distribution of accidents by accident category）、三大類主要失事

演進（evolution of the three main accident categories）、操控下撞地失事率（controlled flight into terrain accident rates）、飛行中失控失事率（loss of control in-flight accident rates）、衝／偏出跑道失事率（runway excursion accident rates）等。

6.「民航噴射機失事數據評估中心」（或稱客機墜毀數據評估中心）（Jet Airliner Crash Data Evaluation Centre, JACDEC）。

JACDEC是一家專門進行飛行安全統計的德國機構，每年更新及發布全球航空公司的安全風險指數（Safety Risk-Index）。過去JACDEC統計航空公司三十年的飛安紀錄計算出飛行安全指數（Safety Index），每年列出前六十名最安全的航空公司，飛行安全指數是代表航空公司飛行安全程度的一個指標，指數越小代表安全性越高，反之則安全性較低。但某些入榜的航空公司並非由於良好的飛安成績，而是飛行次數累積較少而獲得了較佳的排名，且飛安指數忽略了其他有影響力的參數，如環境因素及系統營運風險，因此排名高低常爲人所詬病。

2017年後JACDEC開始採用以失事／意外事件的歷史資料、環境因素〔是否參與ICAO的全球安全監督查核計畫（Universal Safety Oversight Audit Programme, USOAP）、管理機構的透明度、地障、天氣、基礎設施〕及系統營運風險（是否有IOSA作業安全查核、機齡、航線）等三個主要類別的安全風險指數（Safety-Risk-Index）來作爲一種新的安全測量方法。有別於其他機構的飛安統計資訊，JACDEC的安全風險指數是建立在乘客的角度上，乘客可以透過現有的安全風險水平來區分航空公司，而不是過去單純以失事與飛行性能間的比例，是目前全球航空旅客選擇航空公司飛行安全等級的一個重要指標。

7.「荷蘭航空安全網」（Aviation Safety Network, ASN）。

ASN創立於1996年，網站資料豐富，是航空安全研究者主要的參考資料來源之一，內容包含全球航空事故及劫機事件資料庫，蒐集超

過11,000起以上的個別事故資料，其中包含航空公司安全、安全評估行動、乘客安全資訊、事故調查報告、飛安新聞、失事統計等。

8.《國際飛行週刊》（*Flight International*）。

《國際飛行週刊》固定在每年一月份第二或第三週所發行之刊物上發表前一年全球民航機失事及意外事件（accidents and incidents）統計，這份資料是全球航空界對前一年度失事統計資訊最快速也是最直接的資料。以2019年1月份發行的第195卷，第5669期為例，便以致命失誤（deadly errors）作為該週刊封面，**圖2-1**為當期第24頁所製作的2009～2018年全球民航機致命失事及死亡人數統計。

9.「飛機失事檔案局」（Bureau of Aircraft Accidents Archives）（B3A）。

「飛機失事檔案局」（B3A）於1990年在瑞士日內瓦成立，主要處理與航空失事相關的所有資訊，是全球最大的飛機失事數據資料庫之一。B3A蒐集歸納自1918年迄今與全球航空六人座以上失事相

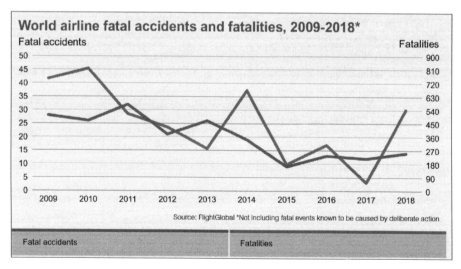

圖2-1　2009～2018年全球民航機致命失事及死亡人數統計

資料來源：*Flight International* (15-21 January, 2019)

關資訊及統計。2019年底前已有超過26,100項紀錄，包括數千份文件、報告、照片等。

10.「飛機失事資訊」（PlaneCrashInfo）。

PlaneCrashInfo是一家資料量龐大，蒐集1908年迄今的飛機失事資料庫。它以每十年期為基礎，針對1950年1月1日迄今十九人座以上民航機及2人以上致命事故的次數、死亡人數及肇因（飛行員失誤、機械、天氣、破壞和其他）分析統計。

11.「全球最安全航空公司」評比。

全球知名航空專業網站——澳洲「AirlineRatings.com」公司自2013年起針對全球435家航空公司過去十年的飛安表現提供一至七顆星排名的專家安全評等，評審團先依據國際民航組織規定、民航主管機關稽核結果，以及航空公司的飛安紀錄等標準進行初審，再針對航空公司的機隊營運、維修標準以及飛安紀錄等項目，進行第二重嚴格評比，遴選出全球最安全航空公司。

依據瑞士日內瓦的飛機失事檔案局（B3A）2009～2018年全球六人座以上民航機失事統計資料顯示（**圖2-2**），由於空運量的增加，十年來全球平均每年民航機失事次數高達134.4次，亦即每2.7天即發生一次空難。由於飛行的便捷、舒適、航運量持續的增加，如果航空安全品質及全球航空體系不能有效地改善，依此比率，大約在西元2030年後，全球平均每兩天即可能有一架民航機失事發生。

臺灣歷年來國籍民航機失事統計，除了交通部統計處發行的民航基本統計資料外，另外則是由交通部民用航空局《飛機全毀（Hull Loss）失事率統計表》、財團法人飛行安全基金會《飛行安全季刊》及「國家運輸安全調查委員會」《臺灣飛安統計報告》執牛耳，此三份資料依國籍航空器重量、機型（定翼機、旋翼機）等相關資料作一統計分析比較，深具研究參考價值。

從失事統計分析資料中，不僅可以幫助我們看出過去飛航安全的歷史

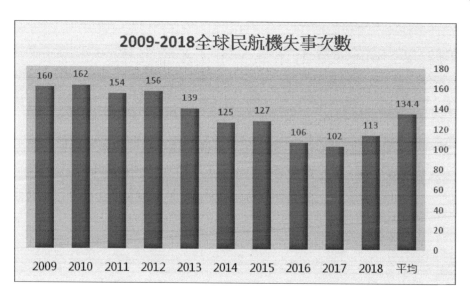

圖2-2　全球民航機失事次數統計（2009～2018）

資料來源：作者繪製；https://www.baaa-acro.com/crashes-statistics

趨勢及造成失事相關的因素和問題，更可以作為未來對失事預防及強化飛安的參考，而乘客也可經此瞭解飛安趨勢，以便搭機時多一份安全保障及選擇。

　　一架民航機在設計之初最多的顧慮就是安全，這個「安全」的最低要求就是要達到所謂的「適航標準」。就飛機製造公司的立場來看，我賣的飛機失事率要越低越好，也就是越安全，飛機才會賣得好，因為營利的前提是：飛機安全及適航。

　　在此引用波音飛機公司安全工程部門每年針對全球民航噴射機（Jet Airplane）失事統計資料，來對全球民航機的安全性作一比較，此為波音公司每年八、九月出版以作為其全球客戶（航空公司、貨運公司等）的參考資訊，它除了提供失事相關統計資料、趨勢及原因外，進一步也希望透過這些資料，帶給客戶對於航空安全管理的重要性。

　　以波音公司在2018年8月出版的統計資料為例，針對民航噴射機年代

——也就是1959年以來至前一年（2017年）全球商用噴射機失事統計。以1959～2017年的統計爲例，全球民航機共計26,565架（**圖2-3**），其中波音占了13,871架。全球民航機離場總數約爲7億7,200萬架次，總飛行小時爲14億5,300萬小時（**圖2-4**）。

在失事率的計算上，波音以飛機的百萬「離場數」（起飛數）爲基準，而不用百萬「落地數」，因爲有極少數的飛機只去不回——不是墜毀或就是失蹤了！

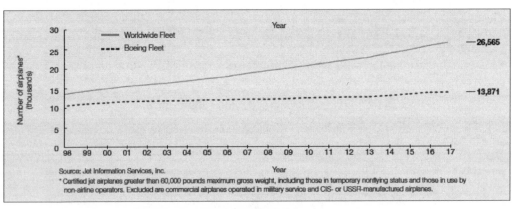

圖2-3　全球噴射客機總數（1998～2017）

資料來源：Boeing (2018)

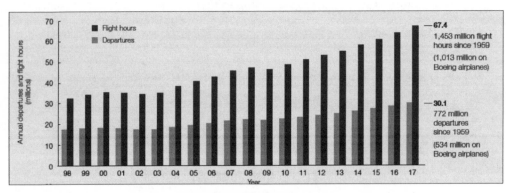

圖2-4　全球噴射客機離場次數（1998～2017）

資料來源：Boeing (2018)

　　由全球民航噴射機全毀失事率（**圖2-5**）中我們可以發現，1959年民航噴射機問世，當年就產生極高的失事率，而在1959年後十年內則失事率有非常顯著的降低，那是由於飛機結構、系統、裝備、動力、操控以及地面基礎架構的改進。而近六十年來，當失事率降低到接近谷底時，卻不再繼續下降，而穩定地持續每百萬次離場一至二次的失事率。這種無法達成飛航零失事的關鍵，主要在於人為失誤因素的瓶頸一直無法突破（**圖2-6**）。

　　這個統計資料中經常用到的一些名詞，如飛機「全毀」（hull loss），「全毀」是指：飛航事故導致航空器嚴重受損且修理超過經濟效益，全毀也包括航空器失蹤，殘骸位置未知且停止搜尋，或嚴重受損且殘骸無法取得。

　　波音依飛機作業型態，統計全球民航機失事次數及死亡人數，如**表2-3**所示。

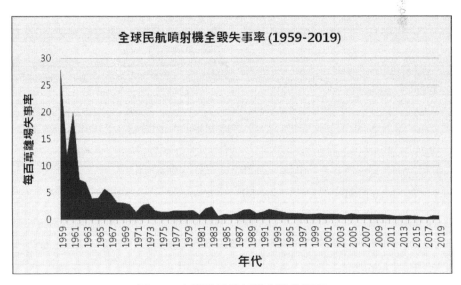

圖2-5　全球民航噴射機全毀失事率

資料來源：作者繪製

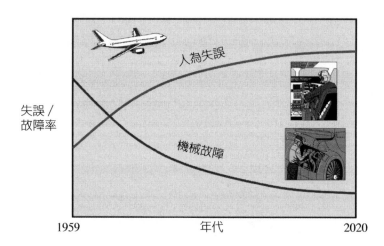

圖2-6　人為失誤與飛機機械故障率之關係

資料來源：作者繪製

表2-3　全球民航機失事次數及死亡人數

作業形態	失事次數		死亡失事		機上死亡人數		全毀失事	
	1959～2017	2008～2017	1959～2017	1959～2017	1959～2017	2008～2017	1959～2017	2008～2017
客機	1,585	316	500	37	29,298	2,199	730	101
貨機	281	61	82	15	282	45	188	35
其他*	123	10	44	3	208	17	75	7
總計	1,989	387	626	55	29,788	2,261	993	143

*維修測試、定位、飛渡、訓練、展示

資料來源：Boeing (2018)

　　波音把飛機自起飛至降落的分成九個階段：起飛（take-off）、開始爬升（initial climb）、爬升（climb）、巡航（cruise）、下降（descent）、開始進場（initial approach）、最後進場（final approach）、落地（landing）以及卸載滑行（taxi, load, parked）。針對2008～2017年航機係在何種飛行階段下發生致命失事之統計，則以最後進場時15件最多，約占27%；其次是落地12件，約占22%；再者爲巡航6件占11%與滑行5件占9%；其餘如

起飛、開始爬升、下降、開始進場等情況所占比率則較低，這當中開始進場與最後進場雖然分開計算，但兩者合起來屬於進場部分共有19件，占34%，最後進場與落地部分則占了所有失事事件的49%，共計造成27件失事，如**圖2-7**所示。

　　其中，波音依據國際民航組織（ICAO）及「民航安全小組」（Commercial Aviation Safety Team, CAST）共同組成的分類小組「CICTT」（CAST/ICAO Common Taxonomy Team）對失事肇因的分類及定義（**表2-4**），統計排名2008～2017年全球民航噴射機失事肇因及死亡人數，如**圖2-8**所示。

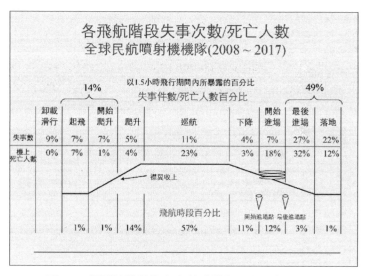

圖2-7　各飛航階段失事次數／機上死亡人數百分比

資料來源：作者繪製；Boeing (2018)

表2-4 「CICTT」定義的失事分類

類別	意義
ARC	不正常跑道觸地Abnormal Runway Contact
AMAN	粗 動作Abrupt Maneuver
ADRM	機場Aerodrome
ATM	飛航管理／通訊、導航、監視 Air Traffic Management/ Communications, Navigation, Surveillance
CABIN	客艙安全事件Cabin Safety Events
CFIT	操控下撞地Controlled Flight Into or Toward Terrain
EVAC	緊急撤離Evacuation
F-NI	起火／煙（非撞擊造成）Fire/Smoke (Non-Impact)
F-POST	起火／煙（撞擊後）Fire/Smoke (Post-Impact)
FUEL	燃油相關Fuel Related
GCOL	地面碰撞Ground Collision
RAMP	地勤作業Ground Handling
ICE	積冰Icing
LOC-G	地面失控Loss of Control-Ground
LOC-I	飛行中失控Loss of Control-Inflight
LALT	低高度操作Low Altitude Operations
MAC	空中相撞／接近空中相撞Midair/ Near Midair Collisions
OTHR	其他Other
RE	偏離跑道Runway Excursion
RI-A	跑道入侵──動物Runway Incursion –Animal
RI-VAP	跑道入侵──車輛、飛機或人Runway Incursion –Vehicle, Aircraft or Person
SEC	保安相關Security Related
SCF-NP	非發動機之系統／組件故障或失效 System/ Component Failure or Malfunction (Non-Powerplant)
SCF-PP	發動機系統／組件故障或失效 System/ Component Failure or Malfunction (Powerplant)
TURB	遭遇亂流Turbulence Encounter
USOS	落地過早／衝出跑道Undershoot/ Overshoot
UNK	不明原因／未確定Unknown or Undetermined
WSTRW	風切／雷雨Wind shear or Thunderstorm

圖2-8　2008～2017全球噴射商用機隊失事肇因及死亡人數統計

資料來源：作者繪製、Boeing (2018)

　　波音認為過去以百萬飛行小時作為基準來計算失事率較具爭議性，因為飛機失事的高風險視窗（Window of Risk）（**圖2-9**）在於起飛、進場及落地這三個階段，占了所有失事的70%～80%，一個短程航線（一個小時內）與另一個長程航線（也許是十三個小時）計算離場次數只有一次，但用飛行小時計算卻大相逕庭。由先前圖2-7中可知，飛機起降階段所用的時間卻只占一架長程的客機在整個飛行時段中很少的百分比，但相對的卻要承受高風險，因此造成飛航國際長程航線的航空公司以「每百萬飛時」計算失事率會比國內短程航線的航空公司來得低。因此，為求實際作業上統計資料的公允，波音一開始便以每百萬次離場失事率來作為它的統計依歸，依此趨勢IATA也自2015年起不再使用百萬飛時計算失事率。

　　波音也將1959～2017年出產的不同機型失事率做一比較（**表2-5**）。統計發現，2017年底前生產的B717、CRJ-700/-900、A380、B787、B747-800、A350、A320/321/319neo客機失事率皆為零，原因為這些客機較新

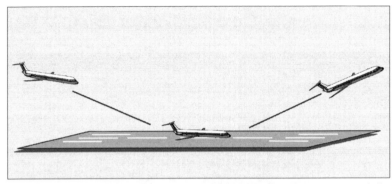

飛機於起飛、進場與落地階段,飛行時間僅6~8分鐘,但有70%~80%之失事,發生在此三航段。

圖2-9 飛航風險視窗(Window of Risk)

資料來源:作者繪製

穎,飛行時數及架次尚未累積到一定數目,比起其他已經問世許久之客機,飛的次數少失事機率自然就相對低,因此仍保有機型零失事率的優良紀錄。

此外,一般搭機旅客所關切的定期載客航班的致命/全毀失事(Fatal/Hull Loss Accident)率,波音統計出2008~2017年這十年間定期載客航班的百萬離場致命/全毀失事率各為0.16/0.44(**圖2-10**),根據這個失事率值,就是每6,250,000/2,272,727.2次離場才會有一次飛機致命/全毀失事,假使每天都搭一次飛機也要17,123.3/6,226.6年才會遇到一次致命/全毀失事。上述資訊顯示,全毀失事不見得致命,致命失事機率大約是全毀失事機率的三分之一。

表2-5　1959～2017全球民航噴射機全毀失事率

機型	全毀失事次數	失事率
B707/720	153	8.84
DC-8	75	5.89
B727	95	1.24
DC-9	92	1.47
BAC 1-11	26	2.99
B737-100/-200	102	1.75
F-28	43	4.51
B747-100/-200/-300/SP	37	2.85
DC-10/MD-10	28	3.01
L-1011	4	0.74
A300	17	2.61
MD-80/-90	32	0.69
B767	10	0.50
B757	5	0.20
BAe146, RJ-70/85/100	17	1.47
A310	12	2.53
B737-300/-400/-500	54	0.71
A300-600	7	1.06
A320/319/321	25	0.21
F-100/F-70	13	1.17
B747-400	8	0.95
MD-11	10	3.59
A340	2	0.61
A330	4	0.39
B777	4	0.36
B737-600/-700/-800/-900	15	0.17
B717	0	0.0
CRJ-700/-900	0	0.0
E170/175/190	4	0.24
A380	0	0.0
B787	0	0.0
B747-8	0	0.0
A350	0	0.0
C系列	0	0.0
A320/321/319neo	0	0.0
B737MAX	0	0.0
總數	993	1.29

資料來源：Boeing (2018)

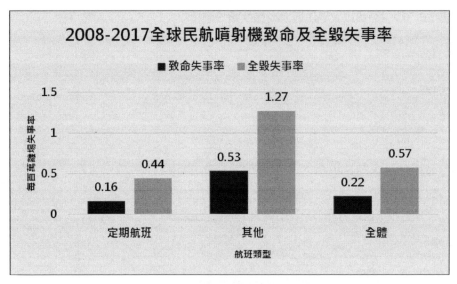

圖2-10   2008～2017年全球民航噴射機致命及全毀失事率統計

資料來源：作者繪製、Boeing (2018)

第四節   國籍航空公司失事統計

　　至於國內民航飛安的表現如何？以2009～2018年國籍民用航空運輸業飛機全毀（hull loss）失事率爲例，若以十年平均值計算，渦輪噴射飛機全毀失事率爲0次／百萬離場，全球平均值爲0.4次／百萬離場；渦輪螺旋槳飛機全毀失事率爲3.04次／百萬離場，爲全球平均值1.95次／百萬離場的2倍（**表2-6**、**表2-7**）。**表2-8**爲國籍航空公司1969年迄今之致命失事表，另參考美國國家運輸安全委員會（NTSB）對飛航事故發生原因（causes/factors）的分類：人爲相關、環境相關、飛機相關、其他（或不明）四大類。人爲相關主要爲駕駛員及其他人員（維修人員、飛航管制人員、組織管理人員等）；環境相關則包括天氣、機場設施、飛航管制與服務、白天／夜晚、地形等；飛機相關則包括系統與裝備、發動機、結構及性能、飛機設計等。**表2-9**爲上述致命失事之肇因統計，可以發現人爲相關因素是歷年國籍航空致命失事的主要肇因。

表2-6 全球與國籍民航運輸業渦輪噴射飛機全毀失事率統計（2009～2018年）

全球與國籍民航運輸業渦輪噴射飛機全毀失事率統計比較（2009～2018年）						
年度	國籍飛行時間（小時）	國籍離場次數	國籍失事次數	國籍失事率（次／百萬飛時）	國籍失事率（次／百萬離場）	全球失事率（次／百萬離場）
2009	518,426	136,526	0	0	0	0.81
2010	571,651	150,402	0	0	0	0.74
2011	550,665	180,667	0	0	0	0.54
2012	569,829	170,011	0	0	0	0.27
2013	613,012	175,518	0	0	0	0.41
2014	634,288	192,202	0	0	0	0.23
2015	666,055	200,610	0	0	0	0.32
2016	693,323	212,403	0	0	0	0.39
2017	688,789	205,955	0	0	0	0.11
2018	725,917	209,582	0	0	0	0.19
2009～2018	6,231,955	1,833,876	0	0	0	0.4

資料來源：交通部民用航空局（2019）、作者整理

表2-7 全球與國籍民航運輸業渦輪螺旋槳飛機全毀失事率統計（2009～2018年）

全球與國籍民航運輸業渦輪螺旋槳飛機全毀失事率統計比較（2009～2018年）						
年度	國籍飛行時間（小時）	國籍離場次數	國籍失事次數	國籍失事率（次／百萬飛時）	國籍失事率（次／百萬離場）	全球失事率（次／百萬離場）
2009	61,167	58,515	0	0	0	1.57
2010	65,613	58,159	0	0	0	2.63
2011	40,902	61,016	0	0	0	2.71
2012	41,237	59,010	0	0	0	3.12
2013	55,096	69,615	0	0	0	2.79
2014	61,186	69,595	1	16.34	14.37	2.30
2015	52,096	62,389	1	19.20	16.03	1.29
2016	54,130	62,838	0	0	0	1.15
2017	42,794	51,841	0	0	0	1.30
2018	59,513	69,349	0	0	0	0.60
2009～2018	533,734	622,327	2	3.55	3.04	1.95

資料來源：交通部民用航空局（2019）、作者整理

表2-8 國籍航空公司歷年致命失事表

失事日期	航空公司	機型／登記號碼	飛航性質	失事地點（飛航狀態）	死亡人數	失事經過	可能肇因
1969/02/24	遠東	DART HERALD B-2009	客運	臺南縣歸仁鄉（巡航）	36	飛行中右發動機故障，飛行員無法排除故障，高度驟降後無法即時立即尋找適當迫降地點，導致失事	飛機相關人為相關
1969/12/22	遠東	DC-6 B-2005	客運	越南芽莊（巡航）	6（地面19亡）	空中發生爆炸，液壓系統失效，落地後反槳及氣煞車失效，飛機出跑道衝入民宅後起火焚毀	飛機相關
1970/02/21	遠東	DC-3 B-243	貨機	臺北東南方姆指山（爬升）	2	左發動機故障馬力消失，高度下降向左偏，駕駛員處置失當致使飛機下墜撞擊姆指山	飛機相關
1970/08/12	中華	YS-11A B-156	客運	松山機場西北方福山（最後進場）	14	進場時在雷雨亂流陣風天氣狀況，可能影響操作與判斷，又未適當利用助航設施及作適當處置以致失事（撞山位置向左偏離航道475呎83°）	環境相關人為相關
1971/11/20	中華	Caravelle (SE-210) B-1852	客機	馬公西南方約6海里（巡航）	25	航路上爆炸後失事	場站管理（其他）
1972/09/16	大華	Hughs300 B-15104	農噴	南投縣名間鄉（巡航）	1	研判急彎失事	人為相關
1975/07/31	遠東	VISCOUNT B-2029	客運	松山機場華航9修護棚廠前（最後進場）	28	松山儀器降落系統進場中於著陸前因逢陣雨能見度轉劣，飛行員決定重飛造成升力驟減、飛機下沉向右偏出跑道外，飛機螺旋後右機翼尖撞擊地面失事墜毀	環境相關人為相關
1978/06/29	永興	PL-12 B-12108	訓練	臺中水湳機場（巡航）	1	模擬農噴航線墜地失事飛機損毀	人為相關

（續）表2-8　國籍航空公司歷年致命失事表

失事日期	航空公司	機型／登記號碼	飛航性質	失事地點（飛航狀態）	死亡人數	失事經過	可能肇因
1978/08/13	臺灣	CESSNA-206 B-11102	客運	綠島機場西北端海灘（最後進場）	1	落地重飛墜地	人為相關
1979/09/11	中華	B707 B-1834	訓練	桃園竹圍漁港外海（爬升）	6	起飛後於飛行中可能已產生不正常狀況，飛行員在不及辨別前已失去高度，最後改正不及而墜海	人為相關
1980/02/27	中華	B707 B-1826	客運	馬尼拉機場（最後進場）	5	在最後進場階段對減速板不正當使用以致產生高下沉率，最後造成在跑道頭外異常之重落地失事	人為相關
1981/06/13	臺灣	BN-2A-8 B-11108	客運	花蓮東南方W-7航路（巡航）	2	躲避颱風航路途中失蹤	環境相關
1981/08/22	遠東	B737歸航臺 B-2603	客運	苗栗縣三義鄉（巡航）	110	空中解體墜地全毀	飛機相關
1982/11/17	遠東	BELL 212 B-2311	運補	基隆357度75海里（巡航）	15	臺北松山機場起飛後未降落於基隆北方84海里探油船上	不明因素
1984/09/28	臺灣	BN-2A B-11109	客運	蘭嶼北方約七海里海面（巡航）	10	臺東豐年機場起飛後未降落蘭嶼機場	不明因素
1986/02/16	中華	B737-200 B-1870	客運	馬公機場320度方位18海里（開始爬升）	13	落地時重落地飛機跳起，重飛後失去聯絡	人為相關
1986/03/13	臺灣	貝爾212 B-11120	運補	板橋市漢生東路205號（落地）	1	機械故障迫降飛機重損	飛機相關
1988/01/19	臺灣	BN-2A B-11125	客運	蘭嶼青蛇山（開始進場）	10	天氣不佳未遵守目視規定撞山失事	人為相關
1989/06/27	永興	CESSNA B-12206	客運	高雄小港機場1海里處（開始爬升）	12	失事原因不詳	不明因素

航空安全 管理

（續）表2-8　國籍航空公司歷年致命失事表

失事日期	航空公司	機型／登記號碼	飛航性質	失事地點（飛航狀態）	死亡人數	失事經過	可能肇因
1989/10/26	中華	B737-209 B-12120	客運	花蓮加禮宛山（開始爬升）	54	起飛後撞山失事	人為相關
1991/03/28	永興	UH-12E B-12111	農噴	高雄縣六龜鄉中興村尾庄（巡航）	1	實施農噴機尾掛到鋼纜，墜入小溪邊飛機分解	人為相關
1991/12/29	中華	B747-200 B-198	貨運	臺北縣萬里鄉大湖區（爬升）	5	發動機插銷斷裂脫落	飛機相關
1992/04/10	台航	BN-2A B-11116	客運	臺東東南20海里海上（下降）	7	發動機故障迫降海上飛機沉入海中	不明因素
1993/02/28	永興	DO-228-201 B-12228	客運	綠島與蘭嶼間海上（巡航）	6	可能原因：1.駕駛員未遵守目視飛航規則，低空飛行操作不當墜海；2.超低空飛行天氣突變或遭遇亂流在無法克服情況下墜海失事	不明因素
1994/04/26	中華	A300-600R B-1816	客機	日本名古屋（最後進場）	264	1.飛行員未遵守製造商的操作程序 2.失誤操作設計的安全容忍度不足	人為相關 飛機相關
1995/01/30	復興	ATR-72 B-22717	客機	桃園縣龜山鄉兔子坑山區（開始進場）	5	510A班次目視進場於松山機場東南11.2海里撞山失事	人為相關
1995/02/27	亞太	Bell-206（直升機） B-66222	運渡	嘉義縣梅山鄉圳南村大樹腳山區（巡航）	1	欲飛渡至玉井農會，在嘉義縣梅山圳南村大樹腳山區撞山失事	人為相關
1996/04/05	國華	DO228 B-12257	客運	馬祖北竿海面（開始進場）	6	目視及GPS尋找跑道速度高度不足落海	人為相關
1997/08/10	國華	DO-228 B-12256	客運	馬祖壁山山區（開始進場）	16	目視視距不良偏離航道撞山失事	人為相關
1998/02/16	中華	A300-600R B1814	客運	桃園中正機場（最後進場）	203	降落失敗左傾墜地	人為相關

（續）表2-8　國籍航空公司歷年致命失事表

失事日期	航空公司	機型／登記號碼	飛航性質	失事地點（飛航狀態）	死亡人數	失事經過	可能肇因
1998/03/03	德安	Bell-412 B-55522	醫療	馬公外海鑽油平臺（落地）	3	平台降落失敗墜海	人為相關
1998/03/19	國華	Saab340 B-12255	客運	新竹外海6海里（開始爬升）	13	新竹外海開始爬升時墜海	飛機相關
1999/04/21	德安	BK-117 B-55502	飛渡	瑞芳山區	3	起飛時採目視飛行，經基隆後天氣轉壞，迷航撞山	環境相關 人為相關
1999/08/22	中華	MD-11 B-150	客運	香港赤鱲角（落地）	3	山姆颱風來襲降落香港翻覆	環境相關 人為相關 飛機相關
1999/08/24	立榮	MD-90 B-17912	客運	花蓮（落地後滑行）	1	落地後客艙起火	人為相關
2002/05/25	中華	B747-200 B18255	客運	馬公外海	225	由臺北至香港途中墜落馬公外海	飛機相關
2002/12/21	復興	ATR-72 B22708	貨運	馬公外海	2	由臺北飛澳門途中墜海失事	環境相關 人為相關
2014/07/23	復興	ATR-72 B-22810	客運	馬公機場	48	馬公機場重飛失敗，墜落機場附近的西溪村	環境相關 人為相關
2015/02/04	復興	ATR-72 B-22816	客運	臺北市南港基隆河段	43	該機起飛時2號螺旋槳的自動順槳單元故障導致發動機順槳而失去動力，機長未按標準作業程序檢查，反將左邊正常運作的1號發動機斷油，以致兩具發動機皆無法產生動力，失速墜河。	飛機相關 人為相關
總計37件					1,207亡		

資料來源：作者整理

表2-9　1970～2019年國籍航空致命失事肇因統計

肇因	次數	百分比
人為相關（駕駛員、維修人員、飛航管制員、組織管人員等）	25	52.1%
飛機相關（系統與裝備、發動機、結構及性能、飛機設計）	11	22.9%
環境相關（天氣、機場設施、飛航管制與服務、白天／夜晚、地形等）	6	12.5%
其他或不明	6	12.5%
總計	48	100%

註：同一件失事可能包括兩種以上「肇因」

資料來源：作者整理

第五節　省思

　　英國廣播公司（British Broadcasting Corporation, BBC）（2000）針對「英國運輸工具」的統計資料指出，在「每延人英里死亡率」的基礎上，英國航空運輸比汽車旅行安全6倍，比鐵路旅行安全2倍，是所有運輸方式中最安全的交通方式。另根據非營利組織Archive（2001）針對全球旅行風險（The Risks of Travel）統計發現，每十億公里，火車的死亡率是航空的12倍，汽車死亡率是航空的62倍。相較之下，公車是最安全的交通方式。但就危險性來說，航空運輸是汽車運輸的3倍，公車的30倍。

　　IATA（2019a）統計2018年全球航空公司每百萬次離場的致命風險爲0.17，意味著平均每人每天搭機一次需經過241年才會發生至少一位乘客遇難的事故，而要遭遇100%致命事故則需16,581年。

　　民航運輸的成長是全球共通的趨勢，雖然近來我國民航機渦輪螺旋槳飛機失事率仍略高於世界平均值，但渦輪噴射機表現近年來都維持零失事率。

　　在瞭解這些飛安統計資料後，到底能帶給我們什麼樣的訊息？

　　回顧全球過去五至十年的失事率，我們可以發現飛機的事故率仍然

很低。但只要一兩次大型客機的致命事故發生就會成為當年最糟的頭條新聞，並突顯統計數據的高點和低點。可以說，事故少的「好」年實際上可能是安全的「壞」年。

統計數字是一個具有價值的工具，可以得出趨勢及原因分析，由過去航空災難的殷鑑，讓同樣的錯誤不要再犯。失事統計資訊也反映出當前航空業的安全水平，讓航空業必須從中思考學習到什麼。例如瞭解到不良決策是導致事故的因素，那就必須讓組織及人員能夠做出經過深思熟慮和基於風險的決策，包括對所有安全關鍵人員的聘用、訓練和能力管理，透過威脅和失誤管理技術讓作業人員提前做好計畫，以減輕事件的衝擊。

在全球所有航空從業人員的努力下，絕大多數空運旅客都能安全抵達目的地及溫暖的家中。航空業的宿命及使命就是必須不斷努力促進安全，並將安全完全融入於工作方式中，才能繼續維持出色的安全紀錄。

Chapter 3
飛航人為因素／人因工程

- 飛航人為因素
- 飛航人因工程

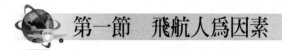

第一節　飛航人為因素

一、人為因素簡介及定義

隨著航空業的發展，空中交通愈見頻繁，而航空科技產業日新月異，各式新穎設計及優越性能集聚一身的廣體民航客機，不斷地以朝向發展高經濟效率、高速度、高載客量取勝，造就了世界一日地球村的遠景。

當人類沉緬於航空科技的迷思中，往往忽略了人類行為在整個航空及飛安運作體系中所扮演的重要角色。隨著航空業意識到人為失誤而非機械故障是大多數航空事故和意外事件的主因，「人為因素」（human factors）這一術語也越來越受到關注。

人類號稱萬物之靈，但終究也不過是活在陸地上的一種動物，聰明的人類發明了飛行器進入空中，翱翔天際。但不管心理或生理，永遠比不上天空的原住民——鳥類活在三度空間的靈巧，此種先天上的差異造就了人類飛行在第三度空間的缺陷。

兩千年前，古羅馬雄辯家西塞羅（Marcus T. Cicero）說過：「犯錯是人的天性」，但在今日科技社會大規模人—機器—環境的互動系統中，人為失誤機率必然倍增，畢竟人不是機器、電腦，人為錯誤發生不僅在日常生活中常見，在航空史上，更是造成多起重大事故的主因之一。

「人為因素」是一個跨領域的科學或技術，融合了心理學、工程學、工業設計、統計學、作業研究和人體測量學。這個術語涵蓋了理解人類能力屬性的科學，將這種理解應用於系統和服務的設計、發展和部署，以及確保人為因素原理可以成功應用於飛航相關工作環境的藝術。

國際民航組織（ICAO, 1998）將人為因素定義如下：「人為因素是透過系統化地應用人為科學來最佳化人與其行為間的關係，並將其整合到系

統工程的架構內。」（Human Factor is concerned to optimize the relationship between people and their activities, by systematic application of human sciences, integrated within the framework of system engineering）

美國聯邦航空總署（FAA, 2005）發布9550.8A指令（order），定義人為因素如下：「人為因素是一個需要跨領域合作以產生及彙編有關人為能力與限制的資訊，並將之應用於設備、系統、設施、程序、工作、環境、訓練、聘用及人員管理，以創造安全、舒適及有效的人為表現。」（Human factors entails a multidisciplinary effort to generate and compile information about human capabilities and limitations and apply that information to equipment, systems, facilities, procedures, jobs, environments, training, staffing, and personnel management for safe, comfortable, and effective human performance）

交通部民用航空局（2004）對「人為因素」則定義為：「人為因素是一個跨學科的複合領域，其宗旨在提升人類績效，並減少人為錯誤。該領域涵蓋了行為與社會科學、工程學，以及生理學。這門應用科學所研究的主題是人與人之間以及人與機器之間的合作與協調，對象則包括個人與團隊。眾所皆知，不當的系統設計或操作訓練，會導致個人的人為錯誤，進而降低系統績效。此外，組員工作（crew tasks）的不當設計與管理，則會導致團體錯誤並進而降低系統績效。」

我國「航空器飛航作業管理規則」（交通部民用航空局，2018）第一章第2條第七十九款對人為因素原則之定義：「指經由適當考量人為表現，應用於航空產品之設計、檢定、訓練、操作、維護、修理等，及追求人與前述相關系統組件間之安全介面原則。」

根據美國波音公司1959～2017年間全球民航噴射機飛機全毀及致命失事（hull loss and fatal accidents）統計發現（Boeing, 2018），在1959年最初的十年內，失事率有非常顯著的降低，那是由於飛機結構、系統、裝備、動力、操控以及地面基礎架構的改進。而近三十年來，當失事率降低到接近谷底時，卻不再繼續下降，而穩定地維持每百萬次離場一至二次間的失

事率。這種無法達成飛航零失事的關鍵，主要在於人爲因素的瓶頸一直無法突破。

我國「國家運輸安全調查委員會」（2019）統計2008～2017年民用航空運輸業飛機飛航事故原因分類中，與人相關之飛航事故所占比例50.0%最高，其中45.2%與飛航組員有關，4.8%與其他人員如維修及飛航管制人員有關。雖然許多飛機失事並非僅僅是單一因素造成，其可能伴隨機件故障、航管錯誤或天候惡劣等間接因素，但飛航組員往往是失事錯誤鏈中環環相扣的最後一道環節，通常難辭其咎。

安全是一項整體的工作，飛航「人爲因素」是航空安全重要之課題，航機在複雜的運作過程或環境中，每一方面都牽涉到「人」的因素。「人爲因素」分析研究，經系統化的資訊蒐集、彙整，藉以掌握人的特性，並應用系統工程，將人與人、環境、系統、法規、訓練間的互動做一有系統的整合，以創造極大化的產出與成果，而其目的即求能消弭人爲失誤的產生，進而降低失事率。因此，民航界「人爲因素」的研究與教育，是確保航空安全策略中最具經濟與效益的運用方案。

人爲因素的研究源起於十九世紀末的工業革命，萌芽於第二次世界大戰。大戰期間軍備生產工廠廣泛應用人體工學的特性來改善生產線的效率，以達成生產目標。

1972年12月29日，東方航空401號班機洛克希德L-1011-1三星式客機墜毀在佛羅里達大沼澤地，造成101人死亡。調查表告發現當時飛機下降前因鼻輪指示燈故障，組員於待命空域執行檢修程序，三位駕駛員都過於注意此一小故障，而忽略了高度不斷下降之警訊。

航空界於1975年由荷蘭航空（KLM）的Frank Hawkings機長揭開了航空人爲因素研究的濫觴。諷刺的是，之後兩件因人爲失誤所造成的重大失事，其中一件全球最大空難的涉事者卻也是荷蘭航空：1977年3月27日於西班牙屬地特內里費（Tenerife）機場發生荷蘭航空B747客機在未獲塔臺許可情況下起飛滾行，撞及在同跑道上反向滑行的美國泛美航空B747客機，共造成583人罹難，爲航空史上最慘烈的空難；而1978年12月28日美國聯

合航空DC-8客機於波特蘭機場進場時，四具發動機都因燃料不足而熄火，造成2名機組人員和8名乘客死亡，23人重傷。美國國家運輸安全委員會（NTSB）調查發現機長未能正確監控飛機的燃油狀態，及回應低燃油狀態和其他組員對於燃油狀態的建議，導致所有發動機的燃料耗盡。他的失誤是由於專注於起落架故障和可能的緊急情況準備。其他兩位飛航組員也未能完全理解燃油狀態的危急程度或將其關注的事項傳達給機長。

　　上述1970年代的三起重大失事開啟了之後航空業對於「人為因素」及「組員資源管理」（Crew Resource Management, CRM）的重視。

　　航空界較關切的人為因素項目有：人類基本能力與限制、人員甄選與訓練、人類的行為與表現、人為失誤、認知、狀況警覺及決策過程、飛機操作系統、儀表設計、人體工學、駕駛艙配置、人機介面、自動化系統的影響、人與人溝通及操作手冊等。另外，也注意飛航組員生理因素，包括：睡眠、疲勞、壓力、生理作息週期、心臟血管疾病、失能、缺氧、空中減壓、暈眩、空間迷向、錯覺等與飛行安全息息相關的議題，甚至更考量航空公司安全、管理及組織文化的影響等。

　　國內外目前在探討人為因素的同時，其對象多半侷限於飛航安全最後一道防線——「操作者」的角色。但一位線上的操作者，不論是飛航組員、航管人員、簽派員或是維修人員，都是民航體系下的一分子，這個體系包括了政府政策及法規、標準作業程序、查核、航空公司文化、管理及制度、證照、訓練及資訊等，無一不是人為因素中極為重要的一環。當這個環節有失誤或不完整，都會直接或間接影響第一線操作者的表現，因為這都是航空系統組織中的一部分。

　　為了減少人為失誤的發生，航空業及學者因此針對飛航組員發展了組員資源管理（CRM）模式，維修人員也發展了「維修資源管理」（Maintenance Resource Management, MRM），飛航管制員更發展成為「團隊資源管理」（Team Resource Management, TRM），機坪人員則發展「機坪資源管理」（Ramp Resource Management, RRM），目前都已普遍應用在航空業界，也獲得了不少成功的經驗，在減少人為失誤上貢獻良多。

「人為因素」正是目前提升飛航安全的重要課題與航空核心的科技之一。以下茲以航空業界較常探討之人為因素範疇作一說明。

二、人為因素範疇

(一)飛航駕駛員之個性

1.個性特徵會影響飛航組員的表現：飛航組員正面、負面的性格，與其在飛行環境中的行為表現有相當的關聯。

  (1)正面性格：

- ·飛機操控方面：對於飛機、生命事件等，能有處之泰然的態度；即使不能控制，也假裝能控制。
- ·保持情感距離：特別是男女關係的問題。
- ·鎮定：能忍受生理上的影響，有承受緊繃壓力的極限能力。
- ·有組織能力：對事情較有魄力。

  (2)負面性格：

- ·被動。
- ·驕矜自滿。
- ·忽視熟悉的事物。
- ·過度重視程序。
- ·需要正面的回饋。

  (3)女性飛行員的平均個性特徵與男性飛行員的平均個性以外形最為相似；女性飛行員的「女性特質」傾向與她們的求生本能趨使她們越來越像男性。

2.人與人衝突主因在於監督者與管理者個性因素的影響。

3.防止個性衝突的方法為盡量在地面排出時間來解決衝突，而非到了空中才解決。

(二)疲勞

　　現今的民航客、貨機航班密集，飛航組員的任務往往因地面及天候因素有所延誤，而國際線班機往往都必須飛越換日線，以致飛航組員的工作日夜顛倒，輕者造成人員疲勞，重者則成飛安隱憂，一位疲憊的飛航組員往往變得比一個機靈的飛航組員還自滿。

◆疲勞定義

　　「疲勞」是指體力的耗盡或來自非身體或智力的運作，造成身體緊張導致力竭疲憊（如來自缺氧症、動作不順或情緒緊張），進而使身心活動表現低落。疲勞也可被視為休息不足的一種情況反應，以及與流離失所或生物節律受到干擾相關的一系列症狀。

◆疲勞的原因

　　1.行為上：飛航組員休息不夠、睡眠不足或錯過用餐時間。
　　2.生理上：生理時鐘錯亂。
　　3.身體上：過度的肌肉或身體活動。
　　4.心理上：過度的心智（用腦）工作量。
　　5.情緒上：擔心、枯燥、挫折、焦慮。
　　6.環境上：噪音、震動、重力、高溫、濕度、駕駛艙設計、缺氧等。

　　以上六者可能因情境不同，而交互影響或同時出現。

◆影響疲勞的因素

　　1.先前休息的質與量不足。
　　2.先前活動的性質，如過於激烈的運動。
　　3.生理與情緒之壓力。
　　4.疾病、宿醉等身體狀況。

5.年紀。

6.個性、刺激。

◆疲勞的分類

1.暫時性疲勞：最常見的疲勞是經由過度的身體或心智的活動所引起的，只要在一定的工作量後就有可能發生，由於其時間短暫，通常只要適當的休息即可恢復。

2.累積性疲勞（慢性疲勞）：由於前一次疲勞尚未完全恢復，或長期處於憂慮、壓力、睡眠不足或過量工作所引起，需要更長的休息時間才能恢復，症候包含失眠與健忘症等。

◆疲勞對飛航組員的影響

1.時間感的破壞：對客觀現象延續性和順序性的感知分不清。

2.知覺的扭曲：對外部世界正在發生的事物完全違反原本的心理、情緒及習慣。

3.減少反應與下決定的時間：疲勞時，反應會變得遲鈍，也容易讓小問題鑄成大錯。

4.對最近事件記憶的減少：例如會立即遺忘剛剛飛航管制員的指示，或聽見另一組員呼叫，卻忘了或沒有任何回應。

5.注意力縮小：會變得只專注一件事，而無法同時應付許多操作，更無法為即將發生的事情預作準備或預防。但同時還可能掛慮著駕駛艙以外的事，諸如：憂慮體檢報告情況或與家人爭吵等。

6.容易發怒：情緒易失控。

7.容易犯錯：會犯一些不該犯的小錯，做出簡化的操作或甚至遺漏正常操作程序的執行，以及不知道如何應付面臨的問題，也容易被次要的事情影響而分心。

8.手腳協調力變差：可能會變得腦與手的距離很遠，反應變得遲緩。儀器飛行也會飛得不精確。

9.喪失主動能力：對自己的操作標準變得過度在乎，但卻不易察覺別人犯的錯誤。

10.有接受較低標準的工作趨勢。

◆疲勞與航空器失事

失事最常發生在下列的飛航組員身上：

1.失事前二十四小時內睡眠少於四小時。

2.或在此之前持續醒著有二十或二十小時以上。

3.統計顯示，一天中最危險的失事時段：直昇機失事最常發生在00:00～08:00時段；第二危險時段為21:00～24:00。

4.對所有飛機而言，失事最常發生於18:00～24:00；其次為15:00～18:00。

5.連續二十四小時內已經工作十或十小時以上的飛航組員，與工作少於十小時的飛航組員相比，前者較容易犯錯而導致失事。

◆二十四小時律動：全天的生理時鐘──人類的二十五至二十七小時週期

生物體因適應環境之日夜週期變化，而有相應之體溫、血壓、脈搏、呼吸、心跳、內分泌、代謝、消化、知覺的敏感度等超過一百種不同身體功能的變化，影響個體嗜睡與清醒的程度，稱為「晝夜節律」（circadian rhythm），簡稱為「生理節律」或「生理時鐘」。

對大多數人而言，生理時鐘在半夜三點到六點是嗜睡的最高峰，而在六、七點開始清醒的程度漸漸升高，早晨醒來後兩個小時身體狀態是最佳的，其次是午餐後。假如吃了豐盛的午餐，用餐後的效應大多數人是想睡的。另一個顛峰在下午三點半，然後身體狀態曲線下降，約在清晨五點半降到最低點（大部分的人此時已熟睡）。這個清醒與嗜睡的週期也影響到人的注意力、警覺程度、判斷力等認知能力，也相對影響到工作表現或是安全。

◆穿越換日線的失調──生理時鐘失調

　　當人們搭乘噴射客機旅行穿越時區，生理時鐘會仍保持原出發地的狀態，而造成與環境作息不能同步現象，稱之爲「飛行時差」（jet lag）。

1. 往西旅行：引起生理時鐘一段時間的延遲（內部時鐘將自動延遲睡眠）。
2. 往東旅行：引起生理時鐘加速，因爲往東旅行時間縮短。

◆生理時鐘失調的症候

1. 身體方面：失眠、便秘、食慾改變。
2. 行爲方面：疲倦、焦慮、沮喪、憂鬱、因疲勞而表現失常。

◆戰勝疲勞及調整時差之方法

1. 暴露亮處：關鍵時間暴露在類似陽光的亮處，可以暫時地關斷生理時鐘；當個人體溫維持在最高的狀況，連續三天有五次暴露在亮光下一小時，將會使他們的生理時鐘超前十二小時。
2. 於人體每天體溫最低時段，運用適當層次的亮光模擬日出或亮光停在一固定物上，將會使生理時鐘幾乎停止。
3. 若要維持在原有的生理時間，則必須在原生理時間該睡覺的時候，找一間昏黑的房間睡覺。
4. 若要適應新時區，可在出發前使用昏黑、安靜的房間來嘗試改變「睡覺─清醒」週期。
5. 改變飲食，使用抗時差飲食法。
6. 身體方面的運動：精力充沛的活動，而非「長時間」的運動，才有助於睡眠。
7. 自體訓練與生物回饋：鬆弛技巧可幫助戰勝壓力，有利於睡眠。
8. 藥物使用──「褪黑激素」（melatonin）是人體腦下垂體中的松果體所分泌的一種荷爾蒙，它會隨著人體的生理時鐘而分泌不同的濃

度，當眼睛感受到周圍的天色黑暗時，這種荷爾蒙就會開始分泌，通常在夜晚睡覺時濃度會達到最高，清晨醒來它的濃度又會慢慢的降低，是人體一種幫助睡眠的荷爾蒙，目的是使內臟器官獲得充分的休息。目前口服的褪黑激素大都由動物的松果體中萃取，主要是用來調整時差，許多飛航組員常服用此劑來減緩時差的干擾，除了在國內被列為鎮靜安眠藥的管制藥品外，另一方面對飛航安全的影響尚待評估。

◆與疲勞有關之飛航組員派遣

　　飛航組員勤務派遣應儘量減少暫時性及累積性兩種疲勞之發生，並於勤務完畢後給予適當的休息時間。飛航時間的限制，主要目的是為了避免飛航組員因為疲勞而影響飛行安全，航空公司依其公司政策、勤務特性及安全需求訂定相關之規定。飛航組員應隨時注意自己的疲勞程度，充分利用休息時間，避免在疲勞狀態下執勤。

　　國際民航組織（ICAO）於2011年6月正式將「疲勞風險管理系統」（Fatigue Risk Management System, FRMS）納入「國際民航公約」第6號附約——航空器作業（Operations of Aircraft）中，並於2011年12月生效。FRMS是一個以科學知識方法、結合飛航資訊與實際飛航作業經驗的疲勞管理系統，使航空公司能夠在安全、營運績效與成本間取得平衡，並在維持同等甚至更高之安全水準情況下，提供更大的營運彈性。它的主要目的是在維護飛航安全的前提下，解決「飛航時間」（Flight Time Limitation, FTL）和「飛航執勤期間」（Flight Duty Period Limitation, FDL）的時限性法規不足、減少組員疲勞發生機會、增進飛航作業效率及航空公司生產力。

(三)壓力

◆壓力的定義

　　「壓力」是環境與個人主觀需求不平衡而產生的心理現象；壓力來自人和環境交互作用的結果，且可能與心理、行為和生理產生的後果相關

聯。而「工作壓力」則是指個體在工作環境中，面對刺激事件，而使個體心理、生理產生難以負荷的狀態。

　　壓力不一定是負面的。壓力可讓人處於警戒與隨時準備行動狀態，也有所謂的最佳壓力的狀態。

◆壓力的來源

　　1.環境：溫度、氣壓、震動、噪音、濕氣、能見度、刺眼強光等。

　　2.人與人間：高、中、低三個階層間的人際關係問題。

　　3.個人：疲勞、未進食、生病、受傷。

　　4.私生活：家庭健康、婚姻及財務問題。

　　5.組織：由人事裁減、升遷延誤、工作壓力、操作速度所引起的混亂。

◆不適當的壓力反應

　　1.內向者：將挫折轉往內心深處變成「自我毀滅」；但不一定會有明顯的自殺傾向。

　　　(1)「自我毀滅」行為：喝酒、抽菸、暴食、濫用麻醉品。

　　　(2)「冒險」行為：惡劣天候起飛及落地、酒後執勤。

　　2.外向者：侵略、外向的個性——將挫折對外轉變成侵略行為。

　　　(1)激烈的外在行為：爭論不休、問題出在自己卻責備他人、人際關係困難、最近個性明顯地改變。

　　　(2)酒精：傳統上飛航組員的壓力反應可能導致酒精濫用。

◆不當的壓力反應徵候

　　1.身體方面：

　　　(1)疲勞：睡太多、體重暴增或減少。

　　　(2)生病：心悸、過敏、關節炎、哮喘、便秘、反胃、痢疾、頭昏眼花、頭痛、高血壓、消化不良、失眠、胃潰瘍、嘔吐。

　　2.行為方面：

(1)自我防禦機構：否認並表現出懷疑、妄想、防禦的舉止，過度敏感到吹毛求疵、自大、敵意、愛爭論的行為。

(2)工作上常缺席、動作慢、個人衛生習慣不良、厭惡接受責任、未能如期完成工作、忽略細節。

(3)與失事相關：缺乏狀況警覺能力、判斷錯誤、注意力不集中、精神渙散、粗心。

3.情感方面：

(1)冷漠：憂鬱、喪失自尊、退縮。

(2)焦慮：恐懼症、妄想症、敬畏、恐懼。

(3)生氣：暴怒、激動、易怒、喜怒無常。

◆壓力因應

1.組織：訂定目標優先度、實際地自我評量、採用時間管理。

2.嘗試改變環境，如發展新的興趣或加入社團。

3.RED組合：休息（Rest）、運動（Exercise）、減重（Diet）──去除身體內的廢物。

4.嘗試辨別各種徵候。

5.學習放鬆技巧，如深吸一口氣、慢慢吐氣、握緊拳頭再放鬆拳頭等。

6.保持幽默感、微笑或洗泡泡浴來調和情緒。

7.培養友誼，尋求支援。

8.多聽忠言。

9.解決問題。

10.自我調適，騰出時間給自己。

◆壓力和人員績效表現的關係（圖3-1）

1.壓力太小：績效表現較差。

2.壓力太大：績效表現較差。

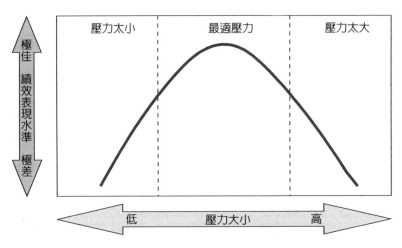

圖3-1　壓力和人員績效表現的關係

3.適當的壓力：有最佳的績效表現水準。

◆能承受高壓力者的特性

1.身體狀況佳：身體健康就是成功的一半。

2.較高程度的自我認知與自我評價的意識。

3.有信心能影響事件，甚至改變事件。

4.視變化為機會與挑戰，而不是威脅。

(四)人為失誤

◆人為失誤簡介

　　失誤／錯誤（error）是人類行為的一部分。「失誤」一詞通常意味著偏離正確或適當的行為，但實際上很難定義什麼是適當的行為，人為失誤越來越常被認定為是一種裝備設計或系統性能缺陷的症狀，而不是人本身的原因。儘管存有某些糢糊空間，但人為失誤仍然是目前能瞭解影響人類行為因素本質的重要概念。

與壓力、疲勞相關的失事案例——哥倫比亞航空052航班事故

1990年1月25日，一架哥倫比亞航空（Avianca）052航班波音B707客機，在紐約甘迺迪機場最後進場時，因為燃油耗盡，四具發動機全部熄火失事。

這架飛機在到達紐約時，先前由於天候不佳，被航管要求三次在待命航線等待長達一小時十八分鐘，造成飛航組員的疲勞與壓力。當時此班機的剩餘燃油不多，直到第三次飛航組員才呼叫塔臺「飛機低油量」，並要求優先進場落地，但哥倫比亞航空機長的母語並非英語，無法清楚說明緊急情況，他請略懂英文的副駕駛向航管單位請求在西班牙語中代表第一順位的「優先」（Priority）降落，但此術語在美國的航管人員認知上並非如此（此案中應簡潔有力的說出第一優先「First Priority」、緊急「Emergency」等字眼），且當時航管人員急於疏通因天候不佳眾多等待的班機，也未注意到此班機的油量已快耗盡。不幸的是，飛機第一次進場時於跑道頭前遭遇低空風切未能落地而重飛。待第二次進場時，燃油耗盡，飛機墜毀於機場北面10海里一處住宅區，造成組員、旅客共73人死亡，85人重傷。

美國國家運輸安全委員會失事調查報告指出，失事可能原因如下：

1. 飛航組員未能適時監控油量。
2. 飛航組員未能即時向航管反應低油量情況。
3. 航管流量管制不當。
4. 缺乏標準、易懂的航管術語以表達低油量或緊急油量情況。
5. 飛航組員的疲勞與壓力。

也許一位飛行員需經多年努力才能夠贏得一面飛安獎章，航空公司要終其一生才能夠訓練一位安全飛行員。但僅僅一秒鐘的失誤決策，就足夠造成一次重大失事。

十八世紀英國大詩人蒲柏（Alexander Pope）的精鍊名句述及：「犯錯固世人所難免，寬恕需聖者之胸懷」（To err is human, to forgive divine）；西方古諺亦云：「犯錯是大腦的缺點」；至聖先師孔子亦曾說過：「人非

聖賢，孰能無過」。

既然犯錯是人的天性，因此人類不可能期待有朝一日達到永不犯錯的境界。由於航空科技日新月異，飛機可靠度提高，機械裝備失效的比例已經大為降低，但人為失誤比例卻仍居高不下，顯然過去航空業界在降低人為因素的成效，遠不如在降低機械失誤方面的努力。

舉凡食衣住行育樂，現今人類生活總離不開高科技的各種設備，在大規模人—機器—環境的系統互動中，人為失誤機率必然倍增，畢竟人非機器、電腦，人為失誤不僅在日常生活中常見，在航空史上，更是造成多起重大事故的主因之一。因此，有必要重新深入探討人為因素中的「人為失誤」在目前高科技環境及組織結構中，對航空安全所扮演的角色。

雖然飛行本身就是一項連續不斷修正錯誤的過程，但在航空領域中，某些人為失誤卻會造成異常嚴重的後果。因此，比起其他產業，航空業對錯誤的容忍度特別低。事實上，除非有特殊的理由，人並不會故意去做違反規定的行為，犯錯的根本原因常是因為人類本身記憶力、程序能力限制、壓力、疲勞、欠缺團體動力、文化影響，以及其他生理、心理方面的先天限制等。所以，失事預防工作才會安排複訓、要求裝備警示燈、修改設備規格、推行安全提示制度、使用檢查表、建立正確的作業程序等，以減少人員生、心理負荷，彌補人類能力限制的缺口。

飛航組員為飛航的安全核心，在大部分的飛航事故中位居關鍵地位。如果組員資訊充足、判斷準確、動作及時，將可能挽救及改變大部分空難結果。

FAA統計飛行員最常發生失事的十個主要因素，幾乎全遷就於組員的失誤：

1.不充分的飛行前準備或計畫。

2.未能達到或保持飛行速度。

3.未能保持方向控制。

4.不當地改變高度。

5.未能看到和避開物體或障礙物。

6.油量管理不善。

7.飛行中錯誤的判斷和計畫。

8.誤判距離和速度。

9.地障隔離不足。

10.不當的飛行操作。

美國國家運輸安全委員會（NTSB）曾對21件肇因於飛航組員失誤的民航噴射機重大失事資料研究分析，發現有90%的組員失誤，是與「程序行為」（procedures behavior）或「決心因素」（decision making factors）有密切關聯。英國民航局（CAA, 2013）統計2002～2011年全球民航機致命失事也發現，飛航組員認知、決策與判斷占所有事故肇因中極高之比例（**表3-1**）。換言之，就是失誤即將發生前的臨界時段裡，飛航組員未能遵循操作程序或安全顧慮的決策錯誤。諷刺的是，很多錯誤是在飛機還未離地就開始了。

表3-1　2002～2011年全球民航機致命失事前十大肇因

失事肇因	比例
認知與決策──遺漏和失誤	28%
飛行技術──控制	28%
飛行技術──專業判斷不良	24%
缺乏情境察覺──缺乏對空中位置的警覺	22%
自動化或工具的使用──缺乏組員資源管理（CRM）／團隊資源管理的交互檢查及協調	21%
發動機故障──推力損失或故障	14%
認知和決策──按下即可過早的行為	10%
設計缺陷	9%
碰撞後發生火災和冒煙	8%
組員操作技術──進場過慢／過低	7%

註＊：同一事故內可能有多種原因

資料來源：CAA (2013)

　　飛航組員個人的人為失誤可歸納為下列幾項：決策考量、程序行為（飛行技術、狀況警覺、飛行經驗、協調合作、教育訓練）、陸空通訊、飛航計畫、生理狀態、組員互動等。時至今日，當有飛航事件發生時，一些影響航機操作的因素，如飛行時間（白天或晚上）、天氣因素（儀器天氣或目視天氣）等，大多先以「飛航組員」的外在互動或個人因素的人為角度調查。

　　飛航管制人員方面，近年來由於航管人員失誤而發生的飛航事件也層出不窮，如空中接近、跑道入侵（runway incursion）等案例，使得國內外民航主管機關不得不重視飛航管制人為因素與航管案件之間的關聯分析。根據美國聯邦航空總署（FAA）研究發現，因飛航管制失誤而發生的案例，很少是肇因於飛航管制單位的裝備不良，多數可歸咎於管制員的「人為失誤」（鍾政淋，2006）。

　　而飛機維修人員最常犯的十二項人為失誤包括：「溝通不良」（lack of communication）、「心理壓力」（stress）、「疲勞」（fatigue）、「自滿大意」（complacency）、「分心」（distraction）、「缺乏團隊精神」（lack of teamwork）、「缺乏主見」（lack of assertiveness）、「缺乏資源」（lack of resources）、「工作壓力」（pressure）、「專業知識不足」（lack of knowledge）、「缺乏警覺」（lack of awareness）、「積非成是的慣例」（"destructive" workplace norms），亦是造成全球多起空難事件的主因。

　　其他諸如軌道、海運、公路等運輸業，以及核能業與醫療業，也估計約有80%～95%的意外事件，都是由於人為失誤所致。

　　人為失誤一直是航空界最大的挑戰，以往針對人為失誤之預防，通常以飛航組員為主，但隨著時代的進步，飛航系統中每一個環節都有密不可分的關係。且由於日趨先進的科技以及複雜的飛航環境，科學家及航空從業人員也都注意到組織、系統、文化、作業環境對人員的影響不容忽視。

◆人為失誤與人為因素關係

　　人為因素包含廣泛，人為失誤只不過是人為因素其中的一種原因。傳統大眾、媒體對航空安全「人為因素＝人為失誤」、「人為因素＝飛行員失誤」認知的迷思，源自於早期臨床及行為心理學結合部分工程學，針對「人—機」介面互動關係所發生「失誤」的指向。

　　其實就人為因素、人為失誤與飛行員失誤的關係應為：

1.「人為因素」（Human Factors）≠「人為失誤」（Human Error）。
2.「人為因素」（Human Factors）≠「飛行員失誤」（Pilot Error）。

◆人為失誤來源

①人類行為

　　瞭解失誤的來源是預防人為失誤方法的一個重要步驟。學者Rasmussen（1986）將人類失誤形容為超出可接受工作表現的人類行為，並將人類行為分成三個等級：「技術基礎」（skill based behavior）、「規則基礎」（rule based behavior）、「知識基礎」（knowledge based behavior），就是所謂的「SRK」（Skill, Rule, Knowledge）架構。

　　以民航機飛航組員而言，飛機飛航常受限於時間、速度及空間，因此當其在面對一般與低難度的情境下，只需表現平時熟練的基本技術能力（技術基礎）便足以應付，但是遇到更進一步的危機情境時，就要應用到重視熟練及思考性的標準法規程序（規則基礎能力），等遭遇到高難度或危險情境時刻，規章及技術都無法解決時，這時就得靠重思考性的知識基礎能力。如此方能從安全→效能→效率→精準面化解所有危機，這是飛航組員較其他行業特殊之處（**圖3-2**）。

　　學者理森（Reason, 1990）則根據上述SRK架構提出「一般失誤模式」（Generic Error-Modelling System, GEMS），將人為失誤分成三類：

　　第一類「技術基礎的錯誤」（skill based error）。在作業當中非故意的失誤行為，多發生在例行性的作業，此類失誤多為「疏忽」和「遺忘」。「疏忽」是注意力失效所引起，「遺忘」則是記憶的失效所引起，皆屬於

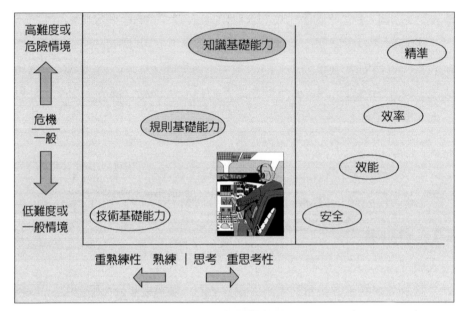

圖3-2　飛航駕駛員專業特質

資料來源：作者繪製

顯性的失誤，主要原因是在不知道、不察覺，或生理、心理負荷過重時，發生執行上的失誤或動作順序的失誤。

第二類「規則基礎的錯誤」（rule based error）。當作業人員需要應用儲存的規則去解決問題時，由於判斷或推論過程的錯誤，發生目標選擇或作業方法上的錯誤，大部分發生的情形為誤用好的規則或應用錯誤的規則。例如，飛航組員可能使用錯誤的術語或誤用術語而造成意外發生。此類作業失誤可藉由提供相關人因觀念來降低失誤。此類作業失誤可經由修正相關人員的錯誤觀念來降低失誤。

第三類「知識基礎的錯誤」（knowledge based error）。當作業人員嘗試解決不熟悉或從未發生過的情況時，由於操作人員缺乏對此情況的知識，使得認知的過程產生錯誤，因而產生錯誤的行為。因此，對相似情況或事件發生的偏見、過分自信，都會造成此種錯誤的發生。此行為層面的錯誤大多為計畫錯誤，是故對複雜系統的安全性，具有強大威脅，而且後

果嚴重且難以察覺，但是可以挽救。針對此類作業失誤，須藉由提高操作人員的專業知識來降低作業失誤。

理森在研究了幾個重大的災難之後，提出一種失事原因模式——「理森模式」（Reason Model）。理森將失誤概分爲兩種：

第一種「顯性失誤」（active error）。與系統有直接接觸的第一線人員，其不安全行爲立即顯現的不良後果。多發生在技術基礎和規則基礎的行爲層面，容易發現錯誤但是難以彌補挽救。這種不安全的行爲來自「有意的行爲」及「無意的行爲」兩類（**圖3-3**）。若將這兩類不安全的行爲再予細分，「有意的行爲」是指犯錯及違規，犯錯可能源自於「規章錯誤」下導致誤用良規或使用惡規，或由於知識不足、被誤導、濫用的「知識錯誤」；違規則來自經常性的蓄意犯規、偶爾取巧犯規及暴力行爲等。「無意的行爲」可能因爲「注意力錯失」（被干擾、遺漏、顛倒、亂緒、失時、刺激）導致的失手，或由於「記憶錯失」（忘記預定項目、緒位迷失、遺忘初衷）導致的疏忽（**圖3-4**）。

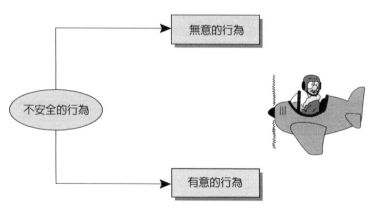

圖3-3　人為失誤分類

資料來源：作者繪製；Reason（1990）

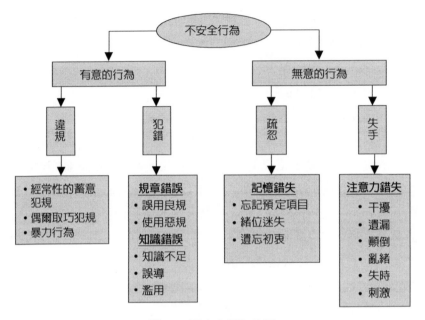

圖3-4 不安全行為分類

資料來源：作者繪製

就飛航組員來說，最常見的失誤包括：

1.故意的違規：犯規，如根據記憶來執行檢查表。

2.程序：依照程序但執行錯誤，如欲撥定設定之高度，卻撥錯數值。

3.溝通：遺漏資訊或誤解，如對航管指令的誤解。

4.熟練：知識不足，如缺乏對自動化系統的認識。

5.決策：因為決策不佳導致額外的風險，如因為不良天氣導致的無效飛行。

第二種「潛在失誤」（latent error）。潛藏在組織管理、系統設計中未知的瑕疵，直到人員的觸發才顯現出不良的後果，例如：無效的訓練、無效的溝通、不明確的責任（任務）分配。多發生在知識基礎的行為層面，對複雜系統的安全具有強大的威脅，雖然難以察覺且後果嚴重，但是可以挽救。

理森（Reason, 1990）指出，我們處在一個組織事故的時代，事故的發生是因為早已存在的潛在失誤（通常為組織或管理問題）經由第一線人員的觸發而造成。也就是說，事故的發生是由一連串的失誤組成，這些失誤很多是人員難以察覺或缺乏資訊的，要人員在事前就已察覺並改正潛在的失誤是很困難的，而且越複雜的系統導致失誤發生的原因也就越多；反過來說，能夠干預或介入事故發生的機會也就越多，因此有了失誤管理觀念的出現。人員不管在一般例行性作業或者在緊急情況下，都有可能會產生失誤，對於不同失誤的管理必須有不同的策略。

②生理及心理

　　1.急躁：欲速則不達……。
　　2.疲勞：時差、睡意正濃……。
　　3.枯燥：只有極少數的人可以在無聊至極的工作上也盡忠職守……。

③盲點及錯覺

　　「盲點」在醫學上的解釋：(1)盲點位於眼球視網膜的視盤上，是網膜上最不敏感的地方；(2)盲點處既無錐體細胞（日視及彩色），也無桿體細胞（夜視及非彩色）；(3)一旦光線投射在盲點上，便不能產生視覺。

　　「盲點」在管理學上的解釋：(1)對事物觀察無法直接涵蓋的領域；(2)思考或功能沒有涉及到的事實；(3)我們想看卻無法看到的地方或情況。

　　「錯覺」在心理學上，是指：(1)對扭曲事實或客觀真實相違背的主觀知覺體驗；(2)對真實感覺刺激的誤解；(3)錯覺並非心理失常，而是正常現象。

　　「錯覺」就管理學而言：(1)錯覺是「真實」最大的敵人；(2)錯覺是由外界刺激導引，而對真相錯誤的認知或解讀；(3)錯覺如同「熵」（entropy）般蔓延，若不即時改正，將導致管理上的大混沌（chaos）。

　　錯覺在我們日常生活中處處可見。舉例而言，在同是兩條等長的線條中，由「Muller-Lyer視錯覺」（**圖3-5**）及「Pongo視錯覺」（**圖3-6**）中就很容易被誤認為不等長。

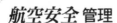
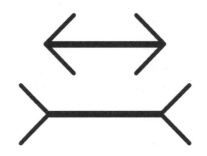

圖3-5　Muller-Lyer視錯覺

資料來源：作者繪製

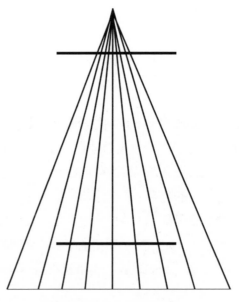

圖3-6　Pongo視覺錯覺

資料來源：作者繪製

　　個人視覺上的錯覺及盲點容易發現，但團體及管理認知上隱藏的盲點及錯覺並不容易發現，這些不易察覺的盲點及錯覺有賴群體內外共同發掘。

　　人會因爲各種不同環境下產生失誤，但在失誤的肇因上可能有根本上的差異，而同樣失誤後果也可能完全迥異。航空系統內，飛航作業環境或自然物性環境因素形成飛航作業人員的信念、意向、心態及行爲的要件，進而導致人爲失誤的產生。假如失誤過於惡化，結果則可能是飛行失事或近乎失事；假如失誤不嚴重，加上運氣佳，則可能避開危害，只造成系統紊亂或意外事件；假如失誤緩和，能立即改正錯誤，則能順利化解危機，這些統稱爲「航空系統失誤類比模式」（**圖3-7**）。

　　「航空系統失誤類比模式」源自於早期人類因社會及自然物性環境因素導致傳染病源蔓延模式，這些傳染病源誘發出疾病症狀或跡象，導致隨後的罹病死亡、罹病痊癒或無明顯症狀（**圖3-8**）。例如2003年SARS期間，全球數以千計的人喪命，有些人感染了卻能痊癒，而大多數的人也許無明顯症狀。

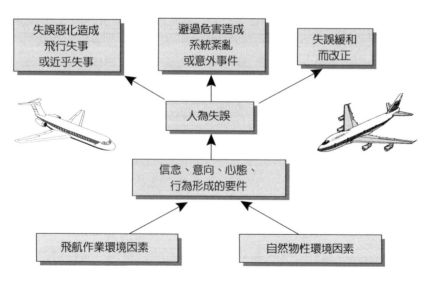

圖3-7　航空系統失誤類比模式

資料來源：作者繪製

115

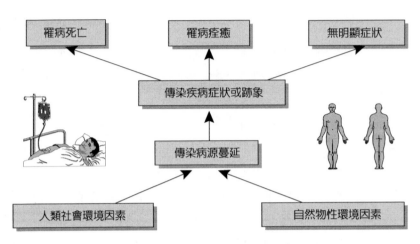

圖3-8　傳染病學蔓延模式

資料來源：作者繪製

◆人為失誤管理

①失誤管理

　　「失誤管理」是指減少失誤發生的機率，進而降低事故影響層面的管理方式。失誤管理在於管理者要明瞭「只要是人，就可能犯錯」的觀念，摒棄舊有的失誤懲罰方式，而改以接受失誤管理，以及成為一個失誤的偵測者及改正者。重點在找出什麼因素是造成飛機失事的主要原因？而不是找出誰造成了飛機失事？

　　早期的失誤管理使用「權力法」（Power Approach），企圖完全消除錯誤，調查傾向技術層次而未深入管理或組織層面，只處罰第一線人員並隱藏事實，通常是失事後，才能預防第二次失事。但現今的理論建議採用「非權力法」（Non-Power Approach），也就是溝通方式，承認失誤是人類生活中的一部分，嘗試非蓄意的失誤應適度包容，期許透過危險事件的瞭解，來避免重大失事。由於接受人可能發生失誤，因此將焦點轉移至「如何有效管理失誤」上。其有三原則、五步驟及具體做法，茲分述如下：

1.失誤管理三原則：「避免」（avoid）、「掌控」（trap）、「減輕」（緩解）（mitigate）。

2.失誤管理五步驟——ABCSS：

(1)「認知失誤」（Acknowledge）。

(2)「建立失誤防禦網」（Barriers）。

(3)「充分溝通」（Communicate）。

(4)「遵守標準作業程序」（SOP）。

(5)「保持狀況警覺」（Sensible）。

其中，在建立失誤防禦網的方法可以包括訂定政策、建立程序、確保作業流程、檢查表、自動駕駛、組員資源管理、操作熟悉度等。

3.落實失誤管理做法：

(1)信任。

(2)建立失誤的不處罰政策——但對故意違反規定的過失則採取有過受罰的原則。

(3)高層管理需允諾失誤管理政策及支持行動計畫。

(4)蒐集相關資料以掌握失誤的特性及其發生的原因。

(5)推廣管理人員及飛航組員失誤管理策略的訓練課程。

失誤管理的關鍵在於管理階層必須用一種感恩且健康的態度來看待錯誤，並且不應覺得面對它是一件失去面子的事。失誤管理不是一個澈底消弭失誤的方法，公司的每一員工，都是偵測失誤的守門員，透過目前航空公司推行的IATA作業安全查核（IOSA）、國際品質認證ISO-9001、自我督察體系、飛安督導考核、自願報告系統、飛航作業品質保證（Flight Operation Quality Assurance, FOQA）、線上安全稽核（Line Operations Safety Audit, LOSA）等作業所偵測得到的失誤資訊，可以將企業因失誤所造成的損失降到最低。

失誤管理不是萬靈丹，但如同CRM一樣，是一種預防人為因素的「黏著劑」與「潤滑液」，能有效結合空地勤組員、訓練與各項法規，

亦是增進航空安全的方法之一。

②多元資訊的失誤管理

　　人類一般的思考模式，純粹經由篩選特定資料開始，再將所得到的資訊定義，乃至於下結論產生自身的信念，最後做出行動，這種一直在反應環路中加強自己對事物及資訊認定的「信念」，是狹隘以及微觀的思考模式，極易產生偏頗，這是哈佛大學著名的管理及系統學者Chris Argyris所認為的傳統「推論式階梯」（Ladder of Inference）。特別是社會中仍有許多人、機關、團體甚或媒體，依然是活在這種未經印證的「自我創意」境域裡。

　　多元資訊管道的失誤管理是加入了觀察（蒐集資料及經驗）的「巨觀」模式從外而內多層思考（**圖3-9**）。例如，以CRM而言，最初CRM定義完全只在駕駛艙內之正、副機師、飛航工程師的「駕駛艙資源管理」（Cockpit Resource Management, CRM），後來拓展成除了駕艙組員外，包括空服組員、維修人員、簽派人員、航管人員、地面作業人員及其他直接影響飛航任務的組員，而成為「組員資源管理」，到目前演變為包括各基層、中階、高階主管乃至於整個企業的「企業資源管理」（Corporate

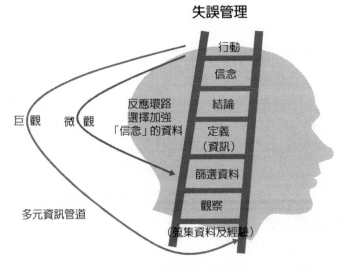

圖3-9　「推論式階梯」及多元資訊管道之失誤管理模式

資料來源：作者繪製

Resource Management, CRM），以及拓展至整個國家的「國家資源管理」
（Country Resource Management, CRM）。這種把人類思考模式從個人→群
體→組織→企業→國家，發展成強化整體環境內之良性互動關係，都是為
了在高風險的航空作業環境中，達成高效率的安全飛航任務。

　　就整個航空體系而言，多元的資訊管道也就是從廣角鏡涵蓋「周邊視
野」（peripheral vision）洞察整體航空系統的複雜狀況，最後形成見樹又
見林的藝術觀。另外，應用規劃系統各單元間的相互關聯性、影響力、因
果律及回饋環路結構，結合跨學門的共同協能，尋求治本改善的「系統動
力學」（system dynamics），可以使管理者提早對事件做出應變。

③威脅與失誤（疏失）管理

　　Helmreich等人（1999）針對飛航組員的行為和情境，發展出航空業
「威脅與失誤管理」（TEM）模式（**圖3-10**）。Helmreich等人（1999）將
飛航組員之「威脅」定義為：「威脅是由外在環境產生的事件或是失誤，

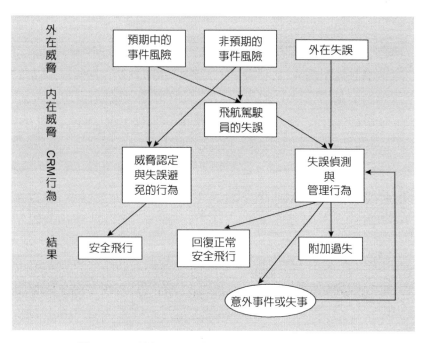

圖3-10　飛航組員之威脅與失誤管理模型（TEM）

而影響飛航組員，組員須主動管理威脅，以維持飛行安全。」「失誤管理」定義爲：「利用現有的資料去瞭解失誤的原因，並採取適切的動作，包含改變政策、程序或給予特殊的訓練，以降低失誤的發生率並降低失誤發生所造成的後果。」

可能會引起失誤的因素就稱爲威脅，威脅可以分爲獨立的兩部分：「內部」（internal）和「外部」（external），以及「預期」與「非預期」。

1.內部威脅：操作下所產生的情況。

2.外部威脅：操作外的事件或失誤所產生的情況。

3.預期的威脅：可預期的狀態，如天候不佳、軍事演習等。

4.非預期的威脅：不可預期的狀態，如發動機熄火、設備故障等。

模式中有關組員的行爲有「威脅失誤的偵測與回應」及「不期望狀態的管理」，飛航組員不單單只要管理失誤，他們也必須在操作的過程中管理威脅和不期望的狀態。

Helmreich等人（1999）重新定義「組員資源管理」的實踐過程：(1)失誤的避免；(2)威脅管理；(3)失誤管理；(4)不期望狀態的管理。

失誤隨時會發生，但是失誤的發生幾乎很少會直接造成事件或失事。在大部分的案例中，當飛機在「不期望的狀態」下（undesired aircraft state），如果組員的處理不正確（包含在疲勞狀況下處理），這些狀態可能會發展爲失事。換句話說，當不期望的飛機狀態發生時，正確地處理不期望的狀態比處理失誤還來得重要。

Helmreich等人（1999）認爲，威脅與失誤管理需先從過去的事件或失事資料與自願報告系統中的資料做分析，擷取失誤的類型與型態，並改變組織文化與專業文化，對組員的失誤採用非懲罰性的政策。在訓練的過程讓組員瞭解團隊的重要、失誤的本質與人性的限制等觀念，以提升組員的績效表現。

因此，站在預防人為失誤導致的飛安失事上，從根本消弭人為失誤的盲點及錯覺開始，並善用人因工程學的系統設計，以增加整體系統的可靠度。人與機器的可靠度增加後，便能大大減少人為失誤發生的機率。

就航空安全管理而言，由於飛安專業管理教育不普及，人們僅憑著偶爾從新聞媒體上獲得點滴的資訊、融合個人經驗，形成傳統片段而局部的思考模式，及其所衍生的治標行動，造成現今社會大眾對航空體系切割而破碎的「管道視野」（tunnel vision）。

所以，在人為失誤管理上，是要把過去放在「個體行為」（個人）的人為失誤焦點，轉變成現在以潛在的「組織行為」（集體）為主的失誤觀，也就是在看待一個因人為失誤所導致的事件時，把原本歸咎於職場第一線「sharp-end」人員犯錯的行為模式，往上溯及管理決策——「高階主管」（top level）的潛在失誤，而非把矛頭指向基層員工。

這種上從高階主管、中階主管、基層主管到基層員工一連串可能導致的失誤，便是失誤管理的範疇。因此，事件發生後被動式的「應變」（reactive）計畫也提早於事件發生前作主動式的「預防」（proactive）。

第二節　飛航人因工程

一、人因工程簡介

(一)人因工程

人因工程（Human Factor Engineering）是「一門研究將人與機器、環境以及科技的關係最佳化的科學」。也就是考量人類生理、心理能力及限制，而應用於工具、機器、系統、工作方法和環境之設計，提供使用者安

全、健康、舒適及合乎人性的環境，發揮最大工作效率和效能，並提高生產力及滿意度。人因工程是一門重要的工程技術學科，而把人因科技應用在航空產業上稱為飛航人因工程。

人因工程即是一般俗稱的「人體工學」，在歐洲及某些國家稱為ergonomics，是由希臘詞工作、勞動意思的ergon，與規則、規律意思的nomos，兩字複合而成，本義是人的勞動規律。

(二)人機系統

人機系統（Man-Machine System）是一個包括人員在內的產品系統。人必須是系統中的首要部分，因為只有人才能發動該系統，使其發揮功效。人機系統的研究就是人因工程的一部分。人因工程簡言之就是研究人機系統或是人與機器關係的科學。

二、人因工程的目標

人因科技是指在設計系統時，將「人」列為主要考慮，以增進人的表現或生產力，因此人因工程的主要目標有：

1.增進人在作業時的效率、正確性、安全性及減少疲勞與體力支出。
2.減少必要的訓練時數及費用。
3.減少特殊技術與態度的需求，而減少操作人力的使用。
4.減少因人為失誤導致之意外，以減少工期與裝備的損失。
5.增進工作者的舒適與接受程度。

三、飛航人因工程簡史

人因工程發展是自然而漸進的，可以說自人類會使用工具開始即已存在。工業革命之初，工業工程師吉爾布萊斯（F. B. Gilbreth）所發展的工作

方法論即注重利用工具、減少疲勞，以增進工作效率及安全。其後工業心理學家的加入，更使心理因素成為考量設計的重點。

1950年代，美國空軍將人員訓練、選拔與設計整體一併考慮，得以經人性工程的設計達到更佳的使用成效。並將行為科學家赫茲柏格（H. T. E. Hertzberg）對人體尺寸度量所得資料，作為飛機駕駛艙設計與飛行員甄選之依據。

1975年國際航空運輸協會（IATA）第二十屆技術會議宣示：人因工程廣泛的屬性及其在航空領域中的應用，仍然未被航空界重視，而這種忽略「人因」的後果，很可能引發運作上的缺乏效率或旅客的不舒適，甚至會造成嚴重的空難。

1981年國際航空運輸協會（IATA, 1981）編撰「航空公司人為因素指導原則」（Airline Guide to Human Factors），以飛航人因工程為主軸，闡述個體（individual）人員在航空體系中，生理、心理、人身量測、人身極限等「人─機」介面的互動關係。

人因工程是人機系統設計不可或缺的重要因素。至今人因工程的發展已相當輝煌，除軍事用途外，民間各種產品如汽車設計、辦公設備、資訊產品等，均將之列為主要考量。在許多國家，人因工程和人為因素這兩個術語可以互換使用，但重點卻略有不同，而人為因素的意義更廣泛，包括人為表現和系統界面，這些方面通常不被視為人因工程的主流。

四、人為因素在系統設計時之功用

在發展或設計一套產品時，必須同時考慮系統功能與人體功能兩者，方能有效設計出安全可靠的產品。由系統設計程序分析圖可知產品之設計乃根據用途需要，確定用途需要後，將系統功能作一配當，使之確定人體功能在系統中的定位。並進一步確定人員需要何種技能與知識，完成不同的工作。之後進一步分析可能的人為錯誤並分類，再據以設計操作動作以及所需各種訓練。當系統與人員合而為一時，最後再執行測試與評估，使

其達到最高的效用，而這整個過程均依賴人因工程發展的貢獻，產品才能獲得安全有效。

五、人因工程在系統安全中的角色

(一)人的本能

人為萬物之靈乃是由於人類有發達的大腦，其所反應出來的是人的本能。例如，棒球打擊手可以打中每小時128公里速度的變化球，就必須要完全而正確的揮棒動作，而揮棒動作則需手、足、軀體完好的配合，**表3-2**將人的本能與機器作一簡單比較。

表3-2　人與機器之比較

人	機器
可以偵測出偽裝的訊號	不易偵測出有雜音的訊號
遇新狀況有推論的決策能力	沒有創新或推論能力
僅能承受有限的壓力，無法持久	能承受巨大的壓力，且可以持久
整修（醫療）時需要維持生命系統	整修時關閉即可
短暫記憶不佳	短暫記憶與回憶極佳

由上述比較，可知人與機器的差異，但是機器的弱點可經科技的進步而改善，但是人的本能及弱點卻無法增進。

(二)人的極限

人的視覺僅能察覺光譜上380～760mm的光線，聽只能聽到20～20,000赫茲（Hz）的頻率，跑完100公尺需9.87秒等，都是人類生理上的某些極限。

其他與產品安全設計有關之人的極限，如手指的握力、人體各部位的

尺寸，都是必須知道的項目，在瞭解各種極限後，才能設計出安全合用的產品。

(三)人的差異

綜上所述，可知人有與生俱來的本能及極限，但是這些本能與極限都有相當的差異性，因此在系統設計時，必須考慮能適合每位使用者。這項工作如果被忽略，就會有麻煩。

例如，在設計飛機駕駛艙駕駛員頭頂上方的操作開關面板（overhear panel）（圖3-11），應置於飛行員肩部之最小上伸角度（168度）以內，若誤置於最大上伸角度（208度），則將有許多飛行員無法打開此開關。又如設計汽車駕駛座空間時，必須取最大空間，車頂空間要大於38.2公分，否則有人無法坐入其內，該汽車設計就有問題。

圖3-11　飛機駕駛艙駕駛員頭頂上方之操作面板應符合人體工學考量

資料來源：作者攝於中華航空公司A350全功能飛航模擬機

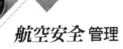

六、系統安全與飛航人因工程之應用

(一)產品安全設計概念階段

產品設計時須防止因失效誤用造成使用者傷害，亦不可有有害人體的材料，基本上應注意：

1. 勿使用有毒或易燃材料。例如1998年9月2日瑞士航空111班機墜海後，國際上禁用易燃的PET隔熱層。
2. 產品有銳利邊緣或易碎材料。
3. 移動部分易割傷或刺傷使用者。
4. 易被吞食。
5. 因接地不良而感電。
6. 使人墜地。
7. 有噪音或高溫。
8. 易灼傷使用者。

(二)目視顯示裝置的設計

顯示器是直接向操作員提供系統訊息的最主要方式。從顯示器到大腦的訊息傳輸需要過濾、儲存與處理，且要能提供導致問題的原因。為便於操作人員清晰地瞭解顯示的意義，在設計顯示裝置（**圖3-12**）時必須注意：

1. 顯示訊息的內涵、精確度、格式、故障指示，都符合操作人員的需求，不必要的訊息不顯示。
2. 位置安排：刻度要適用、顯而易見，面板要與視線垂直、不反光、防震且便於讀看，且有順序、一致、距離適中、重要性之區分。
3. 符號顯示：要便於區別、指出符號間的關係、區分重要性等級，並使

圖3-12　波音B777-300ER駕駛艙顯示面板及頭頂面板

資料來源：作者攝於中華航空公司波音B777全功能飛航模擬機

用彩色形狀、大小等技巧，同時各種符號要有一致性，避免混淆。

4.透明顯示裝置應以顯示數字訊息表示必須立刻採取行動或重要系統
狀態。

5.刻度指示裝置用以表示數量及**趨勢**，以固定刻度、移動指針較佳。

6.顯示器顯示的影像符合操作人員的需求。

7.使用大螢幕顯示器應在一組操作人員共同使用時為主。

(三)聽覺顯示裝置的設計

1.聽覺顯示裝置使用時機：

(1)顯示的訊息簡短，需要立即反應時。

(2)目視顯示太多時。

(3)習慣使用聽覺顯示訊息時。

(4)必須以聲音傳遞訊息或以聲音傳遞較佳時。

2.聽覺警告訊息：

(1)頻率在200～5,000 Hz間最佳。

(2)音調應與一般有別。

3.訊號強度：

(1)配合使用環境。

(2)勿使操作人員不適。

4.訊號特性與目標：

(1)必須可聽到的。

(2)可以引起注意及分辨。

(3)需要立即反應者應具備特殊效果。

(4)不可使用與收音機訊號、電磁訊號干擾、與其他訊號相同之頻率
　　或電碼，或隨機雜訊之訊號。

5.訊號之防護：

(1)不可干擾其他重要功能，或遮蔽別人重要聽覺及視訊。

(2)有干擾可能時，應使用不同頻道。

6.口語警告：

(1)口語警告前引起注意的訊號，口語警告應簡短，係標準語句。

(2)強度至少比環境背景高出20 dB（分貝）。

(3)口語發音應清晰成熟。

(4)要正式，必要時應加強語調。

(四)控制裝置的設計

1.一般準則。設計控制裝置時，要考慮的一般準則為：

(1)工作負荷、重力（G-force）負荷、旋轉或延遲控制的選擇等。

(2)移動方向的選擇。

(3)控制裝置的安排與分組方式。

(4)大小、色彩與形狀的選擇。

(5)控制裝置的標示方法。

(6)與手的防護手套一致性。

(7)是否為觸控方式。

(8)防止意外啟動的設計方法。

2.旋轉式控制裝置設計。

3.直線式控制裝置設計：

(1)間斷式控制設計。

(2)連續式控制設計。

(3)施力式控制設計。

(4)縮小式控制設計。

4.標示的設計。

(五)地面空間設計

1.一般要求。

2.立姿工作。

3.坐姿工作。

4.控制台。

5.梯子及出入口。

6.環境。

(六)維修作業之設計──基本要求

1.標準化。

2.特殊工具。

3.更換模組。

4.功能組合。

5.分別調整功能。

6.功能失常判別。

7.拆卸設計。

8.錯誤組合顯示。

人因工程失事案例一

　　1994年4月26日，由臺北飛往日本名古屋的中華航空公司CI-140班機，註冊編號B-1816、空中巴士A300-600R客機，於20:12:26秒通過名古屋機場外信標台後，副駕駛以自動油門實施34跑道儀降進場。在高度1,070英尺的時候，副駕駛不經意碰觸了自動駕駛的「重飛」（Take Off Go Around, TOGA）模式，此時飛機的高升力裝置——前緣縫翼（slats）及襟翼（flaps）隨即自動伸展15度，飛航導向器的油門設定也改為自動，該機隨即產生升力增加、高於下滑道（glide slope）的狀態。

　　在不知按到TOGA的情況下，副駕駛推駕駛盤（control column）讓機頭朝下嘗試要跨越飛航導向器所設定的油門及俯仰控制。為了維持下滑道，副駕駛解除了自動油門（但自動駕駛的俯仰動作並未解除）並手動減少推力，導致由自動駕駛控制的機尾水平尾翼（THS）與駕駛盤手動控制的升降舵（elevator）產生對抗。在高度1,030英尺時，組員希望自動駕駛能讓飛機回到下滑道上，於是又掛上自動駕駛。自動駕駛立即讓飛機抬頭18度進入了重飛模式（因為在十二秒前已經啟動了TOGA模式），為了重回下滑道，組員操控升降舵向下，導致自動駕駛的飛航導向器系統選擇讓機尾的水平尾翼上仰以維持重飛姿態。正駕駛（當時為監控駕駛員PM）提醒了副駕駛（當時為操控駕駛員PF）自動駕駛掛上的情況，但未立即改正。在選擇重飛模式的四十二秒後，自動駕駛又再一次解除，但飛機又繼續爬升。八秒之後，由於過大的攻角導致飛機的失速改正功能（Alpha Floor）啟動，此時正駕駛接手操作飛機並向塔臺通報飛機需要重飛，失速改正功能為了防止飛機失速，自動把油門推力加到最大，導致機首上仰至52.6度，正駕駛收回油門欲解除失速改正功能，此時空速度掉至每小時78海里使得飛機在1,800英尺失速，墜毀於跑道右邊300英尺位置。機上264人罹難，7人重傷（**圖3-13**、**圖3-14**、**圖3-15**）。

圖3-13　華航名古屋空難之剪報資料1

資料來源：作者拍攝

圖3-14　華航名古屋空難之剪報資料2

資料來源：作者拍攝

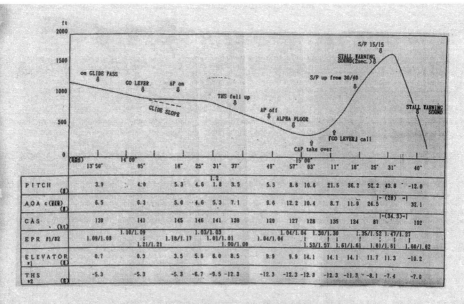

圖3-15　華航名古屋空難之飛航軌跡資料

資料來源：日本-AAIC

其中，日本飛機失事調查委員會（Aircraft Accident Investigation Commission, AAIC）調查的失事原因為：

1. 副駕駛不經意啓動了自動駕駛的重飛模式。「不經意」的原因是由於重飛鈕的設計所造成。即使是一般飛行員在正常操作油門手柄時，都有極大可能不經意地誤觸重飛鈕。
2. 當重飛模式掛上時，組員啓動了自動駕駛並繼續進場。
3. 副駕駛為了讓飛機繼續進場，遵照正駕駛的指示繼續推駕駛盤。
4. 水平尾翼的動作與升降舵有衝突，使飛機進入不正常的配平狀態。
5. 駕駛艙內沒有任何可警告或辨識系統可以直接警告組員，飛機配平位置已經達到不正常或極限的位置。
6. 正駕駛及副駕駛未充分瞭解飛航導向器模式的改變與跨越自動駕駛的功能。

7.正駕駛在繼續進場的時機判斷不佳，並遲於接手操控，導致飛機大角度的飆升。

8.在正駕駛接手操控及改正後，正駕駛及副駕駛對飛行狀況的警覺不足。

9.正、副駕駛協調合作不佳。

10.航空公司未修改A300-22-6021的服務通告（SB）。

11.飛機製造商對A300-22-6021的服務通告（SB）並未採強制性，也未告訴航空公司需要優先處理。設計及製造國家的適航機關也未把該服務通告（SB）提升至適航指令（AD）等級。

資料來源：作者參考日本AAIC報告及ASN網站整理。

人因工程失事案例二

　　2018年10月29日，一架印尼獅航的波音B737MAX 8客機從印尼蘇加諾—哈達國際機場起飛，十三分鐘後墜毀於爪哇海，機上189人全部罹難；2019年3月10日，一架衣索比亞航空波音B737MAX 8客機從首都阿迪斯阿貝巴飛往肯亞首都奈洛比途中墜毀，機上157人全數罹難。上述兩架失事客機在墜機前飛行高度驟變，證明機師難以操控飛機，懷疑是一套為避免飛機在手動飛行情況下遇到攻角（Angle of Attack, AOA）（機翼之翼弦與相對風之夾角）過高，會自行啟動幫助駕駛員壓低機頭以避免失速的「操控特性增益系統」（Maneuvering Characteristics Augmentation System, MCAS）導致。

　　美國波音公司將第四代的波音B737客機系列命名為737 MAX，分別為737MAX 7、737MAX 8和737MAX 9（取代第三代737NG系列的737-700、737-800和737-900ER），以及另兩款737MAX 200和737MAX 10型號。737 MAX更換效能更高的大型發動機LEAP-1B（直徑68英寸）使得燃油及碳排放比上一代737NG減少了14%，噪音降低，擁有更多酬載。新機最大改變在於發動機風扇葉片改採複合材料後體積變大，因此將機翼掛載發動機的位置前移並增加起落架高度，使其離地距離符合安全要求，因發動機位於飛機的重心前方，由於推力產生的向上抬頭力矩效應使得飛機機頭容易在高攻角、自動駕駛關閉、襟翼收上

及大坡度轉彎（steeply turning）時導致飛機失速。為了通過FAA認證要求，波音在737 MAX上安裝了MCAS系統。MCAS設計透過位於機身兩側的兩組攻角葉片（Alpha Vane）上的感測器來感測一旦攻角高於穩定值時，它會將訊號傳送至機尾的水平尾翼配平系統以讓機頭朝下避免失速。MCAS是一個「沉默」的主動飛控系統，設定為只有在極端情況下才會自動啟動，完全無需駕駛員操作，駕駛員也不會被告知該系統被啟動。因737 MAX的操作與737 NG系列基本相同，因此波音認為駕駛員不需就MCAS額外訓練，甚至不認為駕駛員需要知道有新增此系統，因為連737 MAX的《飛航組員操作手冊》（*Flight Crew Operations Manual*, FCOM）內都未提及，導致許多飛行員或者從737 NG系列轉訓到737 MAX的飛行員根本不知此系統之存在。

　　印尼獅航的飛航資料數據顯示，當一個攻角感測器故障時，期間多次觸發MCAS啟動，開啟飛行員與系統間的拉鋸戰，因為MCAS反覆推機頭向下，飛行員多次試圖將機頭拉回，但仍不幸墜毀。

　　人因工程設計的缺陷在於737 MAX系列的兩具攻角感測器，MCAS卻設計成只根據其中一具感測器就能啟動，如果該感測器故障而啟動MCAS，駕駛員就有可能會誤判而做出錯誤反應。獅航空難黑盒子顯示，飛機在滑行期間攻角讀數應為0度，但兩具感測器此時就出現異常，彼此相差20度。波音本應設計MCAS要能比較兩具感測器的數據差異，這樣若其中一具有狀況就能發現，或設計成飛機還在地面滑行時，就自動檢查讀數是否準確，但實際上這些有關失效安全（fail-safe）的項目卻都未能設計在系統內。

　　此外，駕駛員在每次做出手動改正後，系統可能自動重設的情況，反而讓MCAS不斷壓低機頭的潛在嚴重性遭到忽略。MCAS 能自動調整飛機水平尾翼的幅度，根據波音原始設定的數據應只有0.6度，但MCAS卻可屢屢自動調整，以獅航空難為例，每次駕駛員調回手動把機頭拉回，MCAS竟然又自動下修機頭到2.5度之多。數據越大，代表每次MCAS自動調整時，水平尾翼的轉動幅度遠遠超過設定的安全值。

　　波音終於在兩次事故後才做出改正，包括：

1.修正MCAS軟體，把兩個攻角感測器的讀數都納入考慮，如果兩者相差大於5.5度，就會認定為感測器故障，而不啟動MCAS；其他也包括讓MCAS

能移動的水平尾翼的控制量永遠小於駕駛員的手動操作量，且讓駕駛員無論在任何狀況下，都保有能覆蓋MCAS操作的權限。

2.MCAS在感測到攻角不正常後，僅會進行一次的改正嘗試，而不會持續試圖修正，這其實也就是讓MCAS不會因錯誤數據影響而持續下壓機頭。

3.在硬體上將原本只列為購機選配的攻角讀數不一致警告燈改為標準配備，一旦攻角感測器傳回的數據有異常時，此警告燈就會亮起警告駕駛員。

4.在訓練上，更新相關的訓練課程內容，著重介紹MCAS功能及特性，強化駕駛員在遭遇不正常狀況時，能更迅速有效地應對。

上述案例明白提醒人類對航空系統的安全仍負有最終責任。

歷史一再表明，在一個複雜的系統中無論多麼自動化，操作者在某些關鍵問題上都應有最後的決定權，也是系統在崩潰前的最後一道防線。許多專家強調關鍵人物在飛行操作、飛航管制和公用電力電網控制等壓力環境中的不可替代性。所以當考慮航空系統的自動化時，如果人類要高效率及安全地運作，應始終牢記，自概念階段開始到系統整合必須將人為因素考慮其中，而不是作為系統失效後的救火隊。因此，飛機上的自動化電腦系統應確保下列要項：

1.人類必須掌控。

2.要有效地掌握，必須讓人員參與其中。

3.自動化系統若要參與其中，必須告知操作人員。

4.只有在有充分理由的情況下，才能使功能自動化。

5.人員必須能夠監控自動化系統。

6.自動化系統必須是可預測的。

7.自動化系統必須能夠監控人員的操作。

8.系統的每個要素都必須知道其他要素的意圖。

9.必須設計容易學習和操作。

Chapter 4

組員資源管理

- 組員資源管理簡介
- 組員資源管理案例分析
- 組員資源管理模式

第一節　組員資源管理簡介

　　人為失誤（human error）在所有航空事件與失事的原因中，所占的比例在60～80％之間。NASA的長期研究顯示，這些事件之間具有共同的特徵。在一個多組員座艙中，飛航組員所遭遇的問題，通常和操作方面的技術問題無關；相反的，通常和不良的團體決策、無效的溝通、不當的領導以及作業或資源管理不當等問題有關。傳統的飛行員訓練重點在於飛行的技術層面、偏重於個人的表現，卻很少提及在飛航安全中同樣重要的組員管理問題（交通部民用航空局，2004）。

　　根據PlaneCrashInfo（2019）公司統計1950～2019年全球十九人座以上客機致命失事肇因分析，飛航組員的失誤（pilot error）占了所有因素的49％。由於大多數航空失事多由數種原因導致，因此這些事件的起因，係發生單純機械故障或天氣因素在先，由於飛航組員在複雜狀況下程序錯亂，降低了應有之操控能力，導致意外或失事事件，這些原因大都被報章媒體稱之為「飛航組員失誤」，但航空業稱這些為「組員可防止」（crew preventable）的事故，也就是——飛機失事是可以從人為因素預防的。

　　然而，飛機失事原因中之人為因素並非單指飛航組員而言，大都忽略了其背後所謂的「根因」（root cause），人為因素應包括與飛機設計、製造、政府監督（法令規章）、公司航機務政策、管理階層、航管、訓練及飛航組員相關的人為事項，任何一項人為因素失誤，均會影響整體安全係數。

　　由於航空事故中以人為因素所占比例較高，但實際上不可能將人為因素的誤差範圍減小到零，因為人有可能在各種情況下犯錯，特別是在壓力狀態。故國內外航空界普遍認為加強航空人員管理與訓練，乃維護飛航安全與品質中最為迫切之課題，進而提出改善人為因素之理論。

　　駕駛艙資源管理（Cockpit Resource Management, CRM）、組員資源

管理（Crew Resource Management, CRM）的概念是由美國航空太空總署（National Aeronautics and Space Administration, NASA）於1979年首次引入，透過調整飛航組員間的溝通原則提高飛行安全，今日這個概念已經進一步發展並成爲民航業教育訓練的重點。

一、組員資源管理之發展

20世紀70年代航空業發生的一系列重大失事，此類災難大都是由於人爲失誤導致。因此美國航空太空總署（NASA）開始發展一些關於航空人爲因素研究的計畫，這個計畫也導致NASA後來創建聞名的「航空安全報告系統」（Aviation Safety Reporting System, ASRS）。

自20世紀80年代初推出以來迄今，已經歷了六個世代的組員資源管理。每一代都建立在前幾代成功經驗的基礎上持續改進。1979年開始的第一代CRM應用於飛航組員的訓練課程，透過在駕駛艙資源管理的名義下有效地利用人爲因素來減少組員失誤；第二代CRM更名爲組員資源管理，用來專注於動態的團隊組合；第三代CRM實現大量內容，例如確立組織文化用來作爲民航的安全基礎；第四代CRM目標是將人爲失誤問題作爲飛行訓練的一部分；第五代CRM是尋求可以得到所有國家的飛行員認可的CRM訓練方案，失誤管理的概念應包含在大多數的訓練課程中；第六代建立在第五代失誤管理的基礎上，飛航組員不僅要處理駕駛艙內的人爲失誤，還要面對整個工作環境中的安全威脅。

以下分別介紹組員資源管理（CRM）發展迄今的六個世代：

(一)第一代CRM

1970年代，有關人員操作的人爲因素訓練開始紮根。已故的Frank Hawkins根據Edwards的SHEL模型及反駕駛艙權威梯度（trans-cockpit authority gradient），在荷蘭皇家航空公司啓動了一項人爲因素訓練計畫。

而美國航空太空總署（NASA）Ames研究中心亦提出人為因素研究計畫，於1979年贊助駕駛艙（flightdeck）資源管理研討會，在此會議上，飛航作業人為因素和理論問題被匯集一起，研究顯示大多數航空事故的肇因是人為失誤，主要是駕駛艙內人際溝通、領導和決策失效，「駕駛艙資源管理」（CRM）被應用於人員訓練的過程，訓練駕駛員能在飛航過程中，妥善運用駕駛艙內的資源、團隊合作、領導力和有效溝通來降低「駕駛員發生失誤」的機率。隨後於1980年代，NASA與德州大學聯合開發組員管理訓練教材。第一個CRM計畫由聯合航空公司於1981年發起，被稱為「指揮領導資源管理」（Command, Leadership, and Resource Management, CLRM）計畫。該計畫本身具有相當的心理性質，重點關注心理測試和領導力等一般概念，進階的人際關係行為也是一個主要焦點，但此種人際關係行為並不提倡任何類型的駕駛艙行為。

(二)第二代CRM

1986年，NASA召開了另一場CRM研討會。第二代CRM計畫開始處理與飛航操作相關的航空概念，本來是以飛行員個人為主的訓練，擴大範圍至駕駛艙成員的訓練，因此將CRM名稱中的cockpit（駕駛艙）更改為crew（組員），本質上也更朝向團隊導向的模式，訓練包括團隊建立、簡報策略、狀況警覺和壓力管理等任務。

(三)第三代CRM

於1990年代初期發展，此時CRM訓練反映了航空系統的特性，更加強調組織文化和自動化。訓練也開始著重於與技術概念、技能和行為的整合，讓團隊可以更有效地運作。CRM擴大到航空公司內的其他團體，如客艙組員、簽派員和維修人員。CRM唯一目的是專注於減少人為失誤。在此期間，進階的CRM被發展用於檢驗飛行員和訓練員本身，以解決相關的領導統御問題。第三代CRM主要目標是降低事故中的人為失誤率。

(四)第四代CRM

　　美國聯邦航空總署（FAA）於1990年大幅度改變飛航組員訓練的數量和質量，將CRM概念整合到技術訓練中，如航空公司「進階資格訓練計畫」（Advanced Qualification Program, AQP）及「線上作業評估」（Line Operational Evaluation, LOE），這使得CRM成為飛行訓練中不可或缺的一部分。AQP是一項自願性計畫，航空公司可以根據自身需求（如公司特性及機型）發展出創新的訓練，航空業者要為所有飛航組員提供CRM訓練及「線上導向飛行訓練」（Line Oriented Flight Training, LOFT）。第四代CRM訓練方向重點在於程序化與整合化，目標是解決人為失誤問題，將其作為飛行訓練的一個部分。1994年，美國空軍要求所有的飛航組員接受CRM訓練和評估。

(五)第五代CRM

　　2000年CRM訓練方向重點在於失誤管理和失誤對策，強調飛航環境中的失誤無法完全消除，但可以盡量避免。在失誤管理的架構下，強調蒐集和分析數據作為一種增進理解失誤的方法，並著重在人為表現限制的訓練。這些技術分為三個主軸：辨識及避免失誤、在發生前捕獲失誤，以及減少失誤後果。

(六)第六代CRM

　　2001年後，第六代CRM訓練方向建立在第五代失誤管理原則的基礎上，強調專業文化，確立整個飛航作業環境中出現的安全威脅，重點回復到CRM最原始的概念，源自美國大陸航空與德州大學開發的模型——「如何管理威脅以避免失誤發生」，就是所謂的「威脅與失誤管理」（TEM）概念。第六代CRM不僅要消除、避免或緩解（減輕）失誤，也要在越趨複雜的安全狀態中識別和處理系統性的威脅。

二、組員資源管理之定義

　　國際民航組織（ICAO）將組員資源管理定義爲：「有效地利用所有可用資源：人員、硬體與資訊，以達到安全與效率的運作」（CRM refers to the effective use of all available resources: human resources, hardware, and information to achieve safe and efficient operation）。

　　美國聯邦航空總署（FAA, 2002）定義：「組員資源管理（駕駛艙資源管理），在多組員配置中，對飛航組員有效地使用所有可用的人員與資源，CRM強調良好的溝通和其他人際關係技巧」（Crew Resource Management (CRM)- formerly known as Cockpit Resource Management, in multiperson crew configurations, is the effective use of all personnel and material assets available to a flight crew. CRM emphasizes good communication and other interpersonal relationship skills）。

　　我國「國家運輸安全調查委員會」定義：「指有效地運用所有可用資源，包括人力資源、硬體、資訊等的管理方式。飛航組員的正確決策是飛航安全所必需的，而所有與飛航組員之間有例行性工作關係的其他人員（簽派員、客艙組員、維修人員、飛航管制員）也可以視爲有效CRM過程中的一部分。CRM係屬於飛航組員應具備之非技術性技能，包括：溝通、決策下達、團隊建立與維持、工作負荷管理、狀況警覺等，其重要性不亞於飛航組員之飛航操作技術與系統知識。因此，飛航事故調查過程中，飛航組員之CRM表現以及航空公司所提供之CRM相關訓練皆是需要檢視之議題。」

　　組員資源管理是由組員辨識重大的威脅，提升人機介面與人際互動績效，將威脅的訊息傳遞、溝通及實施行動計畫，以避免或降低威脅的一種積極性作爲，亦即爲一項達到安全飛航有效率的非技術性訓練（non-technical training）計畫。CRM關注的是組織系統內管理資源所需的認知和人際關係技巧，而非操作設備所需的技術知識和技能，CRM也不是爲改變相關人員的個性而開發的想法，而是改變他們對駕駛艙環境中如何完成和

管理的態度。

所謂飛航組員除指駕駛艙內之正、副機師與飛航工程師等駕艙組員（cockpit crew）外，尚包括空服員、維修人員、簽派員、航管人員、地面人員及其他直接影響飛航任務的人員；所謂資源指的是包括全體空勤組員、維修人員、航管人員、航機系統、標準作業程序、緊急處理程序等軟硬體資源之手段、處置及臨機應變的能力。其中可細分為：

1. 硬體：如飛機本身與各次系統及全球定位系統（Global Positioning System, GPS）、近地警告系統（Ground Proximity Warning System, GPWS）及各種先進的飛航電子儀器。
2. 軟體：如飛航操作手冊、標準操作程序、飛航及離到場圖、飛航公告（Notice To Airmen, NOTAM）、航空氣象資訊等。
3. 人力資源：如飛航、客艙、維修、簽派、航管等人員。

三、組員資源管理之施行緣由及原則

分析過去二、三十年民航噴射客機失事及意外事件，發現大部分的事件肇因於領導統御、溝通及航機組員的協調能力不足所致。根據美國航空太空總署（NASA）的飛安報告系統，將其歸納為七個主要因素：

1. 領導不當。
2. 委派工作及責任歸屬不當。
3. 溝通不良。
4. 處分不當。
5. 優先處理順序設定不當。
6. 可利用資料未善加運用。
7. 部分事故肇因為機械因素。

美國國家運輸安全委員會（NTSB）、美國聯邦航空總署（FAA）及相

當多的團體認為標準作業程序（SOP）是其中一個重要因素，有時甚至會導致失事。調查發現許多立意良善的SOP被飛航組員及其他人員無意中及故意地忽略掉，也有是業者制定不合適的SOP予飛航組員、客艙組員、航機簽派員使用，或者是在訓練計畫中重要的SOP被全部省略掉。這些發現引發了業者與政府的共識，那就是在訓練計畫中應強調這些影響組員協調的因素，以及組員資源管理的重要性，並針對駕、客艙之間的溝通進行訓練（交通部民用航空局，2004）。

NASA與FAA持續評估對CRM訓練影響發現，經過初步訓練之後，受訓人員在組員協調與座艙管理方面的態度，的確有顯著的進步。如果訓練計畫中包含複訓並勤加練習CRM概念，那麼在模擬機進行的「線上導向飛行訓練」（LOFT）與實際飛行任務中，組員的表現都會有顯著的改善。經過CRM訓練的組員，能夠建立比較有效能的團隊，而且遭遇不正常狀況的時候，也較能有效的因應。研究同時指出，如果沒有複訓來加強CRM概念，則初訓所引發的態度改變可能會消失，並回復到原來的態度（交通部民用航空局，2004）。

因此，後來的組員資源管理架構強調下列的原則：

1.溝通（communication）。
2.工作負荷管理（workload management）。
3.決策制定（decision-making）。
4.解決衝突（conflict resolution）。
5.領導（leadership）。
6.團隊管理（team management）。
7.壓力管理（stress management）。

四、組員資源管理訓練

組員資源管理訓練並非心理學課程，亦非設計來篡奪機長之權責，最

主要的目的在於使飛航相關人員經過一系列狀況警覺、溝通技巧、團隊合作、任務配置及決策制定等課程，瞭解每個人在行為上之特質，建立團體內關鍵人物的領導統御能力，強化整體環境內之良性互動關係，達成高效率之安全飛航任務。

　　CRM的訓練是使飛航組員認知溝通與決策、人際關係、組員協調及領導等飛航安全間之關聯性，以灌輸組員資源管理之觀念。

1. 狀況警覺（Situational Awareness, SA）：係指在某一特定時段裡，能準確的感覺出對飛機或組員有影響之狀況。敏捷的狀況警覺能力，是危機意識的原動力，也是正確認知周遭情勢環境的時空變化因果事實。換言之，良好狀況警覺的能力，在於能明瞭：
   (1)已經發生什麼事（What has happened?）
   (2)正在發生什麼事（What is happening?）
   (3)即將發生什麼事（What will happen?）
   它指的是：對於重要元素感知的前因後果，例如飛航組員看到儀表顯示低油壓指示，就必須理解這個訊息的意涵，例如是否已經發生洩漏？還是一個錯誤的跡象？並且將這個狀況預測到未來轉移的資訊。
   培養良好的狀況警覺能力要素包括：豐富的經驗與訓練、對飛行的深刻體驗、良好的健康與和藹的態度、良好的駕艙管理技巧等。

2. 認識錯誤鏈（identify error chain）：指能事先辨別一連串錯誤環節之線索，如發現航務操作尚未達到預期目標、偏離標準作業程序、違反最低高度限制與作業規範等。

3. 著重溝通技巧（communication skill）：利用提議（advocacy）、徵詢（inquiry）等方式，以清晰簡潔之語氣，在適當時機發出指令，並要求回應動作，以確保在溝通過程中所有需求之傳達獲得有效之回應與接受。

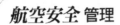

 ## 第二節　組員資源管理案例分析

兩艘正在演習的戰艦在陰沉的天候中航行了數日。有一天傍晚，海上起了大霧，能見度極差，艦長於是在艦橋上指揮一切。

入夜後不久，艦橋一側的瞭望員忽然報告：「右舷有燈光。」

艦長詢問光線是正逼近或遠離。瞭望員答道：「逼近。」這表示對方會撞上我們，後果將不堪設想。

艦長命令信號手通知對方：「我們正迎面駛來，建議你轉向20度。」

對方答：「建議貴船轉向20度。」

艦長下令：「告訴他，我是艦長，叫他轉向20度。」

對方說：「我是二等水手，貴船最好轉向。」

此時艦長已勃然大怒，他大叫：「告訴他，這裡是戰艦，叫他馬上轉向20度。」

對方的信號傳來：「這裡是燈塔。」

艦長：「!?#@&!……」

人類經常在迷濛中喪失自我，這則故事讓我們隨著這位艦長經歷了一次觀念轉移，讓他從象牙塔中脫困，觀念一旦轉移，則整個情況就會完全改觀。

組員資源管理也如同這般，組員間彼此的互補合作、人際關係、溝通技巧，以及在緊急情況下的決策判斷能力都必須靠CRM訓練。或許駕駛艙中的威權文化長久以來一直為人詬病，但在日常生活中必須認清的一點是，當艦長因為視線不良而昧於實情時，副手必須在生命的關頭上採取擇善固執，而不是等著讓錯誤發生。

「管理」是航空公司航務操作中機長的重要工作之一，駕駛艙文化雖不是那種軍隊中所強調絕對服從鐵的紀律，卻是一種自發性的自律行為。

或許有少數人透過經驗與社會制約建立起權威觀念——也就是傳統駕駛艙文化——然後經由這些觀點去看待自己在駕駛艙內的生活與人際關係。這種狹隘的觀念，很容易因為日久玩生的機械式動作產生溝通上的齟齬，因而種下日後災難的後果。

千年來，人類在某些行為上易於犯著相同的錯誤，但這些歷史的借鏡並沒有加深人們的警惕意識，相反的，錯誤卻一再地發生。以今日高科技飛機的自動化，幾乎完全改變了飛航組員在「人與機器」互動關聯中所扮演的角色。飛行員已不再是往昔單純的飛機操控者，而是整體性的飛機運作管理人。倘若一旦疏於組員資源管理，而造成的失誤如：不當的督導、過度自信的人性特質、未善盡職守、給副機師操控飛機的時機不當、自認忙中不會出錯、未善用各項檢查表、未按標準作業程序飛行、忽視其他組員工作只企圖表現「個人英雄」，以及各種匆忙草率症候群所引發的失誤，都會在環環相扣的錯誤鏈中導致危機。

組員資源管理的意涵，可以由下列失事案例中獲得印證：

一、荷蘭航空與泛美航空B747客機相撞失事

1977年3月27日，一架載滿378位旅客的泛美航空波音B747編號PA1736包機，由美國洛杉磯起飛經由紐約前往北非西岸一個以觀光及度假著名的西班牙屬地——拉斯（de Las Palmas- Gando）。另一編號KL4805荷航的B747，也是一架載著234位觀光客從荷蘭阿姆斯特丹往拉斯的包機，該機機長范納頓（Var Zanten）是一位資深的教師機師，也是荷航飛行訓練中心主任，該機的飛行計畫是在拉斯落地後，立即載運另一批同數量的旅客飛回阿姆斯特丹。由於拉斯機場當日受到暴徒炸彈爆炸威脅的影響關閉，所有的飛機都轉降至鄰近特內里費（Tenerife）島上海拔2,001英尺高的羅斯（de Los Rodeos）機場（**圖4-1**）。

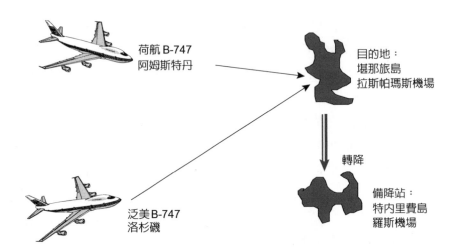

圖4-1　荷航與泛美班機目的地及備降機場

　　羅斯機場當天異常地忙碌及擁擠，以致當拉斯機場宣布開放時，停機坪及滑行道擠滿的飛機無法由經由停機坪前方的滑行道滑行至30跑道起飛等候區起飛，而必須先經過一段主跑道再切進另一滑行道至30跑道頭。

　　當時機場塔臺指示兩架B747必須由12跑道等候區，沿跑道滑行至30跑道，然後180度調頭起飛。泛美的飛機跟在荷航客機之後，但此時天氣逐漸轉壞，荷航在30跑道頭做180度調頭對準起飛方向，副機師複誦了航管指示，但機長可能只專心在他認為比較重要的事情上，而忽略了航管通話。當他們在跑道滑行時，大霧逐漸籠罩機場，能見度急遽下降，以至於很難辨認出飛機所在位置。而塔臺也在此時發出通報：「由於能見度不佳，塔臺管制員已無法由塔臺目視外物，因此後續無法提供任何滑行指示協助。」

　　依照塔臺指示，泛美客機應在第三個出口（C-3）向左135度轉彎滑出主跑道後進入通往30號跑道的滑行道滑行，而此種大角度轉彎對於B747巨無霸客機而言是很困難的。但由於塔臺管制員極重的西班牙口音，使得泛美飛行員無法完全瞭解指示內容。在泛美客機接近C-3出口前，但由於他們沒有正確地計算，所以又錯過了C-3出口並沿主跑道繼續滑行，也沒

有發現自己的錯誤。此時他們仍距跑道頭有1,500公尺遠，無法目視荷航客機。待荷航已準備起飛滾行，泛美飛機仍在跑道上滑行，兩者都未注意到。

　　在塔臺尚未完成指示前，荷航機長就已將航管許可當作起飛許可，並回答：「是的」，同時拉手煞車並微推油門使發動機穩定。待飛機鬆煞車後，副機師複誦航管許可的同時，飛機已開始加速滾行，副機師後續複的誦聽起來有些緊張及不清：「……我們現在正在起飛。」（We are now at take-off.）

　　荷航客機約在跑道上滾行約1,300公尺，於接近C-4出口的位置，轟然地撞上正在躲避撞擊全速向左偏離跑道的泛美客機（**圖4-2**）。荷航的主輪騎上泛美客機的上方，而其最左邊的一號發動機，則撞及泛美的右邊機翼。荷航的機身橫掠過泛美客機上方，但主輪則撞及泛美的三號發動機。泛美客機被撞的情況感覺並不劇烈，因此部分泛美旅客還以為是一顆小型炸彈爆炸。泛美客機上層的頭等艙及上半部機身在撞擊中全毀，機翼折斷。

　　荷航客機主輪在削過泛美機身的撞擊後，距碰撞點150公尺處又落回地面，並向前衝撞了300公尺爆炸起火。

　　兩架飛機的大火燃燒至第二天才完全撲滅，其中一個原因是荷航客機在地面等待時機長要求臨時要加滿燃油，以節省飛到拉斯機場加油的時間。消防人員從泛美飛機救回了5,000～20,000公斤的燃油。泛美機上的396

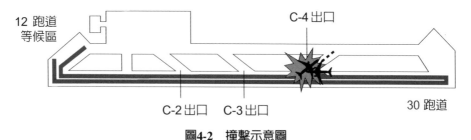

圖4-2　撞擊示意圖

資料來源：作者繪製

人，有70人逃離飛機，其中有9人後來死於醫院，共335人死亡，荷航機上的248人全部罹難。總計583人死於911事件發生前全球最嚴重的空難。

根據調查報告，本次失事主要肇因如下：

1. 因時間壓力太大，導致的「匆忙」症候群（hurry-up syndrome），且機長忽略狀況警覺。
2. 飛航組員未能即時制止機長之不當行為，僅含糊其詞。
3. 塔臺管制有疏失之處。

其他間接造成失事的重要相關因素：

1. 從整個失事事件來看，充分的證據顯示在航管通話上，有語言口音及用語上的障礙，因此降低了有效資訊的傳遞。
2. 荷航機長在荷航組員的執勤時間規定及天氣逐漸轉壞的情況下，感受到極大的壓力。
3. 泛美機長原想在跑道外待命，等待荷航起飛，但航管並未獲得這項資訊。
4. 兩架客機的組員對收聽及瞭解機場塔臺地面滑行的指示顯得有困難。
5. 一直作為訓練中心主任且德高望重的荷航機長，表現出對航管指示疏忽的「訓練症候群」。
6. 荷航組員在一次通話中，同時請求了航管及起飛許可。也可能因為如此，在只獲得航管許可下，誤解成同時獲得兩項許可。
7. 航管在給荷航的航管許可中，包含了「take-off」這個字，可能因此增強了荷航組員誤解為獲得了起飛許可。
8. 航管人員在指示荷航「待命起飛」後，未獲荷航回答，亦未做任何處置。
9. 模糊的通話，同時間發話的外插音干擾及組員觀念不當的應用，使得荷航喪失了三次放棄起飛的機會。

由這件失事引發的一系列啓示，值得後人借鏡：

1. 航管通話應求標準一致。
2. 教師機師不宜多以模擬機爲主，應保持適當的線上飛行。
3. 在航管許可中，必須注意take-off用語使用的時機。
4. 除非機場擁有良好的滑行指示燈或其他輔助裝置，再加以地面雷達功能正常，否則在能見度150公尺以下，民航機不宜滑行。
5. 飛機滑行時，應視情況打開落地燈。
6. 在換裝及定期複訓中，加強組員資源管理訓練，以強化組員合作能力，減少人爲失誤機會。
7. 飛航組員應加強CRM狀況警覺。

二、巴西航空RG254航班失事

1989年9月3日20時45分，巴西航空RG 254航班B737-200客機因燃油耗盡而墜毀在巴西Sao Jose do Xingu附近的叢林中，造成包括組員共41人生還，13名乘客罹難。該機飛航時飛航組員輸入飛航電腦的航向是270度而不是027度，經過兩小時的飛行，機長終於發現他們飛錯方向。修正爲原來飛航的路線，但爲時已晚。飛機已經偏離600海里，燃油耗盡，導致在叢林中迫降。調查單位發現飛航管制人員及飛航組員可能正在收聽巴西與智利的世界盃資格賽，未發覺飛機的航向錯誤。從此案例中，可以看到不良的CRM如何導致事故。如果機長爲他們的工作量設定優先順序，飛航組員能交互確認他們輸入電腦的數據，應該就不會發生。透過高品質的CRM訓練，團隊可以被訓練遵守程序並交互檢查彼此的工作。優秀的領導者甚至會將工作量依每個組員能力平均分配，以便獲得最佳表現。此事故中如果機長下令副駕駛按程序檢查飛航電腦，則可以防止此次事故。此外，飛航組員應禁止諸如收聽收音機導致的分心，及藉由執行巡航程序來增加注意力，以便在巡航期間獲得最佳表現。

三、華航B737花蓮撞山失事

1989年10月26日，中華航空公司註冊編號B-180、B737-200客機由花蓮機場返回臺北松山，飛機由03號跑道起飛，組員未執行起飛前提示，離場程序應該為右轉，但機長誤以為從21號跑道起飛而向左轉。飛機於700英尺，撞及花蓮加禮宛山，飛機全毀並造成組員7人、乘客47人全數罹難（圖4-3至圖4-6）。

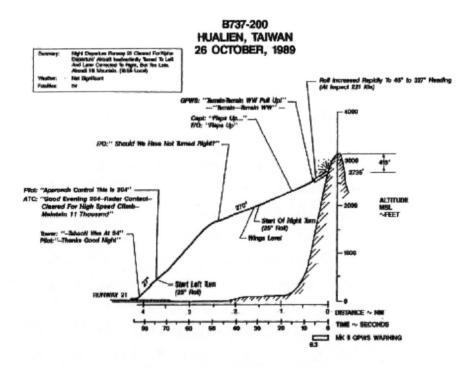

圖4-3　該機之飛行剖面圖及語音紀錄

資料來源：飛安基金會FSF，CFIT手冊

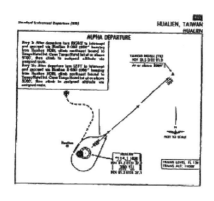

圖4-4　該機之飛行軌跡及國外媒體報導

資料來源：飛安基金會FSF，CFIT手冊

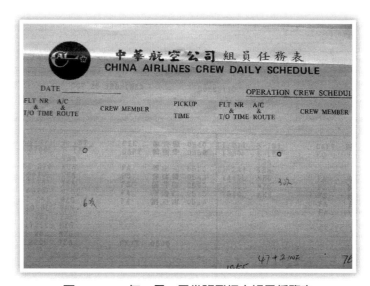

圖4-5　1989年10月26日當班飛行之組員任務表

資料來源：作者拍攝

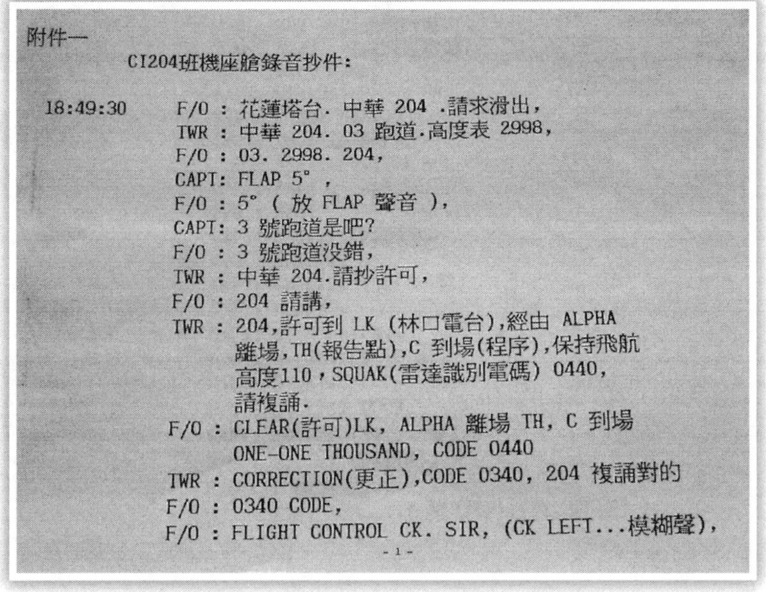

附件一

　　　　CI204班機座艙錄音抄件：

```
18:49:30    F/O : 花蓮塔台. 中華 204 .請求滑出,
            TWR : 中華 204. 03 跑道.高度表 2998,
            F/O : 03. 2998. 204,
            CAPT: FLAP 5°,
            F/O : 5° ( 放 FLAP 聲音 ),
            CAPT: 3 號跑道是吧?
            F/O : 3 號跑道沒錯,
            TWR : 中華 204.請抄許可,
            F/O : 204 請講,
            TWR : 204,許可到 LK (林口電台),經由 ALPHA
                  離場,TH(報告點),C 到場(程序),保持飛航
                  高度110 , SQUAK(雷達識別電碼) 0440,
                  請複誦.
            F/O : CLEAR(許可)LK, ALPHA 離場 TH, C 到場
                  ONE-ONE THOUSAND, CODE 0440
            TWR : CORRECTION(更正),CODE 0340, 204 複誦對的
            F/O : 0340 CODE,
            F/O : FLIGHT CONTROL CK. SIR, (CK LEFT...模糊聲),
                                  - 1 -
```

圖4-6　CI204班機失事報告之錄音抄件

資料來源：作者拍攝

此空難之CRM建議如下（張有恆，2001）：

1.加強組員狀況警覺訓練及GPWS警告之正確操作。

2.加強航空公司的CRM訓練。

3.加強航空公司對組員的駕艙紀律。

四、遠東航空客機於高雄機場降落後全毀失事

　　1993年一架遠東航空公司MD-82型客機（**圖4-7**）於起飛後，左發動機發生爆震後失效，機長請求航管目視返場，落地時衝出跑道，撞及機場東側圍牆，飛機左主輪及鼻輪折斷，左發動機全毀，方向舵及左機尾部分嚴重受損，機上9人受傷。

圖4-7　MD-82型客機

資料來源：作者拍攝

　　該機發動機故障後，飛航駕駛員未按「快速參考手冊」（Quick Reference Handbook, QRH）中有關客艙煙霧排除及飛行中發動機失效程序處置。飛航駕駛員急欲落地，但判斷失誤，飛機轉入五邊轉彎過度，且高度過高、空速過大，未遵守「近地警告系統」（GPWS）警告實施重飛，飛機超越跑道5,600英尺才觸地。

　　該機為三人派遣，當時在駕駛艙中的另一位正駕駛及右座擔任監控駕駛員的副駕駛均未適時及明確提醒左座擔任操控駕駛員的正駕駛相關程序及不正常進場情況。飛航駕駛員對交互檢查、狀況警覺、緊急應變、失誤改正及決策制定之判斷力不足。

五、俄羅斯國際航空客機墜毀失事

　　1994年3月23日，一架俄羅斯國際航空公司A310-304飛機在俄羅斯Mezhdurechensk附近墜毀，造成75名乘客死亡。飛機在機長允許他的小孩進入駕駛艙後墜毀。當這個小男孩坐在機長座位操作時，無意中將連接到控制副翼的自動駕駛裝置解除，導致飛機90度滾轉並急速下墜。副駕駛試

圖帶起機頭避免飛機失速，但終究無法挽回墜地命運。

此案例顯示了組員資源管理之問題。副駕駛同意機長允許未經授權及沒有任何飛行執照的人員來操控飛機，他知道這違反程序，但為了不冒犯機長，在他做出決定時可能受到了機長的壓力。此外，機長沒有表現出領導能力，因為他違反安全政策允許非駕駛員駕駛民航機。如果副駕駛接受過適當的CRM訓練，他會拒絕機長的做法。CRM教導一個人使用適當的溝通技巧以及自信行為來處理此種情況。從此案例中，可以得出CRM訓練能夠防止此種致命事故。

六、韓航A300-B4組員於駕艙中吵架

1994年8月10日，一架韓航A300-B4於韓國南部濟州島失事，飛機衝出跑道爆炸全毀，奇蹟似的並沒有造成人員死亡，只有9人受到輕傷，是不幸中的大幸，之後經調查單位公布座艙語音紀錄器顯示，加拿大籍機長與韓籍副機師因飛機已落在跑道中央而對是否要放棄降落起了爭執，最後飛機雖然勉強落地但卻導致隨後的災難，此件因鬥嘴造成失事的案例，使得此二位機師被警方逮捕扣押，並被控以業務過失危害旅客性命起訴。

七、復興航空ATR-72龜山兔子坑山區撞地失事

1995年1月30日，B-22717執行由臺北至馬公之單趟加班任務，19:13由馬公空機返回臺北，駕駛員於19:41報告目視機場，由臺北近場臺許可目視進場，飛航組員在19:43最後無線電通訊中告知已收到使用跑道及高度表撥定值的資訊及正在繼續進場中，21:08警察單位報告飛機已撞毀於龜山鄉兔子坑。

事件原因及CRM建議（張有恆，2001）：

1.正副駕駛兩組員協調不良，副駕駛雖指派為操控駕駛員（Pilot

Flying, PF），但副駕駛僅單純的依照正駕駛之意志飛行，而忽略操控駕駛員與監控駕駛員（Pilot Monitoring, PM）之職掌，全程均未按照《飛航組員操作手冊》（FCOM）之標準呼叫程序執行，亦未執行起飛後檢查、巡航檢查、下降檢查等標準化程序。

2.失事班次飛航未發現儀器降落系統（Instrument Landing System, ILS）接收器有異常，也無任何ILS地面設施故障情形。ILS接收到假訊號，但飛航組員未參考其他助航設施予以辨別。

3.在農曆新年氣氛下，駕客艙組員因無乘客而閒聊，逐漸失去對周遭環境之警覺。

4.飛航組員對機場附近地形狀況不熟悉。飛航組員可能在飛行中未保持目視情況而未察覺到地障。

5.GPWS未發出聲響警示飛航組員，但無法確定是已故障或被關掉。

八、韓航801班機關島失事

　　1997年8月6日，韓航801班機B747-300客機於夜間被航管導引至關島亞加納機場06跑道進場，由於關島機場儀器降落系統（ILS）更新無法使用，改採VOR/DME進場。801班機下降時比正常低了800英尺高度，並於高度650英尺時撞及海拔709英尺高之尼米茲小山，並墜毀於該山谷中，機身斷裂著火。飛機最後的位置離尼米茲山頂的多向導航太康台（VORTAC）250公尺處。

　　當晚該機以自動駕駛飛行，並超過正常的下降率。組員談到高度，其中有人並說了幾次未能目視機場，副駕駛及飛航工程師都未能大膽地說出如訓練上所教授的方法去警告機長，甚至是力持己見以放棄降落。駕艙警告聲音迅速地響起，而就在這難熬的幾秒停頓後，機長終於解除自動駕駛並準備帶起機頭。幾乎在此時，大約50海里外的另一架飛機組員，看到了前方雲內有一團紅色亮光升起。升起的紅光是此班機撞擊尼米茲小山山頂的轟然巨響，共造成機上254人中的228人罹難。這個遲疑的瞬間可能造就

兩種截然不同的命運，因爲這架巨無霸客機只要再高個幾英尺就可以安然通過這座小山。

801班機一直到失事前的那一刻，機長並未把自動駕駛解除。爲何副駕駛及飛航工程師沒有對機長提出質疑，而導致次此嚴重空難，這也是組員資源管理所要強調的要項。

九、華航CI676班機大園空難

1998年2月16日晚間8時6分，天氣能見度2,400英尺，05L跑道視程3,900英尺，裂雲300英尺，密雲3,000英尺，CI676班機由印尼峇里島返回臺灣桃園國際機場，由於順風較大下降較晚，以致飛機在05L跑道執行ILS DME進場時，高度過高。在距離跑道1.2海里時，高度仍保持1,515英尺（較正常下滑道高出1,000英尺）。機長於是決定重飛，當飛機以仰角35度重新爬升至1,723英尺時，機長收起起落架並把襟翼設定爲20度，飛機在到達高度2,751英尺時（此時飛機仰角42.7度，速度45海里）失速。

在重飛當時組員未遵照正確重飛程序，又因組員間溝通不良，專注於外型收放而忽略飛機姿態，航機進入大仰角爬升且改正不果，進入失速後墜毀。該機墜毀於05L跑道左方200英尺處的西濱快速道路附近，並撞擊機場外大園鄉沙崙村一帶民宅與一輛路過車輛，造成地面6位民眾、機上196人總計202人罹難，航機全毀（**圖4-8**至**圖4-10**）。

當時還是由交通部民航局主導的調查小組，認爲此次失事原因是由下列因素所組成：

1. 整個下降與進場，飛機比正常進場航道爲高，駕駛員未能操作航空器有效攔截正常下滑道。
2. 在重飛階段正駕駛與副駕駛間組員協調不良。
3. 因重飛後使用最大推力，飛機有急遽上仰趨勢，組員未能採取適當之制止行動，造成飛機仰角向上增加，直到飛機失速。

圖4-8 大園空難原址,原建築物拆除現已改為一家貿易公司

資料來源:作者拍攝

圖4-9 大園空難殘骸

資料來源:作者攝於空難原址對面之奇跡咖啡屋

圖4-10　華航AB6機型

資料來源：作者拍攝

對航空公司之CRM建議（張有恆，2001）：

1.對飛航組員之訓練必須重行檢討與加強。
　(1)組員間之相互合作。
　(2)對操控駕駛員與監控駕駛員職責劃分要明確。
　(3)接受指令與呼叫程序要肯定果斷。
　(4)遵守標準作業程序。
2.A300-600R機隊應落實在模擬機實施自動及手動方式重飛，以及各
　項正常與不正常操作，防止飛機進入不正常姿態。
3.應強化飛機不正常動作改正訓練，以增進飛航組員處理和改正信
　心。
4.應強化飛安文化，加強組員資源管理訓練，以增進飛航組員之間相
　互瞭解及溝通。
5.應加強飛航組員瞭解人為因素對飛行安全的重要。
6.必須落實現有的訓練及考核制度。

十、新航SQ006班機桃園國際機場失事

　　2000年10月31日晚間11時18分，新加坡航空SQ006航班，登記號碼9V-SPK，B747-400客機載有乘客159人、組員20人自桃園國際機場飛往美國洛杉磯，於象神颱風過境下，因誤闖施工中之05R跑道，起飛滾行中衝撞施工機具與設施後引發大火導致全毀，造成83人死亡及44人受傷（**圖4-11**）。

　　行政院飛航安全調查委員會（國家運輸安全調查委員會）公布之可能肇因中，與CRM相關者茲歸納如下：

圖4-11　新航空難調查剪報

資料來源：作者拍攝

1.SQ006未完全通過05R跑道頭標線區，繼續滑行至按預定起飛之05L跑道。航機進入05R跑道後，正駕駛員（CM-1）即滾行起飛，副駕駛員（CM-2）及加強飛航組員（CM-3）並未質疑CM-1之決定。

2.飛航組員未能複查並確實瞭解其在滑至05L跑道之正確路線上，包括在滑入05L跑道前需先通過05R跑道。

3.SQ006由停機坪滑向離場跑道時，飛航組員曾參考桃園國際機場航圖。然而，該機由NP滑行道轉進N1滑行道，並繼續轉向05R跑道時，三位組員均未確認滑行路徑。

4.趕在颱風進襲前起飛之時間壓力，以及強風、低能見度和溼滑跑道等情況，均潛在地影響飛航組員下達決策和維持狀況警覺之能力。

5.事故當晚，飛航組員可藉由以下資訊瞭解其所處之機場環境：

(1)桃園機場航圖。

(2)飛機航向參考資訊。

(3)跑道及滑行道指示牌。

(4)N1滑行道連至05L跑道之滑行道中心線燈。

(5)05R跑道中心線燈顏色（綠色）。

(6)05R跑道邊燈可能未開啟。

(7)05L及05R跑道之寬度差異。

(8)05R和05L跑道燈光結構差異。

(9)目視輔助系統顯示飛機未對正05L跑道左右定位台。

(10)主要飛航顯示器資訊。

6.飛航組員失去狀況警覺而由錯誤跑道起飛。

 # 第三節　組員資源管理模式

一、溝通

「溝通」為資訊、思維和感覺經過簡明清晰的表達彼此瞭解之過程。

(一)溝通過程與方法

1.需求。
2.傳達：清晰簡潔。
3.接受：聆聽、解讀、評估、行動回應。
4.回應：勿存害怕；分享資訊而非提出忠告；探究替代方案而非提供
　答案；重點敘述而非強調原因。

(二)溝通障礙

會造成干擾阻礙或降低溝通的任何事物。包括：

1.內在障礙。
2.外在障礙。

(三)維持溝通過程之方法

1.提議：
　(1)特殊狀況時，提供資訊、意見和建議以徵求對方的認同。
　(2)提升他人專業性警覺。
2.徵詢：
　(1)特定狀況時，徵求對方意見和看法。

(2)是提升自己專業性警覺的有效工具。

(四)有效溝通的準則

1.使用標準術語,通話明確,言簡意賅。

2.瞭解彼此安全相關執掌及考量彼此各階段工作內容。

3.體認因文化產生溝通上之差異,瞭解個別文化重要性。

4.避免人為因素衍生之缺失,記下重點資訊並覆誦。

5.持續進行有效溝通,確保在異常及緊急狀況下正確執行任務。

(五)落實組員任務提示

　　班機起飛前的組員簡報及任務提示(**圖4-12**),可以增加全體飛航組員對該航班相關的飛航公告、任務分配、飛行計畫、備降機場選擇、緊急程序、駕客艙溝通訊號的瞭解及複習。

　　因此,組員任務提示的落實可確保組員在整個飛航過程中彼此的溝通默契。

圖4-12　飛行前任務提示

資料來源:遠東航空提供

二、團隊建立

現今民航機都是由團隊飛行而不是由個別飛行員駕駛。隨著科技的進步,飛航任務的複雜性也隨之增加,因此團隊建立(team building)常用於航空業。飛航組員係結合不同個體爲一任務編組,在不同性格、動機、背景、問題考量下,需共同協力合作完成使命,因此明確界定相關角色與職責,則會更有效率來達成目標。團隊是由有效率組員共同合作,在面對任何飛航狀況挑戰時,會因團隊內成員不同知識、經驗與體認,將更能澈底評估問題,進而獲致更圓滿的解決方案。爲了加強飛航組員團隊工作之效率化,組員對協力合作與組員觀念必須有明確認定。

1.團隊建立要素:
  (1)目標。
  (2)參與。
  (3)溝通。
  (4)信任。
  (5)歸屬感。
  (6)多元。
  (7)彈性。
  (8)領導。
2.協力合作(synergy):整體會大於個體之總和,也稱爲綜效。例如:2+2=5。
  (1)妥善運用職權。
  (2)全體組員參與決策。
3.組員觀念(crew concept):係由個體編組團隊工作。成員必須奉獻個人專業領域所學知識,盡全力提供協助機長完成公司賦予之使命。

(1)分工明確：職務與職責上分工明確。

(2)指揮（command）。

(3)領導（leadership）。

4.認識錯誤鏈：

(1)航務操作。

(2)人為因素。

5.異議和批評之處理。

6.解決爭議之方法。

三、工作負荷管理

　　飛航組員所擔負工作量是按規定均衡分配，且必須應用所有可能運用的資源，在有效率的情況下完成公司賦予的使命，這些資源包括其他飛航組員、客艙組員以及外界資源，如公司簽派、維修與航管等支援。

1.工作分配增加效率：

(1)自動系統。

(2)人工操作。

(3)時段分配。

2.制定優先順序：明確釐定優先操作任務，瞭解主控飛機與次要工作之差異。

3.完成任務時間管理：

(1)足夠時間完成預定任務。

(2)瞭解額外工作與時間需求。

(3)判斷、決心、風險管理。

(4)認識「決策制定」（decision making）程序，在關鍵時間點迅速下達正確決定。

4.保持高度狀況警覺：

(1)為高負荷的飛行階段預先確定組員的工作（Predetermine crew roles for high-workload phases of flight）。

(2)制定計畫並分配處理問題和分心時的責任（Develop a plan and assign responsibilities for handling problems and distractions）。

(3)徵求所有組員的意見，包括客艙、航管、機務、簽派員等（Solicit input from all crew members, including cabin, ATC, maintenance, dispatch, etc）。

(4)將注意力從飛機轉移到人，不要一直固定在某件事（Rotate attention from plane to path to people- don't fixate）。

(5)監控和評估與計畫相關的當前狀態（Monitor and evaluate current status relative to your plan）。

(6)提前計畫並考慮突發事件（Project ahead and consider contingencies）。

(7)專注於細節並掃描大局（Focus on the details and scan the big picture）。

(8)製作任務中斷的視覺和／或聽覺提醒（Create visual and/ or aural reminders of interrupted tasks）。

(9)注意狀況警覺退化時的線索（Watch for clues of degraded SA）。

(10)當看到狀況警覺失效時要說出來（Speak up when you see SA breaking down）。

5.專精程度：

(1)恪遵公司頒定之標準作業程序。

(2)恪遵民航局頒定之「航空器飛航作業管理規則」。

(3)填報飛安事件，落實失事預防。

(4)表現良好之專業技術及操作技巧。

(5)表現對飛機各系統的深入瞭解。

(6)結合線上導向飛行訓練（LOFT），落實複訓，降低人為因素（圖 **4-13**）。

圖4-13　良好的組員資源管理是減少人為失誤的基石

資料來源：遠東航空公司

四、安全文化

　　「文化」是一種群體根深柢固的特性以及價值系統的總和。文化這個字眼在飛機失事調查報告裡很少被提及，而且很難證明它會是一個強而關鍵的失事因素，因為失事報告總是針對事實而論（如飛航組員、航管、航站管理、氣象、飛機設計／性能、維修等議題），不會深入探究文化的源頭。從許多失事案例來看，人們總是在血的教訓發生後才知道亡羊補牢。另一個嚴重的問題是，隨著時間的飛逝，這些事件並未烙印在每一位組員的腦海中，甚至有人對此抱持懷疑態度。

　　與人格特質一樣，文化的改變是有可能的，但需要一段長時間緩慢地完成。組織只要能確定一個以安全為導向良好的企業文化及特性，管理者便可透過設定整體價值系統來改變和改善現有的企業文化。組織內的安全文化可被視為是一套信仰、規範、態度、角色、社交與技術性做法，最主要是要最大限度地減低員工、主管、客戶和民眾對危險或危險情況的影

響，是一種促使參與者共同關注其行爲後果的態度。

　　因此，在組員資源管理的做法上，有必要將過去在駕駛艙中根深柢固的「威權文化」改變成以「安全文化」爲主的觀念，當一切都以安全爲前提下，便自然能導正不當的文化觀念。

(一)航空業的文化層次

　　就航空業內包含的文化層次（**圖4-14**），可區分爲：

1.國家文化（國家、民族、宗教、種族）：國人共享的行爲常模、態度、價值觀、習性等。
2.企業文化（航空運輸、飛機製造、銀行……）：企業內同仁間共享的行爲常模、態度、價值觀、習性及公司內不成文的規範等。
3.專業文化（機師、空服員、機務員、運務員……）：各該專業群體中同仁間因專業之特殊工作屬性而共享的行爲常模、態度、價值觀、習性等。
4.機隊文化（重型機、輕型機、國內線、國際線……）：各種飛機型

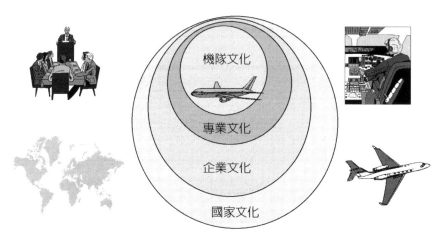

圖4-14　航空業文化

資料來源：作者繪製

別或機隊因專業之特殊技術屬性而共享的行為常模、態度、價值觀、習性、榮譽感等。

5.機師經歷次文化（軍中輔導轉業、自訓、外籍……）：各機師來自不相同的個人經歷、各自飛行經驗及背景相異，需加強文化適應（cultural adaptation）。

就因為有如此複雜的文化分類，各種跨文化間所衍生之問題也一併浮出檯面，這些包括：

1.當國家、企業、專業、機隊文化相融結合時：個體對跨文化環境中的限制不感覺困難，而其行為表現不自覺地符合各文化的要求，謂之「文化適應」。

2.只有國家、企業兩種文化相融結合時：部分專業單位在習慣、言行、態度及價值等各方面形成專業文化心向（professional cultural set），會有排拒外單位文化的心理傾向，並且個人在多種文化群體行為模式中產生失調傾向。

3.當國家、企業、專業文化極度不相融時：個人在群體中受多種文化影響，遇價值判斷或心態取捨時，會感到內心衝突，稱之為「文化衝突」（culture conflict）（**圖4-15**）。在此時期個人或小單位之行為模式常趨向「自我中心」而排拒異己。

在這些糾纏不清的跨文化問題間，管理者通常難以解決這樣複雜的關係（**圖4-16**）。因此，有必要把複雜的問題簡單化，也就是從頭再造，重新塑造出以「安全文化」來作為整體企業的目標。

(二)安全文化內涵

理森（Reason, 1997）認為安全文化包含五項關鍵要素：資訊流通文化（informed culture）、報告文化（reporting culture）、公正文化（just culture）、學習文化（learning culture）、彈性文化（flexible culture）及警

圖4-15　文化衝突

資料來源：作者繪製

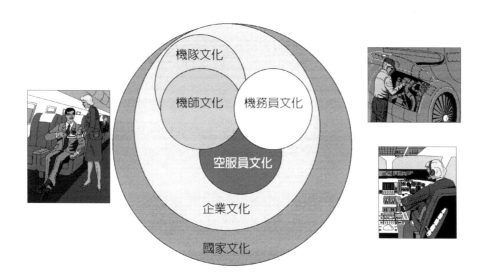

圖4-16　糾纏不清的跨文化問題

資料來源：作者繪製

覺文化（wary or mindful culture），而公正文化是所有這些要素之根本。

1. 資訊流通文化：藉由通報或公告系統將安全資訊與安全事件傳達給各單位，以提供相互學習之管道並避免類似安全事件之發生，進而提升安全水準，建立優質之安全文化。

2. 報告文化：培養一種氛圍，獎勵及鼓勵員工經由自願報告系統向上反映出對安全有疑慮之事宜，包括事件、危害、疏失或安全建議，並針對相關安全事宜提出可能解決方法及改善預防，使公司能及早因應減少損失傷害。並將後續之處理結果，回覆給原始之提供者。

3. 公正文化：將公平正義之觀念導入日常作業，安全事件之評鑑必須客觀且公正，注重事實而非意見。組織對於什麼行為是可接受的，什麼是不可接受的，存在清楚的界線，並獲得組織內普遍地認同，認為其界限是公正的，而非由高層訂定該界線。組織訂定明確的程序，決定如何處理員工的疏失與違規。並依據員工行為屬性，訂定合理的處置方式。不只安全相關事項，組織處理所有員工事務都應具公正文化。在公正的文化中，如果錯誤是無意的，那麼錯誤和不安全行為將不會受到懲罰。但是，那些肆無忌憚地行事或採取蓄意和不合理風險的人仍將受到紀律處分。

4. 學習文化：文化是學習而來的，除教育與訓練外，公司提供教育訓練並廣泛蒐集相關安全事件、法規、國際標準及國外良好之安全作業模式，透過安全資訊分享，廣泛宣導與運用，讓全體員工瞭解不安全事件發生的原因及其預防之道，使員工對不安全事件預先存有警惕之心，增進其對不安全狀況的認知並即時提報。

5. 彈性文化：組織內的人都能夠有效地適應不斷變化的需求。面對高效率作業或某些危險，組織能夠重新配置自己的文化。

(三)航空業安全文化之塑造

當論及航空業的安全文化時，管理者要學習如何把多個不安全的文

化衝突塑造成單一的安全文化和諧。這種過程在開始時會遭遇到某些方面的阻礙，甚至停滯不前，但其演進不外乎下列四期：從剛開始企業目標不明、員工士氣低落、專業文化衝突、員工缺乏向心力、全員缺乏飛安概念的「混沌期」階段；到企業目標未貫徹至基層、中階主管領導乏力、企業內仍有文化衝突、整體協能未能發揮、部分主管重視飛安的「聚合期」；其次是企業目標明確、企業安全文化整合、專業文化無衝突、發揮部分協能、全員認同飛安的「整合期」；最後則是企業目標明確、整體安全文化融合、員工士氣高、向心力強、公司發揮最大協能、全員協力促進飛安的「融合期」。

歷經了這四個階段後（**圖4-17**），和諧安全之企業文化目標才能達成：

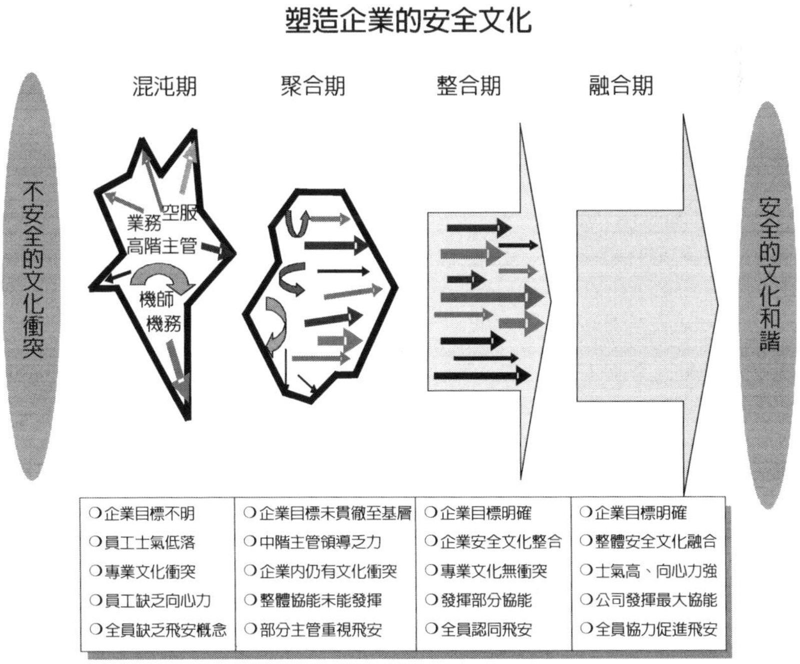

❍企業目標不明	❍企業目標未貫徹至基層	❍企業目標明確	❍企業目標明確
❍員工士氣低落	❍中階主管領導乏力	❍企業安全文化整合	❍整體安全文化融合
❍專業文化衝突	❍企業內仍有文化衝突	❍專業文化無衝突	❍士氣高、向心力強
❍員工缺乏向心力	❍整體協能未能發揮	❍發揮部分協能	❍公司發揮最大協能
❍全員缺乏飛安概念	❍部分主管重視飛安	❍全員認同飛安	❍全員協力促進飛安

圖4-17 企業安全文化的塑造

資料來源：作者繪製

1.強調飛安第一的經營理念。

2.積極務實地改善不安全作業。

3.全公司人人以飛安爲己任。

4.多向的飛安建言及反餽溝通管道。

5.安全規範是員工重要的準則及常模。

6.旺盛的員工士氣及和諧的勞資關係。

7.跨部門的飛安稽核制度及自律榮譽心。

8.全員定期的飛安訓練及隨機的飛安教育。

　　這種和諧安全之企業，其成果必然是相對的展現：安全的營運、優質的服務、快樂的員工、滿意的顧客、安心的股東。因此，航空業經營管理成功獲利的前提，便是塑造單一的「安全文化」。

Chapter 5
飛航管制與飛安

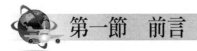

第一節　前言

　　航空運輸已成為人類社會生活的重要一部分。全球各地任何時間，空中及地面都持續著眾多航機的運作，過去數十年來空中航行量大幅增加，這種增加使得數量有限的機場及空中航路更加擁擠，空中交通管制的複雜性更高。

　　IATA（2019a）統計，2018年共有4,610萬個航班，相當於每日12.63萬，每小時5,263個航班在全球各地飛行。臺灣地區自1987年天空開放，空中航行量逐年增長，至1996年後國內線逐漸萎縮，但國際客、貨航班仍不斷成長。以2012～2018年為例，臺北飛航情報區內航路、近場及機場之管制總架次也屢創新高（**圖5-1**），加以國軍各式戰機及教練機演訓，空域擁擠情況更是雪上加霜，飛航管制事件仍有所聞，再次凸顯此敏感議題。

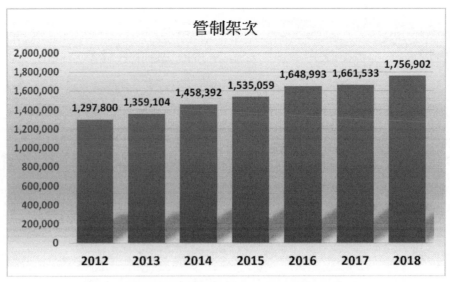

圖5-1　臺北飛航情報區航路、近場及機場管制總架次

資料來源：作者繪製

　　從飛機飛航的開始、進行到結束，每位飛航組員和乘客無時不刻都受到「飛航管制」（Air Traffic Control, ATC）的影響。這一系列安全飛航的重要過程，均有賴地面航管單位對其航線、高度、離到場之管制與掌握。

　　飛航管制最主要之目標在於提供航空器間之隔離，防止航空器碰撞，與飛航安全息息相關。依據我國「民用航空法」第2條第九款的定義，飛航管制是指「飛航管制機構為防止航空器間、航空器與障礙物間於航空站跑、滑道滑行時之碰撞及加速飛航流量並保持有序飛航所提供之服務」。

 # 第二節　飛航管制的任務及方式

　　航空器在廣闊天空中並非漫無天際地飛航，必須遵循一定航路，遵守飛航規則及程序，以及服從地面人員的指揮，指揮航空器作業的過程就是「飛航管制」，指揮的地面人員是為「飛航管制員」（air traffic controller）。飛航管制就是「空中交通管理」，負責在航空器起飛、降落及飛航途中，利用雷達及其他輔助性自動化資訊裝備，透過陸空無線通信，提供航空器安全、有序、便捷之專業性服務。

　　飛航管制業務的所有作業程序及管制技術，都依據並符合國際間的通用標準。飛航管制之區分如下：

一、機場管制

　　以機場跑道為中心點，半徑5海里或10海里方圓為平面範圍、高度在3,000英尺或4,000英尺以下垂直範圍之空域，機場內的塔臺管制員以目視及雷達輔助方式，掌握機場內及機場附近的航機動態，並以無線電提供航機起飛、降落、滑行等導引及管制服務。臺北飛航情報區內管制塔臺有桃園、松山、高雄、豐年、恆春、金門、馬公、北竿、南竿、綠島、蘭嶼等。

　　機場管制包含四個主要管制席位（control sector）：

1.機場管制席（local control/ aerodrome control）。

2.地面管制席（ground control）。

3.許可頒發席（clearance delivery）。

4.飛航資料席（flight data）。

主要管制方式為管制員目視——目視隔離（visual separation）。

二、近場管制（approach control）

負責一個或數個機場離到場航機之管制。管制空域之高度自1,000英尺以上至20,000英尺，或24,000英尺以內之空域，負責提供航空器的離到場高度及雷達隔離之航管服務；主要任務是管制機場附近剛起飛及準備要降落的航機，讓航機得以在機場附近較為擁擠的空域內取得安全的間隔，以順利爬升及下降高度。相較於塔臺管制員可目視機場場面及航機動態，近場臺的管制員則是利用雷達螢幕及無線電掌握航機位置及飛行高度，引導航機飛行。我國飛航服務總臺分別於北部飛航服務園區（桃園）設有臺北近場管制塔臺，以及南部飛航服務園區（高雄）設有高雄近場管制塔臺提供本項服務。

三、區域管制（area control）

又稱航路管制（en route control）；主要管制飛行高度在20,000英尺以上的航機。不論是離場、到場還是過境臺北飛航情報區，當航機的航程超過臺北飛航情報區的空域範圍時，就要由區域管制中心與相鄰飛航情報區的管制員透過管制權責交接管的方式，讓飛航管制服務隨著航機的飛行延續而不間斷。如同近場管制一樣，區域管制的管制員也是利用雷達螢幕及無線電，掌握航機位置及飛行高度。臺北飛航情報區係由設於北部飛航服務園區（桃園）的臺北區域管制中心提供本項服務。

四、飛航情報區／防空識別區

(一)飛航情報區（Flight Information Region, FIR）

指提供飛航情報業務及執行守助業務所畫定之空域。包括：

1.飛航情報業務：指提供建議與情報，以促進飛航安全與效率之服務。
2.守助業務：指將需要搜救之航空器資料通知適當單位，並應該單位之需要予以協助之服務。

飛航情報區通常以管轄該空域之最大城市名稱命名，國際民航組織劃予我疆界的區域命名為「臺北飛航情報區」。

(二)防空識別區（Air Defense Identification Zone, ADIZ）

指基於國家空防安全，需對航空器予以管制及迅速識別與定位所劃定之空域。

飛航管制員以無線電與飛航組員通話，通話內容大部分以標準術語（standard phraseology）為主。管制隔離的依據有下列三種：

◆目視隔離

管制員以目視的方式引導航機避免碰撞，此僅限於機場附近航機，由塔臺管制員為之。

◆雷達隔離

以雷達為之，可區分為：

1.垂直隔離：
　(1)高度於29,000英尺以下，兩機高度間隔為1,000英尺。

(2)高度於29,000英尺以上，兩機高度間隔爲2,000英尺。

2.水平隔離：兩機同高度位於雷達天線40海里範圍內，要有3海里以上的隔離；位於雷達天線40海里範圍外，要有5海里以上的隔離。

◆程序管制隔離

又稱非雷達隔離，靠管制員記錄及飛航組員報告爲之，是最基本的航空器飛航隔離方式，亦是每一位飛航管制員所必須熟悉的，因爲在非雷達空域或雷達訊號涵蓋不足的空域，以及雷達失效時，將成爲主要之隔離方法，以確保航空器之飛航安全。程序管制隔離又區分爲：

1.垂直隔離：與雷達垂直隔離之標準相同。同一航路及航向，交叉或對頭飛航之航空器，在29,000英尺以下之高度，保持1,000英尺之上下隔離，而超過29,000英尺之高度時，上下隔離至少爲2,000英尺，此乃爲了飛安考量，由於飛行高度越高，雷達的精確度可能降低。垂直隔離是最容易隔離兩航空器的方法之一。

2.前後隔離：限定航機於某時間通過某點，前後航機之隔離基本上爲十分鐘或20海里。

3.左右隔離：限定航機飛航於不同之航路上。

上述之隔離方式，任何一種存在便達成安全隔離的條件，若航機間皆未達上述任一標準，則有危險之虞，稱之爲「空中接近」（air miss or near miss）。

每個航管單位及單位中每個管制席位都有其負責對應的管制空域，管制權各自獨立。管制員自己管制下的飛機不可隨意進入別的席位或單位的空域，除非獲得他人同意，或經由「交接」（hand off）程序，在航機進入其他空域前，將航機管轄權及航機無線電頻率轉換給接管單位或席位。

航管作業是一個團隊工作，而協調（coordination）及交接便是航管工作的精華。以臺灣桃園國際機場起飛之國際班機爲例，管制員間的交接協調（亦等於飛航組員需執行的無線電頻率轉換）爲：航機在地面由臺灣桃

園國際機場管制塔臺提供機場管制服務（許可頒發席→地面管制席→機場管制席），起飛後再交管至臺北近場管制臺提供近場管制。當航機預備到達20,000英尺高度時，由臺北區域管制中心接管，引導至臺北飛航情報區（圖5-2）邊境，交由臨近的區域管制中心接管（如日本福岡、那霸、上海、廣州、香港、馬尼拉）。

　　飛航管制員除對航機提供一般性的飛航服務及安全隔離外，當飛機遭遇惡劣天氣、鳥擊、機械故障、油量不足、轉降以及機上乘客身體不適等狀況，管制員都必須應變處理，視情況排除其他航情，給予優先降落權，或將飛機需要協助的資訊轉給其他支援單位以爭取時效。

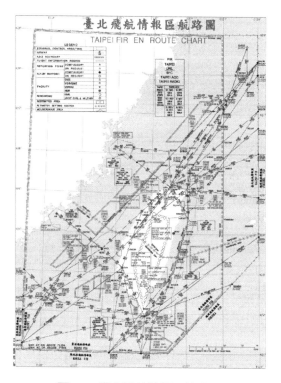

圖5-2　臺北飛航情報區航路圖

資料來源：2019交通部民用航空局電子式飛航指南，網址http://eaip.caa.gov.tw/eaip/
history/2019-07-18-AIRAC/html/index-zh-TW.html

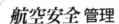

第三節　空中相撞案例

一、英航三叉戟式客機與南斯拉夫DC-9空中互撞

1976年9月10日上午11時15分，南斯拉夫北部札格拉布（Zagreb）上空英航三叉戟式客機與南斯拉夫DC-9在空中互撞（**圖5-3**），共造成176人死亡。

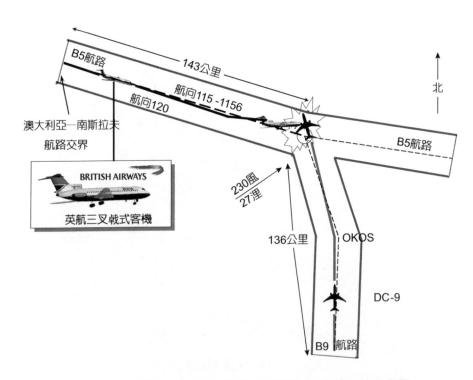

圖5-3　三叉戟與DC-9客機於南斯拉夫札格拉布航路互撞示意圖

資料來源：作者繪製

　　事件當時天氣晴朗，無雲，能見度頗佳，英航476班機載有54名乘客及9名組員從英國倫敦希斯洛（Heathrow）機場飛往土耳其伊斯坦堡的三叉戟式客機，以指定B5航路高度保持在33,000英尺（高空層），預計通過南斯拉夫札格拉布區管中心控管的空域，另外一架南斯拉夫航空公司自南斯拉夫南部Split起飛往西德科隆的DC-9客機，循B9航路自中空層高度要求爬升至35,000英尺（高空層），因為航管席位（中空層、高空層）控管及交接不當，就在兩條航路交叉點札格拉布信標臺附近導致該慘劇的發生，DC-9客機的左翼穿進了三叉戟式客機的駕駛艙，飛航組員當場身亡，兩架飛機垂直下墜，殘骸廣布方圓百里，機上無人生還。

　　調查人員指出失事主要原因除了札格拉布管制單位人員紀律鬆懈、工作負荷過重、席位交接不清、未遵守標準作業程序及疏忽之外，兩架飛機上飛航組員在通過航路交叉點的狀況警覺不足也可能是原因之一，因為在英航三叉戟式飛機座艙語音紀錄器裡顯示了相撞前另外那架DC-9與航管的對話，而當時英航副駕駛正獨自玩著填字遊戲，兩架飛機的飛航組員顯然都沒有察覺到對方的威脅。

　　調查人員事後在燒毀的DC-9客機座艙語音紀錄器中聽出了互撞後駕艙組員的最後對話（座艙語音紀錄器抄本）。

（南斯拉夫語）

「啊！啊！啊！…………」（可怕的叫聲）

「……………………………」（模糊不清的叫聲）

「我們完蛋了！啊！啊！……」

「再見，來世再見………」

「來世再見………………」

「啊！啊！」

「著火」

………

然後是飛機破碎的聲音記錄，最後是寂靜無聲……。

二、波音B727與Cessna私人小飛機追撞

　　1978年9月25日，有一起全球矚目的重大空中互撞事件發生，地點就在南加州聖地牙哥（San Diego）機場上空，一架目視隔離不足的波音B727客機與一架賽斯納型（Cessna）私人小飛機發生追撞，造成150人死亡的慘劇。

　　歷史上著名的空難檔案照片裡，總會讓人記取這次失事事件中由一名業餘專業攝影師無意中拍下這架B727帶著火球衝向地面的恐怖景象（圖5-4）。以下，是這則事故發生的始末：

　　聖地牙哥機場是一個位於南加州民航機及私人飛機合用的國際機場，在1978年9月25日（星期一）上午9時許，天氣報告無雲能見度10海里，附近有很多目視飛行的小型飛機。太平洋西南航空（Pacific Southwest Airlines, PSA）第182班次由沙加緬度起飛經洛杉磯飛往目的地聖地牙哥的

圖5-4　PSA B727與小飛機相撞後之照片

資料來源：翻攝自David Gero, *Aviation Disasters* 一書封面

波音727型（B727）客機由機場西北方進來，航管許可該機加入右三邊，實施27跑道（朝西）目視進場。與此同時，有一架由兩位飛航組員駕駛的Cessna私人小型飛機剛完成ILS（儀器降落系統）練習，準備降落09跑道（朝東，27跑道的相反方向），該機由機場西邊朝東北方飛行，也就是正好穿越PSA班機的第三邊航線。

　　大約是在08:59:30開始，PSA總共收到了四次有關於其他飛機位置的報告，第一次塔臺告知PSA：「PSA182，12點鐘方位1海里有往北方移動的相關航情（traffic）」，而Cessna飛機也收到了一次航情動態，但是當PSA飛航組員回報：「We're looking!」（看到了）之後，近場臺即指示PSA飛航組員自行保持目視隔離（maintain visual separation）。在此同時，Cessna飛機所接受的航行指示為：「保持目視飛航規則（VFR）3,500英尺以下，航向070。」塔臺也告訴Cessna有一架PSA的B727在它6點鐘方位。然而，Cessna飛航組員可能為了要目視尋找B727飛機，而開始朝右偏離航向，以致Cessna對於B727機已在自己的後面渾然不知………。

　　根據座艙語音紀錄器顯示，PSA飛航組員（B727）似乎對於哪架飛機會造成威脅，也已開始迷惑。其中最主要的原因是：

1.空中飛機太多，導致無法分辨某些角度接近的飛機。

2.B727當時正在下降且面向陽光，由於駕駛艙視野使然，對於地平線以下的飛機很不容易辨視，也因為地貌背景過於複雜，小飛機很容易就被混在其中。

3.Cessna飛機因為偏向，因此在航向與航跡方面，與B727約略相同，在沒有明顯視覺移動下，完全溶入了地面建築物當中。

　　B727機上的PSA飛航組員在察覺到失去Cessna蹤影後，仍然相互討論著，但是並沒有向塔臺報告。此時，近場臺「衝突警告」（conflict alert）防撞警告系統開始作用並發出警告聲響，表示這兩架飛機在航管系統中設定的參數已有接近的趨勢，甚或碰撞的可能。但塔臺管制員並未太注意它，因為B727飛航組員回答確認它與Cessna已保持好目視隔離，所以這種

警告聲在他們眼裡根本就認為是司空見慣。但是稍早那架偏航的Cessna此時正由B727右側下方過來，Cessna機由爬升姿態中剛剛改平，B727當時則正在下降中並向右壓坡度轉彎。就在此瞬間，B727由左後上方「騎上」了那架Cessna飛機。當時追撞的位置在機場西北方3.5海里處，B727機上的高度指示為2,350英尺，速度為空速每小時155海里。

在碰撞的那一剎那，Cessna飛機當場解體，兩位駕駛立即身亡，而PSA的B727客機右機翼前後緣襟翼嚴重受損，飛機燃油由破裂的油箱迸出，二十秒後，B727伴著火舌向右以200度方位角及每小時270海里（435公里／小時）速度撞擊North Park這個不少人居住的郊區，地面瞬間火海沖天，共計摧毀22棟民宅。而包括B727機上組員及乘客135人、地面民眾13人在這場突如其來的意外中命喪黃泉。

慘劇發生之後，美國媒體大肆抨擊小型飛機對於繁忙機場的威脅性。不過美國國家運輸安全委員會卻對這個說法大表不平，他們認為PSA飛航組員在看不到對方之後，並沒有立即向塔臺回報，因此，不管如何，PSA仍有「目視隔離」責任。當然航管也犯了一個錯誤，就是他應該在確認兩架飛機都互相通過之後，再許可PSA降到4,500英尺以下。

事故發生不久，美國航空界傳來一個令人意外的消息，就是在事發當時還有另一架「身分不明」的小型飛機也在現場（違規飛行），很可能被航管及PSA飛航組員誤認。但當時在整個失事調查過程當中，卻一直無法證實。

兩年後，問題終於釐清，9月25日當天早上九點左右的確是有另一架Cessna 150小飛機在附近飛行，不過NTSB調查認為這架Cessna飛機的航跡與時間過早，被PSA飛航組員誤認的機率微乎其微。因此，NTSB回絕了由美國民航飛航組員協會提請NTSB更改調查方向以及改變失事調查結果報告的提議。

此外，在這起失事案件裡，還有一個謎團至今仍未獲得解答，那就是PSA副駕駛曾對塔臺說了一句：「OK，我們看到12點鐘另外那一架了！」（OK--We've got that other 12），調查人員一直無法肯定他們所看到的到

底是「另外」哪一架?很可能一開始PSA就看錯了。

　　至於造成這起互撞失事的確切原因,調查專家在最後做了一個最佳的註解:「驕矜自滿」。

　　從當時這件失事案例,讓後來的人們學習到一些經驗與啟示:

1.要避免航機接近及互撞,飛航組員除了確實要收聽航管指示並覆誦外,對於航管通話中語意不清或其他不明航機的動態及疑問,必須立即詢問且再度確認。
2.進場中飛航組員應多加強對外顧慮。
3.不論是飛航組員或航管人員,必須遵照各項飛航標準作業規定。
4.近場管制臺對於本身之防撞警告應有警覺,且必須立即個別通知接近中之航機。
5.該事件中兩架飛機若採取雷達隔離則慘劇不會發生。
6.大型航機上應裝置空中防撞系統。

三、哈薩克航空IL-76與沙烏地航空B747客機於印度新德里上空互撞

　　1996年11月12日,一架沙烏地阿拉伯航空公司波音B747客機,在印度首都新德里附近上空,與一架哈薩克航空公司的伊留申IL-76客機相撞,兩機共349人全部罹難。這是航空史上最嚴重的空中飛行碰撞事件。

　　事故發生在黃昏時的新德里西北部。沙烏地阿拉伯航空公司B747從新德里英迪拉·甘地國際機場起飛,在下午6時30分向西飛行,共載有23位組員和289位乘客,這次的飛行預計要抵達波斯灣沙烏地阿拉伯的達蘭(Dhahran)。另一架來自哈薩克航空公司俄製伊留申(Ilyushin)76型,登記編號UN-76435,四發動機貨機包機,向東接近新德里,準備降落甘地國際機場,機上有10位組員和27位乘客。

　　當沙烏地航空B747爬升接近10,000英尺時,新德里的飛航管制員指示

該機保持14,000英尺等待後續爬升。原因是伊留申IL-76報告說他們正通過23,000英尺往18,000英尺下降中，離新德里機場70海里。管制員許可伊留申繼續下降至15,000英尺。

當伊留申報告離機場46海里高度15,000英尺之後，管制員回答：「瞭解，保持15,000英尺，確認12點鐘方向有一架沙烏地B747離你14海里，看到後報告。」當伊留申組員詢問距離，管制員回答：「現在14海里。」他們並沒有收到，管制員再度警告：「13海里內有航機，高度14,000英尺。」這時伊留申組員才收到這個訊息（**圖5-5**）。但一分鐘後，下午6時40分，管制員看到兩架飛機雷達光點交會並從雷達螢幕上消失。

在新德里機場西邊100公里，一處乾燥平坦、人煙稀少的農村，目擊者看見了火球和濃煙墜地。飛航組員試圖控制飛機，但最終還是沒能擺脫厄運。兩架飛機主要的殘骸散落在數公里廣的棉花及芥菜田中，B747掉在一處小村莊中，兩架飛機墜毀的地方殘骸散布，地面無人傷亡。

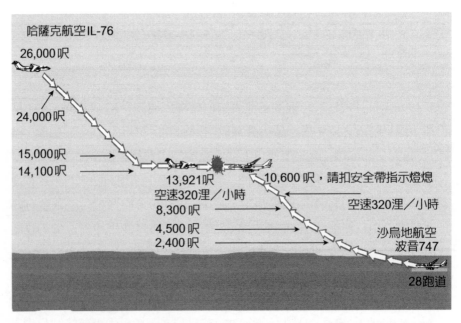

圖5-5　哈薩克航空IL-76與沙烏地航空747客機於印度新德里上空互撞示意圖

　　當地唯一的通道是農業道路，因此搶救及檢視殘骸相當困難。當救援隊伍努力到達墜機現場時，當地的村民使用煤油燈來展開搜救。他們連夜在現場找到多具屍體和四名還有一口氣息的B747乘客，但這四名乘客在送醫途中不幸身亡。

　　當地警方封鎖現場以進行後續調查。兩架飛機的黑盒子（black boxes）很快就找到。兩架飛機在失事時狀況良好，組員也都有九千小時以上的飛行經驗，很明顯的，飛航組員試圖控制飛機，但最終還是沒能擺脫厄運。

　　空難發生後，人們首先把疑點集中在飛航管制上，認為1995年發生在西孟加拉邦的空投武器事件，許多民航官員受到警告，飛航管制員因此威脅罷工。人們懷疑他們怠忽職守，發出錯誤指令，不應該允許兩架飛機在同一航路上飛行。

　　此次失事由印度民航局主導司法調查，發現伊留申飛機未保持航管所指示的15,000英尺，反而下降的比此高度還低。在相撞前，飛航資料紀錄器顯示飛行高度為14,500英尺，幾秒後又繼續下降310英尺。因為新德里機場當時未裝置二次雷達，管制員無法監控他們飛機所指示的高度。當時沙烏地B747客機上的TCAS設備無法提醒組員避免相撞，兩架飛機的組員也忽略了管制員的警告而未看見對方。

　　印度民航局調查結果顯示，此相撞失事的肇因是哈薩克的飛機未遵照航管指示保持15,000英尺而下降至14,000英尺導致。

　　哈薩克航空IL-76座艙語音紀錄器抄件：

FE: Switch on the heating of the BHA.

Crew: Heating is on.

Crew: Hold the level.

Capt.: What level were we given?

F/E: Maintain.

Radio: Keep the 150, don't descend.

Capt.: Regime. Sanya Accelerate.

Radio: Get to 150, because on the 140th...Uh that on uh...!

沙烏地航空B747客機座艙語音紀錄器抄件：

F/O: Saudi 763 approaching one four zero for higher.

ATC: Roger maintain flight level one four zero stand by for higher.

F/O: Further climb one four zero Saudi 763.

Capt.: One four zero.

Capt.: Your Assistance Lord.

F/O: Saudi 763 approaching flight level one zero for higher.

ATC: Roger Climb flight level one four zero.

F/O: Saudi 763 will maintain one four zero.

Capt.: Check minimum en-rout altitude please.

Capt.: Oord Your forgiveness, and I witness there is no God but Allah and Mohammed is his messenger.

四、B757-200及TU-154M於瑞士邊境空中相撞

　　2002年7月1日晚間11時40分左右，一架國際快遞（DHL）公司波音 B757貨機和隸屬俄羅斯Bashkirian航空公司的俄製圖波列夫TU-154M型客 機，在德國南部和瑞士邊界上空12,000公尺的高空中相撞，兩架飛機墜地 全毀，共造成71人罹難。

　　TU-154M包機從莫斯科向西飛往西班牙巴賽隆納，有12位組員和57 位乘客，在空中與從布魯塞爾往北飛往巴林有兩位組員的B757貨機互撞。 TU-154M機上的乘客大部分是學校的孩童，正開心的要去度假。此空難發 生在德國南邊由瑞士蘇黎世區管中心負責的空域，肇因是由於夜間值班的 管制員及裝備的失效導致。如果兩架飛機各自遵照TCAS的指示，相撞事 件就不會發生。

兩架飛機於36,000英尺巡航高度的航道交會點上，他們各自的TCAS發出TA警告組員可能的衝突。之後瑞士管制員發現了兩架飛機的衝突，指示TU-154M下降及迅速下降。片刻之後，TU-154M的TCAS發出聲音警告「爬升、爬升」。不幸的是，TU-154M組員選擇遵照管制員指示，而不遵照當時機上TCAS所發出急促和迫切的「避撞諮詢」（Resolution Advisory, RA）指示。

同時間，B757的TCAS發出下降的避撞諮詢，它的組員立即反應。結果兩架飛機同時下降。當蘇黎世管制員重複他的指示要TU-154M迅速下降時，情況持續惡化，二架飛機最後在35,000英尺高度附近相撞。如果TU-154M組員正確地依照TCAS的RA爬升，而不是航管最後的指示，失事將可以避免。

五、巴西戈爾航空B737於亞馬遜雨林上空與小飛機擦撞

2006年9月29日，巴西戈爾航空（Gol）B737-800客機，自亞馬遜州瑪瑙斯市（Manaus）起飛，前往首都巴西利亞，飛經亞馬遜雨林上空時疑似與小飛機擦撞墜毀，殘骸散布亞馬遜叢林，155人罹難。

此次空中悲劇發生於傍晚時分，在巴西北邊的亞馬遜叢林，隸屬美國公務機公司——卓越航空（ExcelAire）的Legacy 600商務噴射客機載著2位組員與7位乘客，與巴西戈爾航空一架幾乎全新的波音B737-800客機相撞，B737-800客機掉入巴西北方Para州一處偏僻叢林，機上人員全數罹難。而Legacy 600商務機左機翼被削斷了部分翼尖小翼（winglet），但飛航組員仍設法控制並繼續飛向位於叢林深處屬於巴西空軍的Cachimbo基地，完成緊急降落，機上無人傷亡。

兩架飛機當時是反向飛行在首都巴西利亞及亞馬遜中心——瑪瑙斯之間，且兩架都配備了TCAS。當時Legacy 600的組員直到碰撞的那一刻都沒有看見波音客機靠近，只有最後閃過的一個短暫「陰影」。

調查發現，當時負責指示Legacy 600商務機的管制員，並沒有指示商

務機下降至指定高度（當時商務機應從37,000英尺下降至36,000英尺）。原因有可能是管制員並不熟悉電腦操作。由於電腦顯示的飛機飛行高度指示是以自動更新，但當時世界其他地區的高度指示都是用人工改動，因此航管員對有關的飛行高度指示產生誤解亦不足為奇。他們不但訓練不足，而且經常超時工作。而管制員當時年資亦只有一年，顯示當地亦欠缺航管人力。巴西國內的飛航管制亦相當混亂，可能與航管員經驗不足有關。

此外，商務機機長不太熟悉Legacy 600的操作方式而誤將詢答機關閉，且當時航管單位儀器自動轉換成主動式雷達方式接收飛機位置，由於主動式雷達並不可靠，之後的紀錄發現出事的商務機以危險飛行方式飛行，但實際上該機當時卻是以正常方式飛行。

根據統計，從1940年代的螺旋槳客機開始，一直到目前的民航噴射機，總計發生220餘起大大小小與民航機相關的空中互撞事件（尚不包括航機地面互撞），這些民航機與小型飛機、軍用機、甚至與熱氣球的相撞失事，均造成了為數不少的傷亡，**表5-1**列舉1960年後（噴射機年代）全球19起民航「噴射機」之空中互撞失事事件（依西元時間排列）。而所謂的失事事件，是指民航機上至少有1人死亡的互撞失事。

由**表5-1**民航噴射機空中致命互撞事件中可歸納出四點結論：

1. 不管相撞的飛機是大是小，空中互撞的結果幾乎都是同歸於盡，且倖存機率渺茫。

2. 在21起相撞事件中，民航噴射機與軍機互撞占了4件，與單引擎私人飛機相撞占了7件，其他則是同為民航機互撞10件。軍機與小飛機占了21起互撞中的二之一強，因此必要多防範軍機（例如臺灣本島）及小型私人飛機（尤其飛航國外航線）的威脅。

3. 21起致命互撞事件中，9件發生在美國地區，而其中民航機與小型飛機相撞就占了7件，與軍機互撞1件。由此可見：在航空業發達的美國，小型機對大型航機的威脅與日俱增。

4. 近年來科技的進步雖然使得航機互撞的機率減低，但同時也因民航

噴射機速度及載客量的增大，使得空中互撞一旦發生，傷亡人數將
可能破歷史紀錄。

表5-1 全球民航噴射機空中互撞失事事件統計（1960～2019）

日期	地點	航空公司	機型	死亡人數	事件經過
1960/05/19	法國巴黎	阿爾及利亞航空	卡拉維爾（Caravelle）SE-210	1	SE-210降落時與一架SV-4C小型雙翼單引擎雙座教練飛機擦撞。SE-210機上的32名乘客在迫降後有一名乘客遇難，Stampe機墜毀飛行員身亡。
		大學航空俱樂部	比利時Stampe SV-4C	1	
1960/12/16	美國紐約	聯合航空（UA）	道格拉斯DC-8-11	83	兩機於紐約上空相撞，L-1049墜毀於Staten島，DC-8墜毀於布魯克林（Brooklyn）公園斜坡，兩機均無人生還，地面上有6人遇難。
		環球航空（TWA）	洛克希德（Loockheed）L-1049超級星座式（Super Constellation）	50	
				6（地面）	
1965/12/04	美國紐約 Carmel	東方航空（EA）	洛克希德L-1949H超級星座式	4	兩機於進場中擦撞，B707安全降落甘迺迪機場，L-1949H迫降在紐約北塞勒姆（North Salem）的亨特（Hunt）山，機上54人中有4人罹難。
		環球航空（TWA）	波音B707-131B	0	
1967/03/09	美國俄亥俄州 Urbana	環球航空	道格拉斯DC-9-14	25	飛行中與Beech私人飛機互撞後墜毀，兩機全員罹難。
		私人飛機	畢琪Beechcraft Baron 55	1	
1967/07/19	美國北卡羅萊納州 Hendersonville	皮埃蒙特Piedmont航空	波音B727	79	B727起飛爬升中撞及一架Cessna 310私人飛機（B727當時距起飛機場8海里），兩機均無人生還。
		私人飛機	賽斯納（Cessna）C-310	3	
1969/09/09	美國印第安那州 Fairland	Allegheny航空	道格拉斯DC-9-31	82	飛行中之DC-9與一架進場中之單引擎飛機相撞，兩機人員全部罹難。
		私人飛機	派珀Piper PA-28	2	

（續）表5-1　全球民航噴射機空中互撞失事事件統計（1960～2019）

日期	地點	航空公司	機型	死亡人數	事件經過
1971/06/06	美國加州 Duarte	Hughes Airwest	道格拉斯DC-9-31	49	DC-9爬升中與F-4幽靈式戰機相撞後墜地無人生還，F-4戰機1人生還，1人死亡。
		美國海軍陸戰隊	F-4幽靈II	1	
1971/07/30	日本 岩手縣雫石町	全日空	波音B727-200	162	訓練中的F-86戰機與B727在26,000英尺空中相撞，軍機飛行員安全逃生，B727墜毀無人生還。
		日本航空自衛隊	F-86軍刀機	0	
1973/03/05	法國 Nantes	Iberia（伊比利亞）航空	道格拉斯DC-9-31	68	與Spantax 990飛機空中互撞，DC-9全員罹難，Spantax 990無人傷亡。
		西班牙Spantax航空	Convair CV-990	0	
1976/09/09	俄羅斯 Anapa	俄羅斯國際航空	安托諾夫 An-24RW	52	飛航管制員違反隔離規定致兩機相撞墜海。
		俄羅斯國際航空（北高加索）	雅克列夫 Jak-40	18	
1976/09/10	南斯拉夫 Zagreb	Inex Adria	道格拉斯DC-9-32	113	空中互撞，兩機無人生還，且殃及地面1人。
		英航	霍克薛利 （Hawker Siddeley） 三叉戟 （Trident 3B）	63	
				1 （地面）	
1978/09/25	美國加州 聖地牙哥	太平洋南西航空 （Pacific Southwest Airlines）	波音B727-214	135	進場中與一架Cessna私人飛機相撞後墜入民宅，兩機無人生還且殃及地面13人。
		私人飛機	賽斯納（Cessna） C-172	2	
				13 （地面）	
1979/08/11	烏克蘭 Dniprodzerzhynsk	俄羅斯國際航空公司（摩爾多瓦）	圖波列夫 Tu-134A	94	航管失誤導致同高度兩機.空中撞機。
		俄羅斯國際航空公司	圖波列夫 Tu-134AK	84	
1986/08/31	美國加州 Cerritos	墨西哥航空	道格拉斯DC-9	64	與一架闖入空域之單引擎Piper PA-28飛機互撞，兩機無人生還且殃及地面18人。
		私人飛機	派珀Piper PA-28-181 Archer II	3	
				18 （地面）	

（續）表5-1　全球民航噴射機空中互撞失事事件統計（1960～2019）

日期	地點	航空公司	機型	死亡人數	事件經過
1992/12/22	利比亞 的黎波里 （Tripoli）	利比亞阿拉伯航空	波音B727-200	157	與米格23戰鬥機相撞，B727上無人生還。
		利比亞空軍	米格MiG-23UB	0	
1993/02/08	伊朗 德黑蘭 Mehrabad機場附近	Iran Air Tours	圖波列夫Tu-154	131	29R跑道離場爬升之Tu-154與正實施VFR 29L跑道進場中之伊朗空軍Su-24戰機相撞，Tu-154機上無人生還。
		伊朗空軍	蘇愷Su-24MK	2	
1996/11/12	印度 新德里西方 Charkhi Dadri	沙烏地航空	波音B747-168B	312	B747從印度新德里機場離場後七分鐘與下降中的IL-76貨機相撞，兩機墜地無人生還。
		哈薩克航空	伊留申IL-76	37	
2000/06/23	美國佛羅里達州	Universal Jet Aviation	里爾Learjet 55	3	目視飛行起飛中與另一架私人機EA-300相撞後兩機墜地。
		私人飛機	Extra EA-300S	1	
2002/07/01	德國南部 烏柏林根 （Überlingen）	Bashkirian航空	圖波列夫 Tu-154M	69	兩機同高度，Tu-154組員忽略TCAS爬升指示而聽從瑞士天導航管員指示下降，DHL依據TCAS指示下降。
		國際快遞 （DHL）公司	波音B757-200	2	
2006/09/29	巴西亞馬遜叢林	戈爾（Gol）航空	波音B737-800	154	B738飛經亞馬遜雨林上空時與一架商務飛機擦撞墜毀。商務飛機安全迫降，B738墜入叢林無人生還。
		卓越航空 （ExcelAire）	巴西航空工業 Legacy 600	0	
2015/09/05	塞內加爾東部	木棉洲際航空（CEIBA Intercontinental）	波音B737-800	0	BAe-125醫療專機疑未在指定高度飛行，與波音B738擦撞後失壓，機師昏迷，但仍繼續以自動駕駛前往目的地，直到燃料耗盡墜毀大西洋。波音738成功轉降其他機場，人機均安。
		Senegalair	英國航太 BAe-125	7人	

資料來源：作者製表

從以上列舉之統計資料，只能代表空中互撞失事事件中較嚴重之冰山一角（只針對民航「噴射機」），那是因為有人喪命所以才引起注意，但隱藏在冰山底下那一大塊看不見的空中接近事件才應是世人所必要關切之焦點。也許天空的浩瀚無垠，讓人們疏忽了對航機相撞的警覺，但歷史的殷鑑不遠，過多的空中接近事件，相對提高了空中互撞的機率。

全球空中接近事件不勝枚舉，但一起在日本靜岡縣上空的空中接近事件，差一點釀成全球最大空難。

事件發生在2001年1月31日，當時在受訓的航管人員將一架載有427人自日本羽田機場起飛往琉球那霸的日航907航班B747客機，與從釜山飛往成田機場的載有249人的日航958航班DC-10客機代號相互混淆。當時日航907接受航管指示爬升至39,000英尺，日航958正巡航於37,000英尺，訓練管制員指示907班機下降至35,000英尺（事實上管制員呼錯航班號碼，他是要958下降至35,000英尺）。907班機開始下降至35,000英尺，並覆誦回應管制員（管制員認為這覆誦是來自958班機）。此時航管雷達上兩架飛機接近衝突的警告（Short Term Conflict Alert, ATCA）燈亮，接手的教官卻錯誤指示907下降到35,000英尺。當907航班開始下降時，機上TCAS警告聲響起並指示其爬升，然而該航班機長卻不理會TCAS爬升及加速爬升的RA指示（Climb RA, Increase Climb RA），決定依照管制員的指令下降到35,000英尺。同時間958航班DC-10也有TCAS RA的下降警告；機長開始以手控下降，但由於907班機在相同高度也在下降所以958航班機長決定停止下降（**圖5-6**）。

雙方機長都報告目視對方，但並沒有確認相對的位置及高度，907的機長發現碰撞在即，便猛然推頭俯衝迴避。兩架航機最近距離在靜岡燒津市上空高度36,600英尺處，DC-10在B747上僅間隔10公尺交叉通過。此次事件因B747航機猛然推頭俯衝，導致女性空服組員2位重傷、10位輕傷，旅客7位重傷、81位輕傷，餐車飛起撞擊天花板的重大意外事件。

事實上，當時靜岡縣上空班機相當密集，航管員看到的雷達幕上，不是只有出事這兩架飛機，而是有14架飛機，正在實習的航管員當然會感覺

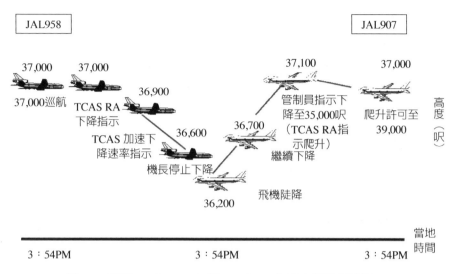

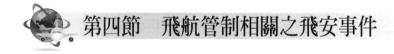

圖5-6 日航958（DC-10）與907（B747）空中接近示意圖

壓力太大，以致失去冷靜的判斷。此事件除了航管員出錯以外，調查委員
會認為907號班機機長不遵從防撞系統的建議，也是引起此次事故的另一
個原因。

第四節 飛航管制相關之飛安事件

涉及飛航管制安全之案件可區分為「空中接近」、「低於最低隔
離」、「跑道入侵」及「潛在飛安風險」等項目，茲分別說明如下：

1.「空中接近」：指航空器與其他航空器間接近至500英尺以內。嚴重
之「空中接近」會造成航機相撞，對飛安構成嚴重威脅。

2.「低於最低隔離」：因航管作業導致航空器間低於最低隔離或與地
障間之隔離不足，但未達空中接近程度。通常兩架航機正常隔離應
該超過3海里，低於3海里則為「隔離不足」。實務上而言，「低於

最低隔離」即視爲廣義的「空中接近」，兩機距離500英尺內，就是嚴重「空中接近」，這兩類狀況都屬於異常狀況。

3.「跑道入侵」：指航空器、車輛或人員不適當的出現於機場中供航空器起降之地表保護區域的情形。

4.「潛在飛安風險」：航空器與航空器間或與地障間雖合乎隔離標準，但經查及分析判定作業過程係可能對飛安造成潛在危害。

涉及航管案件增減之變動因素眾多，如業務量、航情之複雜度、作業程序改變、新型航空器、新空用裝備、突發事件、獎懲政策、通報制度、要求重點等。

而飛航管制作業所面對的飛安風險有四：

1.人爲因素。

2.通訊功能不正常因素。

3.系統功能不正常因素。

4.天氣因素。

以上諸多因素，大部分是屬於管制員人爲因素居多，這當中包括管制員判斷錯誤、失誤、未按程序／規定作業、協調不良或裝備等問題。

1996年11月7日，奈及利亞ADC航空一架載有143人之波音B727客機，於下降過程中因與航管通訊之誤解，導致在16,000英尺與另一架欲爬升之飛機對頭接近，B727爲閃避過度轉彎導致失控墜毀，機上143人全數罹難。事故原因爲管制員未遵守雷達隔離程序，且與程序管制員協調不佳導致。

另一起因航管術語使用不當的案例是1989年2月19日，一架飛虎（Flying Tigers）航空公司第66航班波音B747-200貨機，在距吉隆坡機場20英里左右時，因爲33號跑道ILS系統關閉，副駕駛發現無法收到33跑道的ILS訊號，只能使用非精確系統的歸航臺（Non-Directional radio Beacon, NDB）訊號進場。近場管制許可66班機實施33號跑道NDB進場，在重新準

備導航設定的時候，正副駕駛之間對於NDB的設定有不同見解。最後，飛航組員在ILS關閉情況下執意實施ILS進場。航管許可下降至2,400英尺高度（初始高度），但是卻沒有使用正確的航管術語「descend to two thousand four hundred」，反而指示「descend to two four hundred」，飛航組員誤以為直接降至400英尺（descend to four hundred）。由於機場附近高低起伏的地形，因此飛機上的近地警告系統（GPWS）曾經斷斷續續的發出「拉起來」（pull up）的語音警告，但是飛航組員並沒有立即採取因應措施。飛機最後在600英尺高度（低於正常下滑道標準1,600英尺）撞山，機上3名組員以及1名機務人員罹難，大火延燒了兩天兩夜。

第五節　跑道入侵

一、跑道入侵簡介

近年來「跑道入侵」（Runway Incursion, RI）事件是目前全球航空安全致力解決的重要問題（**圖5-7**）。美國主管飛安的專家們認為地面跑道上相撞是航空業面臨的重大危險之一，雖然美國聯邦航空總署投下龐大財力、人力來減少跑道碰撞的危險，但跑道入侵事件仍舊持續攀升。

國際民用航空組織（ICAO）及美國聯邦航空總署（FAA）將跑道入侵定義為：「在機場發生的任何事件，包括在指定用於飛機起降的場面保護區內錯誤出現的飛機、車輛或人員。」（Any occurrence at an aerodrome involving the incorrect presence of an aircraft vehicle or person on the protected area of a surface designated for the landing and take off of aircraft）。

圖5-7　「跑道入侵」是目前全球航空安全致力解決的重要問題

資料來源：作者拍攝

(一)「跑道入侵」的可能情況

1.當航機起飛（準備起飛）時，其他航機在跑道上。

2.當航機落地（準備落地）時，其他航機在跑道上。

3.兩架航機使用交叉的跑道起降。

4.航機使用施工關閉的跑道起降。

5.航機使用滑行道起降。

6.當航機起降（準備起降）時，其他車輛、人員或機具在跑道上。

7.動物入侵。

8.其他。

(二)跑道入侵的嚴重性分類

FAA（2019）將跑道入侵嚴重性分為A、B、C、D四類，ICAO除了原有的四類外，增加了第五類E。

1.A類：一個嚴重意外事件，僅有很少的機會避免碰撞。

2.B類：一種明顯隔離不足，有很大的潛在碰撞風險，需緊急採取避讓，才能避免碰撞的意外事件。

3.C類：仍有足夠時間或距離可以避免碰撞的一種意外事件。

4.D類：車輛、人員或航機錯誤地出現在航機起降需要封閉或管制的區域內，但不會立即發生碰撞後果的一種意外事件。

5.E類：因資訊不足、不確定或證據相互矛盾無法評估其嚴重性。

二、跑道入侵肇因

(一)人為因素

統計顯示50%的跑道入侵是飛航組員失誤造成的，20%是管制員失誤造成的，30%是車輛駕駛員或地面人員失誤造成的。大多數跑道入侵都發生在白天目視天氣情況下；然而，大多數事故發生在低能見度或夜間。

(二)通訊不當

飛航管制員與飛航組員或空側車輛駕駛員間的通訊不良是跑道入侵常見的因素，通常涉及：

1.使用非標準化的術語。

2.飛航組員或車輛駕駛員未能提供正確的覆誦指令。

3.飛航管制員無法確認飛航組員或車輛駕駛員的覆誦與發出的許可一致。

4.飛航組員和／或車輛駕駛員誤解了飛航管制員的指示。

5.飛航組員和／或車輛駕駛員接受給其他飛機或車輛的許可。

6.無線電通話被干擾、部分被干擾或同時發話。

7.冗長或複雜的通話。

(三)飛航組員因素

飛航組員導致跑道入侵的因素包括無意中不遵守航管許可。這些情況通常是由於無線電通話失誤或喪失情境警覺，導致飛航組員認爲他們位於機場的某個位置（例如特定的滑行道或交叉路口），而實際上他們在其他地方，或者他們認爲已經被許可進入跑道，但事實上並沒有。

(四)飛航管制員因素

1.暫時忘記：(1)飛機；(2)跑道關閉；(3)跑道上的車輛；(4)已頒發的許可。
2.未能達到所要求的隔離，或錯估即將發生的隔離。
3.管制員之間協調不足。
4.穿越許可由地面管制員而不是塔臺管制員發出。
5.錯誤識別飛機或其位置。
6.管制員未能正確覆誦另一個管制員的指令。
7.管制員未能確認飛航組員或車輛駕駛員的覆誦與發出的許可一致。
8.通訊錯誤。
9.冗長或複雜的指示。
10.使用非標準術語。
11.由於在職訓練減少了反應時間。

其他常見因素包括：注意力分心、工作量、經驗水平、訓練不足、塔臺視線不夠清晰、人／機介面、管制員間交接不正確或不充分等。

(五)空側車輛駕駛員因素

研究發現與車輛駕駛員最相關因素是：

1. 未獲得進入跑道的許可。
2. 未遵守航管指令。
3. 向航管報告的位置不正確。
4. 通訊錯誤。
5. 空側車輛駕駛員訓練不足。
6. 缺乏無線電設備。
7. 缺乏無線電話訓練。
8. 不熟悉機場。
9. 缺乏對機場標誌和標記的瞭解。
10. 缺乏機場地圖以供車輛參考。

(六)機場設計因素

複雜或機場設計不良顯著地增加了跑道入侵的可能性。研究顯示跑道入侵的頻率與穿越跑道次數和機場平面特性有關。常見因素包括：

1. 機場平面的複雜性，包括跑道附近的道路和滑行道。
2. 平行跑道間的間距不足。
3. 離場滑行道與使用的跑道未能以直角進入。
4. 跑道端沒有避免穿越跑道的環形滑行道。
5. 機場場面的標記、標誌和燈光不當或機場地面自動監控設備不足。

三、跑道入侵案例

全球跑道入侵事件不勝枚舉，以下列舉重大之跑道入侵案例：

【案例1】

　　1977年在西班牙特內里費島上的羅斯機場，一架泛美航空B747客機與一架荷蘭航空B747客機，在跑道上發生對撞失事，造成兩機共583人罹

難的慘劇，這是民航運輸史上最悲慘的失事，也是全球第一大空難。

【案例2】

　　1979年10月31日，一架註冊編號N903WA的道格拉斯DC-10客機在墨西哥國際機場錯誤降落在一條因維修關閉的跑道後準備重飛時，右起落架撞擊跑道上的一輛貨車後脫落，擊中右側尾翼和升降舵。飛機左翼撞擊距跑道入口1,500公尺處的挖土機，隨後撞入一座建築物並起火，導致機上72人和地面1人死亡，16人生還。

【案例3】

　　1984年10月11日，一架Tu-154客機由克拉斯諾達爾至鄂木斯克降落時墜毀，造成機上174人及地面4人死亡，是俄羅斯歷史上最重大空難。

　　當客機於當地時間上午5時41分於惡劣天氣降落時，機長若隱若現看見機場跑道有不明物體，但機場塔臺卻告知跑道已清空無任何物體。但當飛機起落架觸地後，機長卻發現三部地勤車輛在跑道上，其中兩輛為滿載燃料的加油車，當時已來不及閃避，就在跑道上撞擊三輛車並立即爆炸起火。調查員指出，機場塔臺管制員值勤期間打瞌睡並容許地勤車輛進入跑道，又沒有對準備降落的3352號班機飛航組員發出警告。

【案例4】

　　1990年12月，美國西北航空公司NWA482航班，一架DC-9客機，與同公司另一架NWA299航班B727飛機，在底特律機場09/27跑道和3C/21C跑道交叉口附近相撞。當時NWA299在3C跑道上起飛滾行，結果與滑行到跑道上的NWA1482相撞，共8人罹難。NTSB調查可能的原因是：「缺乏適當的組員協調，包括DC-9飛航組員未能有效的互換任務，……機場場面的標記、標誌和燈光不良；航空公司未能給予飛航組員提供適當的駕駛艙資源管理訓練。」

【案例5】

　　1991年2月2日晚上六時許，由俄亥俄州哥倫布起飛載有6名組員和83名乘客的全美航空1493班機B737客機正準備在加州洛杉磯國際機場降落。

　　此時，一架使用費爾柴德美多Metroliner III型的雙螺旋槳小型飛機的天西（Skywest）航空5569號班機準備載著10名乘客以及2名組員飛往加州棕櫚谷（Palmdale）。就在天西航空5569到達24L跑道之前，一架西翼（Wings West）航空飛機剛降落在24R跑道上，等待許可通過24L跑道至滑行道。航管許可天西航空5569號班機進入跑道，等待離跑道端2,200英尺外的45號滑行道與24L跑道交叉口的西翼航空客機通過。

　　塔臺的機場管制員通知西翼航空飛機可以通過，但該機飛航組員已經切換無線電波道而未回答，在試圖重新建立無線電構聯時分散了機場管制員的注意力。當全美1493班機在最後進場階段時，天西航空5569被機場管制員許可在45L滑行道（約2,200英尺）與24L的交叉道滑行至起飛位置（距離跑道入口670公尺）。經過機場管制員四次嘗試後，西翼航空客機終於對塔臺做出了回應。隨後機場管制員許可全美航空以24L跑道降落，但當時天西航空5569班機仍位於跑道上等待起飛位置。

　　此時，另一架西翼航空客機，類似於天西航空5569的Metroliner機型，向塔臺報告準備起飛，同一位機場管制員向此架飛機詢問了他們的位置，他們告訴她正在24L跑道邊的滑行道等待，因為塔臺的許可頒發席尚未把該班機的管制紀錄條（flight strip）交付給機場管制員，機場管制員因此錯誤地認為該Metroliner飛機是天西航空的5569班機，並以為跑道上已淨空沒有飛機。

　　當天西航空5569還在等待機場管制員發給起飛許可時，全美航空1493在24L跑道頭附近落地，緊接著猛然撞上天西航空5569班機。兩架飛機都在跑道上打滑，天西航空5569班機更被擠壓在B737客機的機身下，撞擊後機身的殘骸飛到了滑行道遠方一棟空建築物對面。這起失事造成了天西航空所有乘客與組員罹難，也使B737機長在內的21條生命殞落。

　　美國國家運輸安全委員會（NTSB）調查指出，導致這件意外發生的主要因素是洛杉磯國際機場航管程序發生錯誤，管制員將另一架在跑道準備離場的通勤客機誤認為天西航空客機，因此誤判跑道已淨空從而許可全美客機降落造成事故。

【案例6】

　　1999年4月1日，美國芝加哥機場（ORD）一架中國民航B747貨機落地後脫離跑道而誤入錯誤之右滑行道，當欲滑回正確之滑行道時，未經塔臺許可，擅自通過主跑道，當時正在起飛滾行的韓航B747猛然拉起機身躲過碰撞，造成嚴重之跑道入侵接近事件。

　　事件發生在夜間，當時的天氣是目視天氣條件。中國民航貨機在14R跑道上落地後，塔臺管制員指揮飛機右轉T10滑行道脫離跑道，再向左轉入K滑行道，穿過27L跑道到達貨機坪。當B747貨機脫離14R跑道時，同一管制員同意韓航B747起飛。國航B747貨機向右轉入T10滑行道，然後向左轉入M滑行道而不是管制員要求的K滑行道。當韓航B747起飛時，國航B747貨機進入了14R跑道，韓航B747從國航B747貨機上空大約25～50英尺處飛越，險些造成兩架747飛機相撞。

【案例7】

　　2000年10月31日，一架從臺灣桃園國際機場飛往洛杉磯國際機場的新加坡航空SQ006號航班B747-400客機，當地時間晚上23時17分，在象神颱風強風豪雨下，該班機被許可自05L跑道起飛，因為大雨造成的能見度不佳及三位飛航組員因專注於颱風側風起飛限制而未能察覺航機誤闖了正在施工維修而大部分關閉的05R跑道（現為NC滑行道）。在客機起飛滾行後，飛航組員目視到停放在05R跑道上的施工機具，在無法放棄起飛情況下，班機以超過140節的速度擦撞機具並斷裂成三截，造成79名乘客和4名客艙組員罹難，三名駕駛均生還，這是新加坡航空自創立以來，第一次發生有人員喪生的空難紀錄，也是新航集團自1997年勝安航空185號班機空難後第二次發生致命失事，同時也是新一代B747-400客機首次出現致命事故，而且是臺灣民航史上首次涉及外國航空公司的空難。

　　行政院飛航安全調查委員會（國家運輸安全調查委員會）調查發現，該機由停機坪滑向離場跑道時，飛航組員曾參考機場航圖。然而，該機由NP滑行道轉進N1滑行道，並繼續轉向05R跑道時，三位組員均未確認滑行路徑。操控駕駛員接近離場跑道之期望，伴隨著明顯之滑行道燈光引領其滑至05R跑道，導致將其注意力著重在滑行道中心線燈上，跟隨

綠色之滑行道中心線燈滑入05R跑道。飛航組員為趕在颱風進襲前起飛之時間壓力，及強風、低能見度及溼滑跑道等情況，均潛在地影響飛航組員下達決策和維持狀況警覺之能力，最後失去狀況警覺而由錯誤跑道起飛。報告中與「風險有關之調查結果」列出數項涉及飛航安全之風險因素，包括事故當時，機場有數項設施不符國際標準及建議措施，若予適當重視，或許能加強飛航組員在滑行至05L跑道期間之狀況警覺，但缺少此項強化措施，並不足以證明SQ006飛航組員會因而失去狀況警覺。

【案例8】

2001年10月8日，一架北歐航空（SAS）公司MD-87型客機，從義大利米蘭李納特國際機場的36R跑道起飛滾行時，與一架未經塔臺許可的賽斯納（Cessna）Citation II型商用噴射機相撞後，衝入機場內的行李處理棚廠，飛機瞬間爆炸起火燃燒，MD機上110人及Cessna上4人全數罹難，同時還造成地面上至少4人死亡。事發當時的跑道能見度不良，機場例行天氣報告METAR（Meteorological Terminal Aviation Routine Weather Report, METAR）為：LIML 080550ZVRB01KT 0050 R36R/0250V0600U FG。

一開始Cessna飛機（註冊編號D-IEVX）準備從WEST APRON滑出，接到地面管制員的許可是「Delta Victor Xray taxi north via Romeo Five, QNH One Zero One Three, call me back at the stop bar of the... main runway extension」，飛航組員的回答是「Roger via Romeo Five and…One Zero One Three, and call you back before reaching main runway」。當時飛航組員省略掉了「taxi north」、「stop bar」、「runway extension」三個詞。管制員未提出異議。Cessna經R6滑行道向東滑出，而沒有按照指令向北沿R5滑行。當Cessna飛機在R6滑行道上接近36R跑道時，管制員以為它的位置在R5滑行道上接近36R跑道頭的延長線上，因此同意它穿越。十秒鐘後，管制員同意MD87客機起飛，MD87剛抬頭便與Cessna飛機相撞。

【案例9】

2003年7月16日，一架波音B737-86N，註冊編號G-XLAG在英國曼徹斯特（Manchester）機場發生跑道入侵事件。該機載有7名組員及190名乘客正準備從曼徹斯特機場飛往希臘的科斯。機長未注意到當時06R跑道正

在做跑道縮減工程，這是因為遠處跑道末端有一個因工作進度而移動的橡膠障礙物放在微微突起的地面上，而這超出了機長在06R跑道頭能用肉眼目視的範圍之外。由於管制員與機長口頭傳遞訊息的差異，飛機沿著AG點滑行而不是原來的A點進入跑道，而後機長以一般正常跑道所使用的推力起飛，當飛機快到跑道末端時，機長突然發現有車輛在不遠處，但飛機已經接近起飛仰轉速度（rotation speed），機長繼續完成正常起飛。飛機在56英尺的高度內越過14英尺的車子。

【案例10】

2008年4月30日晚，中國大連機場一架廈門航空的飛機因飛航組員失誤，在地面滑行時誤闖另一架正在起飛的中國南方航空班機使用的跑道，造成兩架飛機幾乎相撞的險境。所幸廈航組員在最後時刻告知塔臺及南航組員，後者放棄起飛緊急煞停，避免了撞機慘劇。

【案例11】

2015年3月2日下午，中國廣州機場一架山東航空SC1170航班客機準備飛前往濟南，飛機在跑道準備起飛瞬間，前方突然出現一架從越南胡志明市飛往廣州的越南航空客機滑入跑道，山東航空及時煞停，避免了撞機事故。

【案例12】

2016年10月11日，中國上海虹橋機場一架A330客機於36R跑道落地後經過H3聯絡道穿越36L跑道時發生A類跑道入侵。

36L跑道正在起飛的A320客機從穿越跑道的A330客機上空飛越，兩機垂直距離19公尺，A320左機翼與A330機尾間的水平距離為13公尺。事件的原因是管制員發布A330客機穿越跑道指示時，未能確認相關航空器位置及動態。

四、跑道入侵之預防

　　熱點（Hot Spot）是機場攸關安全的地點，通常位在複雜或容易造成混淆的滑行道交叉處，或滑行道與跑道交叉處。國際民航組織（ICAO）將熱點定義為：「機場活動區內有發生碰撞或跑道入侵紀錄或具潛在風險，有必要請航空器或地面駕駛員加強注意的位置。」車輛駕駛員必須熟稔這些區域，進入或繞經該類地點時，應特別小心行駛。全球每個飛航情報區（Flight Information Region, FIR）出版之《飛航指南》（*Aeronautical Information Publication*, AIP）及各機場之機場平面圖（aerodrome chart）會標示熱點所在，車輛駕駛員務必使用最新版圖資，在風險尚未降低或解除前，這些熱點會持續標示在機場平面圖上（**圖5-8**）。

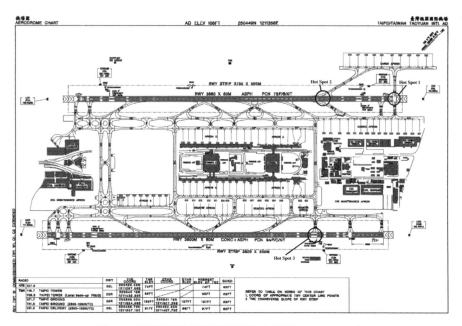

圖5-8　臺灣桃園國際機場公告之熱點（Hot Spot）

資料來源：2019交通部民用航空局，電子式飛航指南，網址http://eaip.caa.gov.tw/eaip/
history/2019-07-18-AIRAC/html/index-zh-TW.html

航空安全管理

　　有鑑於跑道入侵事件日益增加，美國聯邦航空總署（FAA）認為「飛航組員、航勤作業人員及飛航管制人員於航機地面作業期間加強狀況警覺，是避免類似案件發生的關鍵」。

　　根據過去類似案件的調查結果，FAA首先針對飛航組員歸納出應該加強的三個方向——通訊（communication）、對機場的瞭解（airport knowledge）與駕駛艙程序（cockpit procedures），以有效避免事件的發生。

(一)保持清晰簡明的通訊（keep communications clear & concise）

　　飛航組員與航管人員間有效的通訊是地面作業安全的關鍵，尤其在航路繁忙、頻道壅塞的情況下，對於航管指示的明確理解，絕不容妥協。因此，在通訊時要注意：

1.在發話之前仔細聆聽，同時盡可能在監聽無線電時，在自己心裡默默勾勒出一個機場動態圖。
2.在按下發話按鍵前要思考清楚，並與塔臺管制員間保持清晰、明瞭、簡潔地溝通。
3.一定要確定自己完全理解塔臺管制員所下達的指示，千萬不要模稜兩可或自以為是。
4.對於塔臺「跑道頭待命」（hold short of runway）的指示，一定要逐字覆誦。

(二)熟悉所在的機場（be familiar with the airport）

　　飛航組員應該非常清楚自己航機的所在位置，以及準備將航機滑向何處。航機在地面運作時，是整趟飛航任務中最複雜、最繁忙的階段。因此，備有一張詳盡的機場平面地圖（Jeppesen Airway Manual中的Airport Layout Chart）會有極大的助益。因此，在滑行或進場時要注意：

1.在滑行或落地前，重新審視手上的機場平面圖。

2.滑行中，要將機場／滑行道平面圖放在手邊，以利隨時取用。

3.隨時警覺機場地面上車輛、人員的動態。

(三)嚴格遵守駕艙程序（follow proper cockpit procedures）

飛航組員應使用經核准及有效的駕艙程序，以有效提升航機於起降階段及地面運作時的安全。因此，在駕艙中必須注意：

1.在起降階段和地面運作時避免不必要的交談。

2.在駕艙中不斷地觀察窗外動態，特別是航機進入跑道時，更要加強狀況警覺。

3.一旦發生迷失的情形，立即通報塔臺。

4.適當地開啓機上的燈光設備，使航機能被辨識察覺。

5.如果在不熟悉的機場，千萬不要猶豫，趕緊向塔臺申請引導。

6.確定無線電運作正常，並將頻道、音量設定到適當位置。

7.萬一無線電發生故障，要熟悉且謹遵「無線電雙向失效處置程序」（lost communication procedures），並使用正確的判斷。

8.落地後千萬不可把飛機停在跑道上向塔臺詢問滑行方向。落地後的第一要務，是將飛機滑離跑道，等滑到等待線（hold line）後，再停住向塔臺詢問後續指示。

除了上述三項，FAA也特別強調：在低能見度時，更要保持警覺（stay alert especially when visibility is low）。飛航組員和航管人員，要在低能見度下維持相當程度狀況警覺的能力，變得格外困難；因此，飛航組員在低能見度期間，必須注意下列事項：

1.駕艙內的工作負荷會增加，同時較易分散注意力。

2.一旦駕艙內工作量增加，對與塔臺間通訊的專注力會有降低趨勢。

3.疲勞程度會上升。

4.尤其當下雪及其他不良氣候導致地面標線或指示標誌模糊難辨時，

更應加強警覺。

(四)跑道入侵預防之建議

國際民航組織（ICAO, 2007）對跑道入侵預防的建議如下：

許多跑道入侵事件的報告和調查顯示，通訊問題通常是導致跑道入侵事件的起因和影響因素。改善飛航組員、管制員、車輛駕駛員等之間的通訊，是有效減少跑道入侵的有效手段。

◆有效的通訊

1. 所有飛機或車輛呼號應用於與跑道運作相關的所有通訊。所有參與跑道運作的人員對所有許可和指令進行準確的接收、理解和覆誦。在對任何許可／指令的全部或部分存在疑問或不確定時，應予以澄清，並隨後覆誦許可／指令的全部內容，以確保正確理解。
2. 應用國際民航組織標準的術語於跑道運行有關的所有通訊。發話的音量、速度以及無線電指令的複雜程度，有時會對管制員、車輛駕駛員和／或飛航組員造成困難，當使用的語言不是這些人的母語時更是如此。與不使用母語的組員聯絡時，口語化的表達更容易造成誤解。
3. 在所有與跑道運作有關的通訊中，應定期檢驗飛航組員、車輛駕駛員和飛航管制員是否使用國際民航組織的標準術語。按照ICAO陸空無線電通訊語言要求進行通話，有助於參與跑道運作的人員建立和保持良好的情境警覺。
4. 導航服務的覆誦程序—空中交通管理應被使用及包括在與作業區內車輛的通訊。
5. 完整的呼號：對於在跑道或跑道附近運作所有的交通類型，使用其完整呼號，避免錯誤指示。建議有關跑道運作（到場、離場、航空器穿越、車輛穿越、跑道檢查等）的所有通訊都使用同一VHF波道，以便相互瞭解其位置。與每條跑道（車輛、飛機穿越等）運作

相關的所有通訊應與飛機起降保持相同的無線電頻率。

◆對航空業者的建議

1. 航空業者必須認識跑道入侵對航空安全的影響，將跑道入侵的風險提到議事日程上進行防範。
2. 就機場標誌、標記和燈光系統等進行訓練。
3. 規範滑行程序並檢查其執行情況，明確穿越跑道前要獲得明確的許可，強調滑行過程需保持「靜默」駕駛艙理念。
4. 對跑道入侵進行案例教學、地面和模擬機訓練。

◆對飛航組員的建議

1. 飛行組員要把滑行階段認為是飛行的「關鍵階段」，避免滑行期間進行旅客廣播、飛機性能查閱、聯繫公司等行為干擾滑行，必要時可以停止滑行或者安排第三名飛航組員分擔部分任務。
2. 組員要正確地理解、正確執行航管指令。收到許可或指令後，如有任何疑問，在執行指令或許可前應立即向航管予以澄清。
3. 滑行過程中，監控駕駛員（PM）要與操控駕駛員（PF）進行良好的配合提醒，並按照標準作業程序的要求進行持續的觀察。
4. 除非緊急程序特別允許，飛航組員在穿越跑道和進入跑道的過程中禁止越過亮著的紅色停止排燈。飛航組員不應接受從快速滑行道進入或穿越跑道的航管指令。
5. 進入跑道後，如果等待時間長度超過預計離場時間九十秒以上時，飛航組員應通知航管其在跑道上等待的情況。
6. 飛航組員在進場過程中、收到起飛或落地許可時應打開航空器的落地燈，穿越跑道時應打開防撞燈。
7. 如對機場場面上的某一確切位置存有任何疑問，飛航組員應聯繫航管並遵循相關的ICAO程序。

◆對飛航管制和管制員的建議措施

1.當跑道有臨時障礙物時，管制員應當堅持在席位上用清晰明確的方法予以指示。

2.管制員應在航空器滑行前選擇恰當的時機向其發布航路管制許可。

3.確保航管程序包含要求發布在任何跑道外等待的指令中含有跑道編號的規定。

4.制定和使用標準的滑行路線，以防止飛航組員可能發生的混淆。

5.為降低飛航組員的工作負擔和防止潛在的混淆，在可行的情況下，可使用漸進式的滑行指令。漸進式的滑行指令不得有可以穿越跑道的暗示。

6.如果航空器進入跑道後，在跑道上的等待時間將超過九十秒時，則不要向其發布進入跑道的許可。

7.管制員應「抬頭」，以便連續觀察機場運作情況。

◆對機場營運單位和車輛駕駛員的建議措施

1.機場營運單位應參照安全管理體系的要求，對跑道入侵的風險和防範持續關注。

2.對可能造成飛航組員和車輛駕駛員誤入跑道的自然條件進行改善。例如：使用環形滑行道避免穿越跑道、跑道／滑行道的布局簡單有序等。

3.實施與跑道相關的維護項目，例如：標誌、燈光、標記牌。保證標誌、標記牌在任何條件下保持清晰可見、齊全和意義明確。

4.在機場施工和維護期間，確保有關臨時施工區域的訊息得到充分發布。

5.改善基礎設施，減少野生動物進入跑道保護區域。

6.引進先進設備，例如跑道狀態燈，它由跑道入口燈（Runway Entrance Lights, RELs）和起飛等待燈（Takeoff Hold Lights, THLs）

組成，跑道狀態燈會告訴飛航組員和車輛駕駛員停下來。當其他交通工具進入、穿越跑道，或開始從跑道上起飛存在危險時，嵌入在跑道和滑行道道面的跑道狀態燈會自動變成紅色。該燈可提供直接、迅速的警告，並且不需要管制員進行輸入。

7.對在跑道上或跑道附近工作的車輛駕駛員和其他人員進行正規的通訊訓練、評估和警示教育。

◆對飛機製造商和政府監管機構的建議

1.飛機製造商應該不斷完善飛機設備，在飛機滑行期間爲組員提供完善的地圖顯示（例如電子飛行包EFB的地圖顯示功能），或者發生可能的跑道入侵時，給組員提供警告（例如Smart Runway System）。

2.政府監理機構應不斷完善防止跑道入侵的指導性文件，加大對風險源的識別和控制，對機場營運人、航空業者、飛航管制、飛航組員、管制員、車輛駕駛員相關要求或者建議措施，提供與跑道入侵相關的警示教育的素材。

第六節 空中防撞系統

人類的眼睛有許多盲點（圖5-9），就算在天氣良好的情況下，都有可能看不到其他的飛機，更何況是天氣不良及夜間飛行。因此，飛機在空中除了靠航管人員的指揮保持隔離之外，最後一道防線就是加裝機上的空中防撞系統。

所謂的「空中防撞系統」（Traffic Collision Avoidance System, TCAS），顧名思義就是要避免兩架飛機因爲航管隔離不足而產生相撞風險的一套機載裝備，國際民航組織亦稱爲ACAS（Air-Borne Collision Avoidance System）。有些飛行員稱其爲「魚群探測器」，因爲用途類似。如果說飛機的飛航管制是飛機的第一道保險，那麼一旦航管失效，TCAS

眼睛的盲點（Blind Spot）

眼睛盲點實驗練習（Exercise for Demonstrating the Eye's Blind Spot）

罩住右眼以左眼注視飛機位置，然後向右移動直到飛機消失。

圖5-9　眼睛盲點實驗

資料來源：作者繪製

就成了阻止災難發生、保證飛行安全的第二道防線，這相當於給航空器上了「雙保險」。TCAS的價值被證實有用，儘管只在北美洲航線上使用，但1990年美國航空公司開始裝置TCAS後，就未曾發生空中相撞的事故。

目前TCAS發展已有三個世代，功能日趨強大：

1. 第一代TCAS I：早在1950年代航空業界就開始著手研究空中防撞系統，但因技術問題應用不普遍。直到1980年代，經歷多次空難後，終於進入實用階段，研發出第一代空中防撞系統。TCAS I能夠偵測上下7,000～10,000英尺，前後15～40海里，發現有航機接近時，會提前四十秒以目視符號及聲音的「航情諮詢」（Traffic Advisory, TA）警告飛航組員對方飛機的高度和位置。

2. 第二代TCAS II：是目前最被廣泛使用的防撞系統，除了採用基本的「航情諮詢」（TA）警告外，並且會以電腦語音形式的「避撞諮詢」（Resolution Advisory, RA）指示避讓動作，例如正向的語音提示「Climb！Climb！Climb！」及「Descend！Descend！Descend！」。對

向來機若有安裝TCAS，也會有相反的警告發出來。

3.第三代TCAS III：也稱為TCAS III和TCAS IV。除了上下避撞功能之外，亦增加左右避撞能力。

TCAS系統利用電子偵測及飛機的相對運動速度，追蹤其他航空器是否在危險範圍內，可讓航機知道與其他飛機的相對位置。

TCAS以兩種方式偵測接近或闖入的飛機：(1)TCAS使用唯一的模式C（Mode C）全頻詢問附近具有A模式或C模式的「詢答器」（transponder），然後追蹤其距離、高度、方位資訊，產生「航情諮詢」（TA）及「避撞諮詢」（RA）；(2)TCAS也能偵測由S模式（Mode S）詢答器發射的非主動訊號，然後使用飛機上獨特的24位元（24-bit）處理器詢問各自的詢答器訊號。TCAS使用這些詢問的回應訊號來偵測來機的距離方位及高度，並將此資訊提供給電腦避撞邏輯操作來決定是否發出TA或RA警告。TCAS提供入侵者的相對方位，將目標物的位置顯示在導航面板上。

如果TCAS發覺有潛在的相撞危險，它能提供組員垂直（上下）動作的目視及聲音諮詢，以避免與侵入者同高度（**圖5-10**）。

在駕駛艙的導航顯示面板上，TCAS有兩種形式：

其一為「航情諮詢」（TA）顯示，是要告知飛航組員入侵飛機的相對位置及高度，以箭號方向表示來機以每分鐘500英尺爬升或下降（**圖5-11**）。駕駛艙中，導航顯示面板、氣象雷達螢幕、TCAS面板或TA垂直速度指示面板會提供TA的顯示，以符號及色彩辨識每個入侵者相對的威脅。TA只是提供飛航組員其他鄰近飛機的警示，單獨的TA警示並不需要飛航組員採取避撞行動。

通常有TA警告時，操控駕駛員應立即以目視尋找該航機，而監控駕駛員（PM）則應注意機內TCAS顯示器，並隨時告知操控駕駛員該航機的相關位置、距離及高度，以確保適當隔離。

另一個TCAS的「避撞諮詢」（RA）顯示，是要告知飛航組員立即採

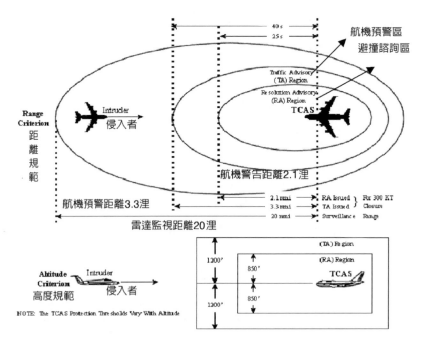

圖5-10 空中防撞警告系統構成偵察概念

取行動以避免可能的碰撞。它是併入飛機的垂直速度指示器上，藉由刻度盤上的紅色及綠色燈亮區，顯示需要的爬升及下降率。

　　除了圖示顯示告知外，TCAS也以電子合成音提供組員聽覺上的告知。避撞諮詢包括「爬升，爬升」（Climb, Climb）或「下降，下降」（Descend, Descend）正向的語音提示。預期飛機有爬升或下降的動作，會緩慢的轉變到每分鐘1,500英尺的爬升或下降率。隨後RA也許會增強所謂的重複指令，例如：「加速爬升，加速爬升」（Increase Climb, Increase Climb）。它也會視來機動作而減緩指令程度，或甚至下達更嚴重的指令，例如：「下降，立即下降」（Descend, Descend Now）。

　　一旦出現TA警告，代表距離航機約二十至四十八秒之後，會有來機接近，如果是RA警告，代表十五至三十五秒內，可能會有飛機入侵，必須立刻避讓（圖5-12）。換言之，當飛航組員聽到RA的語音警告時，可反應的

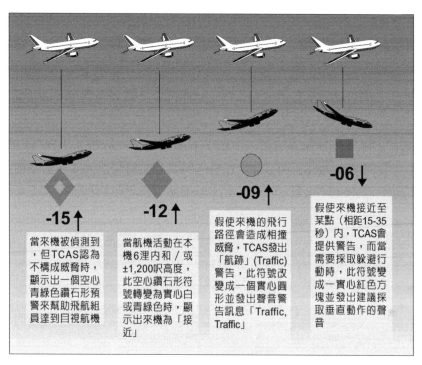

圖5-11 TCAS系統之警告

資料來源：作者繪製

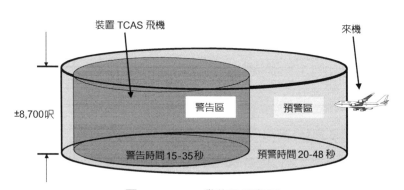

圖5-12 TCAS警告及預警區

資料來源：作者繪製

時間非常短，根本沒有多餘時間警告客艙組員及乘客，在激烈的避撞操控下，容易導致傷亡。

依據TCAS的經驗，當有RA警告時，操控駕駛員應立即飛離危險區域，同時通知航管TCAS警告。監控駕駛員（PM）應幫助操控駕駛員（PF）交互檢查駕艙儀表以確保離開危險區域。民航當局建議當RA與航管的指示衝突時，組員應該遵照進一步的RA指示，並立即通知航管。

航管程序，如「察覺與避讓概念」（see and avoid concept）仍是確保航機隔離最主要的方法。當天氣條件允許時，無論是依據儀器飛行規則還是目視飛行規則，駕駛飛機的每個人都應保持警惕，以便能夠看見和避開其他飛機。然而，TCAS是提供避免航機衝突的一個重要備份，尤其當與航管失聯時。無論是目前或未來，TCAS都是飛航組員用來預防可能空中相撞或接近的一套獨立安全系統。

隨著全球不斷增加的航行量來看，TCAS作為防撞保護的重要性不言可喻。然而，要讓此系統能預期運作，飛航組員必須正確執行此裝備的航情及避撞諮詢。

飛航組員要牢記，TCAS無法偵測出未裝設或未開啟詢答器的任何大型或小型飛機。因此，裝有詢答器的普通航空業飛機，應當在飛行時開啟，全程使用高度模式。

正因為TCAS的功效巨大，所以在相關的民航法規上也特別規定必須加裝的條文及飛航組員操作能力的訓練。我國「航空器飛航作業管理規則」第129條規定：「渦輪發動機之飛機，其最大起飛重量超過五千七百公斤或載客座位數超過十九座者，應裝置第二代空中防撞系統。渦輪發動機之飛機其最大起飛重量超過一萬五千公斤或載客座位數超過三十座者，應裝置第二代空中防撞系統。……依本條所裝置之空中防撞系統，應符合國際民用航空公約第10號附約第四卷之規定。」第278條規定：「已裝置空中防撞系統之航空器，機長應確認其飛航組員已有適當訓練，具備使用空中防撞系統及避撞操作之能力。」第285條之二十三規定：「航空器使用人對裝置空中防撞系統之飛機，應確認其飛航組員皆經適當訓練，具備使用空

中防撞系統及避撞操作之能力」。

目前航空公司在購機計畫時，第二代空中防撞系統已是標準配備，以因應國內外日趨擁擠之空中交通環境，減低發生航管事件之機率。因為若能用金錢與裝備而非生命代價增加一道飛安防線，失事錯誤鏈中的任一環節就容易被打斷，便能拯救數百個家庭揮之不去的夢魘。

飛航組員如何在空中目視辨識具有威脅的航機

每架飛機兩側機翼翼尖都有「航行燈」的裝置（**圖5-13**），當你坐在機內，面朝飛機機頭方向，機翼的左翼翼尖是紅燈，機翼的右翼翼尖是綠燈（左紅右綠）。遙望著遠方的一架飛機，若看到機翼翼尖航行燈是左綠右紅，代表這架飛機正朝向你飛行。反之，若是左紅右綠的燈，則是與你同向。

圖5-13　A330客機之右翼尖航行燈（綠色）

資料來源：作者拍攝

Chapter 6
航空維修安全

- 機務維修作業概況
- 飛機維修相關失事案例
- 導致失事之維修因素
- 維修失誤肇因與安全管理
- 維修資源管理

航空安全 管理

　　根據PlaneCrashInfo（2019）公司統計1950～2019年全球十九人座以上客機致命失事肇因分析，機械因素（mechanical）占了所有因素的23%。國際航空運輸協會（IATA, 2019b）統計發現，2014～2018年期間，全球致命事故中12%的潛在狀況是包括標準作業程序和訓練系統在內的維修作業，非致命事故中則有20%的潛在狀況是維修作業。

　　傳統上，飛航安全大部分指向飛航組員人為因素的表現，或是少數的飛航管制員。但從過去許多失事案例及研究發現，檢查及維修飛機的機務維修人員也是人為因素重要的一環。美國波音公司統計1996～2005年間全球民航噴射機有55%的飛機失事是由於人為因素引起，其中共發生四次因維修因素導致的全毀失事，占總失事次數的3%，其中維修人為因素是最大的主因。

　　飛機修護（**圖6-1**）是航空安全中的一環，航空安全在很大程度上依賴著維修。隨著全球空運成長及商業航班迫切的需求，民航機的使用率倍增，航空公司為達成準點率要求，維修工作的壓力也隨之而來。雖然科技

圖6-1　飛機維修──發動機內視鏡檢查

資料來源：遠東航空提供

進步使飛機設備可靠度提高，技術因素引起的安全事故因而減少，但維修人爲失誤導致的不安全事件卻直線上升。與航空安全其他威脅相比，航空維修人員（AMT）的錯誤較難檢測也不易發現，並可能潛伏許久，長期影響飛機安全運作，嚴重可能導致失事悲劇，並造成航空安全體系的瓦解。

 # 第一節　機務維修作業概況

　　機務維修人員是指在地面上擔任航空器機體、發動機及通信電子維護工作的人員，民航法上稱之爲「地面機械員」。機務維修是一項專業、高技術性的工作，其工作依地點有內、外勤之分。外勤工作範圍包括航空公司飛航之各航空站（外站），主要於停機坪從事飛行線（停機線）維護工作，停機線維護是指飛航前後檢查、每日或過夜檢查、過境維護及飛行前後檢查等工作，以符合適航條件。外勤維修人員依過夜檢查卡逐項執行每架飛機當日的過夜總檢查，有時亦需對其他代理之航空公司飛機做過境檢查及維護工作。

　　外勤維修人員於機坪之維修檢查程序（ramp maintenance inspections），依據下列四項規定：

1. 維修手冊（maintenance manual）。
2. 飛航日誌（aircraft logbook）：包括駕駛員對各項儀器反應之問題（pilot complains）、處理各項維修問題遭遇之困難、機械上長期遭遇之困難、已改正完畢之項目（carry-over items）、檢查時間限制等。
3. 飛機外部檢查：包括機身、機翼、控制面（control surfaces）、尾翼、輪胎、起落架、燃料、油及水的滲漏等。
4. 飛機內部檢查：包括座位、安全帶、布告牌、指示板、逃生設備等。

　　內勤人員則是在航空公司維護工場工作，負責飛機三、四級維護工作，亦即對飛機結構及系統依編列之工作項目做一次較重大之預防性檢查

及必要修護，其中包括非破壞性檢驗（Non Destructive Inspection, NDI）、試驗量測或校準、航空器翻修（overhaul）、零組件試測及檢查、系統組（零）件之翻修與更新等。內勤人員就像是飛機的健保醫生，須從事電子、電氣、儀表、發動機、液壓附件、車床、機工、焊工、輪胎、零件補給及工程品管等工作。

　　航空器的維修工作難以劃分等級，各航空器原製造廠基於利益因素，也有不同之看法。但依據一般性考量，可將航空器維修工作劃分為五個等級（**表6-1**）。

表6-1　航空器維修工作等級

維修等級名稱	維修內容	維修地點
A.停機線維護	日常檢查、飛行前後檢查、過境及過夜檢查等故障排除（troubleshooting）。	線上維護
B.場站維護	時距較低之定期維護檢查（A、B級檢查）及飛行中發生之故障判斷及修理工作、部分附件自飛機上拆換工作。	場站維護
C.工廠維護	高時距之定期維護檢查及部分改裝工作，包含全機校正、各系統功能測試、結構件拆換等工作。	專業修護工廠
D.附件翻修	附件及零組件拆下執行分解、清洗、檢查、換件、組合並上試驗台檢測功能之工作。	
E.改裝或性能提升	航空器客貨機改裝或為提升其性能或為延長航空器使用壽限之重大結構理改裝工作。例如：B747之派龍架修改工作、41站結構加強工作。	

第二節　飛機維修相關失事案例

　　因維修因素導致的意外及失事事件不勝枚舉，以下列舉國內外較為重大之事故，分析如後。

一、未澈底執行結構檢查

1981年8月22日，遠東航空公司B737歸航臺客機於苗栗三義上空失事，機上110人全數罹難。調查發現機身前貨艙底部鏽蝕廣泛，部分區域已有穿孔、脫層（剝蝕）及組織結晶等現象，又因長期機艙加壓造成材料疲勞裂損，經相互發展擴散而併發結構破壞及碎裂。

* * *

1988年4月28日，一架機齡十九年的Aloha航空公司243號班機B737歸航臺客機在夏威夷24,000英尺的巡航高度發生前機身18英尺長的蒙皮剝落，致使飛機緊急迫降，此失事事件造成1位客艙組員被吸出機艙外死亡，8名乘客重傷。NTSB發布的失事報告指出，在一連串鉚釘頭周圍細小的裂縫相加下，機身的接縫處開始失效，緊接著進入到大範圍的撕裂。此原因歸咎於航空公司的維修系統出了問題：「Aloha航空公司在檢測飛機重大拆解及疲勞性損傷存在的維修計畫時發生錯誤，最後因而導致接縫失效及機身上部撕離。」

報告中提到，結構檢查的程序是困難且冗長的，這種工作需有「身體、生理及心理上的限制」，大範圍及重複性的結構檢查應該發展自動化及其他科技，以「消除或減少這種人類與生俱來潛在的失誤特性」。

二、未按程序及裝備維修發動機

1979年5月25日，美國航空公司191號班機DC-10客機於芝加哥歐海爾（O'Hare）機場起飛時，一號發動機及派龍架（pylon）脫落，隨後墜地失事，這場空難造成了地面2人及機上271位旅客和組員死亡。

191號班機起飛時駕駛艙和客艙似乎一切正常，然而在起飛滾行至6,000英尺時，歐海爾機場塔臺管制員發現飛機一號發動機派龍架的部分組件脫落，並且當飛機開始仰轉抬頭時，一號發動機連同派龍架從機翼上方

飛離，掉落在下方的跑道，同時扯掉了左翼前緣縫翼（leading edge slats）液壓管路，結果導致液壓力開始慢慢降低，並使前緣縫翼收回，飛機則繼續爬升。

塔臺管制員呼叫：「美航191，你要回場並要在哪一條跑道降落？」但並未獲回應，因為機上組員都在關心這架損壞的飛機。機長按照美航的喪失發動機程序，抬高機頭並將飛機減速。

機長操控右滿舵和副翼，這時飛機仍向左滾轉。在高度400英尺、空速每小時155海里的情況下，飛機垂直墜地。

失事報告顯示，當發動機脫落時，機長的顯示面板及兩套縫翼（slat）協調系統並不知情。被切斷的液壓管讓左機翼的縫翼慢慢收回，並且增加左翼的失速。當飛機減速至164海里時，當右翼繼續使用仍在起飛狀態的縫翼產生升力時，左翼因發動機脫落及翼前緣縫翼收回使機翼的空氣動力外型變得異常乾淨。因此導致左機翼失速以及右機翼產生高升力，使飛機最後滾轉90度墜落地面。

美國國家運輸安全委員會（NTSB）在失事調查報告中提到，由於維修引起的派龍架損壞導致派龍架及一號發動機脫落。報告指出，航空公司沒有考慮飛機結構改變的影響而修改安裝發動機的程序，以及維修工程師沒有告知工程單位就隨意修改這些程序。在原製造廠的修護流程中，拆卸發動機時，應將發動機自派龍架上拆下，將派龍架留在機翼上。但美航為了節省工時，將派龍架和發動機一起從機翼上拆下（派龍架與機翼間的接合點較容易拆卸）。當修好的發動機和派龍架一起掛回機翼上時，因為機件沉重，臨時找來的堆高機精度不如標準的平台舉升設備，導致試圖掛接時不易對準。在不斷調整時，派龍架掛載點受到撞擊而損傷。在之後的飛行中，派龍架上的損傷形成金屬疲勞不斷發展，最終導致派龍架斷裂脫落。

三、不當之修護動作導致金屬疲勞

(一)日航123班機空難

　　1985年8月12日，日本航空123班機B747-100SR客機，搭載509名乘客及15名組員，從東京羽田機場飛往大阪途中，在距離東京約100公里的關東地區群馬縣御巢鷹山區附近的高天原山墜毀，520人罹難，是全球航空史上單機死亡人數最多的第一大空難。奇蹟的是，有四名女性生還，包括一名未執勤的空服員洛合由美、一對母女以及一位十二歲女孩。此空難是肇因於1978年日航執行一項不正確的修護動作，使得金屬疲勞裂痕增加導致。

　　據日本官方的航空與鐵道事故調查委員會調查，該機自東京起飛十二分鐘後，在相模灣爬升時高度23,900英尺，突然發生巨響，後機身壓力隔板破裂，導致垂直尾翼有一大半損毀脫離，並扯斷機尾的液壓管路系統，連帶使飛機的橫向及俯仰控制完全失效。機長決定回航至羽田機場，也預備迫降到美軍橫田空軍基地。但經過機長、副駕駛及飛航工程師的努力，仍無法讓飛機解除危機。飛機最後在8,400英尺的高天原山墜毀，前半部撞山起火燃燒，後半部滑落山腰。

　　調查人員指出，1978年6月2日該機在大阪的伊丹機場落地時曾損傷機尾。機尾受損後，波音公司的維修員及日航的工程師修補機尾壓力隔板，正常需要二排鉚釘，但維修人員只將損傷的部分補了一排鉚釘，所以增加了接合點附近金屬蒙皮所承受的應力，使該處累積了金屬疲勞現象，之後日航也未執行維修檢查以偵測這個裂痕。待經過一長串的起落後，該處的壓力隔板再也無法承受客艙壓力而爆開，造成四組液壓系統故障，導致機師無法正常操控飛機。

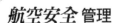

航空安全 管理

(二)華航CI611班機空難

2002年5月25日,一架中華航空公司CI611班機B747-200型,登記號碼B-18255,由桃園中正機場飛往香港赤鱲角機場,於臺北時間下午3時29分墜毀於澎湖馬公東北方約23海里處海面。機上19名機組員及206名乘客全數罹難。

根據行政院飛航安全調查委員會(國家運輸安全調查委員會)公布該事故之可能肇因:

1. 根據座艙語音紀錄器與飛航資料紀錄器紀錄、雷達資料、客艙地板通氣閥開關位置、殘骸分布情形與檢視結果,CI611班機接近巡航高度時,很可能因機身後段底部之結構失效而發生空中解體。

2. 該機於1980年2月7日在香港發生機尾觸地事件,該機當日以不加壓方式飛渡返台,次日完成暫時性修理後繼續飛航任務,後於同年5月23日至26日期間完成永久性修理。

3. 該機於1980年機尾觸地事件之永久性修理,未割除該機46段受損處蒙皮,且修理補片覆蓋之區域不足以重建受損部位之強度,不符合波音飛機公司結構修理手冊之規範。

4. 殘骸檢視時,於機身殘骸後段底部第2100站中段附近及S-48L至S-49L縱桁間,發現被修理補片覆蓋之蒙皮上靠近補片邊緣處有疲勞損傷,其中包含一長15.1吋之主要貫穿裂紋及與其相鄰之多處損傷裂紋。大部分的疲勞裂紋生長之起源點為1980年2月7日事故航機在香港發生機尾觸地事件造成之刮痕處。

5. 由殘餘強度分析結果發現,事故航機在正常操作負載情形下,當裂紋長度超過58吋時,裂紋附近結構之殘餘強度已處於臨界極限。由加強補片上所發現的環狀磨擦痕跡,與斷裂面上的規則亮紋及鍍鋁層擠壓變形現象,該機於解體前,機身上存在一至少71吋,其長度足以造成機身結構失效之連續裂紋。

6. 事故前之維修檢查皆未察覺該機於1980年結構修理之缺失及補片下

之疲勞裂紋。

與飛航安全風險有關之調查發現：

1. 華航之腐蝕預防及控制計畫因航空器之使用率較預期為低，導致檢查時間延遲，而華航之自我督察系統未能發現此延遲檢查之現象。
2. 自1997年11月起，因B-18255機共有29項腐蝕預防及控制檢查項目，未依華航維護計畫及波音高齡機航空器腐蝕預防及控制計畫實施檢查，該機在未解決安全缺失之情況下運作。
3. 民航局之查核計畫未能發現此排程逾期及華航維護系統之缺失。
4. 結構修理之執行門檻並未考量修理、維護、施工品質及航空器使用人後續檢驗標準不同等變數。
5. 檢視華航於2001年11月為執行B-18255結構修理評估計畫結構實施補片勘察，於2100站機身補片相片顯示汙痕，該補片所覆蓋蒙皮可能有潛在之結構損傷。
6. 事故前華航未完整記錄部分早期維修工作，致使該航機維修紀錄不全。
7. 1988年B-18255於實施期中檢查時，未在第一次結構檢查前清潔艙底區域之防蝕劑。

四、缺乏適當溝通與告知

1985年8月22日，英國空旅航空公司（Airtours）28M號班機一架波音B737客機在曼徹斯特國際機場因發動機失效及著火失事，導致機上55名乘客罹難。

調查人員發現一號發動機（型號為P&W JT8D-15）內九個燃燒筒中的一個在維修上雖然有遵照適當程序，但是維修人員並未充分地被告知下一次排定檢查前能正常使用的期限，燃燒筒內因熱疲勞出現裂痕脫離其固定基座。而與燃油混合燃燒後的空氣，原本應該向發動機後方噴出，但卻因

燃燒筒脫離而直接噴向燃燒室外殼,導致了災難性的爆炸。之後,燃燒筒前段彈出發動機,擊毀燃油開關,燃油因而流至熾熱的發動機排氣管上。加上原本就被注入受損發動機中的燃油,兩者迅速引燃大火。維修紀錄顯示,該發動機之前曾因燃燒筒損壞進行維修。調查發現此處進行過的焊接修理並無法滿足維持正常操作的安全要求,最終導致此一災難。

五、發動機組件金屬疲勞

1989年7月19日,美國聯合航空DC-10型客機在愛荷華州蘇市(Sioux City)墜地失事;1995年6月8日超值(ValuJet)航空DC-9客機在喬治亞州亞特蘭大Hartsfield國際機場因發動機失效失事。在蘇市的失事,296名乘客中有112人罹難、47人重傷。在亞特蘭大,62名乘客中有1名重傷。

兩件失事中都牽涉到具關鍵性的發動機轉動組件失效問題,這些組件發現有金屬疲勞引起的缺陷,而且之前在製造及修護檢查時都沒有發現這個缺陷。

其中,1989年7月19日這起失事案例特別引起注目:

一架由丹佛飛往芝加哥的美國聯合航空第232班機DC-10客機,在37,000英尺高空巡航時,位於機尾的二號發動機發生爆炸,隨即機上三套液壓系統全部失效,所有的液壓與液壓油量表全部歸零,導致飛機所有控制面,包括副翼、升降舵、襟翼、水平尾翼等立刻失去了作用。飛行員利用左右發動機的推力來控制飛機(增加左發動機推力使飛機右轉;增加右發動機推力使飛機左轉;收兩個油門讓飛機下降;推兩個油門讓飛機爬升)。當時飛機上正好有位乘客是DC-10客機的檢定機師,他也馬上主動到駕駛艙協助,負責控制油門手柄。飛機在航管人員的建議下,決定在中途的愛荷華州蘇市機場降落。最後該機對準一條已經關閉而且只有6,600英尺長的22跑道。在落地前一刻,機頭下沉,右翼著地,以空速215海里迫降在跑道上偏左的位置,機身向右側滑後翻滾起火爆炸。

這起空難中,由於駕駛艙組員的努力,機上296人有184人生還,生還

的乘客中甚至有13人毫髮無傷。另外，飛機在地面翻滾時，有些人由破裂的機身中被拋落到跑道旁，並於事後自行走回現場。

三個月後，二號發動機的其中一組風扇葉片被人在郊區發現。六個月後，一位農人在農地發現了該發動機掉落的一部分葉片盤。

在檢視所有的殘骸後，NTSB認為造成這起空難的主要原因在於二號發動機葉片盤上的一個小缺陷，這是在發動機製造時就已存在，日積月累引發金屬疲勞，導致發動機第一級葉片盤破裂並高速爆開，碎片切斷了一號及三號液壓管，而劇烈的震盪也切斷二號液壓系統。

NTSB認為，聯合航空的發動機翻修廠在檢測機件時，沒有將人為因素列入足夠的考量，以致於這片由奇異（General Electric）公司製造的第一級葉片盤，在已經開始出現金屬疲勞現象時，沒有被檢測出來。

六、發動機派龍架金屬疲勞

1991年12月29日，一架機身編號B-198波音B747-2R7F/SCD型貨機，在桃園國際機場起飛不久後因三號發動機派龍架金屬疲勞導致鉚釘鬆脫，進而使發動機脫落，且三號發動機飛離時連帶擊中旁邊之四號發動機使其跟著脫落。飛機立即向臺北近場管制塔臺要求回航，獲得了一個向左轉回機場的航線許可，但因飛機無法左轉，又向要求了一條向右轉的航線，之後墜毀於今新北市萬里區境內的中幅子山（丁火巧山）山區。機上正副駕駛及飛航工程師共5名組員，全數罹難。

     *   *   *

1992年10月4日，一架滿載的以色列航空B747-200貨機從荷蘭阿姆斯特丹史基浦機場飛往以色列台拉維夫，起飛後六分鐘爬升至6,500英尺高度時，右翼兩具發動機突然斷裂並掉落地面。飛航組員經過八分鐘努力，卻無法讓飛機返回機場，最後撞上一棟公寓大樓，造成全機3名組員、1名乘客及地面39人喪生。

調查發現，失事原因可能來自於三號發動機派龍架保險螺栓金屬疲勞，導致三號發動機脫落，並順勢扯掉旁邊之四號發動機及派龍架，部分前緣襟翼受損，飛機操控受限，以致在返回機場落地前便已失事墜毀。

七、未按照維修手冊安裝

2003年1月8日，一架中西航空5481號班機畢琪（Beechcraft）1900D客機於美國北卡羅萊納州夏洛特道格拉斯國際機場（Charlotte Douglas International Airport）起飛後，由於起飛攻角過大，兩位駕駛員都盡力地把駕駛盤往前推，但飛機仍失速向下左傾俯衝，隨即撞向機場內的全美航空維修棚廠後爆炸起火，機上21人全部罹難，地面一人受到輕傷。

美國國家運輸安全委員會（NTSB）調查發現，該機一條控制升降舵的鋼繩在飛機出事前兩晚於西維吉尼亞州亨廷頓（Huntington）的三州機場（Tri-State Airport）進行了簡單的維修，負責該裝置維修的人員是維修公司的外包商，不但是臨時技工，而且從未維修過出事機型。該型飛機升降舵的控制鋼繩安裝及調校，必須經過二十五道程序，但調查發現，維修技師在品管員默許下省卻了至少九道程序。調查又顯示一個控制該裝置的鋼繩張力的螺絲扣安裝在一個錯誤的位置上，使得原本能上下移動14度的升降舵只能移動7度，導致駕駛員無法獲得足夠的俯仰控制。雖然通常在調整後會有控制力測試以確保調整正確，但當時的維修督導決定省略了這一程序。

*   *   *

1990年6月10日，英航BAC1-11客機從英格蘭伯明罕（Birmingham）國際機場飛往西班牙馬拉加（Malaga）的航路中發生重大意外。當飛機高度於17,300英尺時，駕駛艙發出轟然巨響，在起飛前才剛更換過的駕駛艙左風擋玻璃在空中飛脫，駕、客艙立即失壓，機長被打開的風擋缺口吸出上半身，兩腳盤勾住了駕駛盤，導致飛機急速下墜，此時副駕駛突然要在危機中獨當一面，就在副駕駛把飛機飛往英格蘭的南安普敦（Southampton）

機場落地時，其他組員把機長抱住讓他保持在飛機上。飛機最後安全落地，機長重傷送醫並奇蹟似地生還。

　　調查人員查出更換風擋玻璃的夜間值班維修經理在此航班出事前二十七小時的夜班中，沒有查閱飛機維修手冊所使用的標準螺栓型號，而是按照「使用拆下的相同螺栓」去維修補給室尋找，並直接用肉眼和舊螺栓比對，黑暗中他憑目測而錯用比維修手冊規定直徑小一號（約為0.026英寸）的螺栓，而且維修時工作檯不夠高，使他未能察覺螺栓不合適，將其安裝在風擋玻璃的八十四個固定點上，而風擋玻璃原來的六顆螺栓長度也比設計規格短0.1英寸（2.5公釐），代表之前的風擋玻璃也是使用不正確的螺栓安裝，但卻能夠固定且四年來未出問題。同時，他們也發現英航的維修程序亦存在缺點：飛機維修完畢後，沒有一個獨立的品管部門負責檢驗及確認。

八、未遵照標準作業程序

　　1991年9月11日，美國大陸航空快遞（Continental Express）公司Embraer120客機在靠近美國德州鷹湖（Eagle Lake）時空中解體失事，造成14人罹難。NTSB在失事報告中指出，這架飛機的左水平尾翼前緣在空中飛脫，導致水平尾翼過度俯仰，隨後解體。

　　報告中指出，失事肇因可能是大陸航空快遞公司的維修及檢查員在移動及更換水平尾翼除冰靴時，未遵守適當的修護和品保程序，當時由於工作人員的換班，左側水平安定面的前緣頂部的螺栓並沒有被重新裝上。

九、停機線維護檢查未發現第三方人員失誤

　　2008年11月27日，一架由紐西蘭航空出租給德國特大航空的空中巴士A320-232客機在法國佩皮尼昂—里韋薩爾泰（Perpignan- Rivesaltes）機場附近進行飛行測試，當時飛航組員因未獲得所需的空域完成各種測試程序

的驗收清單，因此他們決定在返回機場時進行。

　　該機在4,000英尺（而不是規定的14,000英尺）高度嘗試以低速帶仰角姿態對失速防護系統進行測試，由於皮托管結冰導致飛機的攻角感測器異常，因此飛機並未由電腦接手失速防護操控。於是機長立即按程序手動設定起飛推力，同時執行推機頭向下操作。由於先前升降舵被固定在模擬低速飛行狀態並未配平，導致飛機隨後猛然爬升釀成二次失速，由於飛行高度較低，且未能從失速狀態中恢復，最後失控墜毀於地中海，機上7人全部罹難。

　　調查發現該機起飛二十分鐘後，三個攻角感測器中有二個故障並告訴電腦飛機在平飛狀態。攻角感測器是失速防護系統中最具關鍵的部分，它用來告知電腦飛機飛行時的攻角。

　　兩個攻角感測器故障的原因，是因為在飛行前三天清洗飛機時，作業人員為了加快清洗過程，使用高壓射水方式清洗，攻角感測器在沒有任何防護下，大量的水灌入感測器內部。當天飛機起飛後二十分鐘內，感測器運作仍正常；但隨著飛機爬升，氣溫驟降，感測器內部積存的水結冰，攻角感測器隨即被冰凍結並固定在某個角度失效。

＊　　　　　　　　＊　　　　　　　　＊

　　1996年10月2日，一架秘魯航空（AeroPeru）603號航班波音B757-200客機從秘魯首都利馬（Lima）飛往智利首都聖地牙哥（Santiago）航路中失事。飛機在起飛幾分鐘後，副駕駛以無線電告訴利馬塔臺，飛機有緊急狀況，飛航組員報告收到由飛行管理電腦發出矛盾的緊急訊號，且無法準確地觀察飛機的飛行速度及垂直上升速率，飛機最後墜入太平洋，機上70人罹難。

　　調查人員指出，地勤人員在清洗飛機後，未將貼在靜壓孔的防水膠帶撕除，飛機起飛前該執行檢查的維修人員及飛航駕駛員也都未發現，由於靜壓口受阻，導致飛機起飛後相對應的飛行速度、垂直速度、高度等重要儀表出了問題，駕駛艙極度混亂，加上當時正值半夜，飛機在海面上，飛航組員看不到任何一個參考物體可以用來確認飛機實際高度或協助他們下降。603號班機曾一度要求利馬機場方面安排飛機協助導航，可是在協助

導航的飛機起飛前，班機已經墜毀了。

十、未按程序安裝金屬條

　　2000年7月25日，法國航空公司4590號班機協和號客機在法國巴黎附近墜地失事，機上109人及地面4人罹難。法國航空失事調查局（BEA）在失事報告中指出，在協和號客機起飛的前五分鐘，同一跑道上一架美國大陸航空DC-10客機渦扇發動機反推力裝置整流罩掉出了一個磨損的金屬條（metal debris），當協和號客機於跑道上滾行起飛時，此金屬條刺破協合號客機主起落架的一個輪胎，輪胎碎片高速撞擊機翼油箱導致油箱蓋彈出，大量燃油泄漏；另外一塊較小的輪胎碎片割斷起落架的電纜線，導致火花引燃漏油，機長原想飛至5公里外的巴黎—勒布爾熱機場迫降，但二號發動機已經關閉，然後一號發動機著火，繼而燒毀機翼，導致機翼融化，起落架受損無法收起，飛機無法有效爬升及加速，最後失速墜毀距戴高樂機場1英里外的一棟旅館。

　　調查人員指出，自DC-10上掉出的這片1.5英尺（0.5公尺）的金屬條是2000年6月11日在以色列台拉維夫的「以色列飛機工業」公司執行C級檢查時安裝的，當時並沒有按照製造廠家的程序安裝。而之後的維修工作，大陸航空的機務人員並沒有發現不符合的情形。

　　BEA調查員亦指出，法航的修護技師在2000年7月定期的維修工作上，沒有正確地安裝左主輪輪軸（bogie），這是法航的維修技師第一次更改協和號客機的輪軸。然而，維修技師並沒有使用製造商的修護手冊或手冊上記載的特殊工具，因此在兩組剪力螺栓中缺乏足夠空間可以安裝新輪軸，因為空間的限制，輪軸只能緊靠著往兩邊移動，完全不符合煞車系統的液壓管路配置。BEA指出這些不合之處，雖不會直接導致失事，但是已責成管理當局對法航的維修程序重新審查。

十一、主輪輪胎胎壓不足，未作妥善處理

　　1991年7月11日，奈及利亞航空DC-8型2120班機，自沙烏地阿拉伯吉達國際機場起飛時，由於左主輪輪胎在滾行時爆胎，飛機離地後，飛行員在收起落架時，輪胎上的殘留物起火燃燒，造成左主輪艙失火，艙壓失效，液壓系統故障，結構損壞導致飛機失控，造成機上組員及乘客261人全部喪生。

　　調查指出，左起落架一號主輪爆破與二號主輪輪胎低壓（三、四號主輪也有可能低於標準）為此失事的主因。在飛機起飛前三十分鐘，同乘的機務員在所有乘客都已登機完畢，發現左起落架內側二號主輪輪胎胎壓不足，需要補充氮氣（維修紀錄顯示胎壓自7月7日以後就未曾使用胎壓計測量過）。當時一位機坪督導表示他開車載機務人員到支援單位申請氮氣，但是支援單位回答氮氣已經用完，唯一有氮氣的是沙烏地航空的維修單位，但是地區經理說了一句「算了」，因此對於飛機輪胎壓力不足，未採取任何改善措施。當飛機在滑行時，未充滿氣的二號輪胎使負載轉移到了同輪軸上的一號輪胎上，造成一號輪胎嚴重扭曲、過熱及結構弱化，而二號輪胎幾乎也發生了故障。兩個輪胎在之後無故停止了轉動，輪胎與跑道地面的摩擦產生高溫引發輪胎自燃。在起落架收回至輪艙後，正在燃燒的輪胎橡膠燒毀了附近的液壓和電力系統組件，造成液壓和客艙增壓系統的失效並引起飛機結構性損壞，同時讓飛機失控墜毀。

　　此外，該公司方面主管曾暗示：「飛機妥善情況將納入人員後續聘用的主要參考依據」，而該機務維修領班為外籍人員，曾表示希望能就工作之便長期定居。另外，飛航組員如果沒有收回起落架或者當發覺到飛機有不正常跡象而斷然放棄起飛，這起重大失事便可以避免。

第三節　導致失事之維修因素

一、維修人為因素

　　維修人員與機坪作業員工作環境比大多數其他勞動力的工作更具危險性。維修作業可能會在高處、密閉空間、冰冷或酷熱中進行，也可能需要繁重的體力、文書技能和對細節的專注。維修人員通常花更多的時間在準備任務，而不是實際執行任務。處理文件是一項關鍵的活動，通常維修人員拿著紙筆的時間幾乎和拿著修護工具的時間不相上下。維修工作需要良好的溝通和協調，但由於噪音和使用聽力保護裝備，口頭溝通可能會很困難。在時間壓力下使得這項工作經常要在停機坪及登機門附近進行飛機的故障排除與診斷。

　　維修人員還面臨著獨特的壓力源。在大多數情況下，飛航管制員和飛行員在值勤期間犯下的錯誤不是立即產生影響就是根本沒有影響，因此能在任務完畢後就卸下工作壓力與責任。相反地，當維修人員在任務結束後下班，他們知道自己所做的工作將在未來數天、數月或數年內被飛航組員和乘客所倚賴。過去涉及飛機事故維修人員的精神負擔通常沒有得到重視，有好幾次維修人員因維修錯誤造成飛機事故而自殺。

(一)維修人為失誤

　　維修對航空安全至關重要，但維修不當導致航空事故的比例顯著。這是因為一小部分的維修工作被錯誤地執行或忽略了人為失誤，包括不正確地安裝零組件、缺少零組件和遺漏必要的檢查等等。雖然缺乏確切的統計數據，也可能有很大部分的維修失誤是無關緊要，但卻有一小部分存在著

顯著的安全威脅。相較於對航空安全構成威脅的其他人員，維修人員的失誤更不易察覺，並且可能保持潛伏，長時間影響飛機的安全運作。

◆維修人為失誤統計

1988年Aloha Airlines Flight 243班機位於24,000英尺的巡航高度時，18英尺的機身蒙皮突然剝落，迫使機師緊急迫降，此意外造成一位客艙組員死亡；經過NTSB的失事調查，將失事的肇因歸為該航空公司的維修系統管理出了問題，並首次提及維修管理的實行能力之良窳，是影響維修效能及飛航安全的重要因素，因此，航空公司甫警覺到維修和維修人員（Aviation Maintenance Technicians, AMTs）是造成飛安事故的潛在因子，至此才真正開始重視維修人為因素的議題。

相關研究指出，人為維修失誤經常發生。全球民航機20～30%的渦輪發動機空中關車事件，歸因於維修失誤，估計每次關車的損失超過五十萬美金。美國航空業單單這些維修及地勤人員失誤，每年就要損失十億美元。

歐洲一份1996～1999年飛機簽派及維修安全計畫的研究，調查了航空維修技術人員（AMTs）的工作環境及習慣。這個研究由歐盟提供資金，並與愛爾蘭都柏林的Trinity大學共同合作。在286位維修人員的調查中，有34%的人表示他們使用維修手冊規定外的一種方式來完成維修工作，10%的人在執行工作時有遵照手冊但卻沒有查閱。

美國的研究也有相同的發現，位於堪薩斯Wichita州立大學的美國國家航空研究所的研究，調查了維修人員對維修文件的正確性及使用性，當問及他們是否同意「在執行一項程序時，維修手冊敘述的是最好的方式」，其中有62%，377位受訪者表示他們用他們自己認為的方式來完成一項程序而不按照手冊上所寫的方式。維修人員在調查中也表示，他們使用的手冊來自於不同的製造商。

2001年澳洲運輸安全局（Australian Transport Safety Bureau, ATSB）對維修人員的調查中就指出，經常發生的失誤包括安裝不正確及使用錯誤的零件，以及在修護工作時忽略某些步驟。

ATSB調查「高容量」（high-capacity）（高容量指的是營運的飛機在三十八人座以上者）的航空公司維修作業340件失誤事件，大部分的事件發生在當地時間03:00、10:00及14:00左右。比較起來，有高承載飛機航空公司的維修人員大多在10:00及14:00工作。然而，調查結果發現，當把這個結果對照目前的維修人員數量，很明顯的，一天當中凌晨比其他時間較有失誤發生的可能。

◆**維修人員常犯的十二項人為失誤**

飛機維修人員在維修飛機時，隨時都有可能犯錯，以螺帽與螺栓為例，拆卸方法只有一種，但組合時卻有四萬種方式可能出錯（**圖6-2**）。

1995年加拿大運輸部召開的研討會中，針對維修人員常犯的十二種錯誤進行探討，並研擬預防改善措施，以作為日常工作改善，並提醒修護人員經常保持高度警覺。

這項計畫是由維修人為因素（Human Performance in Maintenance, HPIM）計畫所發展出來的，HPIM的發展是特別回應1989年3月10日在加拿大安大略省Dryden市發生一架Air Ontario航空福克28型客機失事的調查建議。這架飛機從Dryden市政機場29跑道起飛後撞到962公尺的地障，飛機全毀，機上69人中有24人罹難。這是除了維修失誤外，類似Aloha航空失事一樣逐漸受到重視的議題中，非常著名的一起失事。Dryden失事調查最後使得航空公司及管理當局經常用來對有關結冰安全的關切方式產生重大改變。

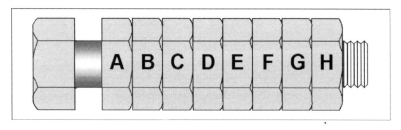

圖6-2 螺栓拆卸方法組合

依此計畫，加拿大運輸部訂出——維修人員常犯的十二項人爲失誤（The Dirty Dozen）因素，對已經完成HPIM訓練而在線上工作的員工而言，這些因素以漫畫圖畫方式，列在海報上可隨時提醒員工。十二項因素中每一項背後都有一起以上的失事案例引以爲鑑：

1. 溝通不良（lack of communication）：缺乏明確的直接陳述及良好的積極傾聽技巧（**圖6-3**）。
2. 自滿大意（complacency）：自我滿足加上喪失對危險的警覺（**圖6-4**）。
3. 專業知識不足（lack of knowledge）：對現有工作缺乏經驗與訓練（**圖6-5**）。
4. 分心（distraction）：轉移注意力，或有精神與感情上的困擾及不安（**圖6-6**）。

「晚班人員：蓋板雖然尚未復原，但我想白班接班人員應該會把蓋板的螺絲上妥吧！？」

圖6-3　溝通不良

「維修人員：那個地方我至少檢查過一千次，從來沒發現過任何問題，不會有問題的！」

圖6-4　自滿大意

5. 團隊合作不佳（lack of teamwork）：缺乏達成共同目標所應有的協同合作（**圖6-7**）。

6. 疲勞（fatigue）：勞動或工作所造成之疲倦，神經質的耗弱，暫時喪失反應能力（**圖6-8**）。

「維修人員：這已經是被弄彎的第三根了，到底怎麼回事？」

圖6-5 專業知識不足

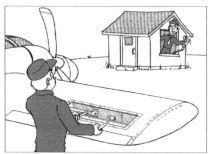

「維修人員甲：喲呵！你太太的電話！」

圖6-6 分心

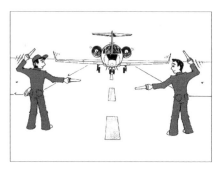

「我以為你要飛機向右轉！」

圖6-7 團隊合作不佳

「維修人員：終於上完這『全天班』了！」

圖6-8 疲勞

7.資源不足（lack of resources）：未能使用或取得現有工作所需之適切工具、裝備、資訊及程序（**圖6-9**）。

8.工作壓力（pressure）：在並無勝算的情況下，急欲完成某事，致產生急迫感（**圖6-10**）。

9.缺乏主見（lack of assertiveness）：對自己的主張、期望及需求缺乏正面溝通（**圖6-11**）。

10.心理壓力（stress）：精神上、感情上或身體方面的壓力，緊張或苦惱（**圖6-12**）。

「維修人員：左滑橇沒有庫存了，所以我想裝個浮筒，這樣做應該行得通吧！？」

圖6-9　資源不足

「機長：快點！不然班機又要延誤了！」

圖6-10　工作壓力

「維修人員：飛機漏油！」「老闆說：飛機是我的，而且那不是嚴重的缺失，沒關係！」

圖6-11　缺乏主見

試車時，維修人員心不在焉的想著：「我們剛才弄壞了一架飛機！不知道會被扣薪水？還是吃官司？」

圖6-12　心理壓力

11.缺乏警覺（lack of awareness）：在觀察時未能保持機警或警惕心
（**圖6-13**）。

12.積非成是的慣例——自訂工作標準（＂destructive＂ workplace
norms）：在執行例行工作時，未使用手冊而被普遍接受的不當做
法（**圖6-14**）。

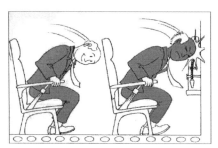

「所有的規定都說：滅火器要裝置在容易
拿得到的地方。」

圖6-13 缺乏警覺

「別管維修手冊怎麼說！大家都這樣做，
而且比較快！」

圖6-14 自訂工作標準

　　HPIM當初規劃是想要做出每個月可以輪流在修護場所展示的十二項
因素海報，目的是保持維修人員對人為因素的警覺，這就是為何要提出
十二項而不是十三項的原因。

(二)欠缺溝通與瞭解

　　維修人員常犯的溝通心理障礙有三：

1.頭腦預置（mind set）：事先將腦內的思維設置於某種預定的任務。
例如：將修護程序選擇設置於預想的範圍而非手冊上的規定。

2.心智盲塞（mental constipation）：心智偏向於例行習慣的動作而拒
受外界訊息的變異。例如：例行習慣性的修護動作不會因外界資訊
的更新而改變。

3.專業本位（professional standard）：自我的專業優越及固執己見，拒絕外來的建議及改進。很容易因看不見的盲點而犯錯，卻仍渾然不知。

這些溝通不易的問題，長久以來一直存在航空維修體系當中。

研究報告顯示，維修人員通常無法全盤瞭解公司的政策及目標，如此一來也就無法瞭解自己所應扮演的角色。當個人發展受到限制時，其表現可能是不佳的，因此需要和別人交換資訊並重視其他人的意見。

(三)維修人力

隨著全球運量及飛機的增加，維修人員人力短缺也是引起維修失誤的原因之一。FAA在其「航空維修及檢查人為因素」策略計畫中，引用美國航空運輸協會（Air Transport Association of America, ATA）（現更名為Airlines for America, A4A）的統計，顯示出1983年到1995年美國最大航空公司的旅客延人里程成長了187%。在同時期，維修的成本增加187%，航空公司的飛機數目增加70%，然而，航空公司僱用維修人員的數目卻只增加了27%。很明顯的結果是，航空維修人員必須提高效率來與增加的工作量互相配合。

二、維修文化

(一)指責文化

機務維修人員因其專業的技術本位（craftsmanship），常會有一種恃才傲物（pride of workmanship）的特性，雖然是一個工作上的群體，但是仍然與航務部門飛航駕駛員的個人主義及平等主義非常類似，因為有這些特性，機務人員在溝通上留下很多改善的空間。

個人主義和自我意識會限制信任別人的能力。飛機修護所引起的不信任氣氛使得不願相信別人更形嚴重。這種氣氛就是研究人員及維修專家所指的「指責文化」。也就是，假使你承認錯誤的話就會被處罰與指責。因此，錯誤不會主動被報告。通常機務人員還會有額外的考量是，報告一項錯誤將會導致任何維修程序的改變、工作量增加或使失誤的情況更加惡化。

這種指責文化並不是航空維修上所特有的，在1990年代中，人為因素的研究人員發現類似的文化也存在於美國航空太空總署甘迺迪太空中心準備太空梭發射的人員身上，工作人員認為只要被人發現錯誤將會被停薪。

澳洲運輸安全局（ATSB）調查發現，在飛機已損壞的意外事件中有88%呈報給官方，但是半數較不嚴重的意外事件（包括錯誤已經被偵測出及改正過）並沒有報告。調查中指出，沒有被報告的一項原因即是這種指責的文化。

現在的安全習慣總認為意外事件及失誤是用來辨認及消除安全威脅的機會。像這種意外事件經常不報告的文化，有潛在的安全風險存在。

要改變航空維修組織文化，必須具備正確的觀念與做法，包括：(1)系統是在個人之上，但是透過人員的溝通合作就會成功；(2)溝通技巧的訓練會使個人受益；(3)強而有力的組織文化需要高階管理者和工會的支持；(4)將航空安全視為組織文化的一部分，則安全性可大幅改善。

實際上航空維修文化的改變，需要採用系統思考和組織文化的變革，包括管理行為的改變、組織結構和工作態度的改變、公司策略和政府政策的改變以及價值觀的改變，以上這些都需要人與人之間的溝通與合作。

(二)「黑書」文化

機務人員經常使用一種個人蒐集的技術資料，以及執行例行修護工作的捷徑——稱為「黑書」（Black Books），這些「黑書」在世界大部分國家的民航法規中是不合法的，其中部分的原因是因為沒有辦法追蹤控制這些筆記本是否包含目前最新的技術資料。

幾乎每一個在飛機或其修護工廠工作的人員都可能有一本「黑書」，這是目前維修現況中，對於工作及維修場所不易取得厚重的修護手冊及一些無法在手冊上找得到的維修資料或經驗，而保有自己記錄下來的規範。這種遊走在法規邊緣的做法，航空公司管理階層及民航主管機關應予正視，並設法督導及解決。

三、維修工作環境

飛機維修工作的環境不良也是造成維修人為失誤的主因之一，茲依據英國民航局之研究歸納有以下幾項：

(一)照明不足

飛機維修工作很重要的是必須要有足夠的燈光提供維修人員檢查及修護，但在夜間機邊工作的維修人員通常只能靠著手電筒微弱的光源及航站部分的燈光做維修檢查，很容易在照明不足的情況下忽略許多重要的步驟及狀況警覺。加拿大EMB-120客機失事調查發現，當班機務人員在夜間修護棚廠外執行右側水平尾翼防冰靴安裝及檢查時，棚廠內可提式燈光的拉線範圍不夠讓他在機邊來回移動，也就沒有看到已經拆下的左側水平尾翼防冰靴的螺栓，導致後來防冰靴的脫落失事。

(二)噪音

機務人員常會遭受來自修護棚廠工作、發動機試車等間歇性的噪音干擾，這不僅造成人員溝通時的障礙，也會對工作人員的神經系統產生不良的影響，其中最嚴重的就是疲勞。

(三)有毒物質

現今飛機結構使用如複合材料及密封油箱的密封劑以及化學品等危險物質的情況非常普遍,另外一些非破壞性檢驗方法(如X光)也有潛在的風險。機務人員應該被告知及訓練處理危險物質的危險性。航空公司也應提供如隔離衣、橡膠手套及護目鏡等防護裝備。

(四)工作平台及工作梯 (圖6-15)

工作平台必須適合工作人員作業的高度,以避免疲勞發生。另外,因為飛機結構位置不同,維修人員有些時候必須站立在離地數十英尺高的位置執行維修,若不小心自工作平台或工作梯跌落,可能造成嚴重受傷。此外,也應避免在濕滑地面擺放工作梯。

圖6-15　機務人員維修之工作梯

資料來源:遠東航空公司

研究證實，有效的溝通是確保良好工作績效的主要因素，缺乏溝通的公司，通常員工的士氣會比較低落，而且離職率較高。因此，溝通及協調變得相對重要。

第四節　維修失誤肇因與安全管理

一、維修失誤肇因

飛機修護錯誤（不當維修）不僅必須付出安全和經濟的代價，更是飛機失事諸般因素中的一環。根據1982～1991年所發生的264件飛機全毀失事分析，發現其中因修護人員所產生的錯誤占了39件（約15%），造成1,429名乘客喪生，經統計分析其肇因分別如下：

1.修護人員未確實執行附件拆／裝所占比例約為23%。
2.製造廠商維護／檢查錯誤所占比例約為28%。
3.航空公司執行維護／檢查政策錯誤所占比例約為49%。

根據一家發動機製造廠商資料顯示，發動機發生問題在意外事件中也占有一定比例，例如：

1.20～30%的發動機空中關車是肇因於修護錯誤，而每次關車都會造成大約五十萬美元的損失。
2.50%的航班延誤肇因於修護錯誤，而每延誤一小時便會造成一萬美元的損失。
3.50%的航班取消也是肇因於修護錯誤，而每次取消費用會造成六萬六千美元的損失。

迄今似乎沒有人能夠確定到底維修錯誤因素占飛機失事／意外的正確

比例，概估大約在6～25%之間（或者更高），如果我們將這些百分比換算成生命及財產的損失，那就更嚇人了。

英國民用航空管理局（Civil Aviation Authority, CAA）對航空維修作業進行深入研究，發現最常見的維修錯誤包括：

1.組成件安裝不正確。

2.裝置錯誤零件。

3.電氣線路缺點（包括接錯線）。

4.鬆散物件（工具等）遺留在飛機上（**圖6-16**）。

5.潤滑不當。

6.整流罩、進入蓋板及折流板未固定。

7.燃油／滑油蓋及加油蓋板未固定。

8.起飛前未移除起落架地面插銷。

圖6-16　比利時空軍維修工具管理海報

二、維修安全管理原則

(一)安全管理原則

1.不安全情況及失事事件，均爲管理系統中已存在某些錯誤之表徵。
2.不安全的行爲是正常人對環境反應的結果。正常人所做正常事，在某一不正常環境下，往往發生失事事件。
3.管理工作即在於使之引導至安全行爲之環境。
4.關鍵在於管理程序中律定之責任歸屬。
5.有效之安全系統，必須做到：
    (1)強化督導功效。
    (2)涵蓋中層管理。
    (3)高階管理人員之承諾。
    (4)使員工參與。
    (5)有彈性。
    (6)積極的認知。

(二)飛安口訣機務篇

1.守紀律，莫取巧。
2.按程序，交接好。
3.依手冊，確遵照。
4.合作無間飛安保。

第五節　維修資源管理

　　為了解決維修人為因素問題，1980年代晚期，航空業界將社會心理學、組織心理學、工作社會學與人類學等學科，大量應用在航空器維修上，將以上的知識結合起來，稱為「維修資源管理」（Maintenance Resource Management, MRM）。MRM係以CRM的理念為基礎，其重點在維修工作上而不是飛航操作。維護人員的工作環境，包括針對種類繁多的工作安排許多不同的人。由於工作任務的不同，基本的概念如人為疏失、團隊精神和安全的基本做法也各不相同。

　　美國聯邦航空總署（FAA）對MRM的定義為：「維修資源管理是一個以團隊為基礎的安全行為。提供管理者和維修人員能在一個複雜的系統中安全工作的技巧、團隊的技巧以及強化組織的理念，使所有的組織成員無差錯地執行工作。」（MRM is a team-based safety behavior. It teaches managers and maintenance personnel skills that enable them to work safely in a complex system. MRM teaches more than just team skills; it teaches and reinforces an organizational philosophy in which all members of the organization are oriented toward error-free performance）。另依據美國學者泰勒對於MRM的定義，有兩個比較創新的解釋：(1)透過人力資源管理與合作來改善飛安；(2)透過頻繁的溝通活動達到改善的目的。維修資源管理的整體目標是把人際關係的技巧及基本人為因素知識融入維修人員的技能中，以增進航空器維修作業中的溝通效率與安全。

　　依據交通部民用航空局（2016）民航通告「AC F120-72維修資源管理」，維修資源管理著重在「情境警覺、溝通技巧、團隊合作、協調分工及正確決策」。

　　也就是說，MRM不只重視航空維修技術人員或是其管理者之個人之人為因素；相反的，MRM所關心的是整體人為因素系統，其中包含航空維

修技術人員、管理者與員工，一起分工合作來提升飛安品質。MRM的最終
目的是要教導及強化所有人員朝向零失事的境界。

　　MRM訓練是非技術性訓練課程，是航空公司或航空器維修廠在航空
器維修上重要之一環，航空公司或航空器維修廠持續不斷的經由MRM訓
練與改善行動，維持其航機安全運作與維修品質。MRM訓練課程的設計
目的，係透過工程師、經理與管理者之間開放與誠實的溝通，提出有關人
為失誤與問題的解答，也就是維修人員彼此共同協力工作，並運用可得到
的資源來減少維修工作上所發生的錯誤，以提升安全。

　　MRM主要的實施內容包括：

一、溝通技巧

　　維修作業通常被歸類成「非同時間的溝通」，例如：修護手冊、備忘
錄、諮詢通告、適航指令、工作卡及其他非立即性的紙本。大部分的資訊
傳遞是靠這種非口語的形式。因此，MRM需要這種獨特的非同步訓練。

二、人為失誤預防

　　維修人員失誤的結果通常不會立即顯現（潛伏的失誤），這會影響未
來維修人員在實施失誤避免時的訓練方式。

三、安全文化的塑造

　　MRM基本理念的核心價值就是成就優質的安全文化。MRM訓練提供
人員工具，以其評估並改變自己的行為，使工作更安全及減少人為疏失。
與其他安全程序不同，MRM是最有效的，讓所有員工都被導向積極的安
全文化。要改變航空維修組織文化，必須具備正確的觀念與做法，包括：

1.加強溝通合作。

2.溝通技巧的訓練。

3.高階管理者和工會的支持。

4.把航空安全視爲組織文化的一部分，則安全性可大幅改善。

另外，採用系統思考和組織文化的變革，包括管理行爲的改變、組織結構和工作態度的改變、公司策略和政府政策的改變以及價值觀的改變。

四、人爲因素訓練

維修資源管理（MRM）或組員資源管理（CRM）通常被視爲狹隘的「人爲因素」。MRM訓練在於瞭解維護作業系統，以及瞭解個人行爲如何影響到整個組織，包括人類感受和認知、工作場所和工作規劃、群體行爲（規範）以及人因工程學。因爲知道組織會發生潛在失誤的可能，MRM把大部分的重點放在航空維修作業組織的觀點。MRM強調社會及組織因素要納入在資源管理中，這比人因工程所關心的還更深入。

五、工作安全

除了強調人的情感狀態會影響人爲的表現外，MRM也重視因維修工作地點及範圍所需要的人爲技能，包括了勞工健康及工作場所的人體工學概念。

六、人際關係與團隊合作

維修作業是結合分布在機棚、各自獨立、不同專業領域的一個大的工作群體。除此之外，維修工作可能需要許多專責部門（如棚廠、工作站、規劃部門、工程師、管理部門）共同完成。因此，MRM必須同時強調團隊

內部合作的技巧。

七、狀況警覺

相對於飛航環境而言，維修環境非常忙亂且變化緩慢。在狀況警覺方面，機務人員必須有能力推斷在錯誤發生後幾小時、幾天及幾週後的結果。因此，狀況警覺的教導必須量身訂做以契合模擬MRM特性的維修環境。

八、領導統御

組織內的管理階層或小組長通常扮演中間者的角色，維修主管不僅對內要熟練地處理單位內部的行為，也要對外處理不同單位間任何狀況下的維修問題，因為這些外單位可能因經歷及專業而有所堅持。因此，好的MRM計畫必須把對外的部分考慮進來。

Chapter 7
客艙安全

第一節　客艙安全定義

　　客艙安全涵蓋甚廣，從登機前的客艙準備工作開始、旅客登機、飛機後推、滑行、起飛、巡航、下降、落地後接靠空橋，客艙內所有的安全相關事項。由於飛機客艙是一個人口高度密集及密閉的空間，飛行中的高風險環境又迥異於地面，因此，客艙安全乃是一個領域的集合名詞，而非一項特定的功能，此一集合名詞代表於意外事件發生時，對整個航機內工作之組員及乘客生還與損傷降至最低之所有環節。由於此特性，客艙安全含括航空產業許多層面，無論是飛機設計（逃生門設計、氧氣系統、客艙配置、幼兒安全設施）、營運、客艙服務、維修、人員訓練（艙門啓閉、客艙起火及煙霧、客艙緊急疏散、空中緊急醫療程序、客艙中非理性或粗暴乘客處理、駕客艙組員聯合訓練、安全與服務對立認知協調、乘客身心因素及乘客教育）、法規（手提行李規定、客艙乘客隨身電子用品規定）、管理（組員輪班、組員訓練課程設計、疲勞風險管理）、意外事件調查與航空保安等，皆有涉及客艙安全的部分。故可謂：「客艙安全之目標乃在藉由將客艙內環境中之危險因子降至最低，以減低航機失事後對乘員所可能造成之傷害並提供乘員生還機率。」

　　依據加拿大運輸部（Transport Canada）對客艙安全之廣義解釋：「爲包含機身之耐撞毀性（crash-worthiness）、客艙作業（cabin operations）、人爲因素（human factors）、心理（psychology）、生活機能（bio-dynamics）、生理（physiology）、人體工學（ergonomics）及教育（pedagogy）等範圍。」加拿大運輸部認爲加強客艙安全之目的是爲減少失事後之傷亡，並提供乘客與組員於機坪登機及航機運作時有一個安全的環境，包括客艙結構、出入口、座位排列、設備及人員之緊急撤離等。

　　一般而言，客艙安全所涵蓋項目有下列九項：(1)生還因素；(2)客艙緊急逃生程序；(3)醫學病理；(4)客艙結構及適航；(5)消防搶救；(6)保安（因

犯、劫機、爆裂物、危險品）；(7)特殊旅客處理（急救、身心障礙旅客、滋擾、嬰兒、失能）；(8)職災安全（藥物、衛生）；(9)一般安全程序要求及處理（手提行李、電子用品、亂流）。

國際民航組織ICAO（2019c）認爲透過主動式安全管理，包括危害辨識和安全風險管理，客艙安全有助於預防失事和意外事件、保護機上乘員，以及在緊急情況下提高生還機會（Cabin safety contributes to the prevention of accidents and incidents, the protection the aircraft's occupants, through proactive safety management, including hazard identification and safety risk management, and the increase of survivability in the event of an emergency situation）。

ICAO（2019c）對客艙安全計畫的重點如下：(1)與客艙作業相關的規定（regulations relating to cabin operations）；(2)作業人員的程序和文件（operator's procedures and documentation）；(3)客艙組員訓練與資格（包括裝備和設施）（cabin crew training and qualifications (including facilities and devices)）；(4)人爲表現（human performance）；(5)設計製造（design and manufacturing）；(6)機上的裝備與配置（equipment and furnishings on board aircraft）；(7)作業環境（the operational environment）。

國際航空運輸協會（IATA, 2019c）指出客艙安全是航空業者安全管理計畫的關鍵組成部分，包括下列六種相關的數據和預防行動：(1)客艙設計及作業（cabin design and operation）；(2)裝備（equipment）；(3)程序（procedures）；(4)組員訓練（crew training）；(5)人爲表現（human performance）；(6)乘客管理（passenger management）。

對客艙組員來說，航空公司客艙安全作業訓練的重點包含下列四項：(1)緊急逃生──陸上／海上迫降；(2)飛航中異常事件──客艙失壓、亂流、保安事件等；(3)保安事件──劫機、爆裂物；(4)異常旅客處理──如滋擾、酗酒旅客、急救及電子用品。

故不論從法規、定義及要求來看，除客艙服務外，客艙安全確實爲客艙組員在基礎訓練及年度複訓上的一大核心，不僅攸關每趟飛行的執勤安

全，其重要性更顯露於突發狀況之危機應變處理。

以2008年臺灣飛行安全基金會針對546件國籍航空客艙異常事件統計為例，以生病281件最多，其次為89件菸事件、56件違法使用行動電話、34件非理性行為、27件受傷、23件酗酒、15件違法使用電子用品、13件其他事件、5件性騷擾、2件語言攻擊、1件肢體攻擊。

交通部民航局「飛安公告」亦列舉出國籍航空曾發生的客艙安全案例示警：

1. 某航空公司於航機完成C級檢查後，未配置乘客安全提示卡及緊急發報機飛航，造成違規事件。當時航機於起飛及降落時，未完成安全示範提示及客艙組員未就座，造成違規事件。經查由於飛航組員與客艙組員間之協調溝通不良，造成組員未確實依照標準作業程序作業，顯示公司未發揮整體系統面之運作、管理、整合及人員之訓練。

2. 某國籍航空公司發生航機嬰兒乘載人數超過機載嬰兒救生衣數量，造成違規事件。經查該公司因電腦離場作業管制系統部分功能未趨完善，作業人員間橫向協調溝通不良、組員不熟悉及未確實遵照公司發布之作業手冊作業等因素，導致違規事實。

3. 某國籍航空公司由香港飛臺北之班機，未完成客艙「緊急逃生示範」情況下飛機即行起飛。

4. 某國籍航空公司班機次於下降開始時，機長將扣安全帶指示燈開啟後，客艙組員依照程序開始廣播並執行各項準備及檢查作業；但因航機突然急速下降，造成多位乘客及客艙組員因未扣好安全帶而受傷。

5. 某國籍航空公司於乘客登機後發現一乘客座椅背無法保持豎直位置，因當班次已客滿又無器材更換，迫於時間壓力，外站經理主動洽商機長同意安排乘客於起飛及降落階段改乘坐於客艙組員座椅，該機客艙長雖覺不妥但未堅持反對。機長所做之決定違反「航空器

飛航作業管理規則」第43條第三項「航空器使用人不得准許乘客使用客艙組員座位」之規定。

6.國籍航空公司發生五起逃生滑梯因作業疏忽導致無預期施放案件，不僅造成旅客行程延誤，亦增加航空公司營運成本支出，最壞的情形是可能會導致飛機內或周遭人員因而受到嚴重的傷害。

7.國籍航空公司發生兩起飛航中乘客手機於使用行動電源充電情況下，產生冒煙而啟動客艙滅火程序之意外事件。

8.某國籍航空公司於乘客登機後因機械故障，航機地停檢修期間，考量組員飛時限度，重新調整起飛時間並安排組員至飯店休息，客艙組員逕自決定離機，致乘客滯留機上期間無客艙組員於客艙內之違規事件。

第二節　客艙組員職責與派遣

一、客艙組員的職責

客艙組員（flight attendants or cabin crew）在客艙安全中扮演舉足輕重的角色，我國「航空器飛航作業管理規則」（2018）第一章第2條第十一款對客艙組員之定義為：「由航空器使用人或機長指定於飛航時，在航空器內從事與乘客有關安全工作或服務之人員。但不能從事飛航組員之工作。」

國際民航組織ICAO（2002）指出：「所謂客艙組員是航空組員的一部分，其在飛機上所擔任的任務是廣泛的，除了於機上提供服務：如餐飲服務、免稅品販賣、客艙清潔及一般的醫務協助之外，尚包括乘客在緊急事件發生時的安全。」

ICAO（2009）認為傳統上客艙組員的角色集中在失事發生時的緊急

撤離。然而，客艙組員在安全管理方面也發揮著重要的積極角色，這有助於預防失事。此角色包括但不限於：

1. 防止失事在客艙內擴大，如煙霧或火災。
2. 通知飛航組員（飛行員）在客艙內或與飛機有關的不正常情況，例如艙壓問題、發動機異常和機身蒙皮的汙染。
3. 防止非法干擾並管理可能危及航班安全和保安的客艙意外事件，例如劫機。

二、客艙組員的派遣

有關機上客艙組員之派遣，美國聯邦法規（Code of Federal Regulations, CFR）第14篇121.391節對客艙組員（flight attendants）規定如下：

1. 除§121.393和§121.394中規定的情況外，每位證書持有人必須在乘客登機時在每架客機上至少提供下列客艙組員：
   (1) 最大起飛重量超過7,500磅與載客座位數在九至五十一座者，配置一位客艙組員。
   (2) 最大起飛重量在7500磅以下與載客座位數在十九至五十一座者，配置一位客艙組員。
   (3) 載客座位數在五十至一百零一座者，配置兩位客艙組員。
   (4) 載客座位數超過一百人座者，配置二位客艙組員，超過一百人座者每增加五十座加配一位客艙組員。
2. 如果在進行規定的緊急撤離演練中，證書持有人派遣比法規最大載客座位數更多的客艙組員來演練，之後就不得簽派此架飛機於——
   (1) 最大載客座位數配置的客艙組員人數少於緊急撤離演練期間人數；或
   (2) 任何減少載客座位數配置的客艙組員人數少於本節1.段規定的載

客座位數加上緊急撤離演練期間派遣的客艙組員人數超過本節1.所要求的數量。

3.在證書持有人的作業規範中列出根據本節1.和2.所核准的客艙組員數量。

4.在起飛和降落期間，本節所要求的客艙組員應盡可能靠近作業樓層的緊急出口，並應在整架飛機上均勻分布，以便在緊急撤離時為乘客提供最有效的逃生。滑行期間，本節所要求的客艙組員必須留在座位上，將安全帶和肩帶固定，但為執行與飛機及其乘員安全有關的職責除外。

我國「航空器飛航作業管理規則」第二章第188條對客艙組員派遣亦有詳細規定：

「航空器載客座位數為二十座至五十座時，應派遣一名以上之客艙組員。載客座位數為五十一座至一百座時，應派遣二名以上之客艙組員，於每增加五十座載客座位數時，增派一名以上之客艙組員，以確保飛航安全及執行緊急撤離功能。但運渡或經民航局事先核准者，不在此限。（第一項）

航空器使用人應將前項客艙組員人數訂定於營運規範內。

乘客登機與離機時，航空器使用人應留置符合第一項規定之客艙組員於客艙內執行安全相關事宜。

航空器使用人應確保依第一項派遣之客艙組員於航空器起飛、降落或機長指示時，應平均配置於客艙內並坐於靠近緊急出口之指定座椅及繫妥安全帶，如有裝置肩帶者，並應繫妥肩帶。

當航空器於地面滑行時，依第一項派遣之客艙組員應就座於指定座椅並繫妥安全帶或肩帶。但需處理與航空器或乘客安全相關事宜者，不在此限。客艙組員工作時，應著航空器使用人所規定之制服，並自備手電筒一具置於便於取用之處。」

除了民航主管機關對客艙組員作業安全之要求外，航空公司亦要求客

艙組員遵守下列相關職責：

1. 客艙組員應根據政府及公司所規定有關起飛前、旅客登機、滑行、飛行中、落地後和組員輪班的法規及標準作業程序。

2. 穿著制服時一切行為舉止不僅代表個人榮譽，更代表公司整體形象及專業，一般人會以客艙組員的行為舉止來對該公司做評判，因此維持良好禮儀和服務態度不可或缺。

3. 客艙組員需維護人、機及全體組員之安全，當發現不正常狀況時，應立即報告機長，並等候機長命令。

4. 客艙組員需隨身攜帶緊急及客艙組員手冊，並必須充分瞭解及熟背緊急程序，雖然緊急情況並非常有，但一旦發生時則非常急迫，也許已沒有充足時間熟習與瞭解裝備或基本的緊急程序。因此表現必須穩重，因為在緊急情況發生時，組員可以排除乘客的慌張。倘若有必要疏散時，客艙組員要迅速將旅客安全的撤離。

5. 當飛機遭遇事故迫降後，客艙組員第一件事是將乘客在飛機外集合，清點乘客及組員人數，禁止乘客吸菸及再返回機內，並在專業人員到達前，安撫受傷及情緒不穩的旅客。此外，不可讓任何人移動飛機殘骸及貨艙行李；非經公司允許不可私自對外發布新聞，任何問題一律由公司公關部門回答；聽從機長指示，勿提及任何有關受傷及損壞的責任歸屬及賠償。

由上可知，客艙如同一個處在高風險情境下的小型社會縮影，客艙組員在政府法規、公司政策及社會期待等多重限制下，必須扮演十項全能的角色，特別是在緊急情況下的安全。因此，航班任務組員無形的身心壓力及高度的體力付出也導致國籍航空公司如中華及長榮航空客艙組員爭取改善疲勞航班及福利之罷工事件。在民航主管機關要求落實組員「疲勞風險管理」（Fatigue Risk Management）制度下，航空公司可考慮比照飛航組員優化派遣方式，並將「生理節律」（circadian rhythm）納入客艙組員飛時限度管理，以降低組員疲勞，增進客艙安全。

第三節　電子用品

日常生活中，行動電話、電子文件閱讀器、平板電腦、筆記型電腦、MP3播放器等攜帶式電子設備（Portable Electronic Devices, PEDs）的使用和範圍迅速增加，導致全球民航主管機關重新評估PED在民航機上使用的政策。雖然過去PED影響飛行安全風險的證據不多，全球民航界多年來一直採用「預防原則」，並且在某些飛行的關鍵階段（起飛、開始爬升、進場、落地）禁止使用所有的PED。

PED可分為三大類：

1. 攜帶式電子設備（PEDs）：泛指可隨身攜帶的，以電力為能源並能夠手持的電子設備。例如：筆記型電腦、平板電腦、電子書、手機、視頻播放機和電子遊戲機等。
2. 發射型攜帶式電子設備（Transmitting Portable Electronic Devices, T-PED）：能夠主動發射無線電信號的PED。包括但不限於：開啟蜂窩通訊技術、無線射頻通訊網路或其他無線通訊的PED。
3. 非發射型攜帶式電子設備（Non-transmitting Portable Electronic Devices, N-PED）：指不具備無線電發射功能的PED；或具備無線電發射功能，但發射功能已被關閉的PED。

在發布新指南後，美國聯邦航空總署（FAA）及歐洲航空安全局（EASA）所管轄的航空公司現在能夠允許乘客在所有飛行階段使用以「非主動」發射模式的PED，具體如下：

根據PED航空法規制定委員會（Aviation Rulemaking Committee, ARC）提交的詳細報告，大多數民航機可以容忍來自PED的無線電干擾信號，因此2013年10月31日FAA發布InFO 13010公告給航空公司有關於擴大乘客使用PED的規定（**圖7-1**）。

圖7-1　美國FAA允許航空公司擴大攜帶式電子產品（PED）使用範圍海報

資料來源：https://www.faa.gov/about/initiatives/ped/infographic/

2013年12月9日，EASA發布編號2013-21的安全資訊公告（EASA Safety Information Bulletin），並就2013年11月26日制定的EASA ED第2013/028/R號決議提出建議，修改了關於PED的「AMC and GM to Part-CAT」指導文件，以便與FAA保持一致的規定。

在FAA和EASA所發布的指導文件下，任何能夠發射和接收的PED（稱為T-PED）在起飛前仍然必須選擇「飛航模式」（Flight Mode）或「飛機模式」（Airplane Mode），並保持此種模式直到飛機落地後，這段期間發射和接收功能皆被禁用。沒有這種功能的任何T-PED必須在整個飛行過程中保持關閉狀態。關於擴大使用PED的指導文件是允許的而非強制性的，因此每家航空公司可以自行決定是否使用該規定。在允許更廣泛使用PED

前,航空公司應進行風險評估,以確保任何已識別的危險能適當管理。
FAA提供了關於如何實施此一目標的詳細指導:FAA InFO 13010補充通知
書——「協助航空公司擴大乘客使用PEDs」。選擇放寬PED使用政策的航
空公司都必須告知其安全主管機關此類行動,並確認已實施適當的風險管
理。值得注意的是,在飛機滑行前發動機一旦啓動及在飛行期間仍然禁止
使用T-PED,但目前EASA、FAA及加拿大運輸部已同意航空公司允許乘
客在飛機滑行期間及落地後使用,**表7-1**提供了在不同飛行階段開啓或停用
PED「飛航模式」的一般性原則(每家航空公司限制政策可能有所不同)。

表7-1 PED開啓及關閉使用時機

飛行階段	PED飛行模式「開啓」	PED飛行模式「關閉」
開始滑行	允許 起飛前需遵守客艙組員指示	禁止
起飛及開始爬升	允許	禁止
爬升、巡航及下降	允許	允許 但僅限特殊裝備的飛機,當客艙組員明確允許時
進港及落地	允許	禁止
落地脫離跑道後滑行	允許	允許

　　過去PED發出的電磁訊號被認爲可能會干擾航空電子系統,特別是
對無線電導航和通訊設備。飛機的鋁製機身也會對反射信號起屏蔽作用,
增加航空電子設備的敏感性。PED發出的信號可透過天線、電線或直接與
航空電子設備產生耦合。一般情況下,受影響的航空電子設備生產廠商有
責任將抗干擾性設計到他們的產品中,由於掌握的技術、性能價格及對設
備製造商的要求不同,產品的抗干擾能力會相差很大。PED使用的頻率包
括調幅無線電的幾十千赫到電腦使用的133兆赫。若考慮到這些信號的諧
調,那麼PED發射頻率幾乎概括了航空器使用的導航、通訊頻率的全部範
圍。更麻煩的是,不同類型的航空電子設備各有不同的靈敏度。當某頻帶
與受影響頻帶接近時,發射源可能導致該頻道上的導航信號完全被干擾。

　　最有可能受干擾的是天線系統，天線被安裝在機身不同地方，以接收導航和無線電訊號。雖然新型飛機上的裝備多半具有抗干擾功能，但不可避免的仍有一些老舊裝備及飛機是屬於易受干擾的設計。飛機不能無限地增加這些儀表的抗干擾性，因為這些儀表用來接收非常微弱的信號，飛機依賴接收機的敏感性來接收天空中的微弱信號。正是因為如此，那些帶上飛機的PED就可能干擾這些接收訊號。一旦天線收到信號，信號通過共軸電纜，傳到位於駕駛艙下方的通訊或導航接收機上。這些接收機的輸出信號又傳給駕駛艙指示器或飛機的其他計算機上。大多導航信號可能輸送到駕駛艙顯示器上，也可能輸出到自動駕駛電腦上。通常，從天線到接收機電線沿機身蒙皮內側布置，離持有PED的旅客相距不到1公尺。客艙內側薄薄的絕緣材料通常是玻璃纖維，它根本無法提供旅客PED與電線間的屏障。來自PED的大部分干擾是由於PED發射的訊號被天線吸收，進而傳送到駕駛艙儀表或導航電腦而造成的。此外，飛機的蒙皮（通常為鋁合金）是一個基本的反射體。有學者認為，在飛機上某個位置，在某些PED發射的頻率上會產生駐波，結果會導致訊號密度比自由空間中的密度還大。

　　為了預防萬一，保障航空電子系統免受干擾，在民航機上全程禁止使用無線電頻率（Radio Frequency, RF）主動發射機，如無線電、遙控玩具以及對講機。大多數航空公司把這個禁令擴大到攜帶式無線電和電視遙控接收器。雖然這些設備不是主動發射，但調幅無線電接收器的震盪器產生1兆赫的信號，電視機的震盪器產生800兆赫。調頻接收機生成的信號一般從998.7～118.7兆赫，包括VHF導航頻帶的頻率。因此在飛行中禁止旅客在機上使用行動電話、電腦等電子設備，這一規定應該是合乎科學的，也是保障旅客生命安全的重要措施。

　　長久以來乘客在民航機上使用PED總是被歸咎於某些航電設備不正常現象（自動駕駛A/P、自動油門A/T跳開或飛機自動轉彎等）的主要原因，然而卻一直沒有確切的證據，曾有飛航組員在不正常狀況發生時，將某一PED關閉後現象即立刻消除，但將此PED移到不同的飛機上做同樣的操作卻又不能複製同樣狀況。英國民用航空管理局（CAA）為了測試PED對機

上電子裝備的干擾情形，曾特別在英國倫敦蓋威克（Gatwick）機場以一架英航波音B737及一架大西洋維京航空（Virgin Atlantic）波音B747作實驗，在客艙內使用行動電話及電子裝備，結果發現電子訊號不但攪亂了航行裝備，行動電話的通話更在駕艙內產生了假警報，導致飛航組員必須採取不必要及有潛在危險的緊急行動。

過去有關PED影響飛航的案例列舉如下：

【案例1】

1993年3月，一架大型的飛機在達拉斯國際機場附近的巡航高度上飛行時，一號羅盤突然向右偏了10度，客艙組員對旅客是否使用攜帶式電子設備進行檢查，發現某位旅客剛打開了筆記型電腦，空服要求這位旅客關上電腦，一號羅盤回到正常位置，十分鐘後，組員要求旅客再次打開他的電腦，一號羅盤再次迅速右偏8度，隨後手提電腦被禁止使用，一號羅盤指示正常。這是美國航空太空總署（NASA）在其航空安全報告系統數據中記載的一個典型事例。此報告中申明，全體飛航組員認為筆記型電腦對一號羅盤的工作產生不利影響，報告中總結：在未能證實可以安全使用這些設備前，所有的航空公司應禁止旅客使用攜帶式電子設備。

【案例2】

1993年1月，從丹佛到紐約的航班，飛機在巡航高度失去所有羅盤的準確指示。機長請客艙組員巡視，並要求所有旅客關上電子設備。客艙組員回報，大約有25名旅客正在使用小型收音機收聽一場足球賽，另有一名旅客正使用手提電腦。五分鐘後羅盤仍不能使用，在第二次檢查中，客艙組員發現仍有人在聽收音機。機長立刻透過廣播系統要求所有使用電子設備的旅客關上各自的設備。九十秒後，羅盤指示正常。二十分鐘後羅盤又開始從正常偏離20～30度，機長再次命令旅客關上收音機，兩分鐘後，羅盤開始回到正常位置。

【案例3】

　　從1986年2月到1996年6月期間，NASA的航空安全報告系統中蒐集了69,000份自願報告（幾乎全由飛航組員提報），有2份報告中出現了如「旅客電子設備」、「手提電腦」或「磁帶播放機」（CD隨身聽）等詞，其中52份（約占總數的0.008%）是飛航組員懷疑旅客使用的PED干擾了航空器系統。不正常的儀表讀數在PED關上後又回到正常讀數，這種情況幾乎占報告的一半。最嚴重的情況是當PED再次打開，問題又重複出現。

【案例4】

　　根據美國航空無線電技術協會（Aeronautical Radio, Incorporated, ARINC）收到的33起報告中，有6起存在開─關─開PED會產生影響的事件。在機上使用PED，在特定條件下會對機載電子設備的正常工作造成嚴重干擾，這方面的證據已經十分確鑿。於是該委員會於1988年9月發布一項建議：禁止在起飛和降落期間使用攜帶式電子設備，其所闡述的理由是：減少航空器電子設備干擾的可能性，同時也可減少攜帶式電子設備在飛機中的反射波對旅客造成傷害的機會，以及防止旅客將注意力放在攜帶式電子設備上而忽視安全簡介。

　　但在2013年12月16日，挪威失事調查委員會（Accident Investigation Board Norway, AIB）（挪威語SHT）發表了一份補充調查報告書，針對一起在1988年挪威的國內航線航班，一架加拿大DHC-7客機在儀器天氣情況（Instrument Meteorological Conditions, IMC）下執行非程序進場時導致飛機在操控下撞地（CFIT）的失事事件，所有乘客全部罹難。這份在2014年1月24日以英文翻譯後發布的補充調查報告，目的是調查行動電話是否能以任何方式影響到飛機系統讓飛機可能導致過早下降的可能性。得出的結論是，在飛機上行動電話的存在和使用並不會干擾及影響導致航道偏離而失事的設備。

　　我國「民用航空法」第43條之二及「航空器飛航作業管理規則」第49

條規定，任何人不得使用足以干擾航機導航及通訊設備之用品，違反規定者，得處五年以下有期徒刑、拘役或新台幣十五萬元以下罰金，情節嚴重者，最高可處無期徒刑。以立榮航空公司（UNI AIR）為例，乘客自關閉艙門並經航空器上工作人員宣布限制使用起至開啓艙門止，機內（分國內線與國際線）旅客使用電子用品規定，茲分述如下：

1.國內線規定：

(1)國內線全程開放使用手機、平板、電子書，或重量在一公斤（含）以下之「小型隨身電子用品」。關閉艙門起至航機落地脫離跑道止，所有傳輸類電子用品必須關閉語音通話或轉換成「飛航模式」並關閉Wi-Fi功能。當航機於中華民國境外飛航時，使用隨身電子用品須遵守當地相關規定，客艙組員於必要時將通知乘客配合當地禁用電子用品之相關規定。

(2)航機滑行、起飛及降落階段，乘客須將小型隨身電子用品固定持穩、收妥或置於前方座椅袋內。筆記型電腦或重量在一公斤以上之電子用品須妥善置於規定之隨身行李置放處（座位下方或上方行李置物櫃）。

(3)當飛行高度高於10,000英尺以上時，國內線乘客之筆記型電腦或重量在一公斤以上之電子用品須全程妥善置於規定之隨身行李置放處（座位下方或上方行李置物櫃）。

(4)全程禁用以下電子用品：電子菸、個人無線電收發報機、各類遙控發射器（如電動玩具遙控器等）、其他任何可能干擾航機裝備包含導航、通訊等之電子用品。

(5)藍芽裝置於飛航全程皆可使用。

(6)助聽器及心律調整器之使用時機不受限制。

(7)乘客可自備攜帶式之醫療電子用品於機上使用，如可攜式之氧氣設備、呼吸器、抽痰器、攜帶型輸液泵等。上述裝備需符合隨身行李尺寸、重量的規定。

‧乘客如於飛行過程中需要使用醫療器材，須依照運送條款規定，建議於搭機前四十八小時向公司申請。

‧航空公司無法保證所有客機及機上座位都設有電源插座或所有機上插座都能正常運作，如乘客的個人器材有使用電源的需求，請乘客務必自備足夠數量（航程時間之150%容量的電池）且符合國際民用航空組織（ICAO）規範的電池作為備用。備用電池必須放置在隨身行李且須個別包裝妥當以避免短路或損壞。

‧航空公司對於乘客因使用機上電源插座造成可攜式電子醫療器材故障、電源無法使用或其他相關連原因致受傷或傷害者，不負任何損害賠償責任，乘客若欲使用機內電源，應自行承擔所有風險。

(8)其他規定

‧關閉艙門起至航機落地脫離跑道前，禁止以個人電子用品進行語音通話，所有個人電子用品必須設定為靜音或使用耳機。

‧機長得隨時視狀況停止乘客使用個人電子用品（不包含公司已同意收受之可攜式製氧機），例如於低能見度落地，或避免航機導航或通訊等系統遭受干擾。

2.國際線規定：除下列兩項與國內線不同外，其餘規定皆相同。

(1)當飛行高度高於10,000英尺以上時，國際線乘客得使用筆記型電腦，或重量在1公斤以上之電子用品。傳輸類電子用品必須關閉語音通話或轉換成「飛航模式」並關閉Wi-Fi功能。

(2)配置全球通訊系統GCS（Global Communication Suite）之航機，會提供乘客使用Wi-Fi或手機簡訊漫遊等服務，使用時機及相關規定於客艙娛樂系統顯示或配合空服人員指示。

 第四節　經濟艙症候群

「英國一名年約三十歲的女性，在二十小時的長途飛行後，步出機場便癱瘓，經急救無效而死亡，其致命因素為經濟艙症候群。」（**圖7-2**）

「經濟艙症候群」（Economy Class Syndrome）一詞起源於坐飛機時在經濟艙裡長時間蜷縮雙腿、血液不循環，導致容易發生靜脈栓塞症狀，並非因為飛機經濟艙太小的座位所導致。醫學正式名稱為「深度靜脈血栓」（Deep Venous Thrombosis, DVT），起因於長時間坐在狹窄空間裡，少活動，引起血液黏稠，靜脈回流不順暢，出現血栓，嚴重甚至逆流到肺部造成肺栓塞，可能虛脫猝死。

哪些是特定的高危險群？有靜脈曲張者、患有癌症者、吸菸者、個人的腳部凝血問題、有過腳部或骨盆手術者、腳部有受傷者、六十五歲

圖7-2　經濟艙症候群致命案例

資料來源：作者拍攝

以上老人、肥胖者、孕婦、過高者、糖尿病患、注射荷爾蒙者、受藥物控制者、心血管疾病患者，都可能因為腿部循環不好，增加血液凝結、靜脈栓塞的可能。其他如抽菸者、吃口服避孕藥者，也必須多加留意。有趣的是，是否易得靜脈栓塞與血型也有關聯，研究指出AB型的人血液易凝固，是高危險群，而O型人的血最不易凝固，罹患機率相對較低。

至於如何預防經濟艙症候群，茲分述如下：

1. 長途搭車或久坐，應適時起身活動，做簡易活動、健身操等，活動筋骨，減輕身體的僵硬，減輕腿部血液循環不良，最好能每隔兩小時一次。由於客艙內含氧量較低，做深呼吸運動有助於將足夠的氧氣輸入血液中。
2. 選擇靠緊急出口的位置，或是靠窗、靠走道位置。
3. 研究顯示，搭機前服用阿斯匹靈可降低靜脈血血小板凝集之現象，進而降低靜脈血栓的發生。
4. 補充足夠的水分，每天至少2,000c.c.～2,500c.c.，可幫助血液循環，也可以增加起身如廁的機會，若是坐著無法動彈，不妨原地進行腳踝轉動、上踮下壓或抬膝放下的運動，均能預防血栓發生。
5. 在飛機上還需留意升降時壓力改變過快，容易造成血壓突降、頭暈，甚至昏倒。曾有一名中年女性因飛機起飛不久後，想藉由喝點紅酒放鬆，結果起身還未達廁所，便在走道上昏厥。
6. 多喝水及果汁，避免抽菸、喝酒及含咖啡因飲料。但有貧血或血壓低的女性，應避免飲酒、咖啡或茶等含咖啡因飲料，以免體內水分流失過多，出現頭暈及昏厥的可能。
7. 穿著較寬鬆之衣物，最好是專為自己量身訂做之尺寸，它可以預防血液不流通。
8. 高危險群旅客，宜在搭機前聽取醫生建議。
9. 不要交叉雙腳，或是只坐在椅子的一邊，這些都會導致血液循環不良。

10.做適合機上的舒展活動，尤其是腿部肌肉的運動。預防經濟艙症候
　群的健身操如下：

(1)全身活動：小腳、大腿、雙手、前臂、頸部、肩膀、臀部，先縮
　　緊五秒，再放鬆五秒，重複幾分鐘。

(2)聳肩運動：雙肩上下做聳肩運動，以及向前、向後做肩環繞運
　　動。

(3)頭頸運動：頭部緩慢向前、向後運動，以及向上、向右繞圈運
　　動。

(4)肢體運動：上半身向左、右做轉身運動。

(5)手部運動：高舉右手，儘量向上舉；再換左手做重複動作。

(6)腿部運動：小腿上下伸腿運動，活絡膝蓋。抬高雙腳，並做些伸
　　長動作，保持三分鐘，再放下，抓緊腳趾頭三分鐘。

 第五節　空中亂流

在非致命性的意外中，旅客及客艙組員最常因飛機上的亂流受到傷
害。統計發現美洲地區每年平均約有58位乘客因未繫安全帶遇到亂流而受
傷。

「亂流」是飛機於飛行過程中，飛航組員、空服組員以及乘客感受到
飛機搖動或震盪的現象。

一、亂流的成因

一般而言，亂流可分為「有形亂流」和「無形亂流」兩種，分述如下：

(一)有形亂流

有顯著的雲層爲其特徵，其成因有二：(1)熱力不平衡；(2)山岳波。

◆熱力不平衡

地面受強烈日光照射，低層空氣受熱膨脹上升，上層冷空氣下降，形成對流現象；若潮濕空氣包含其中，則會形成塔狀積雲。在這類雲層中飛行，有著強烈的亂流，能使飛機發生劇烈顛簸。

◆山岳波

當空氣在山的向風面沿坡上升時，風速隨山的坡度而增加，至山頂時達最大值，通過山峰後迅速下降，產生下降氣流。但在離開山峰約5～10英里的下風處，空氣又開始上升，並形成滾軸雲（roll clouds），此雲成波狀水平發展。航行中的飛機應避免進入山岳波中飛行，以避開山岳波形成之亂流，其顯著的特徵爲「莢狀雲」（lenticular clouds，即外形略似雙凸透鏡或豆莢狀之雲）。

(二)無形亂流

多在晴朗天氣中產生。此種亂流之成因有二：(1)地形地物的影響；(2)高空風切現象。

◆地形地物的影響

1. 地面障礙物：風吹過障礙物後方產生的亂流，特別是降落過程中可能導致飛機掉高度或偏離跑道中心線。
2. 地表性質不同：由於地表性質不同，受熱程度各異，如砂地、岩石地面及耕地，較草地或有植物的地面受熱快速，遂形成強度不等之對流，飛機飛經此種地表，會有高度上下起伏現象。
3. 海岸線兩旁：因海面與陸面受熱程度不同，產生不同程度之亂流。

尤其當炎夏午後，此種現象更為顯著。

◆高空風切現象

「風切」（wind shear）是指風向或風速隨高度而改變的情形，有水平與垂直兩種。據統計，近75%的高空亂流都與風切現象有關。

二、亂流種類

根據美國聯邦航空總署（FAA）及美國國家海洋大氣總署（NOAA）共同規定：凡在1,500英尺以下低空所發生之亂流稱為低空亂流（low level turbulence），其發生在1,500英尺以上高空者稱為高空亂流（high level turbulence）。

(一)低空亂流

計有下列七種：

1.雷雨低空亂流（thunderstorm low level turbulence）。
2.鋒面低空亂流（frontal low level turbulence）。
3.背風坡低空滾轉亂流（lee wave rotor turbulence）。
4.地面障礙物影響之亂流（ground obstruction turbulence）。
5.低空噴射氣流之亂流（low level jet stream turbulence）。
6.逆溫層低空亂流（low level inversion turbulence）。
7.海陸風交替亂流（land and sea breeze turbulence）。

(二)高空亂流

計有下列四種：

1.雷雨高空亂流（thunderstorm high level turbulence）。

2.鋒面高空亂流（frontal high level turbulence）。

3.山岳波高空亂流（mountain wave high level turbulence）。

4.高空噴射氣流之亂流（high level jet stream turbulence）。

上述低空及高空亂流皆影響到飛機的飛行安全。其中，高空噴射氣流之亂流通常是指高空噴射氣流附近的晴空亂流（Clear Air Turbulence, CAT）而言：二次世界大戰美軍轟炸日本東京時，在對流層上方高空，飛機遭遇一股由西向東、猶如狹帶狀的高速風，時速高達數百公里以上，即所謂的高空噴射氣流（jet stream）。此種蜿蜒如帶狀的高速氣流，常存在於高度20,000～45,000英尺間，其核心時速至少超過60英里，通常此種氣流長達數千英里，寬數百英里，而厚度也超過1英里。

在噴射氣流與附近較慢的氣流之間的交界處，由於風速間相差懸殊便形成所謂的「晴空亂流」，一般多發生於無雲天空中。晴空亂流常用以解釋飛機在「高空」時所遭遇的顛簸跳動（垂直方向加速）現象，宛如高速汽船在波浪滔滔大海中行駛般，顯示有看不見之亂流存在。由於它事先毫無跡象，不容易被機上的氣象雷達偵測，因此會突然讓機上組員及旅客產生不適或危害。

目前為止，航空科技仍然無法找出有效偵測晴空亂流的方法，大部分晴空亂流的強度為中度（moderate）亂流，偶爾會發生強烈（severe）或極強烈（extreme）亂流。

(三)機尾亂流

另一種影響飛行安全的亂流稱為「機尾亂流」（wake turbulence）。船行進時會留下尾流，飛機也會在機尾處造成氣流波動。獨木舟的槳在水中滑的時候會形成漩渦與渦流，機翼在切過空氣產生升力時，由於機翼面積有限，空氣流經翼面後，會從翼尖處由下而上、由內而外向後捲動，產生螺旋狀的翼尖渦流（wingtip vortices）。由機尾往前看，右翼尖渦流是逆時針旋轉，左機翼的翼尖渦是順時針旋轉。飛機體積越大，產生的翼尖渦

圖7-3 空氣動力凝結尾

資料來源：作者拍攝

流越強，持續時間可達數分鐘，翼尖渦流加上氣流流經飛機機體本身及發動機噴射氣流產生的亂流，合稱為「機尾亂流」。假如飛機在起降時遇到前一架飛機的機尾亂流，可能會因失控而墜毀，因此機場塔臺對航班起降的時間有嚴格規定，確保飛機間有足夠之隔離（separation）。

　　翼尖渦流及機尾亂流通常看不見，但如果當時空氣中相對濕度大，飛行中因襟翼或翼尖渦流內的空氣動壓力（aerodynamic pressure）減低，就會因膨脹冷卻而凝結成白霧狀細小水滴，形成由襟翼或翼尖向後的空氣動力凝結尾（aerodynamic trails）（**圖7-3**）。

三、航空史上致命亂流案例

　　根據統計，全球亂流發生最多的地區在美國，原因是匯聚於北美山區上空的噴射氣流與洛磯山脈相互作用，以及在中大西洋的加勒比海與墨西哥灣流的影響。其他比較集中的亂流則位於西太平洋邊緣，也就是東北亞地區，臺灣飛往日韓及香港的航班經常遭遇亂流，相較之下西歐地區的天空則比較平靜。

　　根據美國聯邦航空總署（FAA）統計發現，三分之二的亂流事件都發

279

生在30,000英尺以上的空中。從1981～1997年間，影響航空器的重大亂流報告有342件，共造成3名乘客死亡、80名重傷及769名輕傷，死亡乘客中有兩位在安全帶指示燈亮起時並未繫上安全帶。在1995年6月發生兩件嚴重的亂流事件之後，FAA建議在旅客就座的任何時間內一律要繫上安全帶。

　　以下為航空史上致命亂流案例：

【案例1】

　　1980年5月10日，印度航空公司B737-200客機於印度Rampur Hat附近，遭遇強烈亂流，造成132名乘客中的2人喪生。

【案例2】

　　1981年10月7日，NLM CityHopper公司F28客機於荷蘭Moerdijk起飛後，飛機進入暴風雨活動的區域。當飛機出現在雲層時機翼已斷裂，強烈亂流對飛機結構造成損害，機上組員及乘客全數罹難。

【案例3】

　　1990年10月3日，東方航空DC9-31客機在美國佛羅里達州31,000英尺處遭遇晴空亂流，1名受傷的乘客在三週後死亡。

【案例4】

　　1996年9月5日，法航B747-400客機於靠近布吉納法索瓦加杜古附近，強烈的亂流造成206名乘客中有3名旅客被機上的電視螢幕砸成重傷，其中一名乘客後來死亡。

【案例5】

　　1997年12月28日，美國聯合航空826班次波音B747-100客機，搭載374名乘客及19名組員自日本東京成田機場起飛前往美國夏威夷，就在上餐之後兩小時，於臺北時間22:05，在距成田機場東方約1,800公里之太平洋上空，高度33,000英尺遭遇強烈的晴空亂流，導致飛機瞬間陡降1,000英尺（300公尺），造成一位三十二歲的女性乘客死於腦部內出血，110人受傷。

【案例6】

　　2001年11月12日，美國航空一架空中巴士在紐約皇后郊區墜毀，265個人喪生。這架雙發動機噴射客機起飛時狀況良好，卻在起飛後六十七秒遇到問題，由於飛機遭遇前一架起飛的B747機尾亂流及當時擔任操控駕駛員的副駕駛操控問題，使飛機的水平尾翼因壓力過大斷裂。接下來的三十八秒飛機開始向下俯衝並解體，最後墜毀在挪卡威區，機上人員全數罹難，並殃及地面5人罹難。

　　許多亂流案例當中，歸納出一個「亂流莫菲定律」——「飛機遭遇亂流時，大部分都在乘客用餐時」。也許這也是上天在考驗所有客艙組員的執勤技巧及乘客的腸胃耐力吧！

四、亂流之傷害及預防

　　依照美國聯邦航空總署的研究，亂流是最常造成空服員與旅客嚴重受傷的主因，以美國某家大型航空公司為例，平均每月有二十四位空服組員受傷，每年有一架民航噴射客機因亂流而受到嚴重損害。尤其是扣緊安全帶指示燈亮時，客艙組員仍必須執行客艙安全檢查及察看旅客是否繫妥安全帶。

　　統計顯示因亂流而受傷者大部分為乘客、客艙組員，而不是飛航組員。亂流所造成的最常見傷害是腿、踝、腳、肋骨的骨折及背和脊椎的受傷；而機內的鬆動物品（如餐車）亦會造成嚴重的傷害。亂流大部分傷害發生在那些未繫安全帶以及缺乏警覺的乘客，加上客艙組員對旅客文化及語言上的溝通問題，使得亂流傷害更形嚴重。

　　在亂流預警（turbulence notification）的溝通上，駕駛艙及客艙間需有良好雙向資訊的溝通，以及駕駛員對客艙所受亂流之影響程度的高度警覺，加上客艙組員的決心下達，才能有效預防。機長對於任何預期的亂

流，均應先做廣播說明告知客艙長其影響時機和強度，可讓乘客及組員先有準備。若預期亂流強度甚強時，應明確告知客艙組員，停止服務，同時就近座位坐下，並扣緊安全帶。低空進場時，如亂流強烈，機長除了以鈴聲告知客艙組員外，應同時廣播，要求組員就座。飛航組員與客艙組員的有效溝通，需使用專門用語及燈號來描述亂流的嚴重性。

(一)亂流專門用語

1.Code 2—輕度亂流：客艙組員目視檢查客艙，繼續小心服務，並請旅客不要離開座位。

2.Code 4—中度亂流：客艙組員目視檢查客艙，並用P. A.廣播請旅客繫妥安全帶，停止客艙服務。

3.Code 6—重度亂流以上：立刻停止服務，並用P. A.廣播，請旅客繫妥安全帶。

(二)燈號

溝通訊號（communications with flight attendants-chime）；安全帶指示燈（seatbelts switch）聲響訊號涵義：

1.飛行中指示燈亮（switch on）：前方氣流不太穩定，乘客請就座並繫妥安全帶。

2.飛行中指示燈亮三響：前面有亂流，組員停止服務，立刻就座並繫妥安全帶，並由客艙長做通過亂流之廣播。

3.起飛前attend call乙響：表示客艙已完成起飛前檢查並準備好（cabin ready），包括：起飛前安全提示、艙門檢查、安全須知播放、所有旅客就座且繫妥安全帶、洗手間淨空等事項。

在大型客機內遭遇亂流時，不同的艙內位置有不同的嚴重程度，當飛航組員通知客艙組員氣流不穩定時，如果客艙中感覺亂流更嚴重時，應立

刻坐下並告知飛航組員。旅客們就座時，應該隨時繫妥安全帶，這樣不僅可以提升客艙組員的情境察覺，亦可預防受傷。

 第六節　客艙失壓

　　2005年8月14日，一架由賽普勒斯經希臘雅典轉飛捷克布拉格，航班編號HCY522、載有115名乘客及6名組員的希臘太陽神航空公司（Helios Airways）波音B737-800客機，在當地時間9:00時自賽普勒斯的拉納卡（Larnaca）國際機場起飛，10:30班機進入希臘領空後，由於未回應雅典機場航管人員的呼叫，兩架希臘空軍F-16戰機依標準程序升空查看，當時客機飛行高度34,000英尺，當戰機接近這架客機時，F-16飛行員目睹客機駕駛艙內的副駕駛癱倒在儀表板上，正駕駛則不見人影，飛機顯然處於自動駕駛狀態，客艙氧氣面罩已落下且乘客都戴上氧氣面罩呈現昏迷。之後該班機上一位男性空服員安垂亞‧波若德莫（Andreas Prodromou）進入駕駛艙試圖挽救飛機，但飛機因盤旋過久油料耗盡隨後在雅典以北約40公里的沿海城市格拉馬提科（Grammatiko）撞山墜毀，機上121人全數罹難，墜毀處距離民宅僅400公尺。此為希臘歷史上最嚴重的致命空難。

　　調查報告指出，該機在失事發生前因為空調系統故障而進行艙壓洩漏檢查，機務工程師完成測試後，未將駕駛艙內艙壓面板開關由「手動模式」調回「自動模式」。待該機重新派飛後，飛航組員在飛行前檢查、發動機啟動後檢查和起飛後檢查三個不同的檢查階段皆忽略了艙壓系統的設定狀態，致使該機起飛後，艙壓系統仍設為「手動模式」。隨著飛機爬升，客艙內壓力逐漸降低，當到達12,040英尺時，艙壓高度警告聲響起。警告聲應該促使飛航組員停止爬升，但組員卻錯誤地將其識別為起飛外型警告聲（此警告表示飛機尚未準備好起飛，且只能在地上發聲）。緊接著駕駛艙頭頂面板上的數個警告燈號亮起，其中一或兩個裝備冷卻警告燈號亮起表示通過冷卻風扇的氣流過少（空氣密度降低結果）。在海拔18,000

英尺高度，客艙氧氣面罩自動落下，乘客氧氣燈號亮起。在艙壓高度警告聲響起後不久，機長向太陽神航空作業管制中心通報「起飛外型警告」與「冷卻裝備正常和備用模式關閉」。然後他與地面機務工程師交談並反覆聲明「冷卻風扇燈已關閉」。機務工程師（執行艙壓洩漏檢查的工程師）問道：「你能否確認艙壓面板開關是否設為自動？」然而，當時機長已有缺氧的初始症狀，因而忽略此問題，而是回答：「我的裝備冷卻斷電器在哪？」這是該機最後一次通話。由於正副駕駛並不知客艙失壓，一直以為是機上空調系統故障而未戴上氧氣面罩，因此很快便失去意識，導致飛機無人駕駛，飛機便以自動駕駛模式持續爬升。機長可能是為了檢查位於駕駛艙後面的空調裝置而離開座位，隨後因缺氧而暈倒。

　　由於大氣壓力隨著海拔高度的升高而降低，因此現代民航客機的客艙需要加壓，以便創造出生理上適合人類生存的環境，飛機為維持內外間的壓力差需要對飛機的結構施加壓力，飛機飛得越高，需要維持的壓力差越大，飛機結構上的應力越大。若要維持與海平面相同氣壓的客艙，飛機結構根本無法無法承受，因此為了結構設計與生理需求之間的折衷，大多數客機設計出最大客艙壓力高度為8,000英尺，是因為美國聯邦航空法規（Federal Aviation Regulations, FAR）第25.841章節客艙加壓（pressurized cabins）規定：「所有加壓的客艙設計，在正常操作條件下，當飛機於最大的操作高度飛行時，其客艙壓力高度不能大於8,000英尺。」（Pressurized cabins and compartments to be occupied must be equipped to provide a cabin pressure altitude of not more than 8,000 feet at the maximum operating altitude of the airplane under normal operating conditions）。由於飛機結構及材料科技日新月異，目前新型客機如B787、A350與A380機內艙壓都維持在6,000英尺左右，不但一般乘客覺得更舒適，有心肺方面疾病者更適合搭乘。

　　空氣本身具有重量，每單位體積的空氣重量稱為空氣密度，空氣密度隨著高度增加而減少。而約占大氣21%重量的氧氣，也隨著高度上升而逐漸減少。在大氣壓力隨著海拔的升高而降低時，大氣的組成成分保持不變下，由於氧氣的分壓也降低，所以可用氧氣的絕對量也減少。大氣壓力降

低減少了氧氣穿過肺部組織並進入人體血液的量，導致血液中正常氧濃度的顯著降低稱為「缺氧」（hypoxia）。

個人受缺氧影響的程度取決於飛機高度，以及個人因素，例如人的健康狀況以及是否吸菸皆有關聯。在10,000英尺以下，降低的氧氣水平被認為對客艙組員和健康乘客幾乎沒有影響，但在此高度之上，效果會逐漸變得明顯。在20,000英尺以上，缺氧會導致智力喪失，隨後出現意識模糊，最終導致呼吸和心力衰竭。當突然被剝奪正常水平的氧氣時，在35,000英尺高度人體有意識的時間不到一分鐘。這就是為何現代飛機需要艙壓系統的原因。就是讓飛機裡面的大氣壓力，也就是氧氣的壓力保持在一定水平，以供人員正常呼吸。

例如：飛機飛行在8,000英尺空中，大約高於臺灣阿里山（海拔7,270英尺）的高度，一般不需要艙壓系統，因為正常人可以忍受如此輕微的缺氧狀況。但如果飛機在30,000英尺高空飛行，高度比全世界第一高峰聖母峰（29,029英尺）還高，如果沒有艙壓系統，那麼客艙內的壓力與外界一樣低，人員會因缺氧而昏厥，進而死亡。有了艙壓系統，飛機雖然在35,000英尺高空飛行，但是實際上客艙內卻是保持在距海平面標準大氣8,000英尺高度的大氣壓力值，這8,000英尺就是艙壓高度。艙壓高度是指飛機經過加壓後，客艙內所保持的相對壓力高度。至於為何不讓飛機保持與海平面（或地面）相同的壓力，那是因飛機結構承受力有限，過大的壓力差會讓機身結構加速疲勞。

艙壓來自於機上的空調系統，自發動機（或輔助動力單元APU）調節過的加壓空氣注入客艙，但空調氣源不斷灌入客艙，使客艙壓力增大，艙壓控制系統有一種稱為「外流閥」（outflow valve）（圖7-4）的裝置，駕駛員可以視需要以手動或自動的方式開啟或關閉以調節客艙壓力維持在一定的水平。當飛機起飛後，外界大氣壓力隨著飛機爬升而降低，如果沒有加以控制，那麼當飛機到達10,000英尺以上時，機內的壓力將會與外界相同。客艙壓力一般以PSI來表示（每立方英寸的磅數），為了保持固定的艙壓高度，在設定自動模式下外流閥會根據壓力（高度）感測器適當的開啟

圖7-4　波音B747-400機腹艙壓控制系統之外流閥

資料來源：作者拍攝

關閉，以調節客艙壓力。所以，外流閥在一般正常情況，是不斷地依照設定的艙壓高度而自動的半開、半關。

　　飛機的結構設計是承受艙內壓力比外界壓力大的正壓，如果飛機因故產生了負壓（艙內壓力比外界壓力小）到達某種程度，那麼外流閥便會自動全開，將壓力釋放，以保護機體。

　　客艙失壓就是客艙內的壓力無法保持在8000英尺以下，一般原因如下：

　　1.機體破損，例如爆炸、艙門飛脫等。
　　2.所有的「供氣」來源（發動機或APU）失效。
　　3.外流閥失效（無法在需要的時候關閉）。
　　4.壓力（高度）感測器失效。

　　飛行中客艙失壓時，旅客座椅上方氧氣面罩會自動落下（**圖7-5**），這時應立即戴上以防缺氧昏迷。航空史上民航機客艙失壓案例不勝枚舉，較嚴重的致命失事及重大意外事件如**表7-2**。

圖7-5 失壓時旅客座椅上方氧氣面罩會自動落下

資料來源：作者拍攝

表7-2 民航機客艙失壓致命失事及重大意外事件案例

年代	事件	機型	死亡人數／機上人數	失壓類型	肇因
1954	英國海外航空781號班機	彗星式	35/35	爆炸性失壓	金屬疲勞
1954	南非航空201號班機	彗星式	21/21	爆炸性失壓	金屬疲勞
1956	環球航空2號班機	洛克希德L-1049超級星座式	70/70	爆炸性失壓	空中相撞
1971	英國歐洲航空706號班機	維克斯-阿姆斯特朗Vanguard型	63/63	爆炸性失壓	客艙後端壁破損導致尾翼脫落
1972	美國航空96號班機	麥道DC-10	0/67	快速失壓	貨艙門未上鎖導致在空中開啓
1973	美國國家航空27號班機	麥道DC-10	1/116	爆炸性失壓	發動機故障造成的碎片擊中機身
1974	土耳其航空981號班機	麥道DC-10	346/346	爆炸性失壓	貨艙門未上鎖導致在空中開啓
1976	英國航空476號班機	三叉戟3B型	63/63	爆炸性失壓	空中相撞

（續）表7-2　民航機客艙失壓致命失事及重大意外事件案例

年代	事件	機型	死亡人數 / 機上人數	失壓類型	肇因
1978	大韓航空902號班機	波音B707	2/109	爆炸性失壓	誤闖蘇聯領空後被蘇聯軍機擊中
1980	沙烏地阿拉伯航空162號班機	洛克希德L-1011	2/292	爆炸性失壓	主起落架內側輪胎凸緣（flange）疲勞失效爆裂導致碎片擊中機身兩名乘客被吸出機外死亡
1981	遠東航空103號班機	波音B737	110/110	爆炸性失壓	機身金屬疲勞及腐蝕導致空中解體
1983	大韓航空007號班機	波音B747	269/269	快速失壓	誤闖蘇聯領空後被蘇聯軍機擊中
1985	日本航空123號班機	波音B747	520/524	爆炸性失壓	客艙後端壁破損的不當修理導致垂直尾翼爆裂脫落
1985	印度航空182號班機	波音B747	329/329	爆炸性失壓	炸彈爆炸導致客機解體
1987	波蘭航空5055號班機	伊留申IL-62M	183/183	快速失壓	發動機起火導致飛機解體
1988	阿羅哈航空243號班機	波音B737	1/95	爆炸性失壓	金屬疲勞導致飛機外殼破損
1988	伊朗航空655號班機	空中巴士A300	290/290	爆炸性失壓	被美軍擊落
1988	泛美航空103號班機	波音B747	259/259	爆炸性失壓	貨艙炸彈爆炸導致飛機解體
1989	聯合航空811號班機	波音B747	9/355	爆炸性失壓	貨艙門鎖設計不當引致艙門在空中打開
1989	法國聯合航空772號班機	麥道DC-10	170/170	爆炸性失壓	炸彈爆炸引致飛機解體
1989	聯合航空232號班機	麥道DC-10	111/396	爆炸性失壓	尾部發動機葉片盤因疲勞炸裂液壓系統，致使飛機操縱系統失效迫降墜毀
1990	英國航空5390號班機	英國航太BAC 1-11	0/87	快速失壓	駕駛艙風擋玻璃因維修安裝不當脫落
1996	環球航空800號班機	波音B747	230/230	爆炸性失壓	飛機油箱爆炸導致解體
1998	Lionair 602號班機	安托諾夫An-24RV	55/55	快速失壓	被便攜式防空導彈擊落

（續）表7-2　民航機客艙失壓致命失事及重大意外事件案例

年代	事件	機型	死亡人數／機上人數	失壓類型	肇因
2001	天馬航空9755號班機	福克100	1/82	快速失壓	發動機故障造成的碎片擊中機身
2002	中華航空611號班機	波音B747	225/225	爆炸性失壓	維修失當造成機尾金屬疲勞並脫落
2002	巴什克利安航空2937號班機	Tu-154M	69/69	爆炸性失壓	空中相撞
2005	太陽神航空522號班機	波音B737	121/121	慢速失壓	機務工程師完成艙壓測試後，未將艙壓開關由「手動模式」調回「自動模式」，飛行員未檢查確實導致客機在空中失壓，人員缺氧昏迷。
2005	阿拉斯加航空536號班機	麥道MD-80	0/142	快速失壓	行李裝載車在登機門碰撞飛機造成凹痕，飛機起飛後造成破洞失壓
2008	澳洲航空30號班機	波音B747-438	0/365	快速失壓	右機身2號貨艙門近機翼和機腹位置發生爆炸，面積相當於一輛小型客貨車
2009	西南航空2294號班機	波音B737	0/131	快速失壓	金屬疲勞
2011	西南航空812號班機	波音B737	0/123	快速失壓	金屬疲勞
2018	西南航空1380號班機	波音B737-700	1/148	快速失壓	左發動機爆炸，碎片擊中左機翼上方窗戶，造成客艙失壓且窗戶旁的一名乘客被吸在破碎窗戶處身亡
2018	四川航空8633號班機	空中巴士A319	0/119	快速失壓	駕駛室右側風擋玻璃爆裂外飛

資料來源：作者彙整、維基百科（2019），取自https://zh.wikipedia.org/wiki/%E5%A4%B1%E6%8E%A7%E6%B8%9B%E5%A3%93

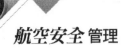

第七節　行李掉落

一、行李受傷事件

美國每年估計約有4,500次客艙受傷的事件是因為行李掉落而引起,且每年全球大約有10,000次類似的事件發生。這些傷害可分為兩大類:一是因為掉落的行李而造成乘客及客艙組員受傷;另一個則是因為搬運或裝卸行李而造成客艙組員受傷。

若在飛行中搬動行李或是置物櫃塞滿無法負荷時,行李可能會從座椅頭頂上的置物櫃上掉出來。重物掉落在人體的頭部上會引起短暫的知覺喪失,例如:頭痛、頭昏眼花、頭皮組織的血液凝結、擦傷、撕裂傷或是皮下出血。在最初的治療之後,有將近50%的輕度頭部外傷(Mild Traumatic Brain Injury, MTBI)病患發現有後遺症的症狀,例如:持續性的頭痛、頭昏眼花、疲勞、易怒、耳鳴、專注能力減少、挫敗感、思考緩慢、失眠、記憶障礙、焦慮、對噪音敏感、視力受損、對光線敏感與沮喪。

以美國某家航空公司客機所發生的462次行李掉落事件的統計發現,有397次砸到人。在那些砸到人的案例當中,有67次挫傷,53次撕裂傷,277次未造成傷害。超過90%的受傷案例都跟坐在走道座位上旅客頭部的傷害有關。

這些從客艙頭頂上置物櫃掉落的物品可分為五類:

1.公事包、背包和其他的行李。

2.手提電腦。

3.裝有輪子的行李,例如裝有輪子的小推車、摺疊式嬰兒車和輪椅的零件等。

4.運動用品。

5.箱子、畫框和奇形怪狀的物品。

根據統計，箱子、畫框和其他奇形怪狀的物品，最有可能會在這些事件發生時引起82%的挫傷或是撕裂傷。

此外，沒有明顯的撕裂傷或立即的症狀並不一定代表沒有受傷發生。一些特殊的病患在剛開始的時候或許不會有明顯症狀，且可能在最初創傷後的四十八小時內惡化。但有20～60%之間的病患，在受傷後的三個月內出現持續的症狀。

除了旅客因為掉落的行李而可能面臨到的受傷危機之外，美國某航空公司的統計也發現，連續十八個月內，共有100次客艙組員因行李問題而受傷，因而導致七百零四個工作天的損失，其中68次的受傷是發生在客艙組員把行李放上去的時候，另外的17次則是發生在客艙組員協助旅客的時候。

二、手提行李及托運

對於短程航線或某些長程航線，許多旅客通常不願意辦理行李托運，其中的理由或許是：

1.怕麻煩，下了飛機領行李還要等半天。

2.一下子就到了。

3.內有貴重物品，會被摔壞。

4.規避超重收費。

如果行李不托運，乘客除了必須把行李扛上飛機，另外也必須要有適當的位子放置，但是一般飛機上的置物櫃都有一定的尺寸和重量限制。如果行李過大，就無法放到置物櫃內，勢必要在客艙找到一個適當的位子放置，客艙內其他地方如走道、廚房、緊急出口等，會阻擋客艙組員及其他

乘客通行，是完全禁止放置的。

　　大部分時候，如果行李不會太大，客艙組員會請乘客置放在前方座位底下，以不影響到該乘客通行為原則。但如果乘客帶了大件行李上機，擺在前方座位底下，剛好卡住腳下通道，那麼在緊急狀況發生時，此排乘客逃生路線就會受到阻礙。

　　為了正確計算飛機的載重平衡數據及安全考量，許多航空公司對於手提行李都以一件為限，超過規定的大小就必須托運，或購買該艙等的一個座位放置。手提行李有大小及重量限制，以歐盟2006年11月6日後的規定為例：手提行李不得超過長56公分×寬36公分×高23公分（22英寸×14英寸×9英寸），重量不可超過7公斤，有些機場（倫敦希斯洛國際機場）甚至規定出境只能攜帶一件手提行李上機。

　　以長榮航空公司為例，除手提行李外，每位旅客還可免費攜帶如下一項合理大小的個人物品或其他類似規格的東西（需遵守所在國相關限制），例如：一件個人電腦、或一件個人皮包、或一個小背包、或一個公事箱、或一個相機背袋、或一件雨具（雨傘或雨衣）、或一件限量的免稅商品，手提電腦若置於小背包或薄公事包內，可視為一件私人物品；但若手提電腦置於較大型及較重的電腦袋或公事包內，則視作一件手提行李。

　　因為手提行李的多樣性，2015年6月9日IATA發布了一個關於手提行李尺寸限制的指南，手提行李的尺寸最大應不超過55公分長，35公分寬及20公分高。如果符合這些要求，則該行李可印上「IATA cabin OK」的Logo。這個限制比現行大多數航空公司的限制來得嚴格，因此帶有此Logo的手提行李包在無論何處都能帶上飛機。

　　某些乘客常常會抱怨客艙組員不幫忙放置大件行李，但是站在客艙組員的立場是乘客不遵守規定托運，卻要求客艙組員協助一起違規。站在確保飛安的立場，乘客應該瞭解並遵守規定。

 ## 第八節　非理性旅客

　　根據臺灣飛行安全基金會2008年國籍航空客艙異常事件的統計，排除生病281件、受傷27件及其他事件13件後，其餘225件為抽菸、違法使用行動電話、酗酒（飲酒過量）、違法使用電子用品、肢體攻擊、性騷擾、語言攻擊等廣義的非理性行為，占全體546件的第二位。

　　IATA（2019b）統計2017年期間，IATA資料庫中共收到了81家航空公司提交的9,494,838次航班客艙相關數據，其中8,731份是有關非理性旅客行為的報告。這顯示全球每1,000個航班約有0.95個非理性旅客事件，或每1,053個航班就會發生一次事件，而這些數值只是保守估計，實際數字可能是好幾倍，因為還有很多航空公司因為某些因素未提供數據資料及報告。IATA統計全球航空公司因客艙非理性旅客所引起的相關安全案件有逐年增加趨勢，不只對客艙組員、乘客及航空公司產生莫大困擾，更讓航空安全埋下了一顆不定時炸彈。

　　旅客在客艙中非理性的行為，國際上通稱為「Unruly Passenger」或「Disruptive Passenger」，或稱「Air Rages」案件。香港稱為「難受管束之行為」旅客，澳門稱為「在航空器內擾亂秩序，破壞紀律或進行搗亂的乘客」。而依字意解釋：「Unruly」指行為不能或難以控制，通常不願服從或不願接受紀律約束，且有漸趨瘋狂、固執或任性等情事。「Rage」指盛怒或失去控制與理智之人，言語或行為粗暴，並有意圖報復傾向。

　　IATA明確定義旅客有下列行為者皆屬犯罪行為：

1.暴力或以暴力恐嚇者。

2.違反刑法與航空法規者。

3.有不為他人接受或使人不安，或干擾組員服勤之任何行為，如酒醉但未達暴力程度者。暴力係指任何毆打或作勢恐嚇毆打之行為。

非理性旅客多因旅客於登機前或在航行中各種不愉快事件累積而成。茲區分如下：

    1.登機前因素：

      (1)於報到途中車行不順。

      (2)在櫃檯劃位久等及諸多安排不如人意。

      (3)海關、移民及檢疫過程延誤或頻遭刁難。

    2.航行中因素：

      (1)手提行李放置與座位糾紛而起。

      (2)受藥物、酒醉、禁菸影響。

      (3)組員應對不當。

      (4)心理因素，如懼高或懼飛症。

      (5)機上解送之人犯。

英國的統計發現，這些非理性涉案者多為經濟艙旅客，以團體旅客居多，並以三十餘歲單獨搭機之男性較多，近半案件因手提行李放置與劃位糾紛而起，三成案件因旅客不遵守組員指示行事，並以機上酗酒與機上吸菸較普遍，暴力案件則多因酗酒與受藥物影響所致，其他案件為竊盜、性騷擾、詐欺等案。

第九節　空中緊急醫療程序

一、乘客或組員死亡

若乘客或組員在飛機上死亡，飛航組員應告知簽派單位和航空站。

二、乘客或組員發病或受傷

如果乘客或組員發病或受傷，客艙組員應：

1. 實施必要的急救。
2. 獲得該員之相關資訊（例如年齡、性別、體重、過敏症、藥物治療、食物或酒精消耗和徵兆）。
3. 通知機長。

機長和客艙組員判斷是否要由醫療人員協助。如果需要醫療幫助，客艙組員可廣播請求在飛機上醫生、醫務人員或護士協助。考慮到可用的醫療資源和發病症狀或受傷的程度，機長再決定是否飛回機場或轉降的必要性。

三、飛航中緊急醫療行動計畫

在實施醫療的情況下，依循一套組織好的行動計畫是很有幫助的。此計畫須包括下列要點：

1. 確認每一組員／提供醫療者之角色和責任。
2. 血液含有病毒／廣泛的預防。
3. 評估病患。
4. 緊急醫療的類型。
5. 利用航空器內醫事專業人員。
6. 利用地面醫師。
7. 使用醫療器材。
8. 處理機內死亡事件。

四、血液含有病毒／廣泛的預防

任何緊急醫療的管理須包含預防帶病毒血液、預防有傳染性物質之使用及棄置的保護措施。傳染的危險來自於乘客的體液、汙染的衣物或其他使用過的急救物品，另一項危險是由尖銳物品（如針頭等）所造成的傷口。

1.預防：
　(1)使用個人保護器材，如簡易型口罩及手套。
　(2)洗手。
2.感染性物質之棄置（在處理乘客後，棄置所有受汙染的物品，然後立刻以肥皂及水搓洗雙手）：
　(1)棄置於鮮明顯眼的容器內。
　(2)以廢料袋妥善棄置。
3.接觸後之行動計畫：
　(1)立刻取得醫療諮詢。
　(2)追蹤治療。
　(3)將事件報告主管。
4.病患之評估：應以一套有系統的方式評估病患及情況。評估須包含下列內容：
　(1)現場安全。
　(2)初步檢查：重傷的評估，包括呼吸道、呼吸、循環、出血。
　(3)進一步檢查：包括病史、醫療現況、過敏，以及由頭到腳評估（可知的外傷，如骨折）主要的病癥。

五、緊急醫療

飛航中最常見的緊急醫療包括：

1.血管神經類（暈厥）。
2.心臟的狀況：胸痛、心臟停止。
3.呼吸的狀況：哮喘、缺氧、呼吸道阻塞。
4.神經的狀況：中風、癲癇。
5.腸胃：作嘔／嘔吐、腹痛、腹瀉、暈機。
6.行為上／心理上的失調：藥物濫用、恐慌性攻擊。
7.其他：糖尿病、眼睛受傷、流鼻血、電擊傷、燙傷。

六、症狀與治療

飛航中最常見的緊急醫療之一般症狀和基本處置如下：

(一)暈厥

1.癥狀：頭暈目眩或暈眩；臉色蒼白、發冷、盜冷汗；噁心；有時候手腳發抖；短暫的失去知覺。
2.處置：(1)接觸並檢查是否出冷汗；(2)使患者躺平，將腿抬起超過心臟，用毛毯或枕頭墊於頭下；(3)鬆開過緊的衣物；(4)如可能的話，徵詢地面醫師的建議。若患者持續感覺暈眩，考慮提供氧氣。

(二)心臟病

1.癥狀：胸痛；麻木或刺痛感傳至頸部、下巴、肩部或手臂；臉色蒼白或變灰、發冷、盜冷汗；噁心；呼吸困難；曾有心絞痛之病史或

已知危險因素。

2.處置：(1)安撫乘客；(2)以高流量供應氧氣；(3)預做心跳停止之準備；(4)要求其他組員取得醫療器材（如自動體外心臟電擊去顫器AED）；(5)徵詢地面醫師的建議。

(三)哮喘

1.癥狀：乾咳；喘氣和胸部緊；呼吸困難；嘴唇、耳垂和指甲發紫。

2.處置：(1)評估乘客的呼吸；(2)安撫乘客；(3)詢問乘客是否攜有藥物；若有，則請其服藥；(4)協助乘客身體前傾，手臂趴於餐桌上；(5)鬆開過緊的衣物；(6)以高流量供應氧氣；(7)徵詢地面醫師的建議。

(四)癲癇

1.癥狀：眼睛上翻；失去知覺；手、腿僵硬，背部弓起；隨後會痙攣，行動無法控制；大、小便失禁。

2.處置：(1)安撫乘客；(2)鬆開過緊的衣物；(3)將枕頭與毛毯圍於乘客四周以避免受傷；(4)一旦發作過後，檢查乘客呼吸道，確保呼吸順暢；(5)以高流量供應氧氣；(6)徵詢地面醫師的建議。

(五)噁心與嘔吐

1.癥狀：感覺作嘔；嘔吐；面色蒼白、出冷汗。

2.處置：(1)提供乘客嘔吐袋；(2)提供乘客冷、濕毛巾擦臉；(3)提供乘客清水和碎冰，以預防脫水；(4)徵詢地面醫師的建議。

七、使用機內醫事專業人員

1.廣播請求醫事專業人員協助。

2.若航空公司有規定，檢查其證書。

3.將醫療器材給予自願協助的醫事人員。

4.如可行的話，讓機內自願協助的醫事人員與地面醫生共同合作。

5.取得相關的資料以做報告（姓名、地址等）。

八、使用地面醫生

如有地面醫療服務，儘快取得，並提供下列重要資料：(1)班機資訊；(2)目的地；(3)預計到達時間；(4)機內醫療資源；(5)傷患資料：年齡、性別、醫療事件的說明、過敏症、病史、主要病因、評估、主要病癥、提供的急救與反應。

九、利用飛航中之資源

飛航中之緊急醫療處理，包含航機內適當資源的使用。這些資源包含下列事項：(1)緊急醫療箱：急救箱（First Aid Kit）、緊急醫療箱（Emergency Medical Kit, EMK）、加強型緊急醫療箱（Enhanced Emergency Medical Kit, EEMK）；(2)電擊器（AED）；(3)抽取（抽痰）器具；(4)氧氣：攜帶式氧氣瓶；航機內醫療氧氣；氧氣面罩、氧氣管；(5)電子醫療器材。

十、機內死亡

飛航中死亡事件對乘客和組員雙方都是難受的。以下指引將幫助航空公司人員在機內處理死亡事件：

1.盡可能讓屍體隔離不受打擾。

2.以毛毯覆蓋屍體：如可能時，應將防水材料放置於屍體下，以防體

液滲出。

3.如有任何電子用品，如電毯等若與逝者相連，應留在原來位置（記錄急救程序開始和停止的時間）。

4.安排醫療人員接機。

十一、醫療及緊急裝備

醫療箱內容，包括：

1.醫藥箱：由飛航／客艙組員使用於較簡易之醫療行為（**圖7-6**）。內含：(1)1英寸膠帶；(2)防菌棉片；(3)阿摩尼亞吸入劑；(4)4英寸繃帶；(5)40英寸三角巾；(6)非充氣型手臂固定夾板；(7)非充氣型腳固定夾板；(8)4英寸繃帶捲；(9)1英寸標準型膠帶捲；(10)剪刀。

2.緊急醫療箱：由組員在地面醫師或專業醫護人員指導下，使用於緊急之醫療行為。內含：(1)聽診器；(2)血壓計；(3)注射器／針頭；(4)導氣管；(5)復甦裝置（人工呼吸器）；(6)心肺復甦術用面罩；(7)靜脈注射組；(8)生理食鹽水；(9)防滲透手套；(10)不含麻醉劑之止痛藥片；(11)抗組織胺劑藥片（治感冒、過敏症用）；(12)抗組織胺劑注射劑（治感冒、過敏症用）；(13)阿托品（抗痙攣用）；(14)阿斯匹靈藥片；(15)支氣管擴張劑；(16)葡萄糖；(17)腎上腺素；(18)利多咽（局部麻醉劑）；(19)硝化甘油藥片（冠狀動脈擴張劑）；(20)基本使用指引。

3.加強型緊急醫療箱：由組員在地面醫師或專業醫護人員指導下，使用於機內多種不同之醫療行為。其藥品內容與緊急醫療箱相同。

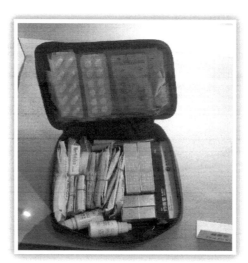

圖7-6　長榮航空客機上之醫藥箱

資料來源：作者拍攝

 # 第十節　乘客搭機安全

一、最安全的座位統計

在空難中，並沒有所謂絕對安全的客艙座位能讓乘客毫髮無傷。根據2019年航空安全網（Aviation Safety Network）統計1959～2019年全球69件民航噴射客機致命失事中生還旅客的位置，大部分失事發生在進場和落地階段，生還旅客比例以坐在飛機前面（34%）及後面（40%）較中間（26%）為高（**圖7-7**）。推斷原因可能為飛機失事通常會是前機身首當其衝，因此就生還機率來說，機身後面座位通常較大，但因為飛機中間座位靠近機身下面的中油箱，常因爆炸起火而導致傷亡慘重，因此生還機率在三者中最低。

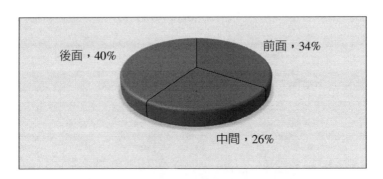

圖7-7　全球民航客機死亡失事事件客艙生還旅客座位位置及百分比

資料來源：作者繪製；http://aviation-safety.net/airlinesafety/paxsafety/safestloc.php

從高空掉落奇蹟生還之世界紀錄

　　1972年1月26日，一架DC-9客機飛經捷克上空33,000英尺（10,160公尺）時，因恐怖分子引爆炸彈炸毀，機上旅客全部喪命。奇蹟的是，一位南斯拉夫籍的女性客艙組員Vesna Vulovic隨著飛機殘骸自高空墜落冰凍堅硬的地面，落地時她已折斷雙腿、腰部以下失去知覺，救難人員從機外發現她凸出的雙腳，立即將她送醫救治，三天後她終於清醒，並以英語說出第一句話：「可否給我一根香菸！」幸運的是，她並未遭受心理創傷，對飛行也不懼怕，之後雖轉任行政部門，但她表示自己還能在全球各地自由地飛行，經過此事讓她的人生更豁達。

二、旅客飛航安全十大守則

　　AirSafe（2019）網站建議搭機旅客的十大安全守則：

(一)選擇直航班機

大多數的意外事件發生在起飛、爬升、下降和落地階段，每多一次的起落就增加一次的失事機率，所以選擇直航班機盡可能避免需要中轉的班機可以降低意外事件發生的機率。

(二)選擇大型客機

目前超過三十人座的飛機都在嚴格的法規下設計和檢查驗證，大型飛機給予乘客會有較多的保障及較高的安全標準。另根據失事統計，大型飛機往往比小型飛機有更佳的安全紀錄。

(三)注意及聆聽起飛前的簡報

雖然起飛前簡報的資訊似乎都是重複的，但依據你每次飛行坐的位置不同，最靠近你的緊急出口位置就有所不同。

(四)儘量避免重物放在置物櫃上

在氣流不穩時，置物櫃可能無法承受太重的物品。所以當乘客無法將物品舉起放入置物櫃時，不妨將它存放在其他地方。一個沉重的袋子若從置物櫃掉落可造成嚴重的傷害，所以如果發現有過重行李在頭頂置物櫃上，嘗試移動袋子或更換座位。

(五)就座時隨時繫妥安全帶

就座時隨時將座椅邊的安全帶繫緊，當飛機遭遇到無預警亂流時，可以給予你必要的保護。

(六)聽從客艙組員的指揮

客艙組員在飛機上首要的工作就是維護安全，因此當他們要求乘客做好繫安全帶等事情時，先按照他們的要求做好，有問題稍後再問。旅客可以採取其他措施來提高在客艙內的安全性和舒適度，如穿著舒適的衣服。在長程航班上應該多走動，以避免深層靜脈血栓形成等問題。

(七)勿攜帶任何的危險物品

有相當多的危險物品是不允許帶上飛機的，包括：汽油、腐蝕物、有毒氣體等危險物品，除非航空公司允許並存放在適當的容器。雖然被禁止攜帶的物品清單太多無法記住，但乘客應該花時間瞭解最常見的危禁物品。

(八)讓客艙組員提供服務熱飲

客艙組員皆受過訓練，能在客艙中狹窄的走道上供應熱茶或咖啡，因此讓他們來提供熱飲服務較為安全。

(九)不要喝過多的酒

飛機在高空飛行時，客艙內的壓力比美國丹佛市（海拔5,280英尺）的氣壓還低，因為空氣相較於海平面少，人體代謝能力變差，在機上喝下的酒會比在海平面的影響更強烈。

(十)保持機智

遭遇緊急情況時，例如事先能預期的緊急撤離，需遵循客艙組員及飛航組員的指示，儘速離開飛機。

三、空難逃生五大要訣

本書參考相關客艙安全資訊，建議搭機旅客在空難發生前增加生還機會的法則：

(一)選擇最方便之逃生座位

搭機劃位時最好離緊急出口越近越好，若無法離出口太近，也要算一下離出口隔有幾排座位，因為空難發生時往往濃煙密布，無法目視判斷，通常只能壓低身體（**圖7-8**）用摸的出去，因此上機時有必要留意緊急逃生路線及出口位置（**圖7-9**）。英國倫敦格林威治大學的Ed Galea等人（2010）研究105次飛機失事並訪問了1,917位生還旅客和155位組員後，發現生還者在安全逃離前平均走了五排距離。Ed Galea因此建議旅客最好選

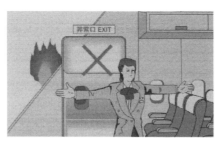

圖7-8　客艙濃煙逃生方式

資料來源：作者拍攝自日航747機上安全提示卡

圖7-9　客艙緊急出口位置指示燈圖

資料來源：作者拍攝

擇離緊急出口五排內的座位（稱爲五排規則「Five Row Rule」），離開出口超過五排意味著「死亡的可能性遠大於生還的可能性」。

　　根據美國聯邦法規（CFR）第14篇25.803節有關緊急撤離（emergency evacuation）的認證作業規定：「載客座位數超過四十四座之航空器，必須顯示最大的座位容量及符合驗證作業規定的組員數量，在模擬緊急情況下九十秒內自飛機上撤離至地面，要符合此需求必須依附錄J的測試標準實際演練，除非主管機關能找出與實際演練一樣的分析及測試數據組合。」（For airplanes having a seating capacity of more than 44 passengers, it must be shown that the maximum seating capacity, including the number of crewmembers required by the operating rules for which certification is requested, can be evacuated from the airplane to the ground under simulated emergency conditions within 90 seconds. Compliance with this requirement must be shown by actual demonstration using the test criteria outlined in appendix J of this part unless the Administrator finds that a combination of analysis and testing will provide data equivalent to that which would be obtained

by actual demonstration）。

　　我國「航空器飛航作業管理規則」第191條亦規定載客座位數超過四十四座之航空器，應在「九十秒鐘」內完成緊急撤離演練。

(二)扣緊安全帶

　　在飛行中，安全帶（**圖7-10**）將人固定在座椅上，以避免突然的亂流晃動爲乘客帶來傷害；在地面上則是爲了應付飛機在落地或地面滑行時突然減速所帶來的傷害；在緊急狀況發生時，飛機迫降所造成的撞擊力，是大到人類難以想像的地步，把自己固定住，避免被撞擊時的力量彈擊是安全帶的目的。安全帶必須繫得越緊越好，特別在起飛落地時最好要繫緊到有點痛的程度，以避免意外事故時強大的力量讓身體從座椅往上或往下滑動，導致安全帶及金屬扣環可能因此切斷身體而成爲致命凶手。大部分的飛機都有嬰兒專用的安全帶（嬰兒固定裝置），使用方法是一個特製的環帶把安全帶與成人安全帶扣在一起，再用一般扣安全帶的方法扣住嬰兒。

　　另外，飛機起飛或落地前，客艙組員會要求乘客把椅背豎直、餐桌收回及遮陽板打開。椅背豎直是爲了預防在緊急狀況發生時，卡住後方乘客的逃生通道。餐桌收回除了保持逃生通道暢通外，也可避免在迫降時撞擊

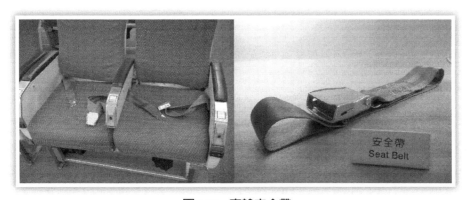

圖7-10　客艙安全帶

資料來源：作者拍攝

力道使餐桌橫切面切割身體,所以要求起降時將餐桌收回的原因在此。打開遮陽板則是讓客艙組員保持良好視線,以確保在緊急狀況發生時瞭解機外情形(緊急事故時,機外可能著火冒煙,也有可能是水,那就無法從某些方向逃生),順利指揮旅客逃生方向。

任何未經核可的裝置不允許使用於機上座位或客艙內的任何位置,例如:防止椅背傾倒裝置(knee defenders)及延長安全帶(seat belt extensions),因為這些裝置未經飛機製造公司安全驗證,在緊急情況下防止椅背傾倒裝置除了妨礙逃生外,延長安全帶更可能因結構脆弱斷裂或脫落,造成人身危害。

(三)熟記逃生指示說明

美國聯邦航空總署(FAA)要求美籍航空公司及民用航空器須有口語提示與安全提示卡兩種乘客訊息系統:

1. 口語提示:(1)由客艙組員執行口語提示;(2)藉由客艙視聽系統實施。
2. 乘客安全提示卡(**圖7-11**),內容需包括:(1)乘客遵守安全相關指示;(2)禁菸;(3)安全帶;(4)地板緊急導引燈光;(5)緊急出口座位;(6)緊急出口位置(**圖7-12**);(7)緊急出口操作;(8)逃生滑梯/輔助裝備;(9)機翼緊急出口之使用;(10)手提行李;(11)防撞姿勢;(12)個人浮水裝備;(13)氧氣面罩(**圖7-13**);(14)手攜電子用品;(15)附加說明;(16)長程越水飛航作業。

圖7-11 中華航空公司A330-300客機之安全提示卡

資料來源:作者拍攝

圖7-12　B747-400緊急出口外視圖

資料來源：作者拍攝

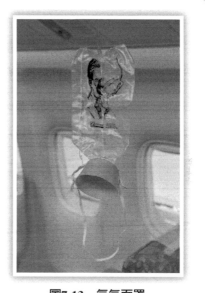

圖7-13　氧氣面罩

資料來源：作者拍攝

　　FAA調查發現，飛行常客被證明是所有乘客中最缺乏資訊且最自滿的人。每架飛機緊急出口位置（圖7-14）有可能因為客艙座位配置不同而有差異，所以觀看示範或是研讀安全須知是非常必要的。因此，搭機旅客應注意聆聽客艙組員的口語提示、觀看機上安全宣導片，或查看安全提示卡，為自己與家人制定安全計畫，以便在事件發生時能夠採取行動。

　　此外，飛機發生狀況需要逃生的情形有兩種：一種是陸上逃生，另一種是水上逃生，這兩種狀況表示飛機在緊急狀況後降落的地點；不管何種方式，要脫離危險都必須透過逃生滑梯（slide）（圖7-15），部分小型客機因距離地面不高，所以沒有滑梯設計。水上迫降（ditching）時（圖7-16），就要穿著救生衣（圖7-17），救生衣的穿著（圖7-18）需先注意飛機落水狀態，若飛機飄浮於水上，必須於跳離飛機前的逃生出口才可充氣，以避免自身行動受到膨脹充氣的救生衣限制而阻礙逃生。若飛機已沉入水中，必須先游出飛機再行充氣，否則穿著充氣救生衣的旅客就會

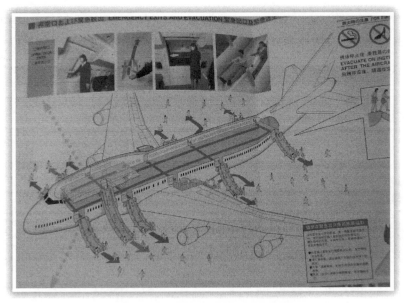

圖7-14　日航B747緊急出口位置

資料來源：作者拍攝自日航747機上安全提示

圖7-15　遠航MD-82機尾逃生滑梯

資料來源：遠東航空提供

圖7-16　水上迫降逃生演練

資料來源：作者拍攝

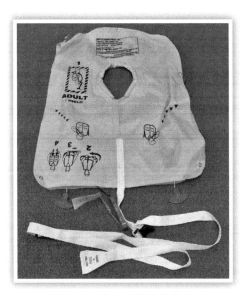

圖7-17　成人／孩童救生衣

資料來源：作者拍攝

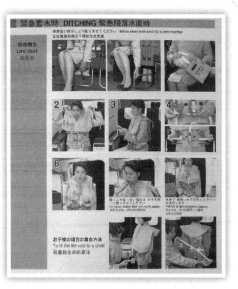

圖7-18　水上迫降救生衣穿法

資料來源：作者拍攝自日航747機上安全提示卡

隨著機體下沉受困機內而溺斃。陸上迫降（forced landing）則不需要穿著救生衣，只要弄清楚安全逃生方向及按照客艙組員或是「見義勇為旅客」（Able Body Man, ABM）指示跳下滑梯逃生（**圖7-19**），跳下滑梯時雙手高舉向前伸展或交叉抱胸（**圖7-20**），切勿觸及滑梯任何部位，否則可能因下滑速度過快傷及手掌或失去重心而自滑梯上跌落受傷。

(四)穿著不易燃燒之衣服、鞋襪

　　根據美國國家運輸安全委員會（NTSB）和美國聯邦航空總署（FAA）的報告，68%的罹難者死於飛機失事後的火災燒傷或吸入性濃煙。歐洲運輸安全委員會（European Transport Safety Council, ETSC）也發現90%的飛機失事是可以生還的，過去失事中至少40%的致命失事實際上可以存活的，這當中有很大一部分與火災有關。

　　搭機服裝穿著以舒適寬鬆、天然纖維為主，如100%棉製品、毛織品、

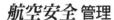

圖7-19　陸上迫降經由滑梯逃離飛機之方式

資料來源：作者拍攝自日航747機上安全提示卡

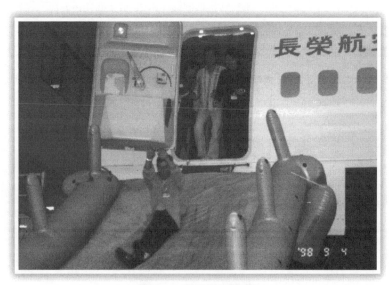

圖7-20　跳下滑梯姿勢

資料來源：作者拍攝

丹寧布和皮革製等衣物。這些布料的纖維能避免火災而融化，能在機上緊急逃生或發生火災時提供最好的保護。合成纖維，如人造絲、聚酯和尼龍（特別是針織品、絲襪）則容易助燃。最好穿著長褲或長袖衣物，避免穿著短袖衣物或裙子，因為此類服裝無法提供身體最完整的保護。

飛機發生狀況時，要脫離飛機都必須透過逃生滑梯，絲襪如果與滑梯磨擦，容易產生身體灼傷；絲襪屬於尼龍製品，逃生過程中不但容易著火，且遇火後會黏貼皮膚，造成更大的傷害。

此外，搭飛機最好穿著平底鞋、綁鞋帶的鞋子或球鞋，以皮革或帆布製造的鞋子最適合，因為這些鞋子可以幫助跑過著火的殘骸。高跟鞋不僅會減緩逃生速度，也可能刺破逃生滑梯，更可能因一些危險物品（如碎玻璃或金屬碎片）造成自己受傷的風險；避免穿著涼鞋也是同樣的道理。

(五)勿隨身攜帶大包小包物品

乘客想在搭機時攜帶更多的行李上飛機，他們認為既然已經支付班機的費用，即表示有權利攜帶手邊的行李登機，殊不知限制手提行李大小和重量是客艙安全的重要考量。在飛行中一旦遭遇亂流或失事，可能因乘客的手提行李導致更猛烈的撞擊傷害。不安全的行李愈多，風險也就愈高，因此當攜帶及放置行李時需有安全意識，勿將行李疊放於座椅上方的置物櫃上，重型行李可置放於座椅前方。因緊急逃生時，座椅上方置物櫃裡的大小行李有可能會跌落造成自己或他人受傷。緊急逃生時，將行李留在機上即可，尋找自己的行李只會妨礙到其他乘客的逃生安全。眼鏡、項鍊、戒指等尖銳物品需由客艙組員統一蒐集，避免在滑梯逃生過程中刺破滑梯，造成他人無法使用。

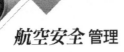
 # 第十一節　客艙生還因素

一、影響生還因素的五大要點

1. 機身結構：結構強度應可承受多方向一定力量的撞擊。
2. 固定設備：如安全帶可使乘員在遭受衝擊時，不致撞擊四周外物；安全帶之固定點應有足夠強度。
3. 減震能量吸收：起落架減震設計及坐墊應可吸收一定能量；生雞蛋自1英尺高處落到2英寸厚海綿板會破裂，但由2英尺高處落到特製吸能板則可不破。
4. 乘員周遭環境：考量乘客可能撞擊之設施加以緩衝保護。
5. 失事後生還因素：具備良好逃生設備，設計上避免失事後漏油造成立即起火。

二、具生還因素的條件

1. 需要有足夠的空間：免於碰撞。
2. 較小的重力（G力）：主要在於能量的吸收，如機身吸收大部分的G力，地板與座椅承受與吸收部分G力，椅墊與安全帶吸收部分G力，面朝後之椅背吸收部分G力，兒童座椅亦可吸收部分G力，機上分隔板與椅背減少第二次撞擊。
3. 未於失事後立即起火。
4. 失事發生於機場附近。

三、自我保護方式

1.立即在走道蹲下。
2.緊抓固定物。
3.採取就近尋找空位或試圖回到座位方式。
4.對旅客文化性及組成有較深理解。
5.克服語言障礙。

四、逃生滑梯

(一)逃生滑梯簡介

逃生滑梯包含：可充氣滑梯本體、氣體儲存瓶及閘門組件、包覆組件、上下兩獨立高壓氣體充氣空間（**圖7-21**）。

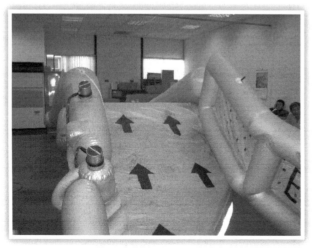

圖7-21　逃生滑梯測試

資料來源：作者拍攝於遠東航空

逃生滑梯落海後之逃生器材包含：生還器材、天蓬、絞鏈環、位置燈、充氣閥及停泊輔助。

逃生滑梯必須符合下列要件：

1.強風下仍能展開。

2.抵抗液體腐蝕。

3.抵抗環境腐蝕。

4.抵抗煙火及有毒氣體腐蝕。

5.能在-40℉～160℉溫度下正常操作。

(二)逃生滑梯的相關組件

1.充氣系統：儲氣瓶藉著背帶連結於滑梯下門檻，儲氣瓶經閥門連結至軟管。閥門上有一個溫度補償壓力表，維持瓶壓低於限制值。該軟管連接一防逆閥門及吸氣器。該防逆閥門防止滑梯壓力回流。吸氣器由下述組件所組成：

　(1)圓柱形混合管：混合儲氣瓶之主要氣體及周遭次級氣體。

　(2)噴嘴段：導入儲氣瓶之主要氣體。

　(3)圓錐入口段：導入周遭次級氣體。

　(4)拍動閥：充氣完成後阻擋氣體洩漏。

　(5)壓力表。

2.掛鉤桿：連結航空器艙門門檻及充氣滑梯，當門邊操作桿呈現「Armed」或「Flight」狀態，掛鉤桿插入溝槽。當落水後該滑梯需與航空器分離，由掛鉤桿包覆層下之手動拉桿可分離滑梯及航空器，繫留線允許滑梯漂流。

3.燈光系統：包括三個主要組件，即燈具、電力系統、啟動栓。

　(1)燈具：置於纖維套筒中該套統環繞滑梯，靠近掛鉤桿時由包覆層保護。

　(2)電力系統：五年有效之電池置於尼龍纖維製袋，連結至儲氣瓶

帶。當滑梯充氣連動啓動線時，燈光自動啓動。

　(3)啓動栓：應隨時插入電池中以保存電池壽命。

4.重新登機拉繩：1英寸寬之白色帶子，上端靠近門檻，下端爲魔鬼氈，功能爲緊急撤離後重新登機時使用。

5.順序展開限制器：功能爲維持滑梯依摺疊順序展開，避免滑梯於機身下展開，並確定滑梯觸地時充分展開。

6.洩壓閥：滑梯門檻端之上下套筒設置壓力洩放閥，提供定溫下最高壓力之控制。

7.攀附帶：提供落水人員攀附滑梯之帆布帶，位於較低浮筒旁。

8.手動打氣筒：滑梯無法自動充氣之備份系統，拉柄由白色三角形帶子組成連結至充氣閥。

9.手動充氣閥門：充氣閥連接至門檻端之上下兩組充氣套筒，手動充氣幫浦置於生還包中，充氣洩壓閥爲一彈簧裝置，當轉接器接盒放開時會自動開合，加壓時使用轉接器壓入閥中，加壓幫浦至適當壓力。

10.登船輔助繩：門檻兩端紅色線幫助落水生還者爬上滑梯。

11.海錨：控制漂流率與方向。

12.位置燈：兩盞位於上浮筒對角端之位置燈，協助夜間辨識滑梯位置，水控啓動之電池位於下浮筒下方。

五、客艙緊急裝備檢查表

1.水性滅火器／設備——手把與瓶身之金屬封條完整。

2.海龍滅火器／設備：

　(1)指針於綠色區域。

　(2)安全插銷於定位且封妥。

3.急救箱——封籤完整。

4.擴音器——按下扣板能聽到聲音。

5.防煙面罩——密封且溼度顯示窗顯示正常。

6.可攜式氧氣——儀表指示合乎航空器使用人需求之最低標準。

7.緊急定位發報機——就定位。

8.嬰兒救生衣（**圖7-22**）——許可情形下確認機內數量。

9.其他裝備：

　(1)手電筒。

　(2)手斧／利於橇開之棍棒。

　(3)可攜式氧氣瓶。

(4)防護手套。

(5)防煙罩。

(6)煙霧偵測器。

(7)洗手間垃圾桶之自動滅火器。

(8)緊急燈光。

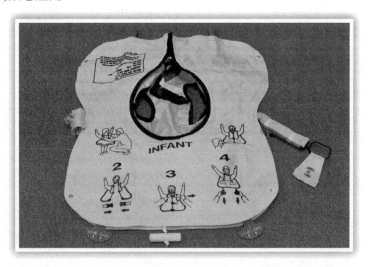

圖7-22　嬰兒救生衣

資料來源：作者拍攝

Chapter 8
機坪安全

　　2005年12月26日，美國阿拉斯加航空編號AS536班機依預定行程前往加利福尼亞州布班克市，在西雅圖的塔科馬國際機場起飛不久後，這架麥克道格拉斯的MD-83型飛機（註冊編號N979AS）在爬升至26,000英尺高空時突然發生客艙失壓狀況，緊接著發出巨響，所幸駕駛員緊急下降至氧氣較濃密的高度，並返航降落於原機場。雖然乘客及組員飽受驚嚇，但沒有造成任何人員傷亡。在檢查飛機結構時，工程師在飛機左邊貨艙門的附近發現直徑1英尺的大洞。調查發現，在這架飛機起飛前，此損傷是由機坪作業人員駕駛的一輛行李車或履帶車撞擊造成的。這起事故使得機身蒙皮出現一道小擦痕，當時這小插曲並沒有立即通報且在飛航組員毫無預警的情況下，飛機就起飛。當飛機爬升到較高的高度時，機體內外壓力差使得這道小擦痕裂成了大洞，最後形成可怕的艙壓失效。

　　此案例凸顯了機坪安全（airport ramp safety）事件的危險性。

　　飛機是世界上最安全的運輸工具之一，但機坪卻是世界上最危險的工作場所。機坪（**圖8-1**）為航空器落地後與起飛前停靠的位置，是航空地勤作業的重要地點，是一動態且複雜的工作環境，當不同型別的航機地停時，來自機場相關單位的作業人員開始聚集，各型車輛裝備與機身、發動機、螺旋槳及機翼近距離作業，各式車輛及裝備都有可能與航機碰撞，不僅代價高昂，且對飛航安全及人員生命造成潛在的威脅。每一個機坪每年所需的車輛服務，平均估計超過一百萬車次（**圖8-2**）。全球因機坪車輛撞擊機身導致飛機延誤或發生空中失壓及機身零件飛落，以及機坪人員在飛機後推、滑行時被機輪輾傷或死亡之案例層出不窮，桃園機場更曾發生作業人員自空橋墜落身亡及航空公司機務人員不幸被地面作業車輛輾斃之慘劇。

　　機坪作業安全問題比較不像飛航安全受到大家的注意，但從1903年發生第一起因韋伯萊特意外損壞其飛機機翼上的結構事件開始，這個問題在航空界就一直不斷地發生。全球日漸增加的飛航班次已經對機場容量帶來不少壓力，無形中讓機坪作業累積著安全風險，機坪事件所造成之影響，從人員傷亡、飛機損傷、作業機具及設備損壞，到延誤航班等後果，都直接或間接造成航空公司財務上的損失。

Chapter **8** 機坪安全

圖8-1 機坪作業存在著許多危機

資料來源：作者拍攝於香港赤鱲角機場

圖8-2 機坪車輛服務，每年平均超過一百萬車次

資料來源：作者拍攝於德國法蘭克福機場

　　根據世界飛行安全基金會（Flight Safety Foundation, 2007）統計，2005年全球每年約發生二萬七千次機坪事件，平均每千次離場就發生一件，共造成二十四萬三千人受傷記錄，受傷率為每千次離場九人。依比例以2018年全球航空公司四千六百一十萬次航班（IATA, 2019）計算，就有四萬六千一百次的機體損傷事件和四十一萬四千九百人的受傷事件。一家航空諮詢訓練公司「Twiga Aero」出版的白皮書（Twiga Aero, 2017）統計全球飛機地面損傷事件的損失金額每年至少為一百二十億美元。

　　目前全球的航空公司、機場、安全小組和航空主管機關都一起致力推動參與，以協助教育機場工作人員瞭解機坪飛機意外事件的潛在危害。

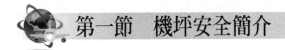

第一節　機坪安全簡介

一、機坪作業

　　全球各種大小規模的機場都有一個共同的基本組成架構──「陸側」（landside）、「空側」（airside）和「航廈」（terminal）。陸側是每位來到機場的民眾都可以進入的部分。空側通常是管制進出的一側，被視為是需要安檢的一側。航廈則分為入出境，提供用於管制進出空側的一個有形建築物（IATA, 2011）。

　　相較於供旅客使用區域「陸側」而言，「空側」泛指機場內供航空器起飛、降落及地面活動區域。空側作業範圍（桃園國際機場公司，2019）包含：

1. 操作區（maneuvering area）：機場內供航空器起飛、降落及滑行之區域，但不包括停機坪。
2. 活動區：機場內供航空器起飛、降落及滑行之區域，包含操作區及

停機坪。

3.活動區外之空側管制區：管制區係指航空站經營人為執行出入管制所劃定之區域，包含非鋪面區（草坪區）、環場道、棚廠、辦公廳舍及圍牆等區域。

「停機坪」（ramp, apron）是指在陸上機場供航空器上下旅客、裝卸郵件或貨物、加油、停機或維修等目的而劃設之區域（**圖8-3**）。

完整之機坪作業程序包括：

(一)航機到場

1.人員提前準備，做簡報，確認機型。
2.檢查場面清潔（FOD）。
3.檢查個人證件及保護裝備。
4.檢查車輛裝備及準備位置。
5.機坪淨空。

圖8-3　停機坪

資料來源：作者拍攝於日本關西國際機場

(二)引導停靠

1.確認航機停止位置。

2.引導手勢需正確。

3.夜間使用引導棒亮度要夠。

4.如為燈號系統引導,應知緊急關斷鈕位置。

(三)人車接靠

1.待發動機關妥、防撞燈熄滅、航機輪擋擋妥、安全錐置妥(**圖8-4**),
耳機員與駕駛員確認後人車才能接靠。

2.車輛接近航機,先停再靠,倒車需指揮。

3.車輛停妥應放置輪擋、煞車或腳架(**圖8-5**)。

(四)開艙

1.客艙門開啟前,客艙內外人員需先相互確認,避免逃生滑梯打出,
艙門把手需歸位。

2.後空梯開啟前需確認梯下無人。

圖8-4 置放航機輪擋及安全錐作業

資料來源:作者拍攝

圖8-5 車輛腳架

資料來源:作者拍攝

3.貨艙門開啓後需扣妥以免掉落，艙門把手需歸位。

(五)卸載

1.滾帶車行進間滾帶放平，滾動時不得在上面走動（**圖8-6**）。
2.滾帶接靠正確位置，避免損傷機身及貨艙（**圖8-7**）。

(六)地面作業

1.同時有許多車輛、裝備、人員分屬不同公司，在機邊作業，需有人管制協調。
2.車輛在發動的情況下不得無人看管。
3.視線不佳時應開警告閃燈及近光燈。
4.遵照行車路線及速限規定。
5.勿阻擋加油車出路。

(七)裝載

1.小心輕放，勿損傷貨物及貨艙。
2.確實按分艙表裝載。

圖8-6　滾帶車行進間需放平

資料來源：作者拍攝

圖8-7　滾帶車作業

資料來源：作者拍攝

3.確實使用攔貨網（**圖8-8**）、隔艙網及綁帶。

(八)關艙

貨艙門（**圖8-9**）關妥密封，把手歸位，蓋板蓋妥。

圖8-8　攔貨網

資料來源：作者拍攝

圖8-9　關閉貨艙門

資料來源：作者拍攝

(九)航機後推

1.拖桿接妥，插銷上妥。

2.地面人員與飛航組員確認，航機鬆煞車、撤輪擋，機邊無人車時才能後推（pushback）（**圖8-10**）。

3.須派足夠人力，至少需要指揮員、拖車駕駛、翼尖及機尾人員（**圖 8-11**）。

4.後推人員需自處於安全位置。

5.後推轉彎角度勿太大。

図8-10 航機後推作業
資料來源：作者拍攝

図8-11 航機後推作業
資料來源：作者拍攝

(十)航機離場

1.後推至滑行道定位後，航機踩煞車、上輪擋、下拖桿（**図8-12**）、指揮員與飛航組員確認、撤輪擋、拔插銷。
2.人員退至安全位置，舉插銷及飄帶（**図8-13**）。
3.目視航機通過，檢查機身有無異常。
4.檢查場面清潔，輪擋及安全錐不可留置機坪。

図8-12 航機後推作業──上輪擋、下拖桿
資料來源：作者拍攝

図8-13 人員退至安全位置，舉插銷及飄帶
資料來源：作者拍攝

二、機坪服務及機坪作業員

國際民航組織（ICAO, 2013）出版之第9562號文件《機場經濟手冊》（*ICAO Airport Economics Manual*）對地勤服務的界定，可區分為「航站處理」（旅客登機報到手續、行李與貨運處理）及「機坪處理」（航空器處理、清潔與保養）兩大部分。此外，國際航空運輸協會《地勤作業手冊》（IATA, 2018d）將地勤作業（ground operations）分為數個細項，包含業務執照之作業部分及行政部分，涵蓋滑行道與起／降跑道除外的所有機場周邊。

就民航業者而言，機場地面服務（運務）作業通常自行操作，機坪作業則委託專業地勤公司或相同企業集團轄下的其他組織代理，亦可能於公司內編制專責部門辦理。我國航空站地勤業計有臺灣航勤公司、桃園航勤公司、長榮航勤公司、立榮航空公司等四家專業地勤公司、一家經營單項「機艙清潔」華夏航科國際股份有限公司，以及兩家經營單項「空橋操作」之欽發產業股份有限公司及福恩機械工程股份有限公司（交通部民用航空局，2019b）。

以桃園航勤公司為例，其地勤作業服務（ground handling service）區分為機坪服務、機艙服務、裝卸服務等三大部分：

1. 機坪服務：(1)航機進／離場引導作業；(2)航機進／離場輪擋、滅火機作業；(3)航機進／離場車道管制及耳機通話作業；(4)航機加油作業；(5)航機飲水處理及飲水加添作業；(6)航機清廁作業；(7)航機電源車、氣源車、冷氣車作業；(8)航機煞車冷卻作業；(9)航機風擋玻璃擦拭作業；(10)航機離場推機作業；(11)航機移位作業；(12)航機異常支援作業。
2. 機艙服務：(1)餐點、空服侍應品裝卸服務；(2)機艙深度、中度與一般清潔服務；(3)機艙垃圾運送傾倒服務。

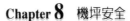

3.裝卸服務：(1)進／出口行李、郵件、貨物之裝卸及托運服務；(2)承
作客／貨機裝卸與機邊拆、打盤（櫃）服務。

其中，攸關機坪安全之機坪作業員（airport ramp agents）可爰用「民用航空法」第一章總則第2條第十四點航空站地勤業定義，將其視爲在機坪內從事航空器拖曳、導引、行李、貨物、餐點裝卸、機艙清潔、空橋操作及其有關勞務事業之工作人員。對於二十四小時運作的國際機場，處於輪班狀態的機坪作業員是維繫機坪作業的關鍵角色，在國內分屬不同之航勤公司及航空公司管理，但是他們對於飛安維繫之重要性似乎較少被重視。就後勤支援的技術層面而言，機坪作業員是在「後場」爲飛航安全把關，他們應熟悉並遵循機坪標準作業程序，注意各機型之貨物、行李的擺放規定及各項操作流程，亦應注意危險物品之分類、包裝、標籤、運送條件、貨艙擺放的位置與隔離要求，並隨時留意機坪工作之安全等。此類人員經常在烈日、昏暗、高溫、嚴寒、強風、雷雨、噪音、廢氣、有害物質、疾病汙染、高處、重物、危險品、時間壓力等嚴苛的工作環境下作業，是一項高度勞力密集的職業。

三、機坪作業之危害

機坪安全是指在停機坪作業時所發生對人員、飛機及裝備造成安全之地面損傷事件（Ground Damage Incidents, GDI）。包含下列可能發生之危害（hazards）：

(一)貨物裝卸之平衡

現代客貨機的起落架設計都是所謂的前三點式（鼻輪及靠近機身兩側的主起落架），因此當飛機在機坪裝卸期間，可能因爲前後艙重量不平衡而導致「飛機坐地」（tipping）（**圖8-14**）現象，造成飛機及人員危害。因此機坪服務必須意識到此種危險，特別是在客機上裝卸重型貨物時，應使

圖8-14　飛機坐地現象

資料來源：*IATA Airport Ramp Services Course eTextbook*, 2011, page 197

用「尾錐頂桿」或「支柱」（tail stand or tail post），或使用「鼻輪繫繩」（nose gear tether）來防止飛機坐地。

　　尾錐頂桿是一種支撐飛機尾部的裝置，一種特別設計的可調支柱，可拖曳的伸縮輪子配置在機尾下方，能承受很大重量而不會損壞飛機。「鼻輪繫繩」則是一種用於拉住機頭以防止飛機坐地的裝置。一些貨機也會在停機坪上安裝堅固的環扣，將特殊設計的鉤環連接在一起，以便在不損壞飛機的情況下固定鼻輪。

　　貨物裝卸應使用漸進式裝載（step loading）和卸載（unloading）程序，以確保在裝卸過程中將適當的貨物重量裝入飛機前貨艙。漸進式裝卸意味著在裝卸重物時應有一般的常識——在前貨艙中未裝有相對重量的貨物前，「裝載盤櫃組」（Unit Load Devices, ULD）或「托盤」（pallet）不應裝載至空的B747後貨艙中。對於一些較重的貨物，可能需要先多次操作裝卸平台車由前貨艙門再到後貨艙門。

　　此外，因裝載不當導致飛機載重平衡資訊不正確，會導致下列危害：

1.減少加速度並提高起飛速度。
2.降低爬升角度，這將降低與障礙物的安全高度。
3.較高的起飛速度意味著起落架上的負荷增加。

4.降低飛機「絕對升限」（absolute ceiling）高度（即飛機可以爬升的最大高度）與降低爬升率。

5.減少航程（更多的重量將增加燃油消耗）。

6.減低飛機的操作及控制性能。

7.增加落地速度以及需要更長的跑道，降低飛機減速的煞車效能。

由於裝載不當而導致飛機過重，會降低飛航組員在遇到這些情況時可獲得的安全裕度。飛航組員還必須考慮在發生緊急情況時飛機超重的後果。如果發動機在起飛時故障或在低空時結冰，則減少飛機重量通常為時已晚。

(二)不良的天候

◆強風

影響操作，可能造成人員傷亡或航機損傷。預防之道在於：

1.注意機坪作業風速限制。

2.航機及車輛裝備固定，注意開關艙門，撿拾外物。

3.使用多餘的輪擋、綁帶（tie-down）裝置（特別是在小飛機上）以及可能的壓艙物（ballast）來保護飛機。後者為涉及飛機裝載的壓艙袋（即一袋乾淨的鵝卵石）。

4.將飛機轉向迎風面。

5.關閉所有艙門和維修面板。

6.可掛上拖桿並連接拖車，確保鼻輪轉向旁通插銷（steering bypass pins）已接上。

7.使飛機遠離建築物和結構，面對風。

8.從飛機周圍移除所有非必要的地面裝備。確保每輛盤車（dolly）或行李拖車（baggage trailer）都由其自身的煞車固定住。

9.從飛機周圍移除所有空的和鬆散的盤櫃（ULD），盡可能確保它們

安全。

10.停止所有加油和飛機維修,淨空機坪車輛和人員。

◆低能見度

阻礙飛機、車輛駕駛員及地面人員對周圍物體、建築和道面之判斷,影響各項作業。預防之道:

1.車輛速度降到慢速前進(按機場規定),確保所有燈光開啟,風擋玻璃乾淨。

2.淨空機坪所有非必要車輛和人員。

3.在車輛交叉點特別留意,特別是如果您必須通過滑行道,請確認已獲得航管無線電許可。

◆強光

包括場站照明燈、車輛頭燈、陽光刺眼或不足,強光會直接影響視線,在明亮陽光下很難看到飛機機翼,間接造成眼睛疲勞、視線不清。預防之道:

1.在豔陽天下駕駛時要小心,特別是從建築物下方和黑暗區域進到太陽底下,或者有航廈窗戶反射的地方。

2.大雨過後,機坪上的明亮陽光會使所有機坪標記在地面反射下消失,最好戴上太陽眼鏡。

◆地面結冰

地面結冰會使飛機、車輛輪胎的摩擦力大幅減少,造成打滑甚至難以控制方向,也會增加人員作業滑倒受傷機會。預防之道:

1.在有可能堆積前,清除在飛機、地面裝備和停機坪的積雪和冰。

2.採取與上述低可見度相同的預防措施。

3.為機坪上的作業多留一些時間,並允許較大的煞車量。

◆閃電

作業人員有觸電傷亡之虞，特別是在機坪空曠之處。很多閃電事故發生在雷雨一開始接近的時候，也常發生在以為閃電威脅已經過了之後。在最後一次雷聲後，威脅通常會隨著時間的推移而減弱，但可能持續超過三十分鐘。當雷雨當空時，即使在晴天、無雨或可見晴空時，閃電的威脅也會存在。

(三)噪音

機坪噪音來自：

1.飛行噪音（飛機起降的發動機噪音）。
2.地面噪音，包括：(1)飛機發動機在地面上的高頻運轉噪音；(2)APU（飛機輔助動力器）運轉噪音；(3)GPU（地面電源車）操作噪音；(4)其他（地面車輛、維修廠等）。

　　飛機在發動機運轉時滑進停機位置，為了保持客艙內的空調運作，在發動機關車後通常會啟動輔助動力單元（Auxiliary Power Unit, APU）為飛機及機上空調系統供電，或關閉APU使用地面電源車（Ground Power Unit, GPU）和冷氣車以取代使用飛機本身燃油運作的APU。一般位於民航噴射機機尾的APU是一種機載發動機，它自飛機垂直尾翼附近之進氣口吸入空氣並向機尾末端排出廢氣，APU運作時會持續產生噪音，約為113分貝，比噴射發動機低約27分貝。飛機地停時間機坪人員作業區域包含機尾附近的貨艙（門）及散裝行李艙（門），APU持續的噪音經常影響作業人員的聽力，導致聽力永久性損壞。一般汽車喇叭100分貝，飛機發動機至少140分貝，任何高於85分貝的噪音都有可能導致聽力受損，尤其是在噪音持續暴露或頻繁的情況下。在85分貝時，聽力在暴露八小時後發生損壞，而在91分貝僅僅兩小時就會造成損壞。聽力一旦受損就無法治癒，因此機坪工作人員必須配戴耳罩或耳塞保護。

(四)標線、號誌

機坪標線畫設置不當或不清可能讓航機引導或定位錯誤導致航機動線與地面裝備車輛淨空區、航廈或空橋過於接近而發生撞擊之風險。

(五)外物（FOD）

機坪的外物包括在不適當的位置發現的任何物體，物體在該位置可能會損壞設備、車輛或傷害人員。

(六)空橋

空橋（air bridge, jet bridge, jetway, sky bridge）是一個封閉的高架通道，從登機門延伸到飛機，可以是固定式或可移動式的。空橋未收妥、操作不當或維修不當皆可能造成危害（圖8-15）。

【案例1】

2010年6月28日，新加坡航空SQ876班機停靠桃園機場第二航廈D6停機坪時，空橋升降支柱斷裂坍塌，無人傷亡。

【案例2】

2012年8月1日蘇拉颱風侵襲，吹垮桃園機場第二航廈兩座空橋，所幸末傷到停放航機。

【案例3】

2013年4月7日傍晚，香港赤鱲角機場國泰航空預備飛往日本名古屋CX532航班客機在停機坪上客後，空橋上一名五十一歲操作員將經濟艙空橋後退離開航機時，空橋突然猛烈搖晃，繼而底部零件鬆脫，兩秒後向左翻側倒塌，並且撞擊另一連接商務艙的空橋，兩道空橋連同操作員一同坍塌，操作員墜地時被困，為該機場啟用以來首宗空橋倒塌事故。

【案例4】

　　2015年12月12日，一架瑞安航空公司波音B737-800剛抵達巴塞隆納機場，在159名乘客開始下機後，在一半的旅客已經離開飛機時，連接1L門的空橋突然將飛機前機身抬離地面約2公尺高度，導致兩名乘客受輕傷。

(七)航機輪胎及煞車

　　航機剛滑進機坪時，輪胎及煞車溫度尚未降低，可能導致起火（圖8-16）。

(八)發動機、螺旋槳

　　當飛機在自身動力下開始移動階段，噴射氣流是地面作業的另一個重大威脅。一般情況下，發動機在「慢車」（idle）狀態，噴射氣流速度可達160 km/h，溫度可飆升至700～900℃，後面危險區約為200英尺（或60公尺），但隨著推力增大，此數值會迅速增加。波音B737-800客機CFM-56發動機後面的危險區，在起飛推力設定下為1,200英尺（365公尺）。而噴射發動機只是將油門從「慢車」增加至滑行推力就很容易讓飛機附近的

圖8-15　空橋

資料來源：作者拍攝

圖8-16　航機輪胎高溫會引起火災

資料來源：作者拍攝

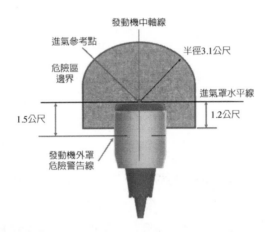

地勤人員造成危險。噴射氣流最常發生的機坪事件是將車輛吹翻、人員受傷、維修站損壞以及工具被吹進停靠的飛機。此外，噴射發動機進氣口吸力強，人員或物體靠近可能會被吸入造成死亡或損傷，以CFM-56發動機進氣口為例，**圖8-17**表示發動機油門在慢車位置進氣口之危險範圍，**圖8-18**則表示發動機在慢車推力以上進氣口危險範圍又更加擴大。

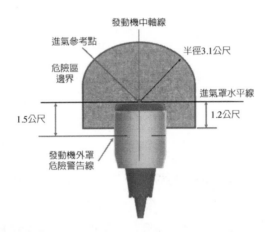

圖8-17　波音B737-800進氣口危險區——發動機油門在慢車推力

資料來源：作者繪製

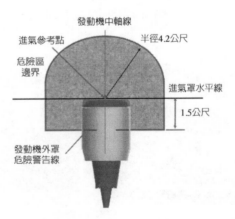

圖8-18　波音B737-800進氣口危險區——發動機油門在慢車以上推力

資料來源：作者繪製

(九)航機客艙門、貨艙門、後空梯

　　客艙門開啓前，客艙內外人員需先相互確認，避免逃生滑梯打出，艙門把手需歸位。機尾後空梯（**圖8-19**）開啓前需確認梯下無人。貨艙門開啓（**圖8-20**）後需扣妥以免掉落，把手需歸位。

圖8-19　遠東航空MD-82客機後空梯旅客下機作業

資料來源：作者拍攝

圖8-20　貨艙門開啓

資料來源：作者拍攝於香港赤鱲角機場

(十)重物

　　機坪作業員作業造成傷害的原因幾乎沒有限制。墜落、上升、重物相關的傷害，接觸移動的車輛或設備都可能導致受傷。其中，最普遍的就是搬舉重物導致的職業傷害。

　　國際上大多數的勞安法規並未規定個人的安全荷重，因為體型因人而異。當涉及到把重物垂直舉起至腰部以上高度時，假定在個人荷重能力範圍內是25公斤，業者就不應要求任何一個人抬起、放下或揹負25公斤以上的重量，而且IATA規定托運行李（checked baggage）最大重量為23公斤（50磅），這是一項針對機場工作人員健康和安全的國際法規，此限制僅適用於個人能力範圍內的負荷且沒有其他風險因素時。如果行李超重，旅客會被要求重新打包，或者將其標記為「過重行李」（heavy luggage）。一般情況下，歐盟和美國允許每位乘客攜帶兩件托運行李，每件重量最多為32公斤（70磅）。

　　搬運行李貨物時不斷地搬、抬、推、拉、轉，易造成作業人員傷害。背傷為永久性傷害，疼痛逐漸加劇，嚴重時需手術治療，因此需使用正確之方法與姿勢。

(十一)有害物質／危險品

　　航機運作及其附近有許多具有毒性、腐蝕性、刺激性之有害人體健康的物質，如紅色之液壓油、機身清潔劑、發動機廢氣、廢水等。預防有害物質（hazardous materials）之傷害應設法降低或消弭其危害，或以其他物質取代，工作時應有保護裝備。要確實認識有害物質，以及溢漏或意外時的緊急應變處理程序。危險品（Dangerous Goods, DG）共九大類，包括易爆物、氣體、易燃液體、易燃固體、氧化物、毒性物質及傳染性物質、輻射性物質、腐蝕性物質、其他危險物質及物品。

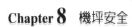

(十二)車輛裝備

　　機坪車輛種類多，複雜度高，風險也高，包括扶梯車（**圖8-21**）、行李車（**圖8-22**）、滾帶車（裝卸行李貨物，**圖8-23**）、衛生車、水車、氣源車、電源車（**圖8-24**）、空調車（**圖8-25**）、餐勤車（**圖8-26**）、航機拖車頭（**圖8-27**）、加油車（**圖8-28**）、貨盤、盤櫃（**圖8-29**）等。其中如滾帶車、空調車需特別注意其具動力設備（power take off）部分，運轉時需有人員

圖8-21　扶梯車

資料來源：作者拍攝於新加坡航展

圖8-22　國際線（左）及國內線（右）行李車

資料來源：作者拍攝

圖8-23　裝卸行李之滾帶車

資料來源：作者拍攝

圖8-24　電源車

資料來源：作者拍攝於義大利羅馬機場

圖8-25　空調車

資料來源：作者拍攝於新加坡航展

圖8-26　餐勤車作業

資料來源：作者拍攝於香港赤鱲角機場

圖8-27　國際線俗稱大螃蟹之航機拖車頭

資料來源：作者拍攝

圖8-28 加油車

資料來源：作者拍攝

圖8-29 盤櫃車

資料來源：作者拍攝於新加坡樟宜機場

就近看管，且不得停於禁止停放區內。車輛在等待航機到場時勿太接近。停放時應放置輪擋、腳架、煞車，並應遵守車輛裝備之操作程序及各項安全規定。且平時應定期保養，每日使用前應檢查油、水、胎壓、滅火器及測試煞車、腳架及升降功能。

(十三)機坪加油作業

加油可能造成航機、人員及停機坪的災難，因此需依加油相關程序，考慮乘客滯留機上加油、發動機運轉加油之情況及溢油處理，油車停放疏散之出路是否無阻礙，燃油箱排氣口籠（igloo）附近人員禁止接近，緊急關斷鈕（emergency cut-off button）位置及其他注意事項，例如打雷時應停止作業。一旦油車或加油意外事故發生，應立即通報（**圖8-30**）。航機燃油箱排氣口（fuel vent）位於翼尖下緣，加油時排出油氣，若遇加油異常燃油溢漏時由此洩出，因油氣重於空氣，會下沉至地面，易被人員吸入，有害人體，其他車輛及裝備勿於加油機翼下方作業。

(十四)機坪火災

機坪最可能發生航機輪胎、發動機、車輛裝備火災，因此滅火器配

圖8-30　油栓車加油作業

資料來源：作者拍攝

置、緊急電話號碼、緊急應變程序、訓練及演練都需落實。機坪發現火災的第一件事：不論撲滅與否，應先通知消防單位。

(十五)飛機後推作業

　　根據波音公司產品安全部門對民航噴射機安全事件（Boeing Product Safety Jet Transport Safety Events）的統計資料顯示，飛機後推作業構成一項深具潛在性的危險，自1964年至1992年12月，全球共發生三十一件因飛機後推或前拖作業時，地勤人員遭到飛機鼻輪及主輪輾傷的意外事件。

　　飛機後推或前拖作業共分三個階段進行：首先是定位及扣接推車及拖桿（**圖8-31**），其次是實際後推或拖進的動作，最後是解開拖桿（**圖8-32**）。在這三十一件意外事件中，有十八件造成人員死亡的意外；三十一件意外事件中，81%是發生在飛機後推或拖進的進行過程中，其餘則發生在扣接及解開拖桿的過程。這些意外事件縱使未構成死亡事件，其輾傷的程度也是非常嚴重，甚至需要實施腿部切斷手術。隨時隨地提高警覺，避開機輪的運作範圍，是防止這類意外事件的首要之道。

圖8-31 拖桿

資料來源：作者拍攝

圖8-32 解開拖桿

資料來源：作者拍攝

　　根據一份1991年地面意外事件統計發現，有兩件與拖機作業的進行有關，另一件則是發生在機長向未經地面工作人員告知已全部淨空指示（all clear signal）之前，出奇不意地滑出，致使飛機鼻輪輾斃這名工作人員。

　　從過去統計資料顯示，每百萬次離場飛機拖機作業的意外傷害率，65%是由鼻輪肇禍，主輪肇事只有7%。這類意外事件發生的最大原因是漫不經心與缺乏注意，十三件意外是未能注意到飛機拖動的改變；四件意外是因工作人員滑倒或跌倒在飛機鼻輪移動的範圍內而受傷；三件是因工作人員從拖車上滑下來或跌落受傷。事實上，拖車本身除操作人員外是不得載人的；兩件是拖桿脫開後，飛機逕自向前衝出而傷人；兩件是拖車操作人員在機翼下駕駛不慎引起的；一件是作業人員被自己所戴的通訊耳機電線絆倒，失去平衡導致；另一件是拖車作業人員不慎踩滑了煞車踏板而受傷。

四、機坪意外事件的地點及原因

　　根據統計，發生機坪事件的地點，有43%是發生在登機門停止區域內，即距鼻輪停止線20英尺內，此時機上駕駛員不再與塔臺管制員以無線電聯繫，而是靠著地面人員指揮的手勢或航廈的電子導引系統來進入停機

區。在進入此區時，通常也是機坪中車輛、裝備最多，最擁擠的地方，因此占所有事件的43%。另外39%的事件發生在登機門進出口區域，地面滑行線匯合進入或離開登機門區域。通往機坪並與滑行道相鄰的入出口區域則占了18%的事故比例（**圖8-33**）。

統計所有的機坪事件原因，包括：(1)沒看見或看不見；(2)未依程序；(3)空間誤判；(4)未遵守安全規定；(5)缺乏判斷；(6)未遵守行車規定；(7)缺乏紀律；(8)天候；(9)分心；(10)未訂程序。

而當中的機坪人為因素（IATA, 2011），包括：

1.動機和態度問題（例如，「別人會做」、「這不是我的工作」）。
2.某些人類行為特徵（例如，急躁、憤怒、跳過安全程序以「節省時間」）。

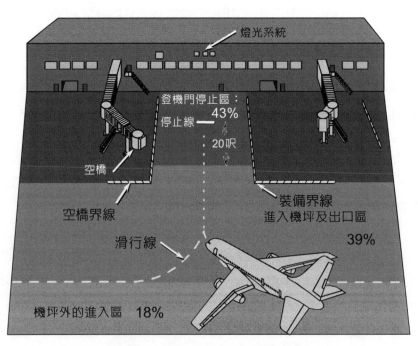

圖8-33　機坪事件最易發生之位置

資料來源https://asrs.arc.nasa.gov/publications/directline/dl8_ramp.htm

3.溝通能力不良（例如，使用不精確的語言）。

4.壓力。

5藥物和酒精的影響。

6.疲勞。

7時間壓力（例如，航機地停時間總是「與時間賽跑」）。

8.同伴壓力（例如，即使你知道或認為這是錯誤的，也會像你的同事那樣做）。

9.管理壓力（例如，缺乏經驗或管理不善可能會試圖「偷工減料」）。

要減少上述人為因素問題，可以透過以下列方式減少環境中的此類錯誤：

1.瞭解作業行為中的人為因素錯誤。

2.發展「狀況警覺」，對周圍情況的瞭解或心理感知狀態。

3.促進工作群組的團隊合作，以便團隊成員可以相互關注。

 # 第二節　機坪事件之成本

「安全」當然是機坪安全的首要考量，但是機坪事件也為機場的財務帶來大量的衝擊，每年都造成航空產業數百萬英鎊的損失。這不只為飛機及旅客帶來許多的不便，更會造成航空公司負面的形象。

根據「世界飛行安全基金會」（Flight Safety Foundation, FSF）引用國際航空運輸協會（IATA）部分的地面事故預防計畫資料估算，每年因機坪事件所需負擔的費用總額高達一百億英鎊。FSF的分析指出：事件發生率最高的是飛機和地面裝備的碰撞事件（例如飛機和行李車、空橋、餐車、加油車等發生碰撞），約占所有機坪事件的80%以上。**圖8-34**說明飛機被地面裝備碰撞的位置百分比，前三名依次是：後貨艙門、前機身和機翼下的發動機。

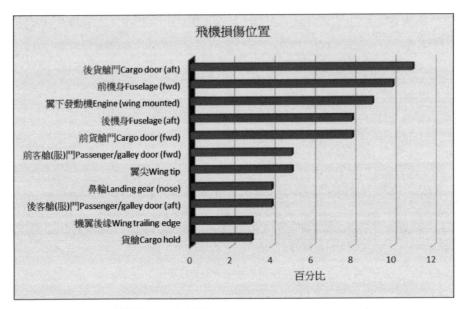

圖8-34　飛機被地面裝備碰撞位置百分比

資料來源：作者繪製

　　FSF估計平均每次事故所導致航空器地停時間是3.5天，相當於三百架飛機以上的機隊一整年無法運作。所有因航空器損傷的修理費用、航空器地停期間和航班取消的損失大約就要五億英鎊，幾乎與人員受傷損失的費用不相上下。一般而言，當機體損傷的修理費用是在保險理賠的門檻之下時，此龐大的修理費用幾乎全由航空公司獨自負擔。

　　雖然大部分的航空公司與地勤公司簽訂的合約中可以概括承受飛機地面事件所導致的直接維修成本，但標準的IATA地勤合約卻不承擔使用替代包機之龐大費用，或因班機延誤而產生照顧乘客的費用。

　　飛機最易發生損傷的區域及其更換或修理的費用非常驚人，保守估計一組鼻輪十萬英鎊，一付整流罩八萬英鎊，升降舵七萬七千二百四十六英鎊。而飛機所需的修理相關費用也很高，以一架需一天維修時間而停飛的波音B757飛機為例（**圖8-35**），這些包括十八萬英鎊的總成本，以及向其他航空公司租用包機以填補其三個航班而產生的費用，還需加上支付235

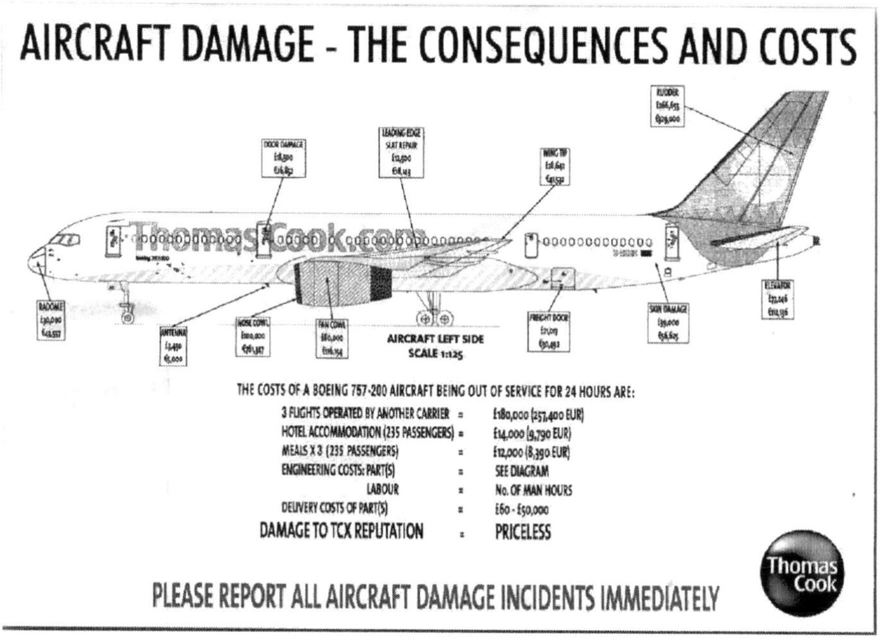

圖8-35　B757飛機各部分維修費用

資料來源：Airliner World, 2006年9月號

位乘客住宿而產生之一萬四千英鎊的費用。

　　機坪事件發生當時，我們往往只看到立即的影響及費用。一般行業中，直接成本與間接成本的比例為1：4，但在航空業中，直接成本與間接成本的比例為1：10。直接成本（direct costs）包括造成航機、車輛、裝備、人員之損傷，以及可直接評估之項目，如停機費、備用航材、維修工時、零件更換等。間接成本（indirect costs）包括機坪事件後續的影響及費用，可能發生在公司各個部門，由不同預算支應，遠高於直接成本，包括：營收損失、利息、替代機、簽轉他航、旅客食宿電話、場站費用、替代人力及加班費、搶救清理、事件調查費用、工傷總成本、保險費提高、全體處理事件人員之加班費、空機飛渡、消防待命或處置費用、保險費門檻之增加、航機與組員之重新派遣、班次延誤或取消之損失、傷患後續醫

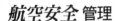

療費用與求償、傷者及家屬身心創傷、貨物及旅客行李之賠償和公司商譽
與形象損失等。

　　機坪事件實際成本（true cost）遠高於直接成本，**表8-1**顯示飛機不同
受損部位修復及營運費用。並非所有損失都能由航空公司保險來承擔，大
部分保險公司只給付超過自負額（deductibles）部分的損失，例如：廣體機
約一百萬美元；新型窄體機約七十五萬美元；窄體機約五十萬美元；渦輪
螺旋槳機約二十五萬美元。美國某航空公司航機所發生的二百七十四件地
面事件，平均成本為二十五萬美金，一百萬美金以下為自負額，這當中只
有一起事故超過自負額由保險公司賠償，其餘皆由航空公司自行吸收。

　　以一家獨立的英國包機航空公司——Astraeus Airlines為例，下列案例
說明因機坪事件所產生的實際費用。在2005年的一個週六早晨，一架波音
客機被一輛履帶車撞擊貨艙門框而受損，這架飛機需停飛四天待修，且因
在旺季期間，該公司找不到任何的替代機來填補這個航班空缺。為此事故
必須付出包含處理排班產生的費用和維修費，共高達一萬四千八百英鎊。
隨後產生的包括因乘客過夜而需支付的五萬二千英鎊之旅館住宿費，以及
因欲恢復班表而包機所產生出超過十三萬英鎊的額外費用等，共二十四萬
二千英鎊，這些費用並無法從保險公司或向地勤公司索賠。

　　近年來新型客機及修理複合材料的成本持續攀升，而且維修也需要更
長時間，這意味著飛機地停時間更長，這堆高了飛機潛在的使用損失及營
收損失的費用。

表8-1　機坪事件成本　　　　　　　　　　　　　　　　　　　金額：美元

事件	修復費用*	營業損失*
升降舵遭扶梯車碰撞受損（地停3.5天、35架次）	410,000	180,000
左副翼遭扶梯車碰撞受損（地停4.5天、41架次）	270,000	200,000
左後機身遭扶梯車碰撞受損（地停1.5天、14架次）	4,000	74,000
1L客艙門遭扶梯車頂損（地停5天、59架次）	28,000	250,000

*註：1.修復費用係按實際修復之材料、人工時數、試飛等費用計算。
　　　2.營運損失＝停機日數×平均班次×平均載客數×平均票價

絕大多數的機坪意外事件損失低於自負額，等於「自我保險」。這些損失由誰來承擔？當然來自航空公司的收益（profit），而這些收益及盈餘的損失，則是由員工薪資、紅利、獎金、福利以及股東股利來分攤。對航空公司而言，機坪事件產生龐大的費用，更糟的是，對旅客也造成極大不便，而航空公司的名譽損害更是無法預估。

第三節　認識及預防外物損傷（FOD）

一、定義

FOD（Foreign Object Debris）──外物。

FOD（Foreign Object Damage）──外物損傷。

FOE（Foreign Object Elimination）──外物消弭。

航空器於操作運行中任何石頭、碎布、紙張、繩子、衣物、垃圾、螺釘／栓、工具等物體，導致機體、發動機及人員損傷者，稱之為外物（損傷）。簡單來說，就是任何物件出現在不應出現的地點，且可能造成航機或人員傷害者（如車上棄置雜物、輪擋安全錐未收妥）。

FOD可以透過多種方式造成損害：

1.如果被吸入則損壞飛機發動機。

2.切割飛機輪胎。

3.妨礙飛機反推力裝置正常的運作。

4.噴射氣流導致人員受傷。

FOD危害的一個戲劇性案例是2000年7月25日法航協和客機4590航班從巴黎戴高樂機場起飛時飛機主輪在跑道上輾過一前一架客機一號發動機

掉落的長型金屬條，導致輪胎爆裂，機翼燃油洩漏起火失事，導致9名組員、100名乘客和地面4人死亡。

全球航空界每年因FOD造成的損失大約四十億美金，除了直接成本的維修費用外，間接成本尚包括：

1.航班延誤、取消，導致客源的損失。
2.飛機排班及組員派遣問題。
3.人員受傷潛在的責任及保障問題。
4.增加航空公司基層員工及管理者額外的工作量。

FOD需要特別關注的三個主要領域是：

1.跑道FOD：跑道上存在的各種物體（從飛機或車輛掉落、破碎的地面設備、鳥類等），這可能對快速移動的飛機（起降期間）產生不利影響，跑道FOD最有可能造成傷害。
2.滑行道／機坪FOD：雖然此種類型的FOD可能看起來比跑道FOD更不利，但應該注意的是，例如噴射氣流可以很容易地將小物體吹到跑道上。
3.維修FOD：用於維修作業（例如飛機維護、建築工程等）的各種物體並且可能對飛機造成損壞（例如工具、材料、小零件、砂礫、建材等）。

二、FOD來源

1.天氣：因強風、流水或發動機噴流，或自他處吹來，雷擊於地面。
2.輪胎夾帶。
3.機場工構／基礎工程：混凝土塊、建築物／建築材料、道面損壞／疲勞、車道與飛機滑行道交叉處（**圖8-36**）。
4.行李或人員身上掉落：航空公司員工、勤務人員及下機旅客因物品

圖8-36 機場工程是導致FOD來源之一

資料來源：作者拍攝於德國法蘭克福機場

　　未放置妥當可能導致被風吹落造成FOD，例如筆、硬幣、通行證、帽子、汽水罐、紙張等。

5.加油、餐勤、清艙、維修、行李運送及貨運等作業，特別是機場上不受管制的車輛（例如外部承包商）。

三、FOD之預防

(一)FOD控制計畫

◆訓練

　　所有機場和航空公司人員和機場用戶都應接受識別和消除FOD的訓練，包括忽視FOD的潛在後果。該訓練可以補充許多機場的空側車輛駕駛員訓練課程中對於FOD的警覺。飛航組員的FOD訓練包括遵循飛航組員操作手冊中確定的建議程序，以及線上訓練期間涵蓋的飛行前和飛行後檢查

程序。有效的訓練包括從源頭上移除和消除FOD程序,並應透過海報和標誌加強。必須經常進行訓練,以幫助保持對FOD的認識。

◆檢查

　　由航空公司、機場、飛機和相關機構人員負責執行。在可行的情況下,航空公司人員每日進行空側檢查時應加入機場作業人員。這種做法有助於提高對當地機場狀況的熟悉程度,並促進機場與航空公司之間的有效溝通。國際民航組織(ICAO)要求每日對飛機活動區域進行檢查並移除FOD。除了在白天或航班開始時進行這些檢查外,空側人員應在正常班次期間尋找FOD。正在進行的施工需要更頻繁的檢查,甚至可能需要指派專職人員在重大建設活動期間不斷檢查FOD。飛航組員應向跑道及滑行道上的任何FOD告知塔臺與機場航務單位。航空業者和地勤業者應指定人員在飛機停靠前檢查飛機停機位。

◆維護

1. 清掃／撿拾:可以手動完成或使用機場清掃車(**圖8-37**)完成,這是從空側移除FOD最有效的設備。清掃車可清除裂縫和路面接縫處的碎屑,除了那些只能使用掃帚到達的區域外,應在所有的區域使用。所有空側區域,包括飛機活動區、機坪和登機門以及其相鄰區域,都應定期清掃。地面裝備(Ground Support Equipment, GSE)上的區域也應定期清掃。

2. 磁棒:使用可懸掛在拖車和卡車下方的磁棒(magnetic bars)吸附金屬材料。但應定期清潔磁棒,以防止掉落蒐集完的碎屑。定期檢查在空側作業的車輛,以確保它們沒有可能脫落的鬆散物品。

3. 車輛振盪器:車輛振盪器(rumble strips)放置在車輛進入機坪之入口處,利用振盪方式以避免車輛輪胎夾帶之石頭及雜物進入機坪。振盪器長度在10～15英尺之間,可以放在從陸側到空側處,或在空側建築區域附近的過渡區移動和使用(**圖8-38**)。

圖8-37　機場清掃車

資料來源：作者拍攝

圖8-38　車輛振盪器

資料來源：作者拍攝

4. FOD蒐集桶：這些應放置在所有門口，以蒐集外物。蒐集桶應經常清空，以防止它們溢出並成爲另一FOD的來源。此外，機場人員可以穿戴腰包蒐集外物。評估蒐集在桶內和小袋中的碎片可以確定其來源，並指出更有效部署的人員和裝備。

5. 其他：防止FOD損傷的其他方法包括限制FOD飛舞的擋風板和攔截網、防止動物進入機場的圍欄以及維護良好的機場鋪面。如果損壞的道面無法立即修復，飛機應使用替代的路線。

◆協調

　　沒有比這種由機場用戶代表組成的機場FOD委員會的機構更能成功控制FOD，因爲委員會代表可以解決現場情況和具體問題。在多家航空公司服務的機場，航空公司應該讓這些代表以及機場用戶委員會相互協調FOD控制工作。空側和陸側施工活動以及定期維護都應盡早通知機場單位。機場施工前規劃應包括管制施工產生FOD的手段。在強風力環境中尤其如此，在這種環境中，碎片更容易在空中移動。進出建築工地應避開飛機作業區域。

(二)治本方法

1.不亂丟製造：帽子、證件勿掉落，報紙、垃圾勿隨手扔。

2.隨手撿：航機到場前及離場後，隨時隨處看到就撿（**圖8-39**）。

3.定期和頻繁地檢查機場，包括飛機活動區和相鄰的開放空間。

4.在通知塔臺關於跑道上或跑道附近的FOD前先暫停跑道作業，直到FOD被移除並且必要時檢查跑道。

5.定期和頻繁檢查機場建築物和設備，並立即修復或撤銷可能產生FOD的物品。

6.檢查停機坪以確保沒有FOD，包括地面裝備，以及冰、雪或其他會讓煞車作用減低的物體（通常是航空公司的責任）。

(三)注意事項

1.某些飛機APU進氣口因為接近侍應艙門（service door），地服及勤務作業員於作業時容易因物品放置不當導致APU吸入異物。

2.地服及機坪作業員應隨時處理旅客掉落之物品（例如掉落在機坪上

圖8-39　英國航空公司的預防FOD海報

資料來源：British Airways

乘輪椅之殘障人士之物品），以免造成FOD。

3.機坪上行李腳（輪子）及鐵絲應特別注意。

4.工程承包商對機場之FOD規定可能不瞭解，因此應對其車輛載具所夾帶的泥土、石塊等外物加強防範。

 第四節　機坪事件之預防

一、機坪安全作業事項

1.危險區域：

　(1)注意移動中車輛及機翼下之發動機——勿在發動機間開車、活動。

　(2)注意飛機垂直移動量——當飛機重量增加時高度會下降，各個起落架減震柱會被壓縮10～24英寸的高度，並會影響空橋、行李輸送帶車等運作。

2.機坪上執行作業中的車輛之黃色警示燈應保持閃亮。

3.空橋——需特別注意此項設備：

　(1)空橋因載重變更之變化會自動上下移動以配合機門高度。

　(2)注意空橋輪胎方向，某些空橋在某特定方向移動速度比其他方向快。

　(3)與航機機身之攻角感測器（AOA sensor）、動壓管（pitot tube）和總溫感測器（TAT sensor）保持適當距離，損壞任一元件皆可能造成飛機停飛（**圖8-40**）。

4.機坪車輛速度：

　(1)確實遵守行車速度規定及在障礙物間的行車安全。

　(2)行李拖車應慢速且小心駕駛。

圖8-40　A330機身之(1)攻角感測器、(2)動壓管、(3)總溫感測器

資料來源：作者拍攝

(3)接近飛機應減速慢行，某些航空公司限制車輛在距離飛機75英尺
範圍內速限3英里／時，只有駛離飛機且貨物已卸下的情況下方
能恢復正常速度。

5.天氣狀況：依天候狀況慢速行駛及開啓大燈及霧燈。

6.交通狀況擁擠時：確定所駕駛的行李拖車能與其他車輛保持安全距
離。

7.考量適當煞車距離：美國航空建議分別在距離航機50英尺及8英尺處
要特別注意。

8.行李拖車長度：遵守作業程序所規定之板車數目。

9.機坪設計：機坪排水坡度會使所有未固定的作業車輛移動。

10.車輛停靠：

(1)適當停放位置——以不影響交通爲原則。

(2)利用煞車及輪擋固定車輛，以確定不會滑向飛機發動機或排氣方向。

(3)遠離發動機進氣或排氣方向。

二、機坪安全管理

機坪意外事件常是由於這些處在危險工作環境裡的人員忽略了危險的存在。因此，訓練工作人員讓他們瞭解拖／推飛機的潛在性危險是非常重要的。在接上、扣解拖車或拖桿時，隨時提高警覺注意拖車或飛機可能不預期的移動；在飛機拖動時，作業人員務必要瞭解拖車或飛機會出奇不意地改變移動方向，鼻輪因而可能輾傷人員。各項的訓練情況要不斷地變化模擬，也要時時檢討各種預防技巧，以減少潛在性危險。雖然，訓練畢竟無法完全消弭所有意外的發生，但以下各項方法可以防止意外的可能發生：

(一)個人保護裝備及安全

包括所有在機坪作業的人員、飛航組員、旅客等，機坪存著許多危害個人安全的潛在因素，有些會造成立即的危險（如吸入發動機），有些則是長期的影響（如噪音）。因此對操作人員必須加強宣導安全，建立危害區的概念，如以下幾點：

1.保持生理及心理生活的正常。

2.頭部保護。

3.聽力保護。

4.下背保護。

5.注意危險區域（發動機前後）。

6.雙重檢查飛機煞車系統。

因此，個人保護裝備（Personal Protective Equipment, PPE）如安全帽、耳罩、高度反光衣褲（**圖8-41**）、安全鞋、手套（不戴戒指珠寶）、護膝、車上安全帶、高空作業安全索、通訊頭盔採用無線（cordless）裝置預防電線繫絆等的保護，就可以避免意外事故及職業傷害。

(二)車輛：機坪行車安全

1.行車前檢查（pre-trip inspection）。

2.機坪及機邊正確操作。

3.行車後檢查（post-trip inspection）。

4.行車安全五訣竅：

　(1)參考視線提高。

　(2)取得寬廣視野。

　(3)保持靈活雙眼。

　(4)預留應變空間。

　(5)確保他人看到你。

5.確實遵守各場站法規。

圖8-41　地勤作業員之反光背心

資料來源：作者拍攝

(三)機坪的安全工作態度

1. 遵守：多瞭解機坪作業的法規與SOP，並遵守各項標示與規定。
2. 溝通：飛機進出機坪都需要藉著航勤、機務、飛航組員等人的團隊合作，才能順利完成地面作業。因此，瞭解其他人的職掌，增加溝通的次數，清楚地表達自己的意思，才能充分地相互配合。由於機坪範圍廣闊而且發動機吵雜，所以溝通時建議多利用手勢。
3. 觀察：隨時注意四周環境、飛機和車輛的動態，以避免進入危險區域及機器設備的移動路線中。
4. 反應：許多有礙安全的徵候和事件都是發生在實際執行作業時，因此，做好危險預防工作，仰賴於團隊中所有成員充分提供有關（潛在）危害安全的因素，進而建立預防措施。
5. 體諒：多想想其他人的處境，隨時注意。例如旅客可能不瞭解機坪的危險性，任意在機坪上行走。

(四)良好的訓練及管理

1. 訓練：定期與不定期實施作業人員複訓。
2. 管理：
   (1)強化幹部對作業環境的瞭解，蒐集案例加強意外防範觀念。
   (2)釐定飛機四周及機身底部行動工作規定。
   (3)劃定飛機轉彎危險範圍區。
   (4)確定機輪鎖定位置。
3. 建立公開且誠實的事故回報系統：本章前言所舉之阿拉斯加航空公司意外事件就是因為機坪工作人員並未回報飛機結構上的受損（也許他們只是滿腦子想著自己的工作），這可能是一個致命問題。英國民航局認為：「目前航空業機坪安全事件的當務之急是降低機體上被發現損壞卻未回報的百分比。」主管機關及業者必須讓所有可

能影響飛行安全的意外事件回報，並使報告人免責，避免因而受到懲罰。

第五節　機坪資源管理

一、簡介

　　機坪資源管理（Ramp Resource Management, RRM）是一種與團隊合作相關的訓練，有效利用所有可用資源——人員、裝備和資訊，強化個人和飛行安全，以及飛機地停（turnaround）的效率。RRM可被視爲是人爲因素領域的一部分。20世紀70年代後期組員資源管理（CRM）開始獲得顯著發展，一開始利用課堂學習環境把焦點關注在溝通與態度上，CRM迄今已是航空、航海與石化產業安全管理的一部分。人們對組織支持的需求（例如訓練投資、安全文化改進）的理解也越來越多，以使CRM成爲日常作業中有效的安全工具，並且使得CRM對特定行爲的訓練有明顯的發展趨勢，例如威脅與失誤管理（TEM）方法。

　　RRM將CRM原理擴展至地面作業環境，這些原理讓歐洲民航安全小組（European Commercial Aviation Safety Team, ECAST）的地面安全工作團隊（Ground Safety Working Group, GSWG）用來發展作爲RRM訓練課程的內容。雖然CRM訓練主要針對二或三個成員的團隊，但RRM訓練也針對較大的團隊，類似爲空中交通管理領域的飛航管制員提供的團隊資源管理（Team Resource Management, TRM）訓練。

　　RRM訓練課程旨在提供與團隊訓練相關的最佳練習，以提高飛機地面作業的安全性、溝通性、有效性和效率。RRM課程大綱一開始是以學習ECAST-GSWG的代表作「飛機地面作業與人爲因素主題」一直到課程時間結束。

RRM訓練課程大綱是為機場和航勤業者（Ground Service Providers, GSP）開發的，主要用於訓練飛機作業相關的機坪人員，包括督導。在開始實施RRM訓練後，群體目標可以擴展到包括規劃人員、管理人員等，以提高他們在地停期間對飛機作業決策的認知。

二、目的

RRM訓練的目的是：

1.減少飛機／裝備損壞和人員受傷的數量。
2.提高對人為因素認知的察覺及其他們對飛機地停的影響。
3.改善人為錯誤的安全障礙。
4.減少作業中斷。
5.提高效率。
6.提高個人對成為更大及高效率團隊一份子的認知。

RRM的最終目標是透過減少飛機地停過程中仍會發生的失誤管理來預防事故。對每個機坪人員，RRM訓練的理想結果是：

1.建立他們是地停過程鏈中的一個環節，每個環節都同樣重要的認知。
2.產生團隊動態意識，提供改善團隊績效的工具。
3.改變對機坪安全作業的態度和行為。
4.在地停過程中產生對典型的威脅和失誤認知，並提供有關威脅與失誤管理（TEM）的工具。

三、群體目標

為了使RRM訓練與群體目標（target group）有密切關聯，必須充分瞭

解群體目標的特徵、必須得到的最後結果以及群體目標可能存在哪些潛在的限制因素。

　　RRM訓練的群體目標是機坪人員，包括正職和兼職員工、督導和團隊主管。在第一階段的訓練後，該群體目標可以擴展到規劃者和經理。這並不表示必須調整或擴展訓練內容，而是訓練的彈性變化（因為管理人員也在場），講師必須考慮到這一點。

　　一般而言，機坪人員的群體目標具有以下特性：

1. 基礎教育。
2. 受過技術訓練。
3. 較高的營收。
4. 正職和兼職人員的混合。
5. 男性主導勞動力。
6. 可能受到外來控制：管理者只是告訴我們該做什麼，我們對發生或決定的事情沒有任何影響。

四、內容

　　過去在機坪作業領域執行的研究發現，群體目標認為個人因素（時間壓力、壓力、疲勞、同伴壓力和動機）及重要的溝通因素與飛機在地停期間發生的事故和意外事件互有因果關係。為了解決這些問題，以使航勤業者（GSP）和員工獲得最大利益，課程大綱是按模式設計的，每個模式涵蓋不同的主題：

　　模式1—航機地停過程，包括：(1)地停程序；(2)作業員的類型和角色；(3)依賴；(4)風險意識；(5)對流程的壓力。
　　模式2—安全法規，包括：(1)航空公司／機場；(2)安全；(3)航勤業者。
　　模式3—團隊合作，包括：(1)團隊動力學（team dynamics）；(2)領

導；(3)溝通；(4)文化、種族和教育方面的差異；(5)團隊狀況
警覺。

模式4─威脅和失誤管理，包括：(1)威脅識別；(2)威脅管理；(3)失
誤；(4)失誤管理。

模式5─人為表現和限制，包括：(1)時間壓力；(2)強調；(3)疲勞；(4)
酒精、藥物和藥物。

　　上述這些模式可以單獨使用，但由於所有科目都具有關聯性，有些則
有重複，因此建議完全使用教學大綱。此外，RRM訓練旨在為學員提供洞
察力和改變對安全的態度，若僅透過一小時課程來實現會顯得困難，因此
建議至少提供四小時的訓練。當然，可以視情況需要更改或增添內容。

　　RRM訓練課程大綱僅提供教材的指導，可依據組織的規模、需求、當
地情況和可用資源對客戶需求進行調整。為使RRM訓練讓所有人員都容易
理解，訓練內容應翻譯成當地語言。在引入RRM訓練概念之後，航勤業者
（GSP）指出以下是執行RRM訓練必要的先決條件：(1)要與作業環境密切
相關；(2)盡可能融入目前的（人為因素）訓練；(3)排在尖峰時段外；(4)要
非常實際和務實性。

　　以下面的場景為例，加油員A能為機坪上的任何人做任何事情，因為
他先看到一架飛機地停並準備好離場：

1. 由於航班延誤而導致航班衝突，加油員B同時間有兩個任務，無法
   對兩架飛機進行加油作業。
2. 加油員A說他可以幫他的同事加油沒問題。
3. 在其中一架飛機即將離開前十分鐘，沒有人再次考慮這件事，航空
   公司焦急地打電話詢問加油車位置。督導在無線電呼叫加油員A快
   上路，但因為他在上個航班加油太久超過預期而延誤時程。

已經沒有時間挽回，航班即將延誤。

當加油員B第一次意識到他無法及時趕到第二架飛機時，為何他沒有

以無線電告知，以讓地面人員能夠告知航空公司或加油員會晚到，但實際上已經於事無補。

在RRM下，應先討論瞭解所有資源的位置以及如何處理所有資源以管理所有航班。

地勤人員應先與航空公司討論資源分配和飛機離場的優先事項，以避免乘客不必要地坐在機上枯等，以及從一架飛機匆忙地移至另一架飛機，增加與飛機或其他地面裝備碰撞、超速、文書檢查工作、確認燃料是否實際交付以及無數其他潛在事件發生的機率。此處會發生許多錯誤的決定，導致高風險事故，所有這些都可以透過使用RRM解決。

主管應該先質疑加油員A去接替另一個航班的決定，以及他將如何安排自己的作業時間。他能否及時補充油料？除了加油員和油車問題外還有哪些其他選擇？或者，如果沒有其他選項，則打電話給航空公司並告知他們問題和可能的延遲，以便其他人能有因應措施。

殼牌石油公司有一個短語，鼓勵人們在他們覺得不太正確的時候說出來：「有勇氣進行干預，並有品格接受干預」。RRM訓練的目的是透過認識人為因素對地面作業的影響來預防及改善作業瓶頸。它還確保一個有凝聚力和高效率的團隊，而非每個人獨自作業。它使員工能夠在他們認為可能出現問題時發表意見，而不會因為這樣而受到批評或指責。RRM的最終目標是減少安全事故並創造更安全的工作環境，它使作業更加有效，進而降低資源和成本。因此，透過RRM訓練，公司可以大幅節省作業支出，並擁有更多參與的員工團隊和首屈一指的安全紀錄。

五、訓練機構

由於飛機地停過程有不同單位和專業參與，因此RRM訓練最好由機場提供，來作為執行ICAO第14號附約安全管理系統（SMS）活動的一部分，或是履行該議題的修訂部分。反過來，航勤業者也可以提供其他涉及航勤業者（GSP）組織和程序細節的RRM訓練。其他的選擇包括RRM訓練由航

空公司航勤部門，或由貨運、空廚或客艙清潔部門提供，或由需要技術指導和專業知識的其他獨立單位提供，如航訓單位、安全機構或諮詢機構。

當機坪作業員申請空側證照時，應提供RRM訓練，且最好在基本空側安全訓練完成後進行。如果相關單位認爲適當或必要，可以在換證時或短期內提供複訓。

訓練課程要好就是要找到好的講師或主事者。選擇合適的講師對課程的成功至關重要，講師在團隊訓練、（安全）文化、心理學和／或人爲因素方面需有專業知識。但最重要的是，講師要有授課熱忱與對課程內容效益的信念。

航空業是一支連續的團隊，RRM訓練是提高地面作業安全性的有用工具，但畢竟它只是安全管理系統（SMS）中所需的眾多工具之一，地面作業應全部使用這些SMS工具來提升更主動的安全。

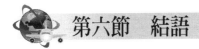

第六節　結語

機坪是飛航安全的開端（Flight safety begins on the apron）。

各類機坪事件的發生，多爲航班異常、時間壓力、環境、未遵守標準作業程序、航空公司或航勤公司管理與訓練所造成，當中不難發現最大問題爲「執行面的落實」。教育、訓練及督察等方式，僅可提供基礎的改善，重點還是必須有良好的「管理」，才不致於上下階層認知落差過大，或是基層橫向聯繫協調不良，間接或直接影響執行面，造成飛地安事件的發生。

重視機坪安全的目的是降低機坪作業的風險，保護航空站、航空公司及航勤公司的人員生命與裝備財產。企業經營的目的是獲取利潤，重視及維護機坪安全會讓利潤不會平白損失。機坪安全的維護，要靠航空公司、航空站、航勤公司及民航主管機關的共同努力。

Chapter 9
航空安全風險管理

- 風險管理定義
- 風險管理理論
- 風險管理成本
- 安全風險管理程序

　　早期人類對飛航安全定義僅侷限於確保飛行中安全的要項及因應臨時突發狀況所產生的危機管理。但隨著航空科技日新月異，管理方式、心態習慣及行爲模式的演變，使得飛安定義延伸至全方位的安全面，管理層面除了原本的組織體系、危機管理外並擴及至風險管理。「風險管理」是企業對於各種潛在風險的認知、衡量，進而選擇適當方法加以控制、處理，期以最低的風險成本達成保障經營安全的目標。

第一節　風險管理定義

　　「風險」一詞，英文爲「risk」，義大利語「risico, risco, rischio」，西班牙語「riesgo」，法語「risque」，葡萄牙語「risco」，拉丁語「resicum, risicum and riscus」是指懸崖或礁石，拉丁語一詞來自希臘的導航術語「rhizikon」，其中rhiza的意思爲「根，石頭，能切割堅固的土地」，並且是「在海中難以避開」的隱喻，通常指的就是冒險，是一種追求利益者的主動行爲。從各個角度來看，不同的觀點對於風險有不同的意義，對於風險的理解也是相對的，既可以是一個正面的概念，也可以是一個負面的概念，是機會，也可能是危險與損失。美國聯邦航空總署（FAA, 2009）對風險的定義爲「對未來危害的影響無法控制或消除」（Risk is the future impact of a hazard that is not controlled or eliminated），是一種不確定性的程度，有不同之分類（**表9-1**）。

　　中國文字「風」意指一種空氣流動現象，直接看不見，只能間接推斷其存在。「險」是要害、危險，難以料定其成敗的現象。遠古時期打魚捕撈爲生的漁民，每次出海前都祈求神靈保佑自己能夠平安歸來；他們在長期的捕撈活動中，深深的體會到「風」給他們帶來的是無法預測及不確定性的危險，「風」即意味著「險」（維基百科，2019）。「風險」即是潛在的要害，且難以料定其成敗之事。

表9-1 風險分類（FAA, 2009）

分類	定義
整體風險 Total Risk	已識別和未識別風險的總和。
已識別的風險 Identified Risk	通過各種分析技術確定的風險。系統安全的首要任務是在實際限制內識別所有可能的風險。
未識別的風險 Unidentified Risk	風險尚未確定。發生事故時，隨後會發現一些未識別的風險。一些風險從未被人知道。
不可接受的風險 Unacceptable Risk	在活動管理上無法容忍的風險。它是已識別風險的一部分，必須被消除或控制。
可接受的風險 Acceptable Risk	可接受的風險是已識別風險的一部分，如果沒有進一步的工程或管理行動，這些風險將被允許持續存在。做出這一決定是管理活動的一項艱鉅但必要的責任。該決定是在充分瞭解用戶面臨此風險的情況下做出的。
剩餘風險 Residual Risk	剩餘風險是在完全使用系統安全作業後仍然存在的風險。它不一定與可接受的風險一樣。剩餘風險是可接受風險和未識別風險的總和。這是傳遞給用戶的總風險。

　　人類自有記載的歷史以來，先祖們的求生經歷就充滿著風險。早期為因應風險及不確定的危險，發明了「工具」（tools）或求生方式——石塊（可投拋）；樹枝（可衝刺）；樹幹（可防禦，可限制）；群居生活（可協力，可互助，可共享）。先祖們逐漸萌生貯存獵物，以「防止」飢餓的觀念。隨之而延伸出獵物「所有權」概念，及防偷／防盜的「風險」概念。群居生活也延伸出食物「個人權益」、「群體權益」、「親屬承襲權利」、食物「轉讓權益」等概念，以及衍生「侵權」行為的風險。隨著人類生活的各類風險衍生，經驗累積之下學會對「生活風險」的管理。人類群居生活逐漸發展成「家族」及「族群」的型態，亦免不了家族、族群間為「爭食」、「奪權」的敵對行為。因此，除了「生活風險」外，又衍生出「行動風險」或「作業風險」。

　　中國古籍《孫子兵法‧九變》中云：「……故用兵之法，無恃其不來，恃吾有以待之；無恃其不攻，恃吾有所不可攻也。」便是應用風險管理的最佳佐證。而成語典故中的「居安思危」、「未雨綢繆」、「防患未

然」、「防微杜漸」、「杜漸防萌」、「積穀防饑」、「曲突徙薪」、「三年之艾」等亦有異曲同工之妙。

「風險管理」是對一個事件發生後可能產生的負面結果或於任何作業環境間某一個危險動作所衍生出一種可預知的結果做成管理。風險管理是在可接受的參數內，控制、消除或減少危害的方法。風險管理對每個人都是獨一無二的，因為沒有兩個人在技術、知識、訓練和能力方面完全相同，一名飛行員可接受的風險等級可能不一定與另一名飛行員相同。不幸的是，在許多情況下飛行員認為他（或她）的風險可接受程度實際上大於他們的能力，因而在危險中承擔風險（FAA, 2016）。

近代的風險管理最早起源於美國1930年代，由於受到1929～1933年世界性經濟危機影響，美國約有40%左右的銀行和企業破產，經濟倒退了約二十年。美國企業為因應經營上的危機，許多大中型企業都在內部設立了保險管理部門，負責安排企業的各種保險項目，當時的風險管理主要依賴保險手段。1938年後，美國企業對風險管理開始採用科學的方法，並逐步積累了豐富的經驗。1950年代風險管理發展成為一門學科，目前慣用的「風險管理」（risk management）一詞，源自於1956年，學者Russell Gallagher在《哈佛商業評論》（*Harvard Business Review*）期刊上的撰文「Risk Management: A New Phase of Cost Control」。

不論古今中外，人類一出生，風險即無所不在。在不同的時間與空間可能面臨各種類型的風險，如在嬰兒時期面對極高的死亡危險，在進入幼兒時期後危險則逐漸降低，等到中、老年時期後危險才又漸漸增高。就失事統計來看飛機飛行的各個階段，起飛與降落時所面臨的失事率最高，巡航階段則為最低。在經濟社會之中，無論是個人、家庭、企業，甚至是國家、地區，皆有可能受到各種風險，風險一旦發生，即可能導致經濟生活陷入困境，企業經營中斷，社會景氣低迷，國家資源耗損，足見此議題之重要。

學者Mowbray（1930）認為風險可以分成純粹風險（pure risk）與投機風險（speculative risk），前者表示其結果只會變壞，不會改善；後者則表

示其結果可能變壞，也可能轉好。純粹風險往往是被動的，風險的產生並不是自找的，也不存在什麼好處或壞處，最好的結果就是保持現狀什麼事都沒發生一樣，這時通常可以以「危險」來解釋，如搭乘交通運輸工具時會面臨車禍或空難的危險。投機風險相對來說就是自找的，也就是為了達成某些目的而去冒險，這類的風險有可能從中得到益處，其觀念與一般所認知的「風險」相當，如賭博就有一定程度的風險。宋明哲（2008）也將風險定義為兩種類別，從個人的、主觀的、非數理性觀點上，規範風險為「財物損失的不確定性」，是為主觀風險（subjective risk）；以及從集團的、客觀的、數理的觀點上規範風險為「特定情況下實際損失與預估損失的差異性」，而差異的程度即為風險之大小，或謂風險程度之高低，稱為客觀風險（objective risk）。

風險乃是由於其未來結果的不確定性，而可能造成人身或財務方面、非預期的獲益或損失。如此所描述的風險是可以衡量的，並可以加以規劃與管理。通常這類風險的大小取決於兩個因素：(1)未來結果不確定性的高低；(2)可能帶給人身或財物損益與利弊的大小。因此，風險管理目的在於確保管理的個體，在合理可行的代價之下，儘量消除未來的不確定因素，使得預期的結果與實際的結果之間的差距（變異）能夠降到最低。

風險亦可以事件發生機率及其嚴重性定義之，即風險=事件發生機率×事件發生結果嚴重性，而風險管理的目的在於降低事件發生機率或事件發生結果嚴重性，以達降低風險的目的。風險管理是門應用科學，其主要理念在於調整：(1)對於未來不確定性的各種結果；(2)為確定未來結果所需支付的代價大小。其作用期盼在「結果」與「代價」間取得一平衡點，以期：(1)降低風險的大小；(2)在風險形成時減少非預期結果的發生。換句話說，若是為絕對的安全則必須投入無限大的代價，相對地，若不願意做任何預防則必須忍受無窮大的後果，因此風險管理乃是希望「以合理的成本換取最適量的風險」。因此風險管理的重點在於尋求這種以合理成本換取最適量風險的平衡點，也就是在「結果」與「代價」的組合中尋求最經濟有效的風險管理策略位置，因此風險管理者可運用管理的方法，有系統的

發掘風險與評估風險，並尋求經濟合理的方案以降低風險。

風險管理的最終目的並非企圖將風險或危險消除或降至最低，而是要尋求一個均衡點讓風險或危險控制在可以接受的水準之內。

航空業風險管理範圍廣泛，包含財務風險、策略風險、危機風險、營運風險、安全風險等。就安全風險而言，乃是指飛機在運作時可能面臨的各種危險及危害，包括起飛、降落、爬升、巡航、下降、落地、滑行乃至於停靠期間的危險，泛指與飛機有關的各種意外事故的通稱。

第二節　風險管理理論

風險理論（Risk Theory）提供了如何選擇因應風險「著力點」方面的重要觀念模式，在於探討與解釋一般危險發生的原因與危險形成的條件，並從中建立理論架構進而推導出最佳的解決方法。風險管理的理論主要可用推理邏輯或數量模式的方式來解釋一般風險的成因及探索解決之道，在風險理論中常見的兩個非數量化理論為「骨牌理論」與「能量釋放理論」，說明如下：

一、骨牌理論

骨牌理論（Domino Theory）是1931年由工業工程安全師H.W. Heinrich所提出，骨牌理論將每一項事故因素視為一張骨牌，當起始事件發生後，其他事故因素將依序發生，導致接近尾端的事故和事故衍生的後果，如人員傷害和其他損失。此一觀念可用五張骨牌的因果關係來說明闡述，當第一張骨牌倒下時，將推動第二張、第三張骨牌……陸續倒下，最後導致人員的意外傷害。但若是當中有一張骨牌能夠屹立不搖不被推倒，就不會發生人員的意外。骨牌理論認為事故發生原因和結果之間的關聯性，是具體且可以識別的，強調識別因果的關聯性。本理論的邏輯和通則是若能將一

張或數張骨牌移走，整串骨牌將不至於全部倒下，尤其是代表事故及後果的最後兩張骨牌。

第一張骨牌：社會因素、環境或先天因素（ancestry or environment）。

第二張骨牌：人員失誤（fault of persons）。

第三張骨牌：人為與機械上的危害（personal or mechanical hazard）。

第四張骨牌：意外事故（accident）。

第五張骨牌：人身傷害（personal injury）。

二、能量釋放理論

能量釋放理論（Energy Release Theory）認為所有意外事故的發生均可視為一種「能量失控」的現象（energy is out of control），如地震、颱風等自然現象都是因大自然的能量累積到一定程度時，因張力到達極限瞬間釋放出能量。意外事故的發生也是如此，因此提出十大策略以防治意外的發生：

1.事前控制：
　(1)從開始就避免意外的發生。
　(2)減低意外發生的條件。
　(3)避免危險的釋放。
　(4)減低危險一旦釋放的條件。

2.保護人員與財產損害：
　(1)利用時空將危險隔離。
　(2)利用物品將危險隔離。
　(3)修改危險的性質。
　(4)加強人員與財物的保護。

3.防止損害繼續擴大：
　(1)意外發生時立即加以補救。

(2)持續提供損傷的修護。

三、乳酪理論

乳酪理論（Swiss Cheese Model）爲英國學者詹姆士理森（James Reason）於1990年提出，他舉乳酪爲例，每片乳酪的漏洞空隙是發酵製程的自然現象，若將五片乳酪疊立在一起，雖然起士片各有不同的漏洞空隙，若不是各個乳酪片的漏洞空隙剛好湊成一直線，光線是無法從第一片貫穿至最後一片的。若把此五片乳酪代表不同的個人或層級，只要各自的疏失不是正巧發生的連鎖效應，不幸的事件就不會發生。只要有一個層級或個人能發揮應有的功能，把自身的漏洞加以填補，便能主動發揮防阻功效，不幸的事件也就無從發生。

四、量化的風險理論

量化的風險理論（Quantitative Risk Theory）中，有下列三種計量基礎：

1.機率基礎（probability）。
2.期望值與變異數（expected value and variance）。
3.損失基礎——損失頻率（loss frequency）、損失嚴重性（loss severity）。

第三節　風險管理成本

　　風險管理的模式可以用數量化方法來表達，可將風險的成本區分爲：(1)遭遇風險的損失；(2)預防與控制風險的成本，前者屬於被動的「損失支出」，也就是實際損失；後者屬於主動的，包含事前預防與事後的「控制支出」，可表示爲預防成本。

　　當個人或企業欲將實際遭遇風險的損失控制在很低的水準時，則必須支付高額的預防與控制成本，反之，若個人或企業希望節省預防與控制成本時，則可能造成高額的實際損失，如圖9-1所示。風險管理的總成本，即是遭遇風險的實際損失，加上預防及控制成本的總和，因此從圖9-1的總成

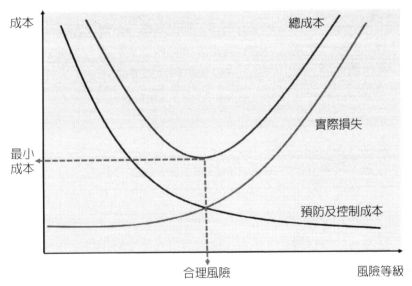

註：總成本＝遭遇風險的實際損失＋預防及控制成本

圖9-1 風險管理成本與風險等級模式圖

資料來源：作者繪製

本曲線中，確實存在一最小總成本可將實際損失與預防成本控制在合理的狀況下，所以風險管理的實際功用在於維持一種合理成本下的風險等級，也就是在有效配置風險總成本下，維持與調整風險在可接受的區間內。

第四節　安全風險管理程序

一般而言，風險管理的程序包含下列五個步驟：

1. 風險的確認（risk identification）：發掘與認清個體或組織所面臨的風險。

2. 風險的衡量（risk measurement）：評估風險發生的可能性、發生後的可能各種情況，以及即將為之付出的代價有多大。

3. 風險決策（decision under risk and uncertainty）：在目標設定的情況下來決定一套因應風險的辦法，通常會預先設定所希望的結果及可容忍的變異範圍，目標的設定會依據決策者的智慧與偏好、個體的性質與環境、法規與習俗或成本與利益等考量來決策。

4. 風險管理的施行（risk management implementation）：對一般企業風險管理而言，最大的難題在於風險管理責任的歸屬與成本／報酬的劃分。

5. 成效考核與回饋（evaluation and feedback）：風險管理必須隨著時間與環境的變遷來適度修正風險管理的策略，藉由放大情況、減少資源經費及風險管理之執行時間等，建立有效之回饋程序。因此在成效考核與回饋上，必須能提供決策者重要的指標以作為策略是否修正之依據。

而應用於安全風險管理實務上的「作業風險管理」（Operational Risk Management, ORM）則將風險管理分為六個程序步驟：(1)危害識別（hazard identification）；(2)安全風險評估（safety risk assessment）；

(3)安全風險控制（safety risk control）；(4)安全風險決策（risk decision-making）；(5)執行（implementation）；(6)監督與檢討（supervise and review）。茲說明如下：

一、危害識別

危害識別是安全風險管理的首要條件，「危害」（hazard）係指一種狀態、物體、環境或活動，其可能造成人員傷亡、裝備損壞或降低作業效能。危害應專注於可能導致航機運作的不安全情況或與航空安全相關的裝備、產品及服務。

在航空安全中，危害可被視為在系統或環境中以某種形式存在的隱性傷害（harm），這種傷害可能以不同的形式出現，例如：自然條件（例如地形）或技術狀態（例如跑道標記）。危害是航空活動不可避免的一部分，但它們的表現和可能的不利後果可以透過為遏制危害所導致不安全狀況的緩解策略來解決。只要能受到控制，航空業就可以與危害共存。因此，「危害識別」是安全風險管理程序的第一步，它位在安全風險評估之前，需要清楚地瞭解危害及其相關後果。危害識別的重點是可能導致或促成航空器或航空安全相關設備、產品和服務不安全作業的條件或物體。

航空上常見的危害有：螺旋槳葉片中的缺陷、飛機加油不當、飛行員疲勞、使用不合格的零件、車輛裝備不良、道面場面破損或有外物、時間壓力、訓練不足、航管指示有誤、工時過長、疲勞、地形障礙、旅客狀況異常、陌生場站、作業疏失、人員不依標準作業程序、燈光亮度不足等。

(一)危害識別考慮因素

危害識別應考慮以下因素：(1)系統描述；(2)設計因素，包括裝備和任務設計；(3)人為表現限制，例如生理、心理、身體和認知；(4)程序和作業行動，包括文件和檢查表，以及在實際作業情況下的驗證；(5)溝通因素，

包括媒體、術語和語言；(6)組織因素，例如與招聘、訓練和安置有關的因素、生產和安全目標的兼容性、資源分配、作業壓力和企業安全文化；(7)與作業環境有關的因素，例如天氣、環境噪音和振動、溫度和照明；(8)法規查核因素，包括法規的適用性和可執行性，以及設備、人員和程序的認證；(9)性能監控系統，可以檢測實際變化，作業偏差或產品可靠性惡化；(10)人機界面因素；(11)其他介面相關因素。

(二)危害識別資料蒐集方式

一些基本工具可以幫助危害識別，如民航主管機關發布的民航通告（Advisory Circulars, AC）。整合與風險有關的危害資料，資料蒐集的層面包括：人、訓練、任務、環境及工具，建立風險資訊管理系統（Risk Information Management System, RIMS），RIMS包含組織所有範圍，但只在主要的風險範圍。資料蒐集方式包括以下兩種：

◆主動式

該方法涉及蒐集較低事件後果或性能過程的安全數據，並分析安全資訊或發生頻率，以確定危害是否可能導致失事或意外事件。航空業主動危害識別的安全資訊主要來自飛航資料分析（Flight Data Analysis, FDA）計畫、安全報告系統和安全保證功能。

1. 飛航作業資料分析（Flight Operation Data Analysis System, FODAS）：透過安全數據分析確定危害，該分析可識別不利趨勢並對新出現的危害進行預測等。
2. 安全報告：如作業危害報告（operational hazard report）、自願安全報告系統。
3. 安全保證：
    (1)檢查：如錯誤危害分析（fault hazard analysis）、工作危害分析（job hazard analysis）、簡易檢查（walk-through inspection）、安全抽樣（safety sampling）等。

(2)面談：面談資料、問卷調查資料等方法。

4.善用責任激勵系統：組織各級都存在危害，可透過多種來源檢測，包括報告系統、檢查、查核、腦力激盪會議和專家決策，目標是在失事、意外事件或其他安全相關事件前主動識別危害。主動危害識別的一個重要機制是自願安全報告系統，激勵員工經常使用風險識別技巧發現危害，管理者對於強調員工責任並有相對的報償是很重要的，有助於激發員工的責任感與工作熱誠。

◆被動式

1.事件報告及事故調查：透過調查安全事件確定危害，意外事件和失事表示系統存在著缺陷，因此可用於確定哪一種危害造成事件。

2.內外部調查報告回顧或研究：該方法涉及對過去結果或事件的分析發現危害，回顧航空器失事或意外事件調查報告是加強組織危害識別系統的好方法。

(三)危害識別方法

主要強調作業前分析或利用上述資料蒐集方式識別危害，包括：

1.作業分析法（operations analysis），又稱為流程圖法（flow diagram），以一連串有前後關聯的事件（events）描述作業中的危害。

2.初步危害分析法（Preliminary Hazard Analysis, PHA）：是一種簡單而具結構的危害鑑定方法，對作業中系統的第一次分析檢討，此分析需列出某一系列每一個層面之每一主要危害，予以評估並予以控制，以達到令人接受的安全標準。例如航機於颱風天飛航，於停機坪作業的內容包括：空橋接靠、地勤車輛作業、人員作業等工作項目，每一工作項目都有可能發生危害（**表9-2**），PHA方法即在列出所有工作項目及可能發生的危害，進一部採取預防措施。PHA與作業分析共同使用更能成功的進行危害識別工作。

表9-2　初步危害分析法案例

工作內容：航機颱風天飛航	
活動／事件	危害
航機於停機坪作業	・空橋因風力過大而無法接靠 ・地勤車輛因風力過大失控撞擊機身 ・地面作業人員作業受傷
航機滑行及起飛	・航機衝／偏出跑道 ・風速過大導致外物損傷飛機
航機進場及落地	・風速及能見度不佳重飛及轉降其他機場 ・航機衝／偏出跑道 ・地面風速過大，空橋無法接靠

3. 假如法（what if）：可在作業分析法後使用「假如」法，該法的關鍵資源是實際操作者和第一線管理者參與。

4. 情境法（scenario process）：又稱為心智電影法（mental movie），可自由地想像（visualize）最糟的情境，該法的主要來源是作業分析法。

5. 邏輯圖法（logic diagram）：邏輯圖法包含正面圖、負面圖與事件圖三種方法，正面圖示強調那些因素必須有效的被控制，負面圖是著重在損失事件的，並探討可能影響因素，事件圖強調個別運作的事件的可能結果（通常是負面事件），並顯示該事件可能導致的結果。

6. 改變分析法（change analysis）：改變分析的基本假設為，如果系統執行經過一段時間後突然失效，這類失效應是系統內部的改變，藉由定義改變，找出導致失效的原因。改變分析的基本程序，主要是比對意外發生前的狀態與意外發生時的狀態，辨識其中的改變是否為導致意外發生的主要原因。當意外事故涉及新進員工或新購設備時，可利用改變分析作為意外調查的工具。

7. 因果法（cause and effect）：又稱因果圖法（cause and effect diagram）或魚骨法（fishbone）。該法是以一般邏輯圖進行定性衡量的方法，因果圖的右邊是正面或負面的結果，左邊有四

個M：人（Man）、方法（Method）、材料（Material）及機械（Machinery）或四個P：人（People）、程序（Procedure）、政策（Policy）及設備（Plant）。

8. 事件樹分析（Event Tree Analysis, ETA）：事件樹是從引起意外事故的起始事件開始分析，此起始事件通常是一個系統組件發生故障，起始事件與安全系統有關，各個安全系統在分析時依事件發展先後順序，置於事件樹上面每一安全系統的正常與故障皆予考慮，依事件之因果逐一分析直到意外事件爲止。

9. 失誤樹分析（Fault Tree Analysis, FTA）：主要針對一特定的意外事件或系統失誤，一般爲樹狀圖形表示，由圖形中的數學及邏輯關係，描繪出意外事件的人爲錯誤與設備失效組合，找出所有可能危害因素，並以量化方式找出機會最高危害因素。

10. 管理疏忽與風險樹（Management Oversight and Risk Tree, MORT）：MORT是一種應用事先設計好的系統化邏輯樹確定整個系統風險，進行安全分析評價的方法。MORT也是一種全面的職業事故調查和安全計畫分析的方法。它特別關注企業安全管理工作中的疏失、失誤和管理系統的缺陷，也可以說它是一種對安全管理系統最好的分析評價方法，它對企業安全管理系統的評價、管理缺陷的改進有相當重要的作用。

11. 爲何樹分析（Why Tree Analysis, WTA）：WTA是經由個人或小規模的調查小組，針對一件單純的事件予以調查，基本概念是藉由分析者不斷詢問「爲什麼」大約五次，當樹的階層展開約略五次時，可能已經識別根本原因，事實上並不強調一定要詢問五次，當分析者獲得滿意的答案即可停止。WTA提供簡單的方法描述原因和意外事故之交互影響，不斷詢問「爲什麼」直到確認自然因素（physical factors）、人爲因素（human factors）或系統原因因素（system causal factors）等爲止。

12. 原因樹分析（Causal Tree Analysis, CTA）：CTA基本的理論爲意外事故發生是由於正常操作程序發生改變或變化，分析者必須定義系統中的改變，陳列所有的改變，組織這些改變於圖表中並

且定義改變事件的相互關係。不同於失誤樹分析，原因樹分析去除OR邏輯門及以較容易的方式調查事故，本方法只有AND邏輯門，圖形藉由簡單規則和特定事件建構成相關關係。CTA的另一名稱爲多重原因、系統導向事故調查（Multiple-Cause Systems Oriented Incident Investigation, MCSOII），本方法可作爲複雜事故調查簡化的失誤樹版本。

13.時間和事件序列圖（Sequentially Timed Events Plotting, STEP）：
STEP以時間和事件序列圖建構意外事故發生時的情境，回溯意外事故中不尋常的事物，STEP 強調人與事件的關聯性：
(1)在同一時間內有多項事件同時發生，導致意外事故發生。
(2)利用建構方塊（Building Block）方法，協助資料蒐集，並且詳細敘述意外發生時的情境。
(3)STEP 的工作表以箭頭說明事件的流向／時間事件順序。

二、安全風險評估

安全風險評估係指採用有效的評估工具進行風險評估及排序工作。
安全風險評估程序（safety risk assessment process）：

安全風險＝發生安全風險之可能性（機率）×嚴重性
risk＝probability×severity

1.風險評估流程：安全風險之可能性（safety risk probability）等級如**表9-3**所示，安全風險之嚴重性（safety risk severity）等級如**表9-4**所示。工作小組針對危害結果依其發生安全風險之可能性（機率）及嚴重性建立「安全風險評估矩陣」（safety risk assessment matrix）（**表9-5**）來量化危害之安全風險等級，評估已識別之危害可能造成潛在後果之安全風險。最後管理階層再以安全風險容忍度矩陣

（safety risk tolerability matrix）（**表9-6**）來實施風險決策。

2. 風險降低：當危害結果的安全風險指數位於紅色或黃色區域，由安全工作小組討論移除風險或降低風險的措施與策略（考量現有防禦機制及措施），或評估爲紅色區域者直接決議停止該作業。在確認新的降低風險的措施與策略後，再使用矩陣工具一次，決定新的風險指數，最後將新的策略及措施、負責人員及預定完成期限做成紀錄。

3. 風險控制：上述新的降低風險的措施與策略在提送安全委員會確認前，得先試行，若安全委員會認可即正式實施。上述將紅色區域直接決議停止該作業者，不待安全委員會認可，先暫停該作業，若安全委員會認可其停止決議，即正式停止該作業。安全主管及安全服務辦公室依紀錄內容定期監控策略及措施的實施。若工作小組在第二次評估後仍爲紅色區域之風險，則由權責主管決定是否召開委員會臨時會議。

4. 文件紀錄：安全服務辦公室依實際流程做成文件紀錄，並將檔案存放於各單位安全管理系統文件專櫃。最後專責人員將危害處理結果向通報人進行回饋並登錄於安全風險管理危害通報紀錄彙整表之備註欄位中。

表9-3　安全風險之可能性等級

可能性（likelihood）	定義	值
頻繁（frequent）	可能多次發生（經常發生） likely to occur many times (has occurred frequently)	5
偶爾（occasional）	有時可能發生（不常發生） likely to occur sometimes (has occurred infrequently)	4
絕少（remote）	不太可能發生，但可能（極少發生） unlikely to occur, but possible (has occurred rarely)	3
不太可能（improbable）	非常不可能發生（不知道發生過） very unlikely to occur (not known to have occurred)	2
極不可能 （extremely improbable）	幾乎難以置信會發生 almost inconceivable that the event will occur	1

資料來源：ICAO (2018)

表9-4 安全風險之嚴重性等級

嚴重性（severity）	定義	值
災難（catastrophic）	・裝備毀壞（equipment destroyed） ・多人死亡（multiple deaths）	A
嚴重（hazardous）	・現有安全防護之重大損失，作業人員因身體上之痛苦或工作量不堪負荷，無法正確達成或完成其工作 （a large reduction in safety margins, physical distress or a workload such that the operators cannot be relied upon to perform their tasks accurately or completely） ・人員重傷（serious injury） ・主要裝備損壞（major equipment damage）	B
危險（major）	・現有安全防護之顯著損失，作業人員因工作量增加或事件結果減損了工作效率，以致其應付不利作業情況之能力降低 （a significant reduction in safety margins, a reduction in the ability of the operators to cope with adverse operating conditions as a result of an increase in workload or as a result of conditions impairing their efficiency） ・嚴重意外事件（serious incident） ・人員受傷（injury to persons）	C
輕微（minor）	・造成妨礙（nuisance） ・作業限制（operating limitations） ・緊急程序之使用（use of emergency procedures） ・意外事件（minor incident）	D
可忽略（negligible）	・後果微小（few consequences）	E

資料來源：ICAO (2018)

表9-5 安全風險評估矩陣

可能性	嚴重性				
	A	B	C	D	E
5	5A	5B	5C	5D	5E
4	4A	4B	4C	4D	4E
3	3A	3B	3C	3D	3E
2	2A	2B	2C	2D	2E
1	1A	1B	1C	1D	1E

資料來源：ICAO (2018)

表9-6　安全風險容忍度矩陣

容忍度等級	評估風險指數	容忍度等級
不可容忍	5A、5B、5C、4A、4B、3A	於現有情況下不可接受
可容忍	5D、5E、4C、4D、4E、3B、3C、3D、2A、2B、2C	基於風險降低策略為可接受（可能需由管理階層決定）
可接受	3E、2D、2E、1A、1B、1C、1D、1E	可接受（需持續監控）

三、安全風險控制

風險控制是企業評估潛在損失並採取措施減少或消除此類威脅的一套方法。這是一種利用風險評估結果的技術，涉及識別公司營運中的潛在危害因素，例如作業的技術和非技術方面，財務政策以及可能影響公司福祉的其他問題。風險控制也實施主動式的改變，以降低這些領域的風險。因此，風險控制可以幫助公司限制資產和收入的損失。風險控制是在所有階層中有效的進行，操作者與領導者（operators and leaders）的處理對象是危害（hazard），高階層領導者與管理者（commanders and managers）的處理對象是系統中的根本原因。

風險控制的方式如下：

1.拒絕：如果成本比效益大，且其他風險控制方式也都考慮或使用過了。

2.延後：直到最後可能時刻才接受風險，但非在延遲期間造成風險的惡化。

3. 接受：配合組織政策與風險接受準則，直接接受風險，但要試圖最小化損失而不是消除風險。例如：儲存在倉庫中的庫存容易被竊，由於無法避免，因此實施包括僱用巡邏保安人員、安裝監視攝影機和安全儲存設施的防損計畫。

4. 轉移：在危害發生前，透過出售、轉讓、保險等方法，將風險轉移法律責任給非保險的其他組織、地方或人。例如：透過合約將大型旅遊活動外包給第三方，在實務上要特別注意的是，如果保險公司或承包商破產或訴諸法律，原始風險可能會回到自然人。

5. 擴大（spread）：將影響時間拉長或增加影響的人數，以減輕風險影響的程度。

6. 補償（compensate）：準備有備份的資源（如資料檔、設備、人員等）。例如：公司在不同地點設有生產線以便在某一個工廠出現問題時可以繼續生產。

7. 減低：減少作業或活動次數，或採取行動降低可接受風險結果的嚴重程度。選擇適當之控制措施以降低風險，藉由加強各項作業之內控以降低風險發生之機會。例如：存放易燃材料的公司在倉庫中安裝最先進的消防灑水裝置，以便在發生火災時將損失降至最低。

8. 規避（avoidance）：避免是控制損失的最佳方法，修改作業方式或採用技術以避開風險，將發生機率（probability）降至零。例如：颱風來襲，航空公司取消航班作業。

9. 損失預防及抑制（loss prevention and reduction）：積極改善風險損失特性的對策，損失預防是降低機率，損失抑制是降低嚴重性，合稱為損失控制。例如：高樓選址即考慮發生地震的可能性，並考慮高樓的耐震設計。

10. 隔離（segregation）：採取行動以隔絕危害後果的影響，或建構備援或防護系統。可分為隔離（separation）與儲備（duplication）兩種，目的在於降低對某一資源的過度依賴，以降低災害發生的嚴重性。例如：將貨物分別儲存於不同倉庫；將重要文件拷貝另存於安

全的場所。

四、安全風險決策

此步驟之過程為依據整體之成本效益分析與任務支援性，由適當層級之決策者選擇最佳一項或多項併用之控制措施，在正確的時間內下達風險決策至適當的人，並給予適當支援。同時所有人員明白自己的決策權限。簡言之，即是由正確的層級，在正確的時間內，下達風險控制決策。

(一)安全風險決策重點

此步驟之重點如下：

1. 運用成本效益概念進行風險控制，使成本效益程序應用於所有與重要資源有關之風險控制決策。
2. 好的風險決策應注意下列各項要點：

    (1)風險評估可不考慮公司政策。

    (2)勿在分析資料上加上保守的假設。

    (3)勿將假設及估計當成事實。

    (4)需將不確定性納入風險資料。

    (5)需在適當時機歸納出決策，盡可能延後決策，如此將有較充裕的時間增進作業風險管理，且風險因素可能會消失；但絕不可太遲決策，因為有可能錯失作業時機，成本急速激增。

    (6)努力從最差的地方進行改善。

    (7)採用最佳的資料與方法，並避免個人判斷的誤差。

    (8)重視風險決策對經濟及公司運作的影響：當整體利益超越成本時接受此風險，當風險超越利益時拒絕此風險。

    (9)風險決策需是易被瞭解的。

    (10)風險決策需放在適合的層級：組織必須建立決策系統的決策層

級。以**表9-6**安全風險容忍度矩陣為例，可接受區：安全主管；
可容忍區：安全主管（事後經安全委員會確認）；不可容忍
區：權責主管。

(11)風險決策需在風險決策系統中程序化。

(12)給予適當支援：風險控制的方法已被決定後，須給予適當的支
援。

3.風險決策系統：

(1)風險決策系統是一個標準格式。

(2)由適合的決策者決定風險決策。

(3)為風險決策建立一連串的責任感制度。

(4)確保風險等級與決策等級一致。

(5)確保即時的決策。

(6)風險決策系統需具有彈性以因應作業上實際問題。

4.航空業安全風險決策：航空業可將篩選出來的各項風險因素，利用
一般企業風險管理分析所採用之「最低合理可行原則」（As Low
As Reasonably Practicable Principle, ALARP）或稱風險評估倒三角
原理），分別衡量出各項安全風險因素的上限風險門檻值（upper
bound value）和下限風險門檻值（lower bound value），其目的為依
風險配置均衡的資源，解決生產（production）與保護（protection）
兩難的問題。

(二)風險管理ALARP原理

由於各項安全風險因素都必須產生其對應之ALARP圖（**圖9-2**），且
每項風險因素ALARP圖的上限風險門檻值和下限風險門檻值之位置也不
同，而這些ALARP圖也就是航空業安全風險評估機制的重要基礎。亦即
各航空業的安全檢查工作，或航空站對各航空公司的查核作業，便可根據
ALARP圖看出該業者的某項安全風險因素現況，再決定其所應採取的處
理方式或策略。圖中之ALARA（As Low As Reasonably Achievable）線稱

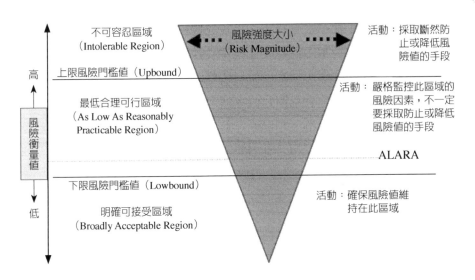

圖9-2 航空業者風險管理ALARP原理（風險評估倒三角形原理）

為「最低合理可行線」，其意義為當某項安全風險因素經過合理的成本效益評估之後而獲致的風險值水準。但是否需要進行該風險值的成本效益評估，則端視該風險值是落入哪個區域而定；一般而言，當安全因素風險值是處於ALARP圖上半段區域者，則需要進行成本效益評估的情形就越高，反之則不需要。至於ALARP圖中之三個區域的涵義則為：

1. 「明確可接受區域」：只要確保該飛安風險因素能維持在此區域內即可，而不需要刻意去採取降低風險的動作。亦即該項飛安風險因素目前的狀況是處於不具風險的狀態。

2. 「不可容忍區域」：如果風險被認為是不可接受的，基於安全需要應不計成本代價，馬上採取控制措施來強化和提高風險的防禦水平、斷然採取停止營運手段，或者在經濟可行的情況下避免或消除風險。

3. 「最低合理可行區域」：對此區域之安全風險因素需要嚴加監控，隨時掌握其變化狀況，並儘量在符合成本效益評估下，修正或降低

該風險衡量值，使其朝明確可接受區域（BA Region）方向接近。但實務上，在法規及政策的要求下，航空業者或航空站對大部分安全風險因素的處理態度，大都會考量安全理由優先於成本理由；亦即航空業者或航空站幾乎會不計成本採取必要的排除或降低風險措施，尤其是當ALARA線越接近ALARP區域上半部時。ALARA值是指個人、組織或航空業者所能接受的風險感受程度（degree of risk perception），此值可為單一數值或一區域值。

五、執行

執行已決定的策略及相關計畫。在實施時最好確保每個決策都經過深思熟慮、結構化並與組織進行溝通。

(一)風險控制注意的要點

進行個人的風險控制應注意下列各項要點：

1.管理階層的支持。
2.個人能實際參與。
3.提供必要的工具及訓練。
4.確定充分的責任感制度。
5.提供有效的動機環境。
6.建立執行效率衡量的標準。

(二)風險控制失敗的原因

風險控制失敗原因至少包含以下八項，基本問題的產生是因為實際運作的人並未在風險控制的過程中充分的參與：

1.風險控制方法不適當。

2.主事者不喜歡風險控制方法。

3.風險控制結果成本太高無法持續。

4.其他更優先的任務。

5.缺乏理解。

6.溝通失效。

7.結構不良。

8.無人衡量及控制進度。

(三)執行風險控制的步驟

1.從組織的背景中發展控制方案。

2.產生適合的指揮控制承諾。

3.開始進行控制方案。

4.達成持續性。

六、監督與檢討

「監督」，提供一執行時間表、確認下一階段的變動、修改無效的風險控制方法。「檢討」，成本是否在預算範圍內、效益是否超過成本、成本傾向是否正常、充分運用機率、數據及曝險資料庫、選用直接指標。

風險管理是一種連續貫穿整個組織、制度、任務或活動生命週期的程序，各階層主管應履行各自分擔之角色，以確保風險管理作業可以歷久彌新。原始的風險管理計畫永遠不會是完美的，因此有必要將執行、經驗和實際損失的結果對原計畫進行修正並提供資訊，以便在處理所面臨的風險時做出不同的決策。一旦控制方法依序就位，風險管理程序就需定期評估檢討以確保其有效性，有兩個主要原因：

1.評估先前選擇的安全控制是否仍然適用且有效。

2.評估作業環境中可能存在的風險等級變化，例如科技進步沒有盡

頭,在快速變化的商業環境中,資訊風險便是一個很好的例子。

此步驟之過程爲衡量任務之有效性,並作爲風險控制之直接指標。利用有效的數字來顯示控制的結果,而其結果輸出爲呈現即時的風險狀態,此爲主動式預防,而非被動式回應。

風險管理六步驟作業如上所示,這些乃是一系列的循環過程,代表著組織之作業風險管理需持續進行,而非在第六步驟—監督與檢討即予停頓。當然某些組織會將原本六步驟基本程序中之第三步驟「風險控制」與第四步驟「風險決策」,合併爲「風險決策」步驟,即簡化爲五步驟的風險管理程序(風險確認、風險衡量、風險決策、風險管理實施、成效考核與回饋),但由於風險決策多爲管理階層,可能無法將項目中與基層投入相關的「風險控制」與確保正確層級決策的「風險決策」明顯區隔。

六步驟的作業風險管理是一種動態連續的過程。就航空業而言,有效的航空風險管理除了可以讓管理階層藉由對企業經營管理正確的決策,降低企業現金流量的波動性,節約管理費用外,更有助於創造一個安全穩定的經營環境,激發員工的積極性和創造性,對公司的信任度提高,企業也能履行社會責任及樹立良好的社會典範,增加企業價值。

Chapter 10
航空公司線上安全管理

- 航空公司飛安管理目標與政策
- 航空公司飛安管理單位編制
- 航空公司飛安教育訓練
- 航空公司飛安報告系統
- 航空公司飛安督導考核
- 航空公司飛安會議
- 航空公司各類飛安資訊
- 外物消弭
- 事件調查
- 航空公司線上安全稽核
- 國際航空運輸協會作業安全查核認證
- 安全管理系統

第一節　航空公司飛安管理目標與政策

一、訂定飛安目標

　　航空公司各單位共同之飛安目標爲確保各項飛航相關作業零失事及零重大意外事件發生。

二、擬定經營理念及飛安政策

　　以臺灣主要的航空公司爲例：

(一)長榮航空

　　長榮航空公司經營理念爲「飛航安全快捷，服務親切周到，經營有效創新」，而爲達成「安全第一，服務至上」的經營目標，公司強調飛航安全標準作業程序的建立、健全的營運管理、工作紀律的落實、嚴密的內控系統、組織功能的強化、安全意識的塑造，以建立優質的飛航安全文化。長榮航空以「長榮揚翼、安全無慮；追求安全、絕不妥協」的安全願景及「零失事」的安全目標融入每位員工的思維邏輯及行事依據。

(二)星宇航空

　　星宇航空公司經營理念包含：

1.以飛航安全爲營運基石，秉持嚴謹、愼密的態度，以零失誤爲目標。
2.以超越旅客期望爲服務宗旨，提供貼心、創新、先進及高效能的軟、硬體設備，提供高品質航空運輸服務。

3.建立一勞資溝通順暢、關係和諧的幸福企業，在經營上以追求效率、彈性及鼓勵創新爲標竿；在社會責任上以環保爲主軸，善盡企業良知。

(三)中華航空

中華航空公司以整體安全爲基礎，追求公司的健全成長，其品質政策爲：「紀律安全，以客爲尊，綠能環保，追求卓越」，在安全政策上則主推2007年引進的安全管理系統（SMS），透過持續的危害識別及風險管理，將各項作業風險維持在可接受的程度之內。企業核心價值是以安全爲優先並作爲所有公司營運之基石。共有十一項的安全政策：

1.全力支持推動安全管理系統，包括提供所有相關資源、營造組織的安全文化，促進安全做法，鼓勵安全報告和安全溝通，積極關注安全事務的管理如同關注組織其他的事務管理。
2.安全管理爲所有管理者及全體員工的主要責任。
3.明確律訂所有管理者和員工在執行安全管理系統及展現作業安全績效的責任。
4.建立並執行風險識別和風險管理流程，包括提報危害因子的安全報告系統，以消除或減緩各項作業所導致具有危險後果的安全風險，將此安全風險降低至合理可接受的水平。
5.支持公正文化的推行，確保不對藉由安全報告系統揭露安全問題的員工採取懲處，除非揭露內容確確實實表明屬於非法行爲、嚴重疏忽，或者對規章和程序的蓄意漠視。
6.遵守並在可能的情況下超過法律及規章的要求和標準。
7.確保有足夠的技術純熟及訓練有素的人力資源，得以執行安全政策和相關作業。
8.確保所有員工能夠獲得充分和適當的航空安全資訊及訓練，有能力處理安全事務，所分配給他們的任務與其技能水平相當。

9.根據實際的安全績效指標和安全績效目標，制定和測量安全績效。

10.藉由確保相關安全措施已有效落實之管理過程，持續提高安全績效。

11.確保外部提供支援本公司運行的系統和服務達到所要求的安全標準。

(四)遠東航空

遠東航空公司安全政策及目標為：由上至下、目標一致、承諾安全。

(五)立榮航空

立榮航空公司對旅客的保障與承諾強調「安全」與「服務」，其核心價值為：「沒有安全就沒有品牌」與「服務是永無止境的」。

(六)華信航空

華信航空公司安全政策：「飛安第一，人人有責」。

(七)臺灣虎航

臺灣虎航公司：「safety first」原則下，秉持著「熱情、溫暖、真誠」精神，提供美好旅程，讓乘客透過旅行更接近夢想的同時，享受探索的無限樂趣。

由上可見，在民航局強調的「飛航安全，世界一流；民航服務，顧客滿意」共同願景及安全管理系統的架構下，航空公司在訂定作業計畫及實際運作時，「安全」都是組織列為最優先考量的政策重點。

其次，在建立整體飛航安全文化上，以長榮集團為例，其企業文化為「挑戰、創新、團隊」；中華航空則要求每位員工瞭解並落實本身應負之安全責任，透過風險管理落實在平日作業流程中，建立良好的安全文化。

三、確保飛安管理品質

民航業者應該整合飛安管理功能，並且經由各項飛安管理作業程序，嚴格把關、監控各項飛安相關環節。以中華航空公司為例，其管理流程概分為：「飛安預防」、「飛航作業」、「飛安品質確保」、「飛安查核作業」等四階段，以循環的管理流程進行彼此之間的相互回饋、檢討、修正、改進，進而達成公司之品質政策。

 # 第二節　航空公司飛安管理單位編制

一、飛安管理組織編制

航空公司編制安全管理或飛安部門，直接隸屬總經理，主要負責飛安相關作業、規劃、執行、檢查及調查。近年來，業務更擴及至企業面之整體安全，包括：策訂全公司之安全、保安、品保、環境及緊急應變政策與制度，建立相關管理系統並辦理教育訓練，執行相關事件之調查、分析與查核，協調政府機構及各國民航管理單位、廠商、團體，處理公司安全、保安、品保、環境及緊急應變相關業務等。目前國籍航空公司飛安部門編制名稱如下：

1. 中華航空公司：企業安全室。
2. 長榮航空公司：企業安全管理室。
3. 星宇航空公司：企業安全室。
4. 遠東航空公司：安全管理處。
5. 立榮航空公司：航行安全室。

6.華信航空公司：安全管理室。

7.臺灣虎航：航空安全室。

　　以中華航空公司組織系統為例，企業安全室的位階在總經理之下，資深副總經理之上（**圖10-1**），企業安全室（**圖10-2**）負責直接對總經理提報安全管理現況及任何潛在的安全風險，推動及定期檢視安全管理系統（SMS）的執行成效。

　　飛安部門依業務性質及「航空器飛航作業管理規則」第13條規定，航空器使用人應設置全職且適任之飛安主管，並報民航局備查。其中，飛航作業管理規則第18條規定，飛安主管除應熟悉與其業務相關之各類手冊、營運規範及相關民航法規外，並應具備下列各條件：(1)曾接受國內、外航空安全管理專業課程並領有結業證書；(2)擔任航務、機務或飛安相關職

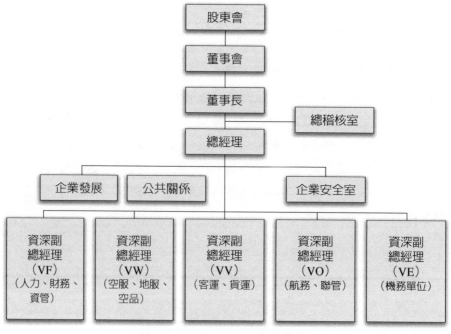

圖10-1　中華航空公司組織系統

資料來源：中華航空公司網站，作者繪製

圖10-2 中華航空公司企業安全室組織及執掌

資料來源：中華航空公司網站，作者繪製

務三年以上之經驗。以中華航空公司為例，企業安全室副總為最高飛安主管，兼職之飛安機師及專職之飛安工程師則處理各項飛安管理業務。

另航空公司也依需要設置飛安諮詢委員會或飛安促進委員會，研討制定公司飛安政策及重大飛安議題，為航空公司飛安最高決策單位。委員會係任務編組，通常由總經理擔任主任委員，委員為各單位主管，委員會執行秘書為飛安部門主管。以中華航空公司為例，設有航空安全委員會、企業安全委員會及董事會「風險委員會」三個委員會層級。航空安全委員會下設各安全小組，包括：組織管理（ORG）、飛行安全（FLT）、運控安全（DSP）、維修安全（MNT）、客艙安全（CAB）、地面安全（GRH）、貨運安全（CGO）、航空保安（SEC）等小組，安全小組為一常設之任務編組，主要在履行與落實「SMS推動」、「安全／危害報告處理」、「自我督察規劃及執行」，「召開風險評估會議、研擬風險管控措施」、「規劃及執行安全教育訓練」五大重點安全工作，以建立各階層之安全管理審查會議，定期檢視安全績效指標執行情況、安全風險趨勢，改善措施之落實情況等，藉由確保相關安全措施有效落實之管理過程，持續提高安全績效。

二、飛安部門工作重點

航空公司飛安部門的工作重點包括：

1.飛安政策制定及督導執行。

2.年度飛安工作計畫及預算編列。

3.飛安相關法規頒布。

4.飛安教育訓練擬定、規劃、執行及監控。

5.失事預防手冊、安全管理系統（Safety Management System, SMS）手冊、IOSA作業安全查核認證（IATA Operational Safety Audit, IOSA）、飛安手冊之編修訂、失事／意外事件預防建議及相關作業執行。

6.規劃飛安促進會、飛安月會與各類飛安會議召開及提案處理。

7.機長報告、內部飛安報告、異常報告等各項飛安報告調查處理及資料統計分析運用。

8.航務／飛安相關地勤／空勤各類飛安查核作業。包括定期及不定期飛安督考及檢查，發現缺點、督導改正及複查。

9.飛航相關人員呼氣酒精與藥物檢測。

10.外物損害預防及消弭。

11.飛安專業人員培育。

12.飛航作業品質保證（Flight Operations Quality Assurance, FOQA）、飛航資料擷取管理系統（Flight Data Acquisition and Management System, FDAMS）等飛航資料統計、運用、分析、建議及列管。

13.國內外各類飛安會議參與及飛安資訊交流網路建立。

14.飛安資訊編撰及發布、建立及管理飛安資訊系統。

15.飛航作業風險評估系統（Flight Operations Risk Assessment System, FORAS）與管理——FORAS是一種方法，可作為在飛航作業時危

險識別和風險管理的工具，以便在安全管理系統（SMS）應用上作為主動和預測的方法。

16.修護系統監控。

17.失事／意外／危險事件調查。

18.績效評估指標（Performance Indicators, PIs）系統。

第三節　航空公司飛安教育訓練

　　訓練是確保安全的基石，亦是確保各專業人員維持專業品質的最佳方式，尤其航空科技日新月異，飛安管理方式及知識也隨著時代演進，因此無論是新進或在職員工，均需接受為期三至六小時不等之飛安教育訓練，以對飛安知識、技術及法規有更深入之瞭解，確保執勤之作業及飛航安全。

　　飛安教育訓練包含新進人員初訓、飛航組員複訓、飛安管理訓練及飛安專業人員訓練。

一、新進人員初訓

1.飛航組員飛安概論：
   (1)時數：三小時〔配合新進駕駛員「進階資格訓練計畫」（Advanced Qualification Program, AQP）地面學科實施〕。
   (2)內容：飛安基本觀念、飛安相關作業簡介、CRM概論及案例說明。
2.空服員飛安概論：
   (1)時數：三小時（配合新進空服員地面學科實施）。
   (2)內容：飛安基本觀念、飛安相關作業簡介、CRM概論及案例說明。

3.機務維護及一般作業人員飛安概論：

(1)時數：三小時（配合新進人員訓練課程實施）。

(2)內容：飛安基本觀念、飛安相關作業簡介、CRM概論及案例說明。

二、飛航組員年度飛安複訓

1.時數：三小時（配合年度駕客艙聯合複訓實施）。

2.內容：飛安概論、CRM及案例研討。

三、客艙組員年度飛安複訓

1.時數：三小時（配合每年度一次的駕客艙組員聯合複訓實施）。

2.內容：飛安概論、CRM及案例研討。

四、飛安管理訓練

1.對象：各單位主管及業務相關人員。

2.時數：依實際情況由飛安部門主辦專案實施。配合臺灣飛行安全基金會或相關單位飛安管理課程專案實施。

3.內容：飛安管理、組員資源管理、人為因素、機坪安全、機務管理、全面品質管理（Total Quality Management, TQM）、ISO-9001、安全管理系統、風險管理、國際航空運輸協會作業安全查核（IOSA）、案例研討等。以中華航空公司為例，各單位每兩年至少一次依專業需求訂定SMS訓練方式（E-Learning或課堂講授）及訓練教材，另外由企安室每三年一次辦理全體員工安全管理系統（SMS）複訓課程，強化員工對工作環境與安全實務上的認知。長

榮航空公司安全教育訓練則包含：航空安全教育〔對象—課員（地勤人員）〕、安全管理系統—基礎班（對象—助理副課長級）及安全管理系統—主管班（對象—副課長級以上主管）各八小時課程。

五、飛安專業人員訓練

1.對象：飛安部人員及各單位飛安業務相關人員。
2.時數：配合國內外各相關學院課程專案實施。
3.內容：飛安管理、人因工程、失事調查、維修安全管理、ISO、IOSA、SMS等。

第四節　航空公司飛安報告系統

一、機長報告

　　為確保航空公司飛航安全，並發掘各項潛在不安全之相關因素，機長或其指定代理人執行飛航任務期間，對任何與飛航安全、場站作業、旅客服務、裝備設施、飛航管制及飛機維護等直接或間接影響飛安之事項，或對公司具有正面建設性建議，依事件情況，將人、事、時、地、物相關資料填具「機長報告單」（Captain's Report），以期保障飛航安全，提升整體作業效率，促進公司營運與發展。

　　下列各項情況為強制性報告事項，機長或其指定代理人必須立即填寫機長報告：(1)液壓系故障；(2)起落架故障；(3)飛操系故障；(4)空調加壓／氧氣系故障；(5)輪胎爆破／煞車輪組故障；(6)艙門警告燈示及洩壓情況；(7)近地警告系統（Ground Proximity Warning System, GPWS）警告；(8)失速（STALL）警告；(9)航機於地面或空中機身外部組件脫落或損壞；(10)

放棄起飛；(11)空中關車；(12)偏離航道；(13)非因天氣原因之轉降；(14)緊急降落；(15)鳥擊；(16)雷擊；(17)嚴重亂流；(18)空中接近；(19)航管違規；(20)重落地；(21)炸彈威脅；(22)劫機；(23)組員失能；(24)航機地面損壞事件（包括與地面飛機、車輛、設施、建築物擦碰或地面作業不當發生之事件）；(25)與地面其他航機相撞；(26)駕駛員向飛航諮詢臺及航空站航務組填報「臺北飛航情報區駕駛員地面報告表」；(27)飛行過程中刮傷表面；(28)任何與飛安相關事項或建議。

機長或其指定代理人發現相關情況，依事實將人、事、時、地、物詳盡填具機長報告單，交由各站航務簽派員處理，航務部門督導編號登錄後，立即電傳總經理室、飛安部門及航務部門飛安官，正本轉送飛安部門辦理。機長報告均以最速件方式傳遞，如屬緊急情況，則機長或其指定代理人先行以電話告知航務部門值日主管或飛安部門。

飛安部門為機長報告承辦單位，於收到機長報告後，將初步處理情況面報相關主管，並依報告內容分送相關單位協助辦理。各單位處理情形回覆後由飛安部門綜合彙整，在不涉及各項獎懲建議下，提出檢討及建議事項，以機長報告結報單向上呈報，並於飛安月會提出綜合分析報告，且將處理情形影本送事件相關單位與提出報告之機長。

凡具參考價值之機長報告，由飛安部門彙整發布飛安指示、飛安通告或列入飛安教育訓練教材，供相關單位及飛航組員參考。每季（年）彙整機長報告，經統計分析後，提出專案報告，並供相關單位作業參考。

二、異常事件報告

為確保航空公司各項飛航相關作業安全運作，各單位發現任何與飛安有關之異常情況，均應由單位主管即刻轉報聯合管制中心或航務簽派部門守望席督導。相關人員接獲異常事件報告，依作業流程以電話通報總經理及相關單位後，再詳填「異常事件通報表」送總經理室、飛安部門及相關單位。

異常事件報告包括：航務部門異常事件報告、機務部門維護作業報告、空服部門客艙長報告、運務部門異常事件處理報告等。

三、飛安自願報告

為鼓勵航空公司全體員工主動提報預見可能發生之危險情況或尚未經他人（或單位）發覺，或已發生之可能影響飛航安全或業務正常運作之違規或失誤事項，以改善有關飛航、裝備、設施、法規、訓練管理等可能危害飛行或地面安全之處，不但個人可獲免責處理，團體亦可因經驗共享，而預防或避免類似事件再度發生，確保公司飛航業務安全運作，稱為「飛安自願報告」。

「飛安自願報告」也是「民用航空法」第112條之一「對於前二條未發覺之違規，主動向民航局提出者，民航局得視其情節輕重，減輕或免除其處罰。」所規定之條文。

對任何違規或失誤事件發生，當事人應於四十八小時內以電話或書面主動報告單位主管或飛安部門主管。單位主管或飛安部門主管應儘速轉報總經理及相關單位，爭取最高免責處理，並絕對保護當事人個人隱私權相關事項。飛安部門應依據報告事項發布飛安指示或協調相關單位加強注意改進。對任何違規或失誤事項，凡以自願報告方式提報者，均以免責為最優先考量處理（除非當事人出於另意）。

第五節　航空公司飛安督導考核

一、飛安督導考核作業

飛安部門「飛安檢查及督導考核作業」（簡稱飛安督考）是爲落實航空公司各飛航作業相關單位均按手冊規定執行業務，所實施的定期與不定期檢查，以確保各項業務均按手冊標準正常運作。

「飛安檢查及督導考核作業」類別包括：

(一)定期飛安督導考核

1.每工作日的停機線作業飛安檢查。
2.每一年對飛航作業相關單位及國內外各場站執行一次飛安督導考核。

飛安部門於年度飛安督考覆查完成後，依各單位受檢情況，綜整相關統計分析資料及建議事項，呈報總經理核示。

(二)不定期飛安督導考核

◆停機線作業飛安督導考核

係依據民航局航務檢查員手冊「JOB FUNCTION 4停機坪檢查」主要內容實施，其範圍包括：

1.航務中心各類飛航公告作業。
2.飛航組員飛行前任務提示。
3.飛航組員飛行前360度檢查。

4.飛行紀錄本（Flight Log Book）簽註。

5.隨機各項參考資料及書籍。

6.隨機急救及消防裝備。

7.停機線維護人員飛行前（後）檢查。

8.停機線航勤人員飛行前（後）作業。

9.停機線消防裝備。

10.停機線外物消弭（FOE）作業。

11.停機坪航勤作業。

◆駕、客艙隨機飛安督導考核

係依據民航局航務檢查員手冊「JOB FUNCTION 5駕駛艙航路檢查」及「JOB FUNCTION 16客艙航路檢查」主要內容實施，其範圍包括：

1.飛行前組員任務提示。

2.機外檢查。

3.飛行前駕駛艙檢查及整備。

4.飛行前客艙檢查及整備。

5.起飛前空地勤組員作業。

6.發動機啟動／滑行／起飛／離場程序。

7.飛行中各項程序及組員合作。

8.進場／落地／滑行／關車程序。

9.落地後空地勤組員作業。

10.落地後飛機檢查及相關作業。

二、酒精檢測作業

酒精會影響人員判斷力，尤其飛航組員身為飛安的守護者，一旦執勤前飲酒小酌，在地面上雖不構成酒醉誤事，但在高空中因艙壓及氧氣量比地面低，酒醉影響程度將是地面的數倍，因此不可不慎。

　　酒精檢測的目的為確保飛行安全，避免相關飛航作業人員於任務前飲酒影響飛安。這是依據「航空器飛航作業管理規則」第199條規定：「航空器使用人應確保其飛航組員、客艙組員、簽派員及維護人員等相關飛航作業人員於執勤期間無受麻醉藥物或酒精作用而影響飛安之情形，並訂定相關之麻醉藥物及酒精測試規定，並執行抽檢，檢測紀錄應存檔備查。民航局得以定期或不定期方式對前項飛航作業人員實施麻醉藥物及酒精檢測。」

　　麻醉藥物及酒精檢測檢查標準如下：

　　1.麻醉藥物檢測：尿液樣本反應呈陰性。
　　2.酒精濃度檢測：血液中酒精濃度不得超過百分之零點零二或吐氣中酒精濃度不得超過每公升零點一毫克。

　　前項檢查不合格或吐氣中酒精濃度超過每公升零毫克而未超過規定標準者，不得從事相關飛航作業，拒絕檢測者，亦同。

　　因為血液中酒精濃度（Blood Alcohol Concentration, BAC）必須抽血才能檢驗，因此一般都以吐氣酒精濃度（Breath Alcohol Content, BrAC）標準來測量，也就是一般公路警察常使用於測試民眾喝酒的酒精測試機。在實務上，若發現吐氣酒精濃度（BrAC）超過標準，可經由下列公式換算成血液中酒精濃度：

吐氣酒精濃度（BrAC）（毫克／每公升）（mg/ L）×0.21＝血液中酒精濃度（%BAC或g/100ml）

　　因此如果吐氣酒精濃度（BrAC）測得0.10 mg/L，轉換為血液酒精濃度（BAC）為0.021 g/dL（100ml）。被測人若超過0.02%BAC不及0.04%BAC者，須等待血液抽檢低於0.02%BAC始可放行。酒精檢測紀錄至少應保存十二個月備查，飛航組員每年抽檢比例應有30%以上。

　　航空公司可自訂更嚴格的酒精檢測標準：如使用之酒精測試器顯示數值為%BAC，則酒精檢測合格標準為血液中酒精濃度不得超過0.02%BAC。以中華航空公司對飛航組員酒測罰則為例，執勤時吐氣酒精濃度（BrAC）不得超過0.1mg/L，若血液中酒精濃度（BAC）介於0.01～0.019 %（或BrAC介於0～0.06 mg/L）首犯者記大過乙次，再犯予以解僱；0.02%BAC以上（BrAC大於或等於0.1 mg/L）或拒絕酒測者則一律予以解僱。

　　多數航空公司都規定：「相關飛航人員（含飛航組員、空服員、簽派員及線上維修員）於任務報到前八小時或十二小時內不得飲酒。」其中，飛航組員及簽派員更嚴格規定著公司制服時（包含任何配件足以辨認為航空公司制服）及執行任務時，禁止飲酒也不得喝任何含酒精飲料。

　　除了民航局各航空站的航務組（處）會不定時執行飛行前酒測外，航空公司酒精檢測時機通常區分為下列幾個時段：

1.機場不定期抽檢：由各單位實施自測抽檢。

2.外站不定期抽檢：外站飛航作業相關人員及駐防空勤組員，由飛安部門不定期攜帶酒精測試器至各外站執行抽檢（**圖10-3**、**圖10-4**、**圖10-5**）。

圖10-3　飛航組員酒精檢測

資料來源：作者拍攝

圖10-4　空服組員酒精檢測

資料來源：作者拍攝

圖10-5　外站維修員酒精檢測

資料來源：作者拍攝

3.節慶假日或特殊關鍵時刻：由各單位或飛安部門加強實施不定點抽
　檢。

　　酒精檢測紀錄由施測者及受檢人員簽名，各單位綜整紀錄備查，並
將每月受測人數及測試統計資料送飛安部門彙整。若經酒精檢測不合格，

並查證爲飲酒所造成者，輕者依航空公司員工手冊記大過處理，重者如外站駐防空勤組員抽檢數值超過0.02%BAC（含），除立即取消當日任務外（組員或班次調整由派遣單位負責），若經民航局抽檢單位舉發超過標準者，除民航局處分外，並依員工手冊工作規定解僱處理。如拒絕實施抽檢，視同檢測不合格，取消當日任務並記大過處理。

　　2003年9月25日，一架由臺北飛往安克拉治，並由安克拉治飛往紐約的某國籍航空公司機長，在安克拉治機場通關接受酒精檢測時，因爲血液酒精含量（BAC）爲0.087 mg/100ml，因此被禁止擔任該航班的機長。後來該公司於同年10月21日召開人評會，以危及旅客安全、傷害公司商譽等理由，開除該名機長。民航局也在隨後撤銷其飛行執照，這是民航局因酒駕問題撤銷機師飛行執照的首例。2017年3月7日某國籍航空一名機師在執行當日第一班飛行任務前，報到時被機場航務單位執行飛行前酒測，酒測值（BrAC）爲0.52 mg/L，該公司立即停止該員飛航任務，之後並開除該員及提出損害賠償訴訟，民航局也撤銷其飛行執照。2017年4月4日國籍航空一架從臺中飛往香港的航班，一位外籍機師遭臺中航空站測出酒精含量超標，兩次酒測（BrAC）分別爲0.3 mg/L及0.28 mg/L，立即遭停飛且開除。2017年7月11日國籍航空公司一位機師執勤前四次酒測未通過，該機師也立即被公司停飛並於隔日解僱。

　　國外機師酒測超標則多爲被判刑坐牢之案例：2015年8月8日，挪威波羅的海航空（Air Baltic）機長及副機長，在準備執勤時皆未通過酒測，挪威法院判決兩位機師十個月及六個月有期徒刑；2018年6月，英國航空資深機師莫納亨（Julian Monaghan）要從英國蓋威克機場飛往模里西斯時，被驗出酒測值超標4倍以上，後被判入獄八個月；2018年10月28日，日本航空公司機師實川幸夫，原定要從倫敦希斯洛機場駕機飛往東京，但在呼氣酒測中嚴重超標，後來血液測試更發現他體內酒精濃度超過法定限制的9倍以上，導致他後來被法院判決十個月有期徒刑。

　　由上案例可見，民航主管機關及航空公司對飛航組員酒測值零檢出之捍衛及愼重。

三、麻醉藥物檢測作業

依據「航空器飛航作業管理規則」第199條規定，麻醉藥物檢測是為防止毒品及藥物濫用，侵害航空從業人員，危害飛航安全，此為作為預防及警惕效果。

航空運輸從業人員以採驗尿液來實施麻醉藥物檢驗相關事宜，其主管機關為民用航空局。檢測藥物種類包含安非他命、嗎啡類（鴉片類）、大麻、古柯鹼、天使塵（Phencyclidine, PCP）以及其他影響飛行安全之藥物。檢測時機：

1. 受僱檢測：指於飛航組員、簽派員、線上維修員於受僱前體格檢查時實施之尿液檢驗。
2. 懷疑檢測：指被懷疑施用或持有毒品可能時實施之尿液檢驗。
3. 意外檢測：指不預定日期實施之尿液檢驗。通常於航空器失事或意外事件發生後，通知受檢人依指定時間及地點報到，接受採集尿液。
4. 不定期檢測：指非預定日期實施之尿液檢驗。通常於四小時前通知受檢人依指定時間及地點報到，接受檢驗。受檢人有正當事由無法依時限接受採驗尿液時，應於一個月內另行通知採驗尿液。
5. 隨機檢測：指以抽驗方式實施尿液檢驗，通常於體格檢查時實施。

受檢人如尿液檢測結果若呈陽性反應，航空公司應立即停止所有任務派遣，並接受複檢醫學評估。如確有藥物成癮或用藥情事，依航空公司工作規則等相關規定予以開除。若受檢人拒絕接受尿液採驗時，則依照相關規定處分，並仍需接受尿液採驗。

四、自我督察作業

「自我督察」是指各單位藉自我業務檢查，先期發現作業規章與程序是否周延與落實，以確保作業之有效執行。自我督察作業即是各單位自我業務檢查及其缺失之處理、改進、追蹤與覆查。

實施自我督察作業的目的是為使航空公司各飛航作業相關單位運作符合民航局與國際民航組織法令規章，確保各項作業均能遵守規則與程序，以不同等級自我檢查之方式，航空公司配合各項稽核業務建立至少二級之自我督察體系，以瞭解各單位飛安品保作業情況，保證公司各項飛航作業安全進行。

以航空公司為例，通常設有三級自我督察制度，分別為：

1.第一級：各業務單位之自我業務督察（評估）。
2.第二級：各品保單位（飛安、機務、航務、品管）之品質保證自我督察。
3.第三級：總稽核室階層之各單位程序遵循督察。

自我業務檢查是由各線上作業相關單位（航務部門、機務部門、空服部門、運務部門、安管部門）及各場站自行定期檢查其作業規章與相關程序是否周延，並檢查其作業是否落實執行。各單位及場站依其組織編制與作業現況訂定各單位「自我督察作業」手冊。

飛安品保業務檢查則由飛安部門對各線上作業相關單位及各場站實施飛安品保業務檢查，重點為法規、手冊、訓練及飛安相關業務是否符合規定，並檢查自我督察是否確實執行與有效改正。

此外，航空公司應適時修頒「自我督察手冊」及「內部稽核實施細則」，並積極落實自我督察系統之督察員、稽核員、查核員等之相關培養訓練。經由自我督察系統，持續不斷地自我檢視、自我評鑑與改善行動，確保各單位執行各項法令規章及作業程序，均能符合相關法規或規範，以

達到品質保證的目的。

五、飛航作業品質保證計畫

(一)簡介

「飛航作業品質保證」（Flight Operations Quality Assurance, FOQA）是藉由定期解讀分析航機飛行資料數據，以發現航機或飛航組員之不正常狀況及趨勢，進而及早作預防與改進，避免意外事件發生，達到確保飛安目的之飛安風險管理。

「FOQA」源自於飛航資料監控（Flight Data Monitoring, FDM）的觀念，由英國民用航空局（CAA）的指導文件（Guidance Material）CAP739中首度出現。FDM使用日常操作之飛航資料，以系統性、預防性及非懲罰性之目的，發掘潛在的飛安徵候，改善飛航安全。此觀念於國際民航組織（ICAO）第6號附約Part 1一第三章通則（Chapter 3. GENERAL）出現，其中提到自2005年1月1日起，航空器最大起飛重量超過27,000磅者，需要建立及維護一套飛航資料分析程式，作為失事預防且為飛航安全計畫的一部分。此外，美國FAA（FAR Part 13, Subpart I, Sec. 13.401; 14 CFR Part 193; FAA Advisory Circular AC 120-82）以及歐洲航空安全局（European Aviation Safety Agency, EASA）（JAR-OPS 1.037）皆提到類似的規範。

我國交通部民用航空局頒布之「航空器飛航作業管理規則」第9條規定：「航空器使用人應建立安全管理系統並經報請民航局備查後，於中華民國九十八年一月一日起實施，該系統應具有下列功能：

一、識別安全危險因子。

二、確保維持可接受安全等級之必要改正措施已實施。

三、提供持續監督及定期評估達到安全等級。

四、以持續增進整體性安全等級為目標。

　　前項之安全管理系統應清楚界定航空器使用人各層級組織所應負之安全責任，包括管理階層所應負之直接安全責任並依附件一辦理。航空器使用人對最大起飛重量超過二萬七千公斤之飛機，應建立飛航資料分析計畫並予以維持；該計畫為第一項安全管理系統之一部分。前項飛航資料分析計畫不以處分或追究責任為目的，航空器使用人並應建立安全措施保護該計畫之相關資料。」

　　目前市面上有許多公司開發相關的飛航資料監控軟體，如Flight Data Monitoring（FDM）、Flight Data Analysis（FDA）或是Flight Operational Quality Assurance（FOQA）都是為了執行FDM而產生，而一般習慣稱為FDM為FOQA，兩者意涵皆相同，目的皆為飛航趨勢監控。FOQA在不同的製造商及國家各有不同的名稱，如在美國稱之為Flight Operational Quality Assurance Programs，英國則稱之為Fight Data Monitoring（FDM）。若FOQA作業採用美商聯合訊號公司（Allied Signal）開發的軟體稱之為「飛航資料擷取管理系統」（Flight Data Acquisition Management System, FDAMS）；採用法國空中巴士公司早期開發的軟體稱為「飛航監視系統」（Line Operations Monitoring System, LOMS）；採用美國Teledyne Controls公司早期開發的軟體稱為GRAF（Ground Replay and Analysis Facility）（儲存介面為MO片）；採用法國空中巴士及Teledyne公司共同開發用來進行飛航資料解讀及分析的軟體稱之為AirFASE（Flight Analysis and Safety Explorer）；採用英國飛航資訊分析系統（Aerobytes）的飛行資料分析系統稱為FDM（Flight Data Monitoring）。國籍航空業者目前使用之FOQA系統如**表10-1**。

　　FOQA飛行資料分析系統建置之目的，在於建立航空公司各機隊標準化作業及給予飛行訓練的改進參考，更可經由長期趨勢分析來發掘任何影響飛行安全之因素及監控航機及發動機之性能，以確保飛航安全。其資料的應用可分為下列幾項：

表10-1　國籍航空業者FOQA系統彙整表

航空公司	製造商	FOQA系統	資料分析	飛航動畫
中華航空	Aerobytes	Aerobytes FDM	Y	Y
長榮航空	Aerobytes	Aerobytes FDM	Y	Y
華信航空	Aerobytes	Aerobytes FDM	Y	Y
立榮航空	Aerobytes	Aerobytes FDM	Y	Y
遠東航空	Teledyne	GRAF/PERMIT/VISION AirFASE	Y Y	N Y
臺灣虎航	Teledyne	AirFASE	Y	Y

資料來源：https://www.ttsb.gov.tw/1133/1150/1153/1927/post

1.航機油耗分析。

2.發動機性能分析及系統可靠度分析。

3.飛行操作分析。

4.航機作業監控。

(二)FOQA系統相關之裝備

1.航機狀況監控系統（Aircraft Condition Monitoring System, ACMS）：為FDAMS作業主要系統，可監測自數位飛行資料擷取單元（DFDAU）之各類資料，並依設定條件蒐集與記錄相關資料，產生各類報告，供相關單位參考。

2.數位飛航資料紀錄器（Digital Flight Data Recorder, DFDR）：俗稱「黑盒子」，大多裝置於飛機機身尾段，連續記錄飛航相關資料，主要為失事調查之用。依使用記憶體不同，可分磁帶（tape）及固態式記憶體（solid state memory）兩種型式。

3.數位飛航資料擷取單元（Digital Flight Data Acquisition Unit, DFDAU）：擷取機上各種感應器及類比、數位系統等資料，編譯成特殊12位元（bit）字（word）碼，再傳送至DFDR及QAR等資料紀錄器記錄之。

4.快速擷取紀錄器（Quick Access Recorder, QAR）：記錄資料內容與DFDR完全相同，為便於獲取資料，裝置於機身前段電子艙中，以磁帶卡匣（tape cartridge）、光磁碟片（Magnetic Optical, MO）或PCMCIA（Personal Computer Memory Card International Association）卡為記錄媒體，工作人員以抽換記憶體方式，即可快速獲取飛行資料，為執行FOQA作業標準裝備。以光磁碟片作為儲存媒體之快速讀取紀錄器稱為「光學快速擷取紀錄器」（Optical QAR, OQAR）。

(三)FOQA資料解讀

1.航空公司的飛機修護工廠每日於航機過夜檢查時將機上紀錄磁帶（片／卡）取下後，立即經由公文管道傳送到飛安部門，並負責磁帶（片／卡）之補給運送事宜。

2.分析範圍包括裝設之快速擷取紀錄設備（QAR/OQAR）之航機所記錄之飛行航段。

3.QAR/OQAR磁帶（片／卡）接收作業：

(1)飛安部門於收到機上QAR/OQAR磁帶（片／卡）後，核對修護工廠所送交之磁帶數量是否正確，並填寫FOQA磁帶接收紀錄。

(2)若發現短少或漏送的情形，以電話通知修護工廠補送，並將處理情形記錄於「FOQA磁帶接收紀錄」上。

4.磁帶（片／卡）解讀作業：

(1)飛安部門在解讀磁帶（片／卡）的過程中，登錄讀取磁帶（片／卡）的記錄品質，並將QAR/OQAR讀取紀錄傳真至修護工廠。

(2)若有航機磁帶（片／卡）連續無法讀取的情形，通知修護工廠研判原因，並請其回覆採取的改善措施，雙方持續保持密切觀察至狀況改善為止。

5.飛航資料分析師依據系統所讀出之FOQA事件資料加以分析，並確定資料的正確性，若有發生以下情形者可將此事件予以刪除：

(1)因機械故障所造成的事件。

(2)因亂流或風切等天氣因素所造成的事件。

(3)因航管或TCAS警告而產生之事件。

(4)因資料記錄不全或錯誤所產生的事件。

(5)其他相關規範於「FOQA事件分類表」中之備註事項。

6.FOQA事件：經由所設定對FOQA事件定義及參數，由分析系統將資料讀出並分為發現（detect）及警告（alert）兩種事件等級。由detect及alert事件等級，依「FOQA事件分類表」分為三種類別：

(1)A類：航機在操作上有危及飛行安全顧慮者。

(2)B類：航機在操作上，中度偏離正常操作範圍，有可能影響到飛行安全。

(3)C類：航機輕度偏離正常操作範圍，但未直接影響到飛行安全者。

7.飛航資料分析師依「FOQA事件分類表」判讀歸類，填寫「FOQA事件處理單」及建檔後，交由航務部門辦理，惟若該事件主動由飛航組員報告，則該FOQA事件併組員報告案處理。

8.若FOQA事件已達飛安／意外事件以上時，由飛安部門依「飛安事件調查作業辦法」併案辦理。

9.「FOQA事件分類表」之制／修訂：由飛安部門與航務部門共同研擬訂定，並依實際需求不定期修訂之。

(四)調查及分析

航務部門在接獲飛安部門「FOQA事件處理單」後，依航務部門作業辦法辦理，航務部門FOQA事件處理分為以下三類：

1.A類FOQA事件：由機隊總機師進行事件調查，並視情況召開技術審議會進行相關事件之審議。

2.B類FOQA事件：由機隊進行事件調查，總機師得視情況建議給予相

關組員加強訓練。

3.C類FOQA事件：提供組員自行研討，航務部門進行趨勢分析與統計之參考。

　　航務部門對於飛航組員重複發生之FOQA事件，建立追蹤及改進之制度，以提升飛航操作品質。飛安部門根據「FOQA事件處理單」處理之進度，於電腦中建檔並追蹤管理。

　　飛安部門與航務部門對於任何FOQA事件採取必要的調查及分析，約談相關飛航組員研討操作細節，瞭解事件發生之原因，根據調查及分析結果採取必須的改善措施；並藉由蒐集及觀察飛航操作資料，分析飛行操作之趨勢，達成事件預防之目的。

(五)FOQA的應用

1.FOQA系統之使用非以處罰爲目的，除非當事人出於另意，否則資料不作爲懲處之證據。FOQA主要係經由調查過程，瞭解事件原因，以做成加強訓練之建議，達到提升飛安及預防人爲操作失誤之目的。

2.飛安部門依各相關資料分析後建立週報表、月報表、年報表等趨勢資料，並製作模擬動畫以瞭解飛航情境，作爲飛安預防、航機維修及油耗改進等之參考（**圖10-6**、**圖10-7**、**圖10-8**）。

3.每月FOQA統計及趨勢分析資料於飛安促進會、績效指標系統及各類飛安相關會議提報，並公布於飛安資訊系統飛安查核欄參考。

4.資料保存及保密方面，對異常事件資料事件編碼，除個案檢討外，清除辨認資料後存檔記錄，其餘資料保存三個月後清除。

5.經飛安部門FOQA資料發現由於航機系統故障或重落地超限等問題，飛安部門以電話通知修護工廠（同時記錄），作爲航機檢修研判之參考，並追蹤工廠的改善措施。修護及航務單位藉由此作業系統，採即時監控有關航機發動機性能、油耗等重要資訊，以達到及

時提供航機有關飛航安全重要資訊之目的。

6.FOQA各項資料僅供組織內部參考，非經公司同意，不得私自對外
發布。

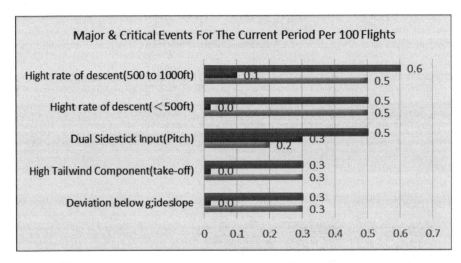

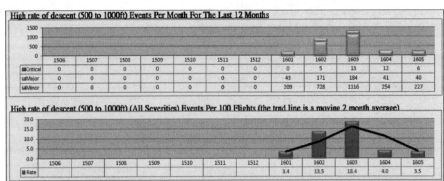

圖10-6 華航FOQA資料——根據偏離門檻值程度大小採三種顏色區分，藉以
監控整體飛航品質

資料來源：https://www.hulairport.gov.tw/UpFile/Download_File/106%E4%B8%AD%E8%8F
%AF%E8%88%AA%E7%A9%BA%E5%85%AC%E5%8F%B8SMS%E6%8E%A
8%E5%8B%95%E7%B6%93%E9%A9%97%E5%88%86%E4%BA%AB.pdf

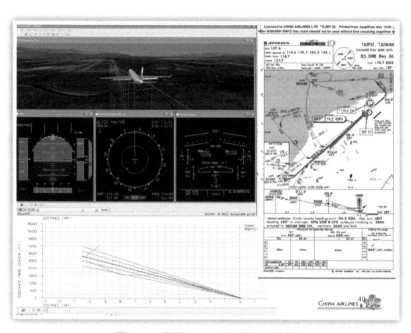

圖10-7　華航FOQA資料動畫模擬

資料來源：戴旭東，第14屆國籍航空飛安年會光碟資料

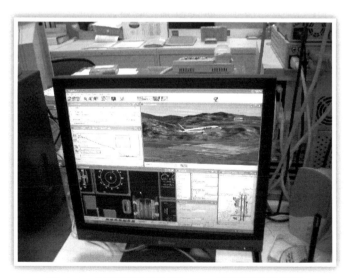

圖10-8　長榮航空企安室FOQA之飛航動畫模擬

資料來源：作者拍攝

第六節　航空公司飛安會議

一、飛安月會

　　為增進航空公司整體飛行安全及通盤檢討飛安工作執行績效，每月會由航務部門、空服部門、機務部門（品管部門）、地服（業務）部門等單位自行舉辦飛安月會，針對飛安狀況下達政策性指示及改進建議，共同研討飛安相關議題及實施飛安教育宣導，以強化飛安觀念，落實執行飛安政策，發揮預防功效。

　　航務部門每月召開航務飛安月會及機種技術座談會，由副總經理、總經理或董事長主持，會議重點為飛安狀況分析、專題報告、專題研（檢）討，並邀請民航局駐公司督導小組主任航務檢查員（Principal Operations Inspector, POI）參與。其他各航務運作相關單位亦每月召開飛安月會，飛安部門皆參與。專題報告內容通常邀請國內外專家或航空公司內專業人員講授各類飛安管理、航空專業新知、航空醫學或他山之石等飛安專題。

二、擴大飛安促進會

　　為增進航空公司全面飛安共識，每季（1月、4月、7月、10月）由飛安部門舉辦擴大飛安促進會，共同研討飛安相關議題，並實施飛安教育宣導，以期強化整體飛安觀念，發揮預防功效。出席人員包括航務部門主管及全體未執行任務飛航組員、空服部門主管及未執行任務空服員代表、機務／品管部門主管、地服／業務／資管／財務／企劃部門主管等相關人員。會議內容包括：專題報告（邀請國內外專家或本公司專業人員講授各類飛安管理、航空專業新知、航空醫學或他山之石等飛安專題）、上季

（或年度）國內外重大事件統計分析、機長報告處理情形、飛安指示／宣
導、建議與討論、列席單位報告、主管講話等。

三、飛安諮詢委員會

航空公司針對可能發生或已發生影響飛安之問題，成立「飛安諮詢委
員會」，共同研擬預防及應變措施，並藉會議檢討各單位飛安工作成效，
以提升航空公司全面飛安品質。飛安諮詢委員會係任務編組，主任委員由
總經理或指定代理人擔任，委員為各單位主管，執行秘書為飛安部門主
管。

飛安諮詢委員會工作內容包括：

1.提報各類飛安相關問題與事件。
2.擬訂飛安研討專題及檢討事項。
3.研討飛安事件或相關問題之理論與改進措施。
4.發掘飛安缺失及督導改進措施執行。
5.轉達各類飛安資訊予公司全體員工。

 ## 第七節　航空公司各類飛安資訊

航空公司飛安相關部門不定時蒐集、篩選、分類及彙整各類國內飛
安、地安資訊，運用公司內部資訊系統之「飛安布告欄」、「飛安查核
欄」、「飛安通告欄」，並藉網路及內部管道迅速傳遞給國內外員工，以
增進全體員工之飛安觀念，提供組員飛安新知，並使所有主管均瞭解公司
的飛安現況，內容包括：

航空安全 管理

一、飛安指示

「飛安指示」是飛安部門提醒相關單位人員加強注意或改進作業程序，以確保飛航相關作業安全進行之一項強制性執行的書面作業。

飛安指示發行的時機是依據民航局飛安公告、公司內發生之各類飛地安事件改進措施、飛行環境發生重大變化或異常之相關資訊及改進措施、飛安相關資訊及新知、各類統計分析趨勢資料以及董事長／總經理有關飛航安全重要指示等。

發行對象是與該項指示直接和間接相關之單位與人員，以收宣導預防之效。飛安指示均依年度及發布順序編號，並發行各單位公布全員知照，並將辦理或改正情形詳實記錄備查及專檔管理。

二、飛安通告

「飛安通告」是航空公司為廣泛宣導飛航安全之正確觀念，落實飛安教育及訓練工作，確保飛航相關作業安全進行，由飛安部門蒐集編纂各類飛安新知、重大失事改進建議、航空最新科技及參考資料，以飛安通告（safety bulletins）型式發行到公司各單位，以使員工強化飛安認知，增加專業素養及技能，共同預防缺失發生，以臻飛安工作人人有責之最佳效果。飛安通告是一種不定期發布非強制性參考用的書面資料。

「飛安通告」項目包括：氣象知識、航務通訊、機務通訊、空服通訊、運務通訊、航圖測驗、預警勉語、睿者警語、主管指示、國際民航組織文告、飛安人為因素及其他相關資料，依其性質及種類編號後發布。

航空公司各單位在收到後應將飛安通告公布周知全員，並專檔管理。

三、航務部門航務通告及備忘錄

航務部門依據CAA/FAA/EASA法規及公司政策與航務相關指令，發布航務通告（operations circular）及航務備忘錄（operations memorandum），提醒全體飛航組員注意及遵守。登錄之資料多係定期及限閱資料。

四、機務部門修護通告

機務部門參考CAA/FAA/EASA及各廠家、雜誌與網站有關飛機運作維修相關資料，經必要之評估後，不定期發布修護通告，以爲各專業人員作業參考及遵循。

五、空服部門空服公告

空服部門針對CAA/FAA/EASA相關法規、公司政策及空服作業流程修訂與管理等事項發布空服公告，周知全體空服組員注意及遵守。

六、運務部門地勤注意事項

運務（地面服務）部門彙整勤務作業相關規定及注意事項，並配合案例說明，發布地勤注意事項，使各場站作業人員注意地安狀況，確保人機安全運作。

七、飛安資訊交流

航空公司各類飛安資訊的獲得，除來自公司內部各相關作業單位外，

並可經由下列單位進行資訊及經驗交流，共享飛安相關資訊。

(一)公司內部

1. 飛安月會（航務、機務／品管、空服、地服）。
2. 航務機種技術座談會。
3. 品管可靠度會議。

(二)國內

1. 國家運輸安全調查委員會（TTSB）。
2. 交通部民航局（CAA）。
3. 財團法人臺灣飛行安全基金會（FSFT）。
4. 其他航空公司飛安部門。
5. 空軍官校航安班。
6. 國籍航空公司飛安主管座談會等。

(三)國際

1. 世界飛行安全基金會（FSF）。
2. 國際航空組織及他國主管機關（IATA, ICAO, EASA, FAA...）。
3. 國際飛安教育訓練機構（USC-ISSM, SCSI, IATA...）。
4. 國際飛安會議（IASASI...）。
5. 其他航空公司飛安部門。
6. 飛機製造廠：波音公司、空中巴士集團等。
7. 發動機製造廠：如普惠（P&W）、奇異（GE）、勞斯萊斯（Rolls-Royce）等。
8. 網際網路各類飛安資訊。
9. 各類航空及飛安雜誌、書籍。

第八節　外物消弭

依據全球歷年飛機失事之統計分析資料顯示，除人為因素為導致飛機失事主要原因外，外物損害亦為造成事件之重要原因。飛機操作過程中或發動機試車時，因被發動機或輔助動力單元（APU）吸入，而致使航空器遭受損傷之任何物件（如金屬零件、碎片、沙土石、鳥獸或塑膠袋等雜物）（**圖10-9**），均為預防及消弭之對象。

國內除機場跑道、滑行道及由民航局或軍方（軍用機場）維護管理之區域外，其餘分配航空公司使用之作業區、停機坪與飛機維修棚廠等區域，均由航空公司共同維護。

以遠東航空公司為例，松山機場維修棚廠由機務部門每日實施，各站停機坪委由航勤公司每日實施。

外物消弭要領依所在位置及人員不同，區分如下：

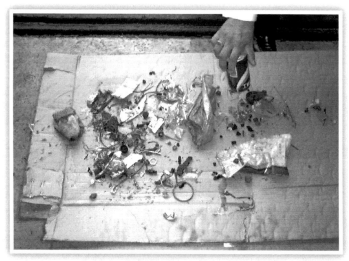

圖10-9　FOE作業撿拾之各種外物

資料來源：作者拍攝

航空安全管理

一、停機坪

1. 停機位置區域，每日早晨營運前至少檢查一次，清除並確認無雜物存在。
2. 車輛按規定速限及路線行駛。
3. 車輛避免駛入不潔區域，以免將泥沙碎石帶入滑行道及機坪。
4. 進入滑行道或機坪車輛先檢查車輛之清潔，並避免貨物或其他物件於運送過程中掉落。
5. 空服侍應品遞送或客艙清潔整理時，注意勿遺留物件於飛機周邊。
6. 貨物裝卸過程檢查是否掉落物件（例如繩子、標籤、塑膠袋、紙袋等），並立即清除。
7. 停機坪垃圾車（箱）周邊隨時保持清潔，避免雜物散落。
8. 值勤人員確實注意飛機操作區域各類人員之進出管制。
9. 立即清理乘客上下飛機動線中發現的菸頭、檳榔渣或其他雜物。

二、維修棚廠

1. 飛機維修區域經常整理並保持清潔。
2. 場站整建工程、飛機維修作業或惡劣風雨水患後，檢查各維修及停機區域之廢棄雜物清除。
3. 發動機各進氣口及尾管防塵罩，於適當時機罩妥。
4. 每次開車前對發動機進氣口附近及進氣道檢查有無外物存在。
5. 發動機進氣口或其附近部分執行維修工作時，嚴禁將工具放於進氣口位置。
6. 維修人員嚴遵各專業標準作業程序，並於工作前後確實清點核驗相關工具。
7. 維修棚廠區域每日早晨至少執行一次場面清除與檢查。

三、飛航組員

1. 起飛降落期間，飛航組員應注意前方可能吹起之雜物及鳥擊之可能。
2. 飛機滑行時確實保持中線，避免偏側道肩，以防吸入砂石及雜物。
3. 滑行時避開其他飛機排氣區域，並保持與前機安全距離。
4. 飛行中盡可能避開不明飛行物，例如：風箏、無人機、氣球、鳥類等。
5. 確遵各機種滑行速度，避免輪胎帶起外物吸入發動機。
6. 飛行前後360度檢查時，除檢查飛機外，並注意清除四周雜物。
7. 各項地面操作確遵各機型標準作業程序執行。

四、其他人員

1. 各類作業人員接近發動機或輔助動力發動機進氣口附近時，注意衣袋或隨身易掉落之物件。
2. 公司全員養成勿隨意拋棄雜物之習慣。
3. 公司全員養成彎腰拾取雜物之習慣，放置於專設之「雜物筒」內，各單位排定專人隨時清理。
4. 航勤公司填報「FOE檢查紀錄日報表」，並統計資料於「FOE檢查紀錄月報表」，送航空公司飛安部門彙整分析統計（**圖10-10**）。
5. 各單位主管負責督導檢查作業區域是否清潔及有無外物，如發現任何影響飛安情況，需立即知會飛安部門，由飛安部門協調處理。

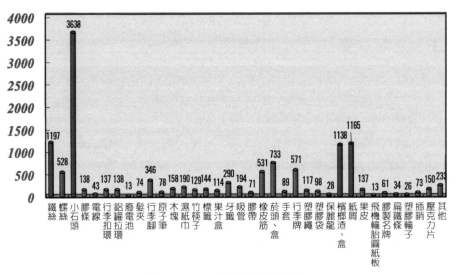

圖10-10　FOE檢查紀錄月報表

資料來源：作者製表

 第九節　事件調查

　　航空公司除失事事件及重大意外事件其調查權屬「國家運輸安全調查委員會」（運安會）外，航空公司仍會按公司內部調查程序作業，但不主動結報與結案。凡屬失事及重大意外事件以外之意外事件，其調查作業均由飛安部門負責。飛安部門依事件影響程度進行相關作業，並將調查報告結報後呈報與結案。

　　飛安部門於接獲事件報告後，立即按下列程序進行調查／應變作業：

1.聯繫各站（或相關單位）主管確認事件經過、組員（當事人）名單及人機傷損情況。

2.事件初報呈總經理（附本送公關部門參考）。

3.綜整基本資料以「航空器意外／危險事件報告表」初報民航局或運安會。

4.依事件情況納編相關人員前往現場。

5.以電話（或訪問）事件相關人員，詢問事件發生詳細經過，並請所有相關人員提出事件經過書面報告。

6.請各場站（或相關單位）航務、機務及運務或業務代理公司負責蒐集事件相關佐證資料，如現場資料（相片或相關圖表）、飛機損壞情況（相片）、航行計畫表、載重平衡表、天氣資料（METAR與TAF）、座艙語音紀錄器（CVR）及數位飛航資料紀錄器（DFDR），以協助事件調查。

7.視需要通知派遣單位暫停當事人任務。

8.資料蒐集分析完成後，召開事件調查報告及檢討改進會議。

9.發布飛安指示提醒相關人員注意。

10.呈報事件調查報告，調查報告內容如下：

　(1)事件資料，包含：基本資料（包括機型、機號、日期、時間、地點等）、事件經過、人員傷亡情形、航空器損壞情形、其他損壞情形、現場略圖、證詞、飛航組員資料、航空器資料、發動機資料、派遣資料、飛航計畫、艙單、載重平衡、氣象資料、助導航設施情況、通信情況、機場及地面設施情況、飛航紀錄儀器說明及紀錄資料（CVR/DFDR）、消防及搶救情況、事件照片、其他資料。

　(2)調查分析資料。

　(3)調查結論，包括：事件原因、責任歸屬。

　(4)檢討及改進建議。

　(5)航空器飛航事件調查報告。

11.視需要報民航局核備。

12.依改進措施追蹤後續辦理情形。

13.飛安月會提報事件調查報告。

若調查需要解讀CVR及DFDR資料，則須遵守下列規定：

1. CVR及DFDR 除修護作業或飛安委員會要求外，未經總經理（或副總經理）核准，任何人不得拆卸、下載及解讀相關資料。
2. 如有特殊事件發生或航務、機務相關單位需求，由飛安部門報請總經理核准後，通知機務部門拆卸CVR或下載DFDR相關資料。
3. 如因特殊需求，機長要求解讀CVR及DFDR資料，應按規定填寫維護紀錄簿（LOG）及機長報告。
4. 如發生飛安事件或特殊情況，為保留CVR資料，機長於事件發生後或飛機停妥關車時應拔出CVR斷電器。
5. CVR及DFDR解讀資料，非調查業務相關人員不得主動接觸，且解讀各項資料僅供航空公司內部參考，未經公司同意，作業相關人員不能私自對外發布。

 # 第十節　航空公司線上安全稽核

一、線上安全稽核簡介

「線上安全稽核」（Line Operations Safety Audit, LOSA）是美國德州大學所發展出的一種控制飛航組員人為失誤的方法，「LOSA」可協助航空公司發現安全隱憂，訂定作業程序及識別飛機操作系統的優勢和缺點；同時，也能對飛航組員的飛行技術和管理能力進行全面評估，提高整個系統的安全水平。

LOSA計畫是由專家及受過高度訓練的觀察員，實地跟隨飛航組員參與整個航程，以蒐集他們在飛行時的正常行為及情境因素等資料，經由整體性資料的蒐集及系統化的分析，透過「威脅與失誤管理」（TEM）觀

念,掌握線上作業缺失及研擬因應對策,進而消弭潛在危機,提供分析飛航操作安全的基礎。稽核是在對飛行無害的狀況下實施,觀察員記錄在飛行過程中對安全的潛在因素,以及飛航組員處理這些威脅的情形。最後,觀察員再由這些資料中解讀出失事與重大意外事件有關的特定行為。對航空公司而言,獲得LOSA的線上資料能瞭解飛航組員在駕駛艙中面對的威脅、失誤及組員資源管理(CRM)行為是否成功運用等議題,以修正航空公司的訓練課程;對飛機製造商而言,透過LOSA的資料分析,可以發現飛機設計隱藏的缺失,進而改善飛機各項裝備的設計及流程。

二、線上安全稽核之發展

(一)國外之發展

LOSA的濫觴離不開組員資源管理訓練,由於傳統的FOQA資訊看不出飛航組員實際在駕駛艙中的人為溝通及表現,因此在1991年,美國聯邦航空總署人為因素AAR-100計畫的資助下,德州大學人為因素研究小組與美國大陸航空公司共同發展出LOSA,用以觀察正常航班的營運。當時CRM研究人員和航空公司都欲瞭解飛航組員在實際飛行過程中表現出的CRM行為,LOSA主要關注於CRM的行為表現。

1994年,達美航空成為第一個要求實施LOSA的航空公司,在所觀察的四百八十個航段中,實地瞭解組員資源管理的訓練是否能增進組員的合作並加強安全。後續實施的環球航空(TWA)、紐西蘭航空(Air New Zealand)及全美航空,進行著重於組員資源管理行為的線上安全稽核。1990年初,有超過十家航空公司進行飛航組員CRM行為之線上稽核,研究發現飛航組員在線上的CRM行為與訓練中的行為有相當大之差異。當時由於線上安全稽核無法獲得程序執行上的資訊及影響飛航組員表現的環境資訊,成為線上安全稽核最大的限制。

美國大陸航空於1995年經歷兩次重大失事事件後，FAA要求該公司全體飛航組員接受一次全面性的模擬機考驗。在執行FAA所要求的考驗後，大陸航空發現近三千位飛行員中只有一位飛行員未通過考驗。於是大陸航空的管理高層決定重新探討線上飛行作業的缺失所在，並研擬相關的因應對策來消弭人為失誤的產生。

大陸航空於1996年起與德州大學奧斯汀分校合作，在Robert Helmreich博士的指導協助下，於1997年正式開始執行LOSA計畫。線上安全稽核經過多年發展與改善，其中具關鍵的LOSA檢查表包括了三個評分部分，不僅衡量組員的CRM行為，同時也包含遭遇的威脅（如環境的因素、航管人員的疏忽、簽派員及天氣等），觀察組員如何處理這些威脅，並記錄組員在各階段所犯的失誤，觀察組員如何管理失誤。經過多年的發展與改進，LOSA已成為一種系統性的航路稽核方法。訓練有素的觀察員跟隨正常的航班飛行，蒐集飛航組員的行為和外部環境的訊息。這些資料經統計分析後，用於改進飛機設計、標準作業程序、訓練內容、安全管理和調查，全面提高安全操作水平。

在美國，除大陸航空、達美及全美航空公司外，亞太地區的紐西蘭航空、澳洲安捷航空及香港國泰航空等，均在德州大學的協助下推廣LOSA計畫。

(二)國內之引進及發展

由於LOSA是由美國德州大學發展及主導執行，我國最早由長榮與立榮航空在德州大學的協助下於2001年7月及8月實施，華航後來也在2004年2月至3月間實施。

長榮與立榮航空總共實施了二百零八個國內短程及國際長程航班的資料蒐集及觀察。根據所獲得的資料與其他做過LOSA的航空公司比較發現，「東南亞航線」顯現出特別差異。之前其他家航空公司所做的調查平均值為每一航段有兩次威脅，而長榮與立榮在東南亞航線每一航段卻超過

三次威脅，其中有10%超過五次。長榮與立榮的工作小組將LOSA資料予以分類，並利用改變程序、訓練及安全認知等建議表，來尋求降低威脅之解決方法，同時也分析飛航組員的行為，以用來改善組員資源管理（CRM）威脅與失誤訓練課程。

三、線上安全稽核的操作特性

LOSA是一個主動蒐集飛安資料的計畫，資料不僅能發掘組織的優缺點，並能評估飛航組員在平時飛行的表現。根據實施LOSA之航空公司的經驗，人為因素專家定義出十項LOSA的操作特性，其重要性超過檢查表本身，用以維持LOSA系統的整體性，也是長期成功應用LOSA的保障。

(一)在日常定期航班上觀察

LOSA觀察被嚴格限制在日常定期航班上進行。一般的航路檢查、組員初訓或其他訓練飛行不應用LOSA，因為這些活動不能真實反映組員的行為和處境。

(二)管理部門和飛行員工會聯合管理

除了管理部門要能接受LOSA資料所提出的改變之外，飛航組員也要能認定LOSA計畫的益處並給予支持。LOSA的成功應用離不開管理部門和飛航組員雙方的支持。通常，LOSA的進行小組由雙方代表組成。

(三)組員自願參加

所有觀察活動都必須由組員自願參加，並得到機長的許可。如果組員拒絕，觀察員就應另選航班，而不詢問其原因。如果出現很多「拒絕」的情況，航空公司就應首先解決「信任」問題。

(四)匿名、保密和非懲罰性地蒐集資料

　　LOSA觀察表格不記錄姓名、航班及其他能識別出組員訊息的內容。LOSA的目的是蒐集安全訊息，而不在於懲罰飛航組員，不能讓LOSA的資料成為懲罰駕駛員的理由，否則駕駛員將無法接受LOSA計畫。美國德州大學人為因素研究計畫有超過六千筆的LOSA觀察資料，沒有一筆資料懲罰了任何一位駕駛員。

(五)目標明確的觀察工具

　　LOSA訊息的蒐集工具是「LOSA觀察表」，但並不要求都使用此觀察表。就航空公司而言，無論使用何種蒐集工具，其目的都應反映出組員在日常定期航班中的表現。美國德州大學人為因素研究計畫，以威脅與失誤管理的模型為基礎，發展包含七個部分的觀察表。觀察表的內容如**表10-2**所示。

表10-2　LOSA觀察表組成主題

飛航組員人口變項	起飛、目的地、機型、飛行時間、在該航空公司飛行年資、職位的年資及與組員的熟悉度。
記錄飛航組員行為	記錄飛航組員哪些方面做的好、哪些方面表現不佳，並記錄飛航組員在每階段的飛行中如何管理威脅與疏失。
CRM的表現	採用早期LOSA針對CRM行為的觀察表。
技術工作單	針對下降、進場、落地情況下，著重於記錄進場的流量、降落的跑道、是否有穩定的進場。
威脅管理工作單	詳細記錄每個威脅及飛航組員如何處理。
失誤管理工作單	詳細記錄每個失誤、飛航組員如何處理及產生的結果。
飛航組員的訪談	在工作負荷較低時，如巡航狀態下，訪問飛航組員對於改善飛航安全、訓練及操作的建議。

(六)訓練有素的觀察員

值得信賴、訓練有素的觀察員是LOSA的生命線。觀察員通常由該航空公司的飛航組員（pilots）、飛航教師（instructor pilots）、飛安官及管理階層的駕駛員（safety pilots, management pilots）、人因小組成員（members of human factors group）、飛行員協會安全委員會代表（representatives of the pilot organization's safety committee）及與航空公司無直接關係的人員擔任，特別是在其他航空公司參與過LOSA的人，更能夠增加資料的客觀性及價值。在航空公司內受到尊敬和信賴的人更是觀察員的最佳選擇，能確保線上人員對LOSA的接受度。觀察員的人數視公司規模、觀察的航班數及觀察的時間而定。選定觀察員後，必須經過一段時間的訓練，包含LOSA檢查表的使用、威脅與失誤管理的概念等，確保觀察員能用最標準化的方法來進行觀察。

(七)資料的存放地點

為保密起見，航空公司必須有一個讓人信賴的資料存放地點。所有試用LOSA的航空公司都將其觀察結果送到德州大學人為因素研究團隊，由後者管理LOSA檔案進行分析。目的是能夠保證個人的觀察內容不被誤放或不當的散播。

(八)圓桌會議

蒐集到原始資料後，還應對原始資料的準確性進行確認。圓桌會議（round table）包含三到四個部門以及駕駛員代表，以找出不正確的原始資料。例如，觀察員記錄了一個程序上的失誤「組員在進場時沒有互相確認」。而實際上，公司標準作業程序中沒有要求確認的程序。那麼這個「失誤」就會被刪除。這項工作應在統計分析前完成。

(九)提升、改進的目標

　　LOSA的最終結果是確定改進的目標。資料經蒐集和分析後，待改進的方面也就會呈現出來。某些失誤的發生頻率過高，某些機場的問題多於其他機場，某些標準作業程序經常被忽略或遭到擅自更改等。所有不足之處，都可以作爲航空公司改進的目標。航空公司可以就這些目標訂出自己的改進計畫，並加以實施。每隔一段時間（一般爲二至三年），航空公司可以再次應用LOSA，檢查改進計畫的執行成果。

(十)結果回饋

　　飛航組員不但想知道觀察的結果，還希望藉此瞭解公司的改進計畫。觀察結束後，航空公司應及時把觀察結果回饋給駕駛員，LOSA計畫才會受到駕駛員的歡迎，也有助於LOSA的成功實施。

　　不論航空公司實施LOSA是採用第三者協助或是自行嘗試，根據LOSA多年的實施經驗，上述十項特性可以說是實施LOSA的核心。資料蒐集的形式是該行動最具關鍵的要項，取決於LOSA執行的方式及駕駛員的感受，若不能獲得駕駛員或工會的信賴，LOSA可能會變成浪費時間與金錢的計畫。

四、線上安全稽核的實施成果

　　美國德州大學人爲因素團隊於1997～1998年針對三家航空公司，總共一百八十四名飛航組員，三百一十四個航段進行LOSA計畫。研究結果發現六個值得關切的問題：

　　1.外在威脅與飛航組員的失誤在正常操作中非常普遍，但不同航空公司產生的威脅與失誤類型與比例則大不相同，這與航空公司所在的

地理位置、機場及機隊有很高的關聯性。

2.下降／進場／降落階段產生的威脅與失誤所占的比例最高，異常事件也最多。

3.故意不遵守的失誤最常出現。熟練度與決策上的失誤對飛航組員而言是最難管理的。

4.大部分的失誤不是駕駛員記憶上的疏忽，而是與飛機的自動化和機上檢查表有關，是在執行時沒有進行交叉確認，或是不正確的操作。

5.飛航組員對於所犯失誤的應變處理不佳，但通常不會發生異常事件。反觀對於不期望飛行狀態被改變的飛航組員，大部分能成功地降低失誤的後果。

6.許多CRM的行為能應用在威脅與失誤管理的效率上，如領導、警覺等。

　　從最先實施LOSA的美國大陸航空所蒐集1996～1998年間一百個航段資料中發現，第一次觀察到的問題主要有三大項：不遵守檢查表、不穩定進場比例過高及機長的領導能力。有85%受觀察的飛航組員在一個或多個航段中至少出現一次失誤，15%的受觀察飛航組員出現兩次到五次不等的失誤。74%的航段中記錄到了所有的失誤，每個航段平均有兩次失誤發生，證實在飛航作業時所普遍發生的人為失誤問題。

　　在1996年開始實施線上安全觀測及稽核時，飛航組員所犯的失誤中只捕捉到了15%，在實施第二次LOSA後，組員錯誤發現率提升到55%。在檢查表績效的問題上，改善措施包括重新檢視標準作業程序、檢查表設計及訓練，檢查表績效的問題因而從25%減為15%。在穩定進場方面，1996年有34.2%的進場沒有達到稽核穩定進場標準，至1998年降低到13.1%，降幅達62%。飛航作業品質保證（FOQA）資料也有類似的下降情形，顯示飛航組員在駕艙內的操作行為有顯著的改善。

　　研究的結果的確能讓航空公司與人為因素專家瞭解飛航組員在正常作

業下的操作情況，發現更多的潛在因素，透過訓練、安全政策的改變，來改善危險因子，避免其發生嚴重的後果。

第十一節　國際航空運輸協會作業安全查核認證

　　由於全球航空業因策略聯盟及共掛班號（code share）等合作關係密切，ICAO及FAA、EASA等各國民航主管機關，為確保與其所屬航空公司聯營的外籍航空公司安全水準亦能達到其要求標準，皆要求其簽訂策略聯盟前，要執行飛安查核認證（safety audit），且每兩年要重新查核取得認證。

　　IATA為減少航空公司間的查核作業及其龐大費用，自2001年起研擬一套名為「國際航空運輸協會作業安全查核」（IATA Operational Safety Audit, IOSA）的方案。

　　IOSA主要是結合全球民航主管機關及航空公司，共同研議適用全球航空公司一致性的作業安全查核標準，包括：航空公司組織及管理（Corporate Organization and Managements）、航務（Flight Operations）、簽派（Operational Control and Flight Dispatch）、地勤作業（Aircraft Ground Handling）、航機維修（Engineering and Maintenance）、空服（Cabin Operations）、貨運（Cargo Operations）及保安（Operational Security）之作業安全查核，共計八大類七百三十九項檢查項目。

　　IOSA是IATA訂定航空公司的安全查核標準，藉以評估航空公司的各項作業是否符合國際民航組織的運行安全標準，並由IATA所授權的查核組織進行認證查核，為一套國際所認可具客觀公信力的航空公司安全檢核機制。

　　以地勤作業（Ground Handling Operations, GRH）第1.4.1檢查項目為

例：營運人應確保具有必要的設施、工作空間、裝備和支援服務以及工作環境，以滿足地勤作業的操作安全和保安要求（The Operator shall ensure the existence of the necessary facilities, workspace, equipment and supporting services, as well as work environment, to satisfy ground handling operational safety and security requirements），查核員會依據營運人是否備有文件記錄和實施（documented and implemented）狀況分別給予不同等級之評定，如果營運單位缺乏上述資料，則公司必須從編訂手冊到核實表格紀錄等繁複作業一一檢視與修正達標。

IOSA認證的有效期為兩年，過期須重新進行複審，這也是目前全世界最嚴格的飛安查核方式。

2004年起，IATA要求所屬會員的航空公司都要接受全面的作業查核，成功通過IOSA查核的公司即證明已達到IATA最高的作業標準。IOSA取得美國聯邦航空總署及全球主要民航主管機關（如英國民航局CAA、歐洲航空安全局EASA）認可，FAA並宣布使用IOSA取代現行共掛班號的飛安查核認證作業。

IATA（2018a）統計顯示，全球航空失事率為每百萬次離場1.35次，而IATA成員平均為1.08。加入IOSA計畫的航空公司比未加入IOSA的失事率低得多（0.98對2.16）。除此之外，航空公司加入IOSA計畫還可以獲得下列益處：

1.建立第一個獲國際認證的作業查核標準。

2.減少航空公司成本及需要的查核資源。

3.持續更新標準以符合法規的修訂並為業界最佳典範。

4.IATA職責管轄下持續的品質查核計畫。

5.認證的查核機構內有受過正規訓練且認證的查核員。

6.認證的訓練機構內有系統性的查核訓練課程。

7.系統化的查核方式，包括標準化的檢查表。

8.經由接受相互的查核報告，可以減少過多的查核。

9.發展航空業查核訓練課程。

2005年，中華航空公司為臺灣第一家取得IOSA認證之航空公司。

2015年9月1日起，IATA為使安全查核標準深入國際航協所有成員，並強化航空公司內部稽核系統，成員辦理二年一次重新認證時，必須通過進階版的Enhanced IOSA（E-IOSA）查核標準。查核重點主要在於確認航空公司之自我督察及品保計畫（Quality Assurance Program）是否能持續符合IOSA之標準。中華航空公司也是臺灣首家成功申請E-IOSA之航空公司。

IOSA計畫也擴及至航空地勤業，稱之為ISAGO（IATA Safety Audit for Ground Operations），為航空地勤作業安全之最高等級的審查系統。桃園航勤公司於2012年2月11日獲得國際航協（IATA）登錄為航空地勤作業最高等級安全認證合格之業者（ISAGO Provider），也是臺灣第一家通過ISAGO 認證合格的地勤公司。

因為參加IATA的航空公司會員接近二百九十個，IATA本身並無多餘的人力可以對其會員航空公司逐家查核。因此，IATA委託一些符合IOSA嚴格訓練和資格認證的查核機構（Audit Organizations, AO）來查核各航空公司。2019年被認可的查核機構包括：(1) Aviation Compliance Solutions Pty Ltd；(2) Aviation Quality Services GmbH；(3) Morten Beyer & Agnew, Inc.；(4) ARGUS PROS（Partners and Resources for Operational Safety）；(5) Quali-audit；(6) Wake（QA）Limited。

IATA出版《IOSA查核員手冊》及檢查表，提供航空公司查核作業標準，並建議查核慣例和輔助教材，讓航空公司能成功的為IOSA查核訂定準備計畫。這些標準包括國際民航組織ICAO、FAA、 EASA以及最佳航空公司現存的查核計畫，這是由全球一百位以上的專家所開發的。

因為航空公司是否能通過IOSA的關鍵在於查核員對每項標準的認定，因此IOSA查核員的任用，便顯得異常重要。要成為IOSA的查核員，必須符合《IOSA查核員手冊》中的規定，手冊內容共有八章，分別為第一章〈IOSA檢查員〉（The IOSA Auditor）；第二章〈檢查員的流動〉

（Auditor Currency）；第三章〈查核準備〉（Audit Preparation）；第四章〈查核引導〉（Audit Conduct）；第五章〈決定符合〉（Determining Conformity）；第六章〈後續稽核〉（Audit Follow-up）；第七章〈檢查表的使用〉（Checklist Usage）；第八章〈線上航班和模擬機觀察〉（Line Flight and Simulator Observation）（**圖10-11**）。

　　IOSA查核員必須要具備IOSA查核員手冊裡略述的必要條件資格和經驗，並通過IOSA查核員養成班及IATA認證訓練機構的訓練，只有在查核機構完成課程的查核員才能在IOSA計畫下合格的執行查核。查核員必須在一年期間內進行兩項全部查核的工作，其中至少有一項是IOSA查核。

　　在IOSA制度下，富有經驗的IOSA查核員蒐集事實證據及分析證據，並使用符合國際水準的標準程序來決定辨認查核公司是否達到IOSA的標準。查核員需要有經驗、知識和認證的技能。每個查核員在正式被任用前需有非常紮實的作業訓練，且對自我的能力具備信心，而在整個查核過程中，秉持著公平、公正、誠實與堅定意志。

圖10-11　模擬機觀察

資料來源：作者拍攝於中華航空A350-900模擬機

IOSA查核是被設計用來標準化的計畫，也是要確定IATA的會員航空公司是否標準一致，並提供航空公司管理控制的制度。查核機構能被認可，是因在IOSA下查核，對IOSA來說每次查核都是重要的，也是帶頭標準化和保證始終如一可靠度的方法。

第十二節　安全管理系統

2004年12月國際民航組織通過2005年至2010年之策略性目標，其中即包含「支持各國完成安全管理系統（Safety Management System, SMS）的相關安全訓練工作」，至2005 年ICAO 的標準及建議條例（Standards and Recommended Practices, SARPs）已要求各國確立其安全計畫（Safety Program），以使飛航營運能達到一個可接受的安全水準，此可接受的安全水準由各國自訂，而相關安全計畫及SMS的概念也頒布於ICAO第6、11、14及19號附約中（Annex 6, 11, 14, 19），特別是ICAO新增之第19號附約（Annex 19）——安全管理（Safety Management），以及編號9859之技術文件（Doc 9859）——安全管理手冊（Safety Management Manual, SMM）。

我國「航空器飛航作業管理規則」（民國96年1月17日修正）第9條規定，航空器使用人應建立安全管理系統，交通部民航空局亦於2014年10月20日發布民航通告AC 120-032D「安全管理系統」作為航空業者建構安全管理系統之指引。

一、安全管理系統基本觀念

(一)定義及源起

數十年來的研究顯示，因人為錯誤導致的失事及意外事件可以被追溯。錯誤可能發生在管理階層，尤其在政策和程序的發展上，在相似的情況下錯誤可能發生在駕駛艙、機坪、棚廠或工作場所。

有鑑於過去各種航空組織或事業，持續以有效之經營管理方法，來維持公司或組織的正常營運，如財務管理、人事管理、資訊管理，甚至企業資源管理等。其中亦包括了品質管理、航空保安系統以及緊急應變措施，來確保公司或組織之服務品質與安全。然而一些飛安及保安事件，如2001年震驚全球的911事件、飛機失事等，使得航空業重新定義與面對安全之重要性。安全管理系統（Safety Management System, SMS）之產生，期望經由此一重要的安全管理流程，再次提升航空組織與事業整體之安全。為了強化安全管理的理念，國際民航組織（ICAO）將「安全管理系統」（SMS）納入國際法規（ICAO第19號附約Annex 19）地位，並呼籲各國實施安全管理系統SMS之建置，以確保全球空域、航空公司以及機場的安全服務保證。

安全管理系統是為了監控和改進所有作業安全及健康方面的一整套工作技術、信念與程序。安全管理系統是一項方法論，它可識別出潛在的錯誤和建立健全的防護，以確保錯誤事件不會發生，也就是一家公司從上到下及所有的工作領域，均能應用系統化的方式來管理安全相關的工作，確認工作中潛存的風險，並對這些風險做好管理。它是一門整合組織行為學、策略管理、安全管理、系統安全、風險管理、危機管理及人為因素等理論基礎，所形成的一門系統化的安全管理學科。

安全管理系統以企業導向的角度來看安全，它與所有的管理系統一

樣，提供了「目標的設定」、「計畫的研擬」、「行動的落實」及「表現的評估」等具體做法。安全管理系統從組織總體角度出發，將安全的理念融入公司的管理體系，讓它成為公司文化的一部分，進而成為公司員工思維邏輯及行事的依據。

　　航空公司實施安全管理系統的主要目的在於降低飛安風險並藉此建立組織的安全文化，它的價值在於將安全、風險管理理念及法規的遵守都融入政策的研擬、程序的制定及作業的執行，並經由橫向的協調與橫向的領導以發揮組織效能，塑造組織優質的安全文化，人員訓練以專業勝任為導向，工作執行以品質與效率為前提，掌握人因特性、消弭人為失誤，建立監控及評估系統，掌握系統運作之風險與危害，凝聚危機意識，建立預警系統及反應機制。

　　英國學者詹姆士理森（James Reason）陳述：「任何成功的安全管理系統，在於組織本身的結構。它變成組織文化的一部分與員工做事的方法。」每個員工貢獻安全與健康給組織，安全管理系統必須結合「用這種方法做事」貫徹在組織當中，並應用最佳設計的程序安全政策。

　　成功的SMS係提供一套系統化、明確且廣泛的風險管理程序；如同其他管理制度，包含目標設定、規劃、文件化和達成目標的評量方法等。

(二)安全的概念

　　ICAO 9859文件──《安全管理手冊》（*Safety Management Manual*, SMM）中敘述，為瞭解安全管理，必須思考何謂「安全」，依每個人認知上的差異，對航空安全的概念可能有不同的見解，例如：

1. 大眾普遍對「安全」觀感為「零」失事或「零」重大意外。
2. 「安全」即是免除可能引起傷害之危險與風險因素。
3. 員工對於不安全的行為和情況的態度，反應其企業的「安全」文化。
4. 航空活動存在既有風險的接受度。

5.危害識別和風險管理的程序。

6.失事損害的控制（人、財產或對環境的傷害）。

「安全」是一種相對的概念，既有的「風險」存在於「安全系統」中是可被接受的。ICAO（2018）《安全管理手冊》（SMM）對「安全」的定義為：「安全係透過持續的危害識別過程與風險管理，將可能危害生命財產的風險維持在可接受程度內的一種狀態。」（the state in which the possibility of harm to persons or of property damage is reduced to, and maintained at or below, an acceptable level through a continuing process of hazard identification and safety risk management.）

雖然消弭飛機失事或重大意外事件是航空業的終極目標，但人們體認到航空體系仍舊無法避免危險與相關風險，人為活動或人造系統皆無法保證絕對的安全。安全是一個航空系統的動態特性，必須不斷地減輕安全風險。值得注意的是，安全表現的可接受性往往受到國內和國際慣例和文化的影響。只要安全風險控制及保持在適當的水平，就可以管理像航空這種開放和動態的系統，以維持生產與防護之間的適當平衡。

(三)安全的演進及需求

航空安全的演進可分為三個時期。

1.技術時代：從20世紀初到20世紀60年代末。航空業作為一種新型態的大眾運輸形式出現，其中的安全缺陷最初與技術因素和技術故障有關。因此，安全工作的重點放在調查和改進技術因素上。到20世紀50年代，技術改進導致失事率逐漸下降，安全流程擴大到法規的遵守和監督。

2.人為因素時代：從20世紀70年代初到90年代中期。在20世紀70年代初，由於重大技術的進步和安全法規的改善，失事率顯著降低。航空成為一種更安全的交通方式，安全工作的重點已擴展到人為因素

問題，包括人／機界面。這導致對於早期失事調查過程中某些安全資訊的搜尋。儘管在失誤緩解方面投入了大量資源，但人為表現仍是被認為在失事中反覆出現的因素。人為因素科學的應用傾向於關注個體，而未充分考慮作業和組織背景。直到20世紀90年代初才首次瞭解個人在複雜環境中運作及包括可能潛在影響安全行為的多種因素。

3.組織時代：從20世紀90年代中期迄今。在組織時代，安全開始從系統的角度切入，除了人為和技術因素外，還包括組織因素。因此，考慮到組織文化和政策對安全風險控制的有效性影響，引入了「組織事故」的概念。此外，傳統的數據蒐集和分析工作僅限於使用調查失事和重大意外事件蒐集的數據，並輔以新的主動安全方法。這種新方法基於使用主動式和被動式方法對數據進行常態性的蒐集和分析，以監測已知的安全風險並檢測新出現的安全問題。這些強化措施使得航空業採用安全管理方法的理由。

　　儘管重大的毀滅性失事不常發生，但較不嚴重的失事或意外事件卻經常發生，這些事件都讓航空業者損失不少成本。航空公司雖可透過保險方式補償對於航空器失事或意外造成的損失，但卻無法彌補在航空界商譽上的損傷以及浪費員工時間等無形的代價。因此，需透過SMS來協助確認及減低危害安全的問題。

(四)ICAO安全管理系統規定

　　在建立國家安全管理規範方面，ICAO將安全計畫（safety programmer）和安全管理系統（SMS）做出下列區別：

1.安全計畫係一整套針對改善安全的規範和活動。
2.安全管理系統係透過組織的方式進行安全管理，包括組織架構、權責、政策和程序。

ICAO的標準及建議條例要求每個國家的民航主管機關建立安全計畫,以達到可被接受的飛航作業安全程度。因此,民航主管機關應要求個別的經營者、維護單位、航空公司及機場認證營運者,執行經國家認可的SMS。各國民航局應承諾並實施所有ICAO的標準及建議條例相關規定。

(五)權責與職責

在實際的SMS中,與員工權責與職責密切相關。當個別的員工依其職責工作時,每個人必須為工作上的安全成效向上級主管負責。雖然個人應為自己的行動負責,經理和主管也應為他們所監督的團隊整體表現負責。然而,權責是雙向的;員工需為自己的行動向較高的主管機關負責,經理也有責任確保屬下有足夠的資源、訓練和經驗,讓所指派的工作安全地完成。

(六)風險管理程序

風險管理由三個要件組成:確認危險、風險評估與風險降低。它必須分析並消弭可能威脅組織的危害(或至少降到可被接受的程度)。風險管理係將安全上所做的努力集中於最具風險的危害部分。所有已識別的危害都將嚴格地進行評估,並依風險的高低順序排列。有足夠經驗者可依其主觀來加以評估,或可採用專門的技術來協助評估,這些技術則通常需具備專業相關知識。

(七)員工SMS訓練

員工職責之SMS訓練,對於SMS的成功及正確地運作相當重要。高階管理階層積極地鼓勵並參與各種SMS安全計畫,並採以下方式促進正面的安全文化,例如:

1.鼓勵員工通報安全相關資訊。

2.提供員工安全職責相關訓練。

3.宣導安全是共同責任的想法。

4.散播安全相關資料給所有相關人員。

5.展現給員工和其他使用者瞭解,若發現潛在的系統失誤和危害,將立即進行管理調查,並很快地施行必要的改革措施。

6.建立正式計畫來定期評估安全成效。

7.歡迎任何與安全相關的新構想。

(八)安全監督系統

安全監督系統包括規律且不斷地監控組織各方面的運作。表面上,安全監督是爲了遵守民航局相關的規定、規範、標準和程序;然而,它更深的意義在於「監控」並提供事前找出危害、確認所採取安全行動之效果以及持續評估安全成效的一種方法。

安全監督或安全成效監控活動是整體組織安全管理策略的必備要件。安全監督提供組織一些方法,以確認組織是否達到安全目標的程度。一個有效的安全監督計畫可在現有失誤未造成失事或重大意外事件之前,提供預警系統及防護機制。爲達成此目標,則必須進行相關資料的蒐集與分析工作。

二、安全管理系統的四大要項及十二要素

(一)安全政策與目標（safety policy and objectives）（圖10-12）

1.管理階層承諾與職責（management commitment and responsibility）:組織應對其安全政策訂定符合國內法規及國際規範之規定,並由負責之管理人員簽字承諾。安全政策應反映出航空器使用人對安全之承諾,包括爲實施安全政策提供必要資源之明確說明及以顯而易見

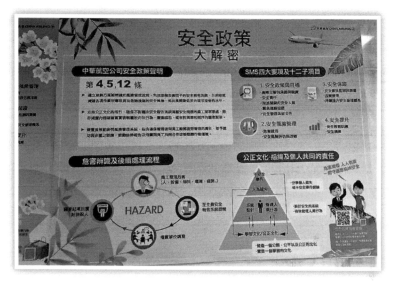

圖10-12　中華航空公司安全政策海報

資料來源：作者拍攝

之方式傳達予整個組織。安全政策包括安全報告程序、明確說明不可接受之行爲類型、得減輕或免除紀律處分之行爲等。安全政策應經定期審查，以確保其妥適性及有效性。

2.安全責任（safety accountabilities）：組織應明確界定權責主管（accountable executive）所負之安全責任，並確定管理階層及所有職員相應之安全責任。包括安全責任、責任制度與授權等應以書面明確規範並傳達予整個組織及各層主管授權處理自承安全風險決定之範圍。航空器使用人，除其他職責之外，對實施並保持安全管理系統負最終之責任。

3.指派關鍵的安全人員（appointment of key safety personnel）：組織應指定一名安全主管，作爲實施並確保有效安全管理系統之負責人及協調人。

4.協調緊急應變計畫（coordination of emergency response planning）：組織應訂有一個有利於正常作業轉爲緊急狀態，再恢復爲正常作業

之有序且有效的緊急應變計畫。該作業應與其他航空組織之同類應變計畫做好協調。

5.安全管理系統文件（SMS documentation）：組織應訂定一個經管理者核准之安全管理系統實施計畫，並對其安全管理之做法詳加闡述，以實現該組織所設定之安全目標。並應建立安全管理系統文件，用以敘述安全政策與目標、安全管理系統要求、安全管理系統措施與程序、責任制度、措施與程序之責任、授權及安全管理系統之輸出。此外，組織應訂定並保存一份安全管理系統手冊（SMS Manual, SMSM），作爲安全管理文件系統之一部分，並將其安全管理做法傳達予整個組織。

(二)安全風險管理（safety risk management）

1.危害識別（hazard identification）：組織應訂有一個用以識別作業中危害因子之程序；該危害因子必須與被動式（reactive）、主動式（proactive）或預測式（predictive）安全資料蒐集方式相結合（**圖10-13**、**圖10-14**）。

2.風險評估與緩解（risk assessment and mitigation）：組織應訂有一個用來對作業中安全風險進行分析、評估及控制之程序。

(三)安全保證（safety assurance）

1.安全績效監控與測量（safety performance monitoring and measurement）：組織應訂有一個檢驗該組織安全效績並核實安全風險管制措施有效性之方法。組織安全管理系統之績效應基於安全效績指標與安全效績目標予以檢驗。

2.改變管理（management of change）：組織應訂有一個程序，以識別組織內對既定程序及作業可能產生影響之改變，以及在實施改變前，對確保安全績效之各項安排加以描述，檢討取消或修改因環境

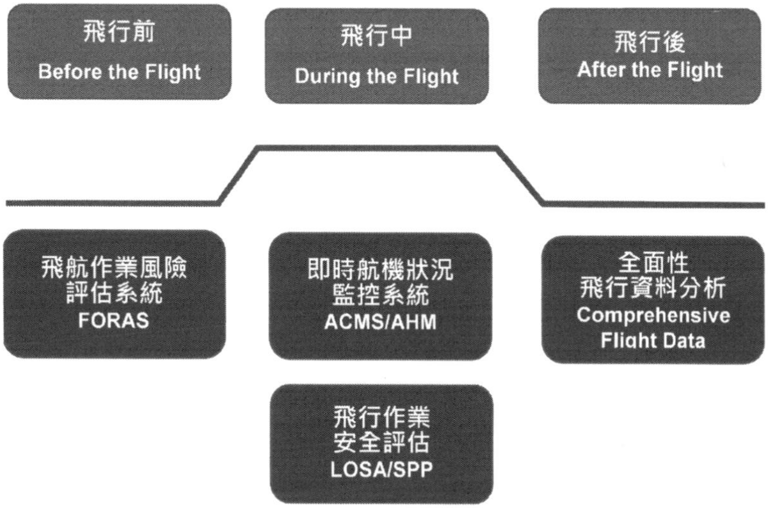

飛行前
Before the Flight
飛行中
During the Flight
飛行後
After the Flight
飛航作業風險
評估系統
FORAS
即時航機狀況
監控系統
ACMS/AHM
全面性
飛行資料分析
Comprehensive
Flight Data
飛行作業
安全評估
LOSA/SPP

圖10-13　長榮航空公司安全風險管理具體做法

資料來源：作者繪製，https://www.evaair.com/images/zhtw/Unit_4_%E9%A3%9B%E8%88%AA%E5%AE%89%E5%85%A8_tcm27-30241.pdf

冰山一角
全員SMS 落實飛航安全
您看到了嗎？
風險

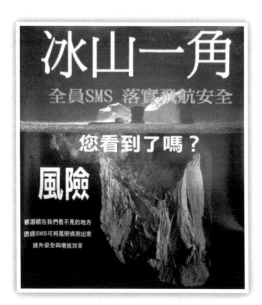

圖10-14　危害識別——中華航空公司安全管理系統海報

資料來源：作者拍攝

變化而不再需要或不再有效之安全風險控制措施。

3.安全管理系統之持續改善（continuous improvement of the SMS）：組織應訂有一個程序，以識別安全管理系統低於標準績效之原因及確定安全管理系統運作低於標準績效之影響，並消除或緩解這些原因。

(四)安全提升（safety promotion）

1.教育訓練（training and education）：組織應訂有安全訓練計畫，以確保全體人員得到適當之訓練並勝任安全管理系統之職責。安全訓練之內容應與個人參與安全管理系統之程度相符。

2.安全溝通（safety communication）：組織應訂有一正式安全交流之方法，以確保全體人員充分瞭解安全管理系統、傳達重要安全資訊，並解釋採取某項特殊安全措施或推行或修正某項安全程序之原因。

三、安全管理系統之應用

(一)背景

SMS的主要要件，包括「風險管理」、「安全審查與評估的文件化」以及「安全宣導」等。

「風險管理」相關的活動則包括「危害的識別與追蹤」及「安全風險評估」。在SMS最初實施期間，危害識別和風險管理應同步進行。當組織內發生重大變革，或組織正值快速變動，例如組織擴張、服務終止、引進新的程序及重要員工有所異動時，應實施危害識別與風險管理。

「安全宣導」可透過訓練和組織內資訊分享來進行。從意外事件、失事和任何安全事件所得到的教訓，皆應分享組織內所有人員，以提升整體

安全，就好像是爲未來可能發生的事件先行加以訓練一般。

(二)安全規劃

SMS其中主要重點之一是將「安全」視爲議題，融入員工的日常工作當中。當開發新程序、安裝新系統、建立新設施或機場本身與其系統有整體改變時，安全仍應是主要考量。

「安全」係藉由「安全規劃」納入進行討論或行動的過程。「安全規劃」的過程包含一個預先處理的方法，迫使員工正視安全議題。

(三)將SMS整合於日常工作當中

1. 訓練：(1)研討會；(2)簡報；(3)討論小組；(4)新進訓練；(5)定期複訓；(6)專業工作之相關訓練。
2. 在工作場所中建立辦法和程序來落實SMS。
3. 航空公司藉由預算程序來確認並支持SMS的具體需要，例如：
    (1)員工訓練的SMS預算項目。
    (2)安全提升活動的SMS預算項目。
    (3)資料庫管理／危害報告系統的SMS預算項目。
    (4)SMS維護的預算項目。
    (5)SMS稽核預算項目。
    (6)支持SMS安全委員會的預算項目。
    (7)針對可能導致無法接受的風險危害，承諾並提供資源來加以改正。
4. 稽核：執行內部和外部稽核，以決定計畫的成效及是否符合規定和承諾。

(四)制定預先防制系統以進行安全風險管理

安全管理是每一個人的責任，包含航空站、民航運輸業者、航空公司

航空安全 管理

及其他提供飛航支援服務的相關單位等民航六業。航空公司安全風險的管理是由安全部門或委員會進行，透過風險管理、風險評估、規劃降低風險之策略來提出安全相關議題。

(五)安全宣導

安全宣導是組織用以確保員工瞭解為何要導入安全管理程序以及何謂安全管理。安全宣導乃是將組織安全政策傳達給職員的機制，提供方法鼓勵正向的安全文化發展，並確保維持已建立的安全文化。安全宣導活動在實施安全管理系統的最初階段是特別重要的，而維持安全宣導並使其成為持續的活動更形重要，它是組織內溝通安全議題的方法。

(六)SMS工具——安全管理資訊系統之應用

以英國勞斯萊斯集團所開發的「安全管理整合系統」（Aviation Quality Database, AQD）為例，它是目前航空界市占率最高之安全管理資訊系統，它整合事件調查、稽核及風險管理，系統簡單且具有彈性之操作介面，不論公司內、外網皆可登入使用，AQD模組也融入了SMS整體的架構，因此獲得了中華航空公司的採用。另外由澳洲航空安全管理有限公司（Aviation Safety Management Limited, ASM）所開發的安全錯誤回報與分析服務系統（Safety Event Reporting and Analysis System, SERA）亦是一個全方位的安全數據管理系統，因具有128位元加密技術SSL，可以滿足組織內所有安全數據保密管理需求，臺灣虎航及交通部民航局飛航服務總台皆採用這套安全管理資訊系統。

四、發展安全文化

(一)背景

　　航空公司文化是由人們的作為來加以定義。人們的決策會顯示出價值所在。例如,管理階層和員工對安全的承諾,充分說明了何種價值在激勵他們的行動。文化是一種思維模式,很自然地激發對事情的質疑態度,也鼓勵航空公司和人們去超越侷限而不自滿,並培養自我責任。

　　安全文化包括工作態度和航空公司架構兩方面,因此不容易被量度。一種好的安全文化尺度是「我們如何在現有環境中完成工作」,安全文化可能會很慢地成熟,但只要在管理階層的支持下,應是可以被達成的。

(二)安全承諾

　　1.核心價值:「安全、健康與環境;道德行為;重視員工。」
　　2.基本安全信念:
　　　　(1)安全是一種核心事業與個人價值。
　　　　(2)安全是競爭優勢的來源。
　　　　(3)將「安全至上」的理念融入所有飛航活動中。
　　　　(4)相信所有的失事及重大意外事件皆可預防。
　　　　(5)從董事長、總經理到所有管理階層,皆須為安全成效負責。
　　3.高階管理者的承諾:
　　　　(1)安全至上是首要任務。
　　　　(2)對於線上督導及所有員工,高階管理者要對安全成效負責。
　　4.全體員工都負有相關職責與權責:
　　　　(1)安全成效是管理階層/員工考評系統中重要的一環。
　　　　(2)重視並獎勵安全成效。

(3)進行任何工作之前，使每一個人充分瞭解安全相關規定與程序，恪遵這些規定與程序是每個人的責任。

5.明確溝通對「零」事故（失事與重大意外）的期許：

(1)制定一個正式的書面安全目標，以確保每一個人都瞭解並接受該目標。

(2)建立一個溝通與回應制度，以使全體員工專注於安全目標。

6.成效稽核與評量的改進措施：

(1)管理階層確保定期執行安全稽核。

(2)稽核重點著重於人的行為及工作環境。

(3)建立相關績效指標，以協助評鑑安全水準。

(三)安全文化承諾

航空公司必須體認安全是所有活動中首要的項目，發展、執行並改善相關策略、管理系統和作業程序，以確保所有飛航活動維持在最高水準的安全成效，同時符合ICAO的標準。在管理上，航空公司要做到下列承諾：

1.「安全」係運作時之首要因素。

2.發展並強化所有飛航活動之安全文化，實際瞭解航空安全管理的重要性、價值及「安全」在任何時候都至為重要。

3.高階管理團隊全力支持「公正文化」、「學習文化」、「通報文化」、「資訊流通文化」的建立。

4.清楚律訂所有員工對其推動、執行安全相關工作之權責與職責。

5.將航空器及地面作業的風險降至最低，且達到「最低合理可行」（As Low As Reasonably Practicable, ALARP）之標準。

6.積極發展並提升安全作業與程序，以符合世界級標準。

7.符合並盡可能優於規範之要求與標準。

8.確保員工獲得充分且適當的安全資訊與訓練，以具備執行機場安全管理系統之相關能力。

9.確保提供足夠技術及訓練的相關資源，以施行安全策略與方針。

10.根據合理的目標建立安全成效評量機制。

11.所有飛航活動均達到最高的安全標準與成效。

12.持續努力來改善安全成效。

13.致力於安全與管理的審查，並確保採取適當的行動。

14.確保有效地應用航空安全管理系統能整合至所有飛航活動中，以達到最高安全標準與成效。

(四)安全文化價值

各階層的工作人員瞭解他們作業上可能存在的危險及風險：

1.全體員工應不斷地致力於識別與管理既有或潛在之危險。

2.全體員工應瞭解錯誤一定會發生，但航空公司必須努力消除錯誤，並讓大家知道蓄意違規是無法被接受的行為。

3.鼓勵全體員工通報安全相關之危害。

Chapter 11
飛機失事預防／調查

- 飛機失事預防
- 飛機失事調查
- 黑盒子

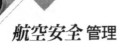

第一節　飛機失事預防

一、失事預防措施

(一)基本方法

訂定標準、遵守標準、認定危險、解決危險等四個步驟，爲失事預防的基本方法。茲分述如下：

◆訂定標準

要如何運作？要遵守哪些規定及程序？主管機關所訂定之法規、FAA、ICAO、EASA等規定爲最低標準限度。因此，法規是航空公司發展內部作業標準的流程參考指引，爲航空安全計畫中最重要也是最基本的一項。

◆遵守標準

標準作業程序（Standard Operating Procedures, SOP）就是大家的共同規範，在做法上務必要強制執行，務使單位內的人員遵守，假如有不適宜之處則立即修正。

◆認定危險

1.建立良好的意外／危險事件報告計畫。

2.定期實施督察查核計畫。

3.發展能分析事件之分析計畫。

◆**解決危險**

　　1.工程（engineering）：改正及消除危險，使其不再發生困擾。

　　2.控制（control）：改變程序，可減少危險。

　　3.人（personal）：最有效的訓練與要求。

　　4.保護裝備（protective equipment）：不能改正危險，只能降低危險。

(二)積極與消極預防

　　失事預防概分為兩方面，一為消極式的預防，通常是事件發生後的調查及檢討反應，屬於「被動式」的預防。另一為積極「主動式」的預防，即平時就注意包括高階主管的領導、員工教育、訓練、對危險的識別及安全計畫管理的落實（**圖11-1**）。積極主動的預防比事後的調查及反應來得有效，也就是所謂的「防微杜漸」。

(三)消弭管理盲點

　　通常飛安的預防在於減少人為失誤的發生，由人為失誤導致的結果有三：

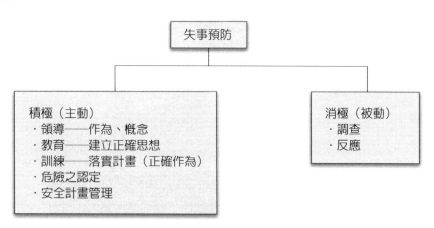

圖11-1　積極與消極預防

資料來源：作者繪製

1. 飛行失事或近乎失事：代價最大，必須藉由失事調查所獲得之可能肇因來預防。
2. 違規事件：經由調查後找出責任歸屬，並獲得事件原因以改善之。
3. 隱藏的人為失誤：現階段無法被發現，一旦日久玩生，將會肇致大災難，因此需透過代價最小的保密性飛安報告蒐集資料、分析問題，以找出癥結（**圖11-2**）。

(四)善用飛安教育專業知識價值鏈

人類處在21世紀資訊爆炸的時代，倘若資訊運用不妥善，便很容易被資訊誤導，這是航空從業者所該省思及警惕的。要掃除這種「資料人人皆有，卻不過是一堆廢紙」的詬病，有賴飛安教育——專業知識價值鏈（**圖11-3**）的建立。

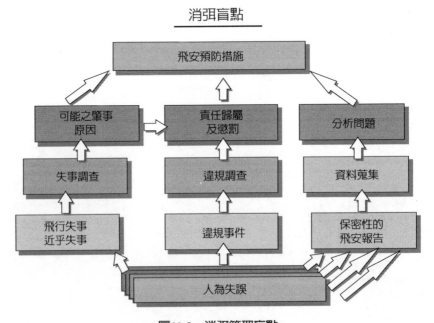

圖11-2　消弭管理盲點

資料來源：作者繪製

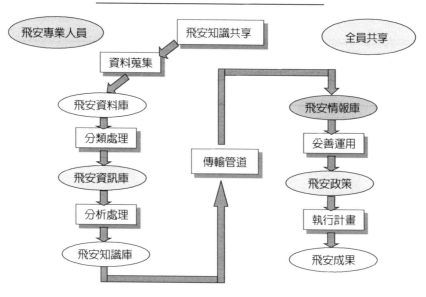

飛安教育－專業知識價值鍊

圖11-3　飛安教育——專業知識價值鍊

資料來源：作者繪製

　　這種透過教育訓練建立飛航組員、飛安專業人員及高階決策主管乃至全體人員間的飛安資訊流通，必先從飛安知識共享、資料蒐集開始，慢慢建立飛安資料庫，再經分類處理後成為飛安資訊庫，再進到分析處理過程成為飛安知識庫，藉由公司內部溝通管道、媒體或資訊系統傳輸變成飛安情報庫，妥善運用飛安情報庫便能化無形為有形，研擬及制定公司飛安政策，最後做成執行計畫，便能展現飛安成果。例如，在執行企業安全管理系統模式下，高階決策者由最初「知識共享」期的懵懂，到不斷地透過「情報庫」制定及修正企業的管理模式，便可應用這種專業知識價值鍊的途徑。

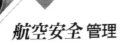

二、失事預防策略

現代航空器的失事往往牽涉到巨大的生命及財產損失，如何由失事事件中記取教訓，避免類似災難再發生，就成為失事調查或研究最關切的問題。

對於各類飛航事故，先進國家或具規模之航空公司，皆有其一套調查、分析、改正及資訊管理之調查系統。如何由失事事件中擷取資料、分析原因，並加以統計，以數量化之數據結果作為擬定各項後續改正工作之參考基礎，以預防類似事故的再發生，實為重要。

所謂的失事預防策略，其定義是一種行動（action），如果被採用，則可中止演變成失事發生之連鎖事件（chain of events），而使失事事件不致於產生。失事預防策略理論是建立在波音公司多年參與失事調查中的發現：一個失事事件的發生往往不是個單一的偶發事件（event），而是由一連串的原因環環相扣，逐漸演變而成。一般的失事事件是這個錯誤鏈的終端，而往常的失事調查在尋找失事原因時，通常會過度重視失事的結果或主要原因，而忽略了這個錯誤的演進過程。

失事預防策略修正了這個慣例態度，將注意焦點擴大到每一個組成的錯誤鏈上。而所謂的預防策略就是建立在如何打斷或中止這個錯誤鏈的演進。因此，錯誤鏈愈長就代表飛安系統裡弊病愈多，弊病多也反映了改正的機率愈大，只要能改正一個鏈（並非全部），即可避免災難發生。

(一)波音失事預防策略分析

美國波音飛機公司飛安工程部門所發展的一套「失事預防策略」（accident prevention strategy），是波音公司經由多年參與失事調查的經驗發展出的預防法則。此預防策略就是以錯誤鏈的觀念來進行，把過去失事事件統計出的錯誤原因歸類，找出癥結，以進行改善，可防止災難再度發

生的風險。

與一般之失事率統計方法相較，失事預防策略法的優點是：

1. 失事預防策略法針對的是造成組成失事的所有安全環（safety chain）。
2. 將我們的注意焦點由最近發生的稀少失事事件轉移到日常作業（day-to-day operations）相關之各類事件之上。
3. 事件的個數遠比失事爲多，故可據以發展可信度較高的統計方法及模型。

失事預防策略必須滿足兩個條件：

1. 如果這個策略被成功有效地執行，則可避免失事的再發生。
2. 至少可以擬出一個具體行動方案，將此事故會再發生的頻率或機率作相當程度的減少。

藉由統計模式的建立來分析航空安全風險（aviation safety risk）及預測再發生之機率，是提升飛安品質的積極方式，與消極的從單一飛安事故中診斷犯錯所在，同爲飛安事件調查分析中謀取改進之道的兩種方式。

然而以預防事件再發生的角度觀之，積極性的統計風險預估則更具參考價值，因爲其目標是設定在不讓事故再發生，且資料立基也較廣泛而非僅根據單一事件，更適合治本工作的擬定與推行。

美國波音公司飛機安全工程部門將1982～1991年間二百八十七架商用客機失事事件加以分析統計（**圖11-4**），並發展出其建議改正措施的失事預防策略，共分爲七大類（group）三十七項（categories）。

其中，七大類分別爲：

1. 飛航組員（Crew）。
2. 航空公司航務作業（Airline Flight Operations）。
3. 航管（Air Traffic Control, ATC）。

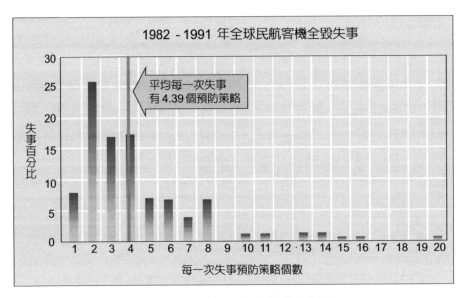

圖11-4　失事事件與預防策略個數關係

4.航站管理（Airport Management）。

5.氣象（Weather Information）。

6.飛機設計／性能（Airplane Design/ Performance）。

7.維修（Maintenance）。

　　這七大類中又細分為三十七項，分別授以代碼（code）表示（**表11-1**）。只要歸類出每一失事事件所牽涉的代碼，經由統計分析，把這些錯誤鏈（失事預防策略）發生總數做一多寡排名，排名前者表示最常發生或最嚴重弊端，把這些最常發生的弊端改正，則飛安情況就會獲得最大的改善幅度。錯誤鏈若改正了，就表示因為這種錯誤鏈引起的失事便不會發生。

表11-1 波音公司失事預防策略

類別 Group	代碼 Code	失事預防策略 Accident Prevention Strategies
飛航組員 Crew	01	操控駕駛員是否遵守程序（Flying pilot adherence to procedure）
	02	監控駕駛員是否遵守程序（Nonflying pilot adherence to procedure）
	03	飛航工程師是否遵守程序（Flight engineer adherence to procedure）
	04	客艙組員是否遵守程序（Cabin crew adherence to procedure）
	06	機長的交互檢查（機長為監控駕駛員） （Captain's crosscheck- performance as Nonflying pilot）
	07	副駕駛的交互檢查（副駕駛為監控駕駛員） （First officer's crosscheck - performance as Nonflying pilot）
	10	監控駕駛員的溝通能力及動作（Nonflying pilot communication or action）
	11	操控駕駛員的溝通能力及動作（Flying pilot communication or action）
	12	飛行員失能時之發現及反應（Recognition and reaction to pilot incapacitation）
	13	基本飛行技術（Embedded piloting skills）
	15	機長或飛航教師下達指令之能力與權威性（Captain or Instructor pilot exercise of authority）
	16	進場助航設施之充分運用（Use of all available approach aids）
	17	重飛決定之下達（Go-around decision）
	18	進場路徑之穩定性（Approach path stability）
	19	操控駕駛員之警覺性及注意力（Flying pilot awareness and attention）
航空公司航務作業 Airline Flight Operations	20	對近地警告系統的反應（Response to Ground Proximity Warning System）（GPWS）
	21	近地警告系統的設置（Installation of GPWS）
	22	進場助航設施之堪用性（Availability of approach aids）
	23	進場程序（Approach procedures）
	24	飛行員對於飛機機型之經驗（Pilot experience in aircraft type）
	25	不正常狀況之訓練（Training for abnormal conditions）
	26	飛行訓練管理（Management of training flights）
	27	載重平衡之控制（Weight and center of gravity control）
	28	飛航組員疲勞之控制（Control of crew fatigue）
	29	完備之警告設施（Integrity of warning devices）

（續）表11-1　波音公司失事預防策略

類別 Group	代碼 Code	失事預防策略 Accident Prevention Strategies
	30	其他操作程序的認知程度（Other operational procedural considerations）
航管 ATC	40	航管系統之性能（ATC system performance）
	41	航管員／飛航組員間之溝通（ATC/ Crew communications）
航站管理 Airport Management	50	跑道危險因素的排除（Eliminate runway hazards）
	52	機場對於空難、火警及搶救之能力（Airport crash, fire, and rescue services）
	53	其他機場服務（Other airport services）
氣象 Weather Information	60	氣象資料之提供與準確性（Weather information availability and accuracy）
飛機設計／性能 Airplane Design/ Performance	70	設計的改良（Design improvement）
	71	飛機性能數據（Performance data）
	72	緊急裝備（Emergency equipment）
	73	製造程序（Manufacturing process）
維修Maintenance	80	維修或檢查作業（Maintenance or inspection action）

(二)航空公司失事預防策略

◆航務作業面

1.操控下撞地：訓練的落實、加強型地面接近警告系統（Enhanced Ground Proximity Warning System, EGPWS）的裝設、差分型全球定位系統（Differential Global Positioning System, DGPS）的應用。

2.飛操失控（loss of control in flight）：基礎訓練及航機失控改正（upset）訓練。

3.人為失誤：訓練及程序改善。

4.起降安全視窗（safety window）：離到程序及重視「重飛」（Go Around, G/A）程序。

5.惡劣天候（severe weather）：航空氣象及系統訓練。

6.誤闖跑道及滑行道（runway incursion）：加強裝備及程序。

7.組員資源管理／線上導向飛行訓練（Line Oriented Flight Training, LOFT）：跨文化及補強作業。

8.高科技人／機介面：認知及訓練。

9.航空公司進階資格訓練計畫（Advanced Qualification Program, AQP）：飛航作業品質保證（Flight Operational Quality Assurance, FOQA）及複訓。

◆客艙安全面

1.防煙、防火問題：1998年9月2日瑞士航空111號班機失事，因電線短路引起的火花點燃了客艙壁板內PET（聚對苯二甲酸乙二酯）隔熱層。事故後國際上禁用PET隔熱層。

2.防爆問題：1996年7月17日美國環球航空TWA 800號班機於起飛爬升中失事。失事肇因可能是由於機腹多條同綑高壓電線的絕緣膠損毀，飛機中油箱內的燃油氣霧被高壓電所產生的火花點燃而導致爆炸解體。經此事故後，美國聯邦航空局要求廣體客機需要在中油箱加入惰性系統（如氮氣），以減少發生爆炸可能性。

3.晴空亂流：起因於1997年12月28日聯合航空826號班機於太平洋上空遭遇亂流導致103人受傷1人死亡事故。重新檢討客艙遭遇亂流程序之強化，包括客艙安全帶使用時機與緊急醫療等。

4.電磁干擾：由手機、筆記型電腦等電子儀器用品使用時機的程序強化。

◆機坪安全面

1.外物損傷：外物消弭及報告系統。

2.地面損傷事件：程序強化，設置警示標誌。

3.勞工傷害：加強防護裝備。

航空安全 管理

◆維修安全面

1. 機務人為失誤（maintenance human factors）：維修資源管理之補強訓練。
2. 棚廠FOD—FOE及報告系統。
3. 空中關車（In Flight Shut Down, IFSD）：發動機狀態監控（Engine Condition Monitor, ECM）及品質保證（Quality Assurance, QA）。
4. 適航指令（AD）、緊急技術通報（ASB）、技術通報（SB）、技術信函（Service Letter, SL，又稱All Operator Letter, AOL）等異常事件通報系統。
5. 簽轉、重複、重大、缺點通報系統。

◆飛安管理作業面

1. 強化非懲罰性保密飛安報告系統。
2. 機長、異常、鳥擊、人因等各類資訊系統。
3. 持續宣導嚴格自律及守紀的安全意識。
4. 強化人因教育及訓練。
5. 嚴格執行各類飛安稽核。
6. 全員飛安教育。
7. 飛安趨勢分析並及早實施預防作業。
8. 達到零失事之飛安終極目標。

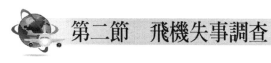

第二節　飛機失事調查

一、飛機失事調查之意義

　　航空安全工作最終目標是防止任何航空器失事，因此如何使失事預防工作完美無缺，端看管理者預防的機制作為。因此，任何一次飛機失事通常代表在失事預防工作上有缺失，此缺失多為隱藏性且唯有在得知飛機失事肇因後，始能設法改進與防止。而發掘失事肇因的主要方法就是透過失事調查，藉由調查所得資料，以作為飛安改善措施之依據，並用以加強失事預防之效果。

二、航空器失事調查之目的

　　「國際民航公約」第13號附約──航空器失事及意外事件調查（ICAO Annex 13 - Aircraft Accident and Incident Investigation），第3章3.1節闡述失事調查之目的：「調查失事或意外事件之根本目的，在於預防失事或意外事件之發生，不在追究過失或責任。」（The sole objective of the investigation of an accident or incident shall be the prevention of accidents and incidents. It is not the purpose of this activity to apportion blame or liability）

　　另依國際民航組織《航空器失事及意外事件調查手冊》（*Manual of Aircraft Accident and Incident Investigation*）（Doc 9756）所載，航空器失事調查主要目的為鑑定造成事件的各種因素、狀況與失事有關之情況，確定失事可能原因，俾能採取適當步驟，以消除導致失事之各項因素，防止失事事件再度發生。

　　綜上所述，航空器失事調查之目的是從失事事件中蒐集資料，發展預

防方法，以防止同樣或類似的失事再度發生，與確定懲罰責任之有無及多少無關，亦即不以處分或追究責任為目的。

三、航空器失事調查作業範圍

航空器失事調查作業範圍通常可分為三大項目：

(一)飛航操作

包括航務作業、機場設施、天氣、組員行為與生還因素、飛機性能、飛航管制、證人證詞、座艙語音紀錄器等方面之調查，說明如下：

1.航務作業：包括飛航計畫、組員派遣、影響飛航組員行為之心理因素、組員之背景、訓練、飛行時數及七十二小時內活動作息情形、組員訪談等。
2.機場設施：包括跑道鋪面、安全區域、各種識別標誌、燈光設施、障礙物標示、加油設施、油料類別型號及有無汙染、冰雪之影響、消防設施及搶救作業、野生動物干擾或撞擊、機場安全檢查情形等。
3.天氣：包括失事當時的天氣概況、地面天氣觀測、駕駛員天氣報告、雷達天氣觀測、預報天氣及實際天氣之差異以研判天氣突變情形、天氣提示服務、衛星觀測天氣等。
4.組員行為與生還因素：包括病理因素、駕艙與駕艙環境之危害、能量吸收模式——人員心理起伏情形、墜毀後因素、心理因素、生理因素、座椅與安全帶束縛、毒物因素、疲勞之影響等。
5.飛機性能：包括作業能量、操作穩定性、氣動力特性、失效／安全系統是否良好、性能限度、適航性等。
6.飛航管制：包括航管設施狀況、塔臺及航管錄音、管制員訪談、檢討管制員對飛行之處理、審查航管程序等。

7.證人證詞：包括詢問可能擁有與失事有關的資訊之人員、獲取證人證詞、製作證人所在位置圖、根據證人所見之記憶力繪出可能航跡圖、綜合證人所見將之應用於失事調查等。

8.座艙語音紀錄器方面：包括座艙語音紀錄器損壞情形、送至解讀單位、重錄錄音資料要點、公布適切之錄音抄件供大眾查閱等。

(二)飛機適航（機務）調查

包括飛機結構、飛機次系統、動力、修護紀錄、飛航資料紀錄器等方面之調查，說明如下：

1.飛機結構方面：包括檢查飛機機體與操作系統，並清查所有零件、標定殘骸分布，必要時做「殘骸重建」。

2.飛機次系統方面：包括檢查液壓、電氣系統、起火偵測與防護系統、氧氣系統、除冰系統、空調系統等，記錄駕艙儀表及操縱讀數、清查各系統組件、確保系統與操作連貫一致，並確定撞擊前系統操作之動力等。

3.動力方面：包括檢查燃油系統、進行失事現場動力調查、將發動機自現場運回作進一步研究與檢析、確定撞擊前動力操作之能力、檢查發動機組件及結構有否在撞擊前故障或損壞等。

4.修護紀錄方面：包括審查飛機修護紀錄、清查指定之修護是否確實執行、研判飛機歷史是否可能造成失事原因等。

5.飛航資料紀錄器方面：包括尋回飛航資料紀錄器、包裝運送至解讀單位、取得紀錄器資料、解讀飛行紀錄、印出紀錄資料、根據飛航資料紀錄器製作飛航剖面圖及三維（3-D）動畫等。

(三)航醫調查

包括生理、精神狀況、失能、疾病、藥物、毒物影響、酒精、視覺與錯覺、疲勞、缺氧、受傷、遺體檢查、解剖等。

四、航空事故調查機關、成員與內容報告

依ICAO第13號附約規定，航空事故發生地之政府調查機關為調查主導國（民航主管機關及業者），調查機關必須獨立行使職權不受任何干預。

參與調查的成員（participants of an investigation），包括航空器登記國（state of registry）、航空公司（state of the operator）、航空器設計國（state of design）、航空器／發動機製造國（state of manufacturer）、罹難者國籍國等，由每一單位指派的「授權代表」（Accredited Representative, AR）以及技術顧問（Technical Adviser, TA）所形成之體制（party system）。即是透過全員參與，蒐集事實資料及提供必要之技術協助，以相互制衡並即時改善。

調查內容項目包括：事實資料的蒐集與分析、改善建議、肇因、調查報告等。

其中，調查報告（final report）必須包括：

1. 事實資料報告（factual report）：飛航經過、人員傷害、航空器損害情況、其他損害情況、飛航組員資料、航空器資料、天氣資料、助導航設施、通訊、場站資料、飛航紀錄器、航空器殘骸及撞擊資料、醫學與病理、火災、生還因素、測試與研究、組織、其他。
2. 分析：針對事實資料之事實、確定與結論，及肇因有關之資料做出分析。
3. 結論：陳述與調查結果及肇因有關之結論。
4. 飛安改善建議：為預防事故所提出之改善建議或措施。
5. 附錄：任何有助瞭解報告之其他相關資料或相關國家對調查報告之不同意見。

五、航空器失事調查組織

　　飛航安全係航空運輸中首要課題，事前預防措施與事後失事原因調查，更是確保飛航安全之不二法門。航空器失事或意外事件，應由常設單位獨立調查，不受任何干預，才能提出更具公信力的調查報告。

　　目前全球主要國家獨立行使職權的飛航安全調查專責機構如下：

1. 美國：國家運輸安全委員會（National Transportation Safety Board, NTSB）。

2. 加拿大：運輸安全委員會（Transportation Safety Board of Canada, TSB）。

3. 英國：航空失事調查局（Air Accidents Investigation Branch, AAIB）。

4. 法國：航空失事調查局（Bureau of Enquiry and Analysis for Civil Aviation Safety, BEA）。

5. 德國：聯邦航空失事調查局（German Federal Bureau of Aircraft Accident Investigation, BFU）。

6. 紐西蘭：運輸失事調查委員會（Transport Accident Investigation Commission, TAIC）。

7. 澳洲：運輸安全局（Australian Transport Safety Bureau, ATSB）。

8. 丹麥：事故調查委員會（Accident Investigation Board, AIB）。

9. 日本：日本運輸安全委員會（Japan Transport Safety Board, JTSB）。

10. 新加坡：航空失事調查局（Air Accident Investigation Bureau, AAIB）。

11. 荷蘭：荷蘭安全委員會（Dutch Safety Board, DSB）。

12. 俄羅斯：州際航空委員會（Interstate Aviation Committee, IAC）。

　　我國早期因為沒有「國家飛航安全委員會」或「飛機失事調查委員

會」組織，舊有「民用航空法」也未規範航空器失事調查應由專責機關辦理，所以各類飛航安全事件，皆由交通部民用航空局成立失事調查小組，經過蒐集各項失事可能原因加以判定後，研提失事調查報告陳報交通部，交通部再依失事調查報告責成民航局擬訂改善措施，或將失事原因公布作為國內航空業者的借鏡，並實施具體方案。

　　然而交通部民用航空局身為民航監理機關，且其下轄主管的機場與飛航服務單位均與失事調查有密切關係，故在整個調查過程中難免遭到大眾質疑有「球員兼裁判」之缺失。為使調查結果具公信力，成立一獨立運作委員會，專職負責航空事故調查與原因鑑定，確實執行「裁判」工作，有其必要性。

　　為調查及避免民用航空器失事及重大意外事件，行政院於1998年1月21日依修正之「民用航空法」第84條至第87條規定，及「航空器飛航安全委員會組織規程」，於1998年5月25日正式成立「航空器飛航安全委員會」（Aviation Safety Council, ASC）。2001年5月23日依修正之「民用航空法」第84條及「行政院飛航安全委員會組織規程」，更名為行政院「飛航安全委員會」（簡稱「飛安會」），專司我國航空器失事及重大意外事件之通報處理、調查、鑑定原因、提出調查報告及飛航安全改善建議。2001年10月28日立法院三讀通過「飛航安全調查委員會組織法」，2002年5月20日飛安會再次更名為「飛航安全調查委員會」。

　　2018年10月21日臺鐵6432號車次普悠瑪自強號於宜蘭發生正線脫軌重大行車事故，造成18人死亡、200餘人輕重傷，行政院迅即指示規劃成立「國家運輸安全調查委員會」，以飛航安全調查委員會的專業基礎能量，擴充調查範圍至海、陸、空重大運輸事故原因鑑定。2019年4月24日公告「運輸事故調查法」及「國家運輸安全調查委員會組織法」規定，設立「國家運輸安全調查委員會」（Taiwan Transportation Safety Board, TTSB）（簡稱「運安會」），並於2019年8月1日正式掛牌成立，公正調查航空、鐵道、水路及公路之重大運輸事故，促進運輸安全，成為中央三級獨立機關。

　　運安會主要掌理下列事項：

1. 重大運輸事故之通報處理、調查、肇因鑑定及分析、提出調查報告及運輸安全改善建議。
2. 運輸事故趨勢分析、運輸安全改善建議之追蹤及運輸安全專案研究。
3. 運輸事故調查技術之研究發展、能量建立、紀錄器解讀及工程分析。
4. 運輸事故調查法令之擬訂、修正及廢止。
5. 國內、外運輸事故調查組織與運輸安全組織之協調及聯繫。
6. 其他有關重大運輸事故之調查事項。

　　運安會定位為一獨立超然的運輸事故調查專業機構。在執行專案調查報告後所發現的運輸事故改善措施，應向行政院院長提出，再由院長透過行政系統下達執行決心，責成交通部設計相關政策與執行方案，予以辦理。換言之，運輸政策的規劃與執行原本就是交通部所應完全承擔之責任，運安會根據運輸事故調查中所歸納之結論，向院長提出主管機關在此作為上所出現的盲點和缺失，並建議行政相關部門未來應予強化與改善的重點。

　　運安會設置委員九人至十一人，包括主任委員、副主任委員、專任委員及兼任委員。主任委員、副主任委員及專任委員由行政院院長任命，其餘委員由行政院院長就有關機關人員或學者、專家分別聘（派）兼之。

　　運安會組織包含委員會，下設「航空調查組」、「水路調查組」、「鐵道調查組」、「公路調查組」、「運輸安全組」及「運輸工程組」等六個專業團隊。其中攸關飛航事故調查的「航空調查組」掌理如下事項：

1. 重大飛航事故調查之規劃及執行。
2. 重大飛航事故之通報處理、調查、肇因鑑定及分析、調查。
3. 報告及飛航安全改善建議之提出。
4. 重大飛航事故調查案件之管理及整合。
5. 重大飛航事故調查證物之蒐集、保管及研究。

6.重大飛航事故調查人員培育之規劃、執行及考核。

7.國內、外飛航事故調查組織之協調及聯繫。

8.飛航事故調查相關法規訂修及解釋之擬議。

9.其他有關重大飛航事故之調查事項。

運安會在航空調查人員之專業、事故調查能量或軟硬體建置早已在飛安會時代就已奠立良好基礎，並獲得社會正面評價。其中，調查實驗室具備解讀國內外現有民航機飛航紀錄器能量，飛航資料分析能量亦已達國際水準，並支援國外事故調查機關紀錄器之解讀與動畫製作，獲得歐美先進國家調查機關一致肯定。

當然，改善國內飛安及運輸安全並非成立運安會就能一蹴可幾，運安會除了完整的事故安全調查外，同時也包含後續建議的提出以及持續的改善追蹤。不論是敦促政府或主管機關訂定相關法規以明確規範管理機制，或是針對不同運輸載具的潛在風險提出安全改善建議，都是為了「避免類似事故再度發生」，積極預防交通運輸可能發生的安全危害。此外，還需仰賴國內各航空公司、運輸業者的共同努力，不斷檢討改進，才能逐步重建國人對航空及運輸安全的信心。航空事業也才能在良好的經營環境下，與其他運具相互配合，建立一個安全、快速、便利的運輸網路。

第三節　黑盒子

大型民航機，以及部分小型商業用或私人飛機，必須裝設兩個記錄飛航資料及語音的「黑盒子」。一旦發生飛機失事或重大飛安事件，這兩個記錄飛行狀態、系統操作及駕艙內通話的紀錄資料，就是調查的重要資訊來源之一。

飛航紀錄器俗稱「黑盒子」。黑盒子的外殼並非黑色，而是含有螢光塗料易於辨認的橘紅色，且貼有反光條紋，另用英文及法文書寫白色文字

「FLIGHT RECORDER DO NOT OPEN」及「ENREGISTREUR DE VOL NE PAS. OUVRIR」。稱為黑盒子的原因是因為通常找到它時，大部分都呈現焦黑狀，另一原因是Black Boxes本身即具有神秘、令人想知道原委之意涵。

黑盒子有兩種形式，一為「座艙語音紀錄器」（Cockpit Voice Recorder, CVR），另一為「飛航資料紀錄器」（Flight Data Recorder, FDR），兩者都是用來調查飛航事故的「可能肇因」（probable cause）。此兩種紀錄器通常採用方型或圓筒型的不銹鋼盔甲作為主要防護層，內部有絕緣層及抗熱防護層，並充填蘇打粉以吸收熱量。黑盒子一般都安裝於機尾，也就是飛機失事毀損率最小的地方（**圖11-5**至**圖11-8**）。

其中，「座艙語音紀錄器」記錄無線電通話內容以及駕駛艙內的聲音，例如飛航組員間的交談，或是發動機聲音。而「飛航資料紀錄器」則記錄各項飛航數據，例如高度、空速及航向。老式的類比系統使用1/4吋的磁帶來儲存資料，現今則使用數位技術以及電子晶片。

座艙語音紀錄器　　飛航資料紀錄器

圖11-5　座艙語音紀錄器與飛航資料紀錄器

資料來源：國家運輸安全調查委員會，原飛航安全調查委員會網頁，https://www.asc.gov.tw/main_ch/docDetail.aspx?docid=884&uid=541&pid=541&check=0

圖11-6　B777-300ER客機的黑盒子位置

資料來源：作者拍攝

圖11-7　MD-82客機的黑盒子位置

資料來源：作者拍攝

圖11-8 MD-82客機的CVR及FDR

資料來源：遠東航空公司提供

　　萬一飛機於水面上失事，每一個紀錄器都還有一個水下定位發報器（Underwater Locator Beacon, ULB），會在紀錄器落水之後自動以37.5 KHZ發射出聲音訊號持續三十天，透過水下信標接收機，可以偵測出1.85公里內之紀錄器位置，此訊號可自20,000英尺的深海裡發揮作用。

　　飛航資料紀錄器與座艙語音紀錄器一直在失事調查中扮演舉足輕重之角色，是目前全球所倚重的失事調查裝備，將這些資料結合其他調查資訊（例如目擊證人、航管錄音、雷達資料及地面助導航設施的紀錄等），調查人員可以還原事故發生的過程，研討飛機系統與飛航組員的處置經過，進而研判事故的「可能肇因」與潛在的飛安風險。

　　在臺灣，飛安事故發生之後，兩具紀錄器會由事故現場送到「國家運輸安全調查委員會」的「航空調查組」調查實驗室進行解讀。紀錄器內的資料，透過複雜的電腦及音訊設備，可以轉換為易於理解的直接資訊，負責調查的小組便利用這些資訊作為證據之一。

一、飛航資料紀錄器（FDR）

指的是飛航紀錄器中記錄航空器系統、性能及環境參數之裝置。

飛機上的飛航資料紀錄器可以記錄多項有關於航行的數據。新出廠的飛機，依法必須要有能力記錄至少二十八項重要數據，例如：航機姿態、外型、時間、高度、空速、航向、垂直加速度、姿態等。除此之外，飛航紀錄器可以記錄至少五至三百種其他飛行數據，內容包括襟翼位置、自動駕駛模式，甚至煙霧警報。這些詳盡的資料對於失事調查而言是非常重要的。

裝設及解讀飛航資料紀錄器之優點：

1.揭露異常之航機行為。
2.判定航機之飛航性能與軌跡。
3.評估航機系統之操作。
4.使用飛航資料進行模擬機測試。
5.消除不同的事故肇因之假說。
6.提供事故調查方向。

第一代於1953年問世的FDR記錄方式是以高硬度金屬探針「類比式」的刻劃在金屬箔片上，記錄的參數只有：氣壓高度、空速、磁航向、垂直加速度、時間等五項。解讀方法是將金屬箔片取出以顯微鏡觀察及描繪。第一代紀錄器也有以照相底片為媒介，參數以傳感器轉動微小鏡子將訊號反射在底片上。第一代紀錄器在重大失事中常因撞擊及高溫火燒損壞，因此1980年就已停產。

第二代紀錄器於1970年中期出現，採用多軌磁帶為紀錄媒介，磁帶寬0.64公分，長度約300～500英尺，使用「飛航資料擷取單元」（Flight Data Acquisition Unit, FDAU），CVR可記錄駕駛艙內四軌的聲音三十分鐘；FDR可記錄六軌或八軌二十五小時的飛航資料，另紀錄資料項目從六項提高至一百餘項。第二代紀錄器規格要求在五微秒（千分之五秒）內承

受1,000倍重力加速度（G）的撞擊、攝氏1,100度的高溫三十分鐘，以及20,000英尺水深的水壓三十天。

第三代飛航紀錄器於1992年後使用「固態式記憶體晶片」（solid-state memory chip）記錄（**圖11-9**）。飛航資料紀錄器簡稱SSFDR，座艙語音紀錄器簡稱SSCVR。法規要求第三代紀錄器需在6.5微秒（千分之6.5秒）內承受3,400倍重力加速度撞擊、抗高溫1,100攝氏度六十分鐘與260攝氏度十小時、抗水壓20,000英尺深、抗靜擠壓5,000磅五分鐘與500磅重物自10英尺高度掉落產生0.25英寸之抗穿刺撞擊。第三代固態記憶體容量介於9 MB至32 MB；CVR可記錄駕駛艙內四軌的聲音三十分鐘至一百二十分鐘；FDR可記錄二十五小時至一百小時的飛航資料，紀錄資料從一百項提高至三千餘項。

全球目前FDR紀錄媒介主要為固態記憶體晶片，依據國際規範，飛航資料紀錄器可按航空器種類、製造時間、最大起飛重量、發動機型別及座位數區分為I、IA、II、IIA、IV 、IVA、V等多種類型，法定必要紀錄參數要求依類型不同介於十五項至七十八項之間。

圖11-9　固態式記憶體（左）與磁帶式記憶體（右）

資料來源：作者拍攝於運安會

解讀後的FDR資料，可構建出三維電腦模擬動畫，調查人員則研究飛機當時的姿態、儀表讀數、推力設定和其他飛行數據，以掌握事發當時情形。

二、座艙語音紀錄器（CVR）

指的是飛航紀錄器中記錄駕駛艙內語音之裝置。

CVR是位於兩名駕駛中間的抬頭儀表板上一個系統的區域性麥克風。除了記錄飛航組員的聲音，如組員討論之問題——操作程序、緊急處置、資源使用與合作外，還可以錄下駕駛艙內的其他聲音，包括：按鍵、發動機聲音、失速警告、防撞系統、近地警告系統、發動機火警、起落架收放聲以及所有的鈴響甚至撥動開關聲。藉由這些聲音，再配合發動機轉速、系統故障、速度等數據，通常可以斷定每個事件發生的時機。

另外，對外與地面航管或空域內其他航機的無線電通話、飛航組員間的交談，以及飛航組員透過機上廣播（Public Address, PA）與客艙組員或地勤人員的通話，甚至空氣動力噪音、爆炸聲響、結構損壞、大雨及打雷等環境雜音，也都可以記錄下來。

失事調查單位通常會根據CVR錄音內容製作一份文字檔的錄音抄件，而此錄音抄件則為調查過程中不可或缺的重要資料之一。另外，航管單位的錄音帶及雷達資料，以及內含的時間紀錄，可以用來決定所有事件的正確發生時間以及順序。在某些時候，若需要更精確的時間紀錄，還可以利用數位光譜分析儀來鑑定，這份抄件不但記錄了所有重要及明確的資料，同時也可以在調查公聽會上公開播放。

座艙語音內容的處理原則，與其他事證資訊稍有不同，因為駕駛艙內的對話往往極度敏感。因此，包括美國國會及全世界其他國家也要求調查委員會不得公布錄音的任何一部分，錄音及抄件屬於機密性資料。至於抄件的公布條件，法律上也有嚴格的限制。我國「運輸事故調查法」第22條規定，除為運輸事故調查之目的且必要者外，運安會不得將運具紀錄器之抄

件資料記載於對外發布之調查報告，且所有語音紀錄，不得對外揭露。

三、飛航資料紀錄器與座艙語音紀錄器的使用

我國「航空器飛航作業管理規則」第111條規定，航空器使用人應於航空器上裝置飛航紀錄器，以記錄供航空器失事調查使用之必要飛航資料，其詳細規範依民航局核定採用之國際飛航標準辦理。飛航紀錄器應於飛航前開啓，不得於飛航中關閉。但於航空器失事或航空器重大意外事件發生後，應於飛航中止時即關閉飛航紀錄器，於取出紀錄前，不得再開啓飛航紀錄器；其發生航空器意外事件經民航局要求者，亦同。航空器使用人應執行飛航紀錄器系統操作及評估檢查以確認飛航紀錄器系統持續可用。

第186條規定，航空器使用人於知悉航空器發生失事事件、重大意外事件或意外事件時，應立即通報民航局，並應保管相關之飛航紀錄器及所有資料以備調查。

四、第四代座艙語音紀錄器與飛航資料紀錄器

第四代飛航紀錄器主要特點爲大幅增加晶片容量，於飛航資料監控的應用更爲便利。於航機端可以將快速擷取紀錄器（Quick Access Recorder, QAR）升級爲無線傳輸介面，當飛機落地後可透過3G/4G網路立即將飛航資料傳輸至民航業者的飛安資料處理部門。第四代飛航紀錄器特性如下：

1. 2003年1月1日起，適航航空器必須具有二小時記錄能力的座艙語音紀錄器。2005年1月1日起全面汰換三十分鐘的座艙語音紀錄器。
2. 2005年1月1日起，開始實施座艙語音紀錄器使其具獨立十分鐘電源之記錄能力，防止座艙語音紀錄器因航機提供之電力中斷而無法記錄聲音（如2002年5月25日發生之華航CI611失事）。
3. 基於第三代飛航紀錄器的相關專利及半導體封裝技術的進步，航電

市場開始出現將兩具CVR及FDR組成一具更可靠且輕型之飛航紀錄器，以適用於小飛機與直昇機之安置，現有商用運輸型航空器則可裝置兩套複合式紀錄器於機首電子艙與機尾，簡稱複合式飛航紀錄器（combi recorder）。

4.2005年1月1日起，FDR需記錄CNS/ATM資料〔（如管制員與駕駛員數據通聯（Controller-Pilot Data Link Communication, CPDLC）〕。

5.改良飛航紀錄器與ULB之強度，避免ULB於航機墜毀後分離。

6.結合航空通訊網路（Aeronautical Telecommunication Network, ATN）網路，將飛航資料即時傳回地面監控。

7.發展座艙影像紀錄器（image recorder），並結合現有之複合式紀錄器，於駕駛艙內架設三具CCD攝影機，壓縮紀錄影像於複合式紀錄器之擴充記憶體內。1985年8月，英國一架B737型機發生發動機空中著火，造成機上所有人員罹難。英國航空器失事調查局於調查報告中首次提出安裝機載影像紀錄器的建議，以提供飛航組員飛行時能夠看到航空器外是否有起火或其他損害。2000年法國協和號失事後，調查報告中亦提出一項飛安改善建議：「致ICAO飛航紀錄器專家小組，應明確訂定時程並研擬民航運輸類航空器安裝機載影像紀錄器。」

影像紀錄器能提供人機介面變化、飛航組員之互動、駕艙內語言溝通情形、駕艙內環境變化以及座艙語音紀錄器與飛航資料紀錄器未紀錄之資料，主要記錄：(1)飛航組員工作區：駕駛艙內之燈光與有煙霧情況，飛航組員間之互動與檢查表使用情形，以及飛航組員對開關、油門與駕駛桿之操作情形等；(2)儀表與控制面板區：前視區儀表板、駕駛艙頭頂面板以及中央顯示面板，此影像紀錄器需要有較高影像解析度與記錄速率，便於分辨儀表指針與數字。

ICAO與歐美的飛航事故調查機構皆提出安裝機載影像紀錄器的建議，但卻受到國際民航駕駛員協會（International Federation of Air Line Pilots' Associations, IFALPA）的強烈反對。就大型民用航空器

而言，除非獲得IFALPA支持，否則大多數國家不會立法安裝機載影像紀錄器。

8. 就3,180公斤以下的直昇機及5,700公斤以下的定翼機而言，安裝簡式飛航紀錄器（Lightweight Flight Recorder）是另一大趨勢。簡式飛航紀錄器類似行車紀錄器概念，記錄模組包括：座艙語音記錄系統（Aircraft Data Recording System, CARS）、飛航資料記錄系統（Aircraft Data Recording System, ADRS）、機載影像記錄系統（Airborne Image Recorder, AIRS）、數據鏈記錄系統（Data-Link Recording System, DLRS）等。

9. 增加飛航資料紀錄器法定紀錄參數（mandatory parameters）。FAA要求美國國內線航機將FDR的必要紀錄參數從五十七項提升至八十八項，並全部完成航機裝置飛航資料擷取單元（Flight Data Acquisition Unit, FDAU）與數位資料介面安裝。

五、第五代座艙語音紀錄器與飛航資料紀錄器

因應法航447及馬航370事故，ICAO轄下的飛航紀錄器工作小組（Flight Recorder Panel, FLIRECP）提出第五代飛航紀錄器的發展重點：座艙語音記錄時間由二小時增加至二十五小時、水下定位發報器的電池壽命由三十天增爲九十天、航機遇險時具備傳送關鍵飛航資料至地面、考慮兩具複合式飛航紀錄器改裝其中一具爲可拋式飛航紀錄器（Deployable Flight Recorders）等議題。

第五代飛航紀錄器主要的特點有三：晶片容量大幅增加且複雜、飛航資料之編碼技術改用全雙工串列通訊協定、原始的飛航資料編碼採用「可延伸標記式語言」（Extensible Markup Language, XML）標準。

六、A380、B787及A350客機飛航紀錄器

對現代民航噴射機而言,駕駛艙內之飛控資料及導航模式均已高度自動化,新式飛航紀錄器係以固態晶片技術,將駕駛艙語音及錄像、飛航資料及數位鏈路資料經擷取後存入飛航紀錄器,主要特性包括:格式複雜、取樣率高、多資料來源、座艙語音紀錄器具備十分鐘獨立電源供應。

1. A380客機飛航紀錄器系統:包含座艙語音紀錄、飛航資料紀錄、管制員與駕駛員數據通聯訊息(CPDLC)紀錄等功能。FDR系統是由駕駛艙影像紀錄器、數位式飛航資料紀錄器、三軸加速儀及虛擬快速擷取紀錄器功能(Virtual QAR Functions)等次系統組成。A380客機(**圖11-10**)設計兩種飛航紀錄器安裝規格,一為標準型(於機尾安裝兩具獨立CVR與FDR),另一為改良型組合式紀錄器(Combined Voice and Data Recorder, CVDR),分別安裝於駕駛艙及機尾。A380客機之座艙語音及數位資料連結紀錄器系統(Cockpit Voice and Data Link Recorder System, CVDLRS)為目前最複雜的系統,CVDLRS包括:固態式座艙語音紀錄器及數位資料連結介面。

2. B787飛航紀錄器系統:波音B787型機(**圖11-11**)裝載兩具GE Aviation公司生產的增強型飛航紀錄器(Enhanced Airborne Flight Recorder, EAFR),兩具皆有五十小時以上飛航資料及二小時之語音資料,分別安裝於機首航電艙及機尾,機首之EAFR並具備十分鐘之獨立電源供應,作為航機電源失效後持續提供座艙語音及影像紀錄器所需電力。波音B787型機使用全雙工交換式乙太網路(Avionics Full Duplex Switch Ethernet, AFDX)作為各航電次系統間之網路通訊主幹,傳輸速度約為ARINC 429(ARINC為美國航空無線電公司「民航機飛航資料傳輸規範」)的1,000倍。波音B787 的EAFR並可於記憶體中儲存符合ARINC 647A規格的飛航紀錄器電子

圖11-10　A380客機

資料來源：作者拍攝

圖11-11　波音B787客機

資料來源：作者拍攝

　　解讀文件（Flight Recorder Electronic Documentation, FRED）檔案格式，使得紀錄器工程參數的解讀更為便利。

3.A350飛航紀錄器系統：A350型機（**圖11-12**）採用全雙工交換式乙太網路，對於飛航紀錄器可以選用ARINC 717規範的第四代飛航紀

錄器或ARINC 767專用的增強型飛航紀錄器。為考量與其他機隊間之裝備相容性及節省成本，空中巴士預先選用第四代飛航紀錄器，其做法為在飛機上安裝一套中央資料擷取單元（Centralized Data Acquisition Unit, CDAU）將AFDX網路及其他ARINC 429網路之資料整合，並轉換為263 ARINC 717資料串流並存入FDR，該設計有別於B787。A350可以使用當今市面上大部分標準的FDR，延續使用虛擬快速擷取紀錄器功能，但民航業者亦可額外選配快速擷取紀錄器（QAR）。現有A350機型使用之FDR可記錄二十五小時以上之飛航資料，儲存格式為每秒1,024字元（1,024WPS）之標準ARINC 717資料串流，紀錄參數約三千四百項，比較同樣採用1,024WPS標準之B737-800型機一千五百項參數及B777-300型機一千六百項參數，以及採用EAFR之B787型機二千零九十六項參數，A350的FDR可提供更多系統相關資訊。

圖11-12　A350客機

資料來源：作者拍攝

Chapter 12
航空安全未來趨勢

Safety record is a fragile asset. It's a day by day proposition.

良好的飛安記錄不易維持，時時刻刻不得有絲毫鬆懈。

～澳洲Qantas Airways前執行總裁James Strong

航空安全 管理

　　航空安全是一門系統科學，從飛機設計、製造、維修、氣象、航空醫學的科技層面，到飛航管制、機場管理、航空公司管理，以及政治、經濟、法律的社會層面，每一個細節均與飛航事故的發生息息相關。

　　在本書中我們可以明白瞭解，飛機失事的原因並沒有一個簡單的答案。因此，要如何達成飛航零事故的目標，包括政府、業者、學術界，從飛機設計、製造、維修、檢驗、飛行操作、飛航組員訓練、體檢、給證，到機場、飛航管制，以及氣象條件，乃至於社會環境、經濟條件、公司組織文化，甚至政治環境，只要是對航空安全會發生影響的因素都應該深入瞭解，以便在運作整個飛航系統時，可以有效地整合各種技術與資源，以求在各個層面均能避免事故發生，即是達成航空安全零失事的核心宗旨。

　　航空業界為增進安全正在不斷地努力，但普遍社會大眾對安全的觀感，總是認為低失事率沒什麼意義，失事必須減少，失事次數才是判斷標準。因此，航空業界仍得繼續努力說服大眾以正視聽。

　　目前，全球民航噴射機失事首要被重視的項目有：人為因素（飛航組員）、進場及落地（approach and landing）、操控下撞地（Controlled Flight Into Terrain, CFIT）、失控（loss of control）。航空業能增進安全之處在於四方面：(1)飛機（aircraft）；(2)系統（system）；(3)裝備設施（facilities）；(4)業者（operator）。

　　茲分別說明如下：

一、飛機

　　飛機安全的改進是漸進的，由失事率分析來看，現在的飛機安全性頗高（圖12-1），雖然A380、A350、A320/321/319neo、B787、B77W、B747-8、B737 MAX等新型客機已經量產，但其他營運中的各型飛機仍將繼續服役許久（圖12-2）。目前飛機裝備只能漸進式的提升安全性，且只限安裝在新製造的飛機上或改裝到現有飛機上，新科技尚未有跳躍式的安全性改進（表12-1）。

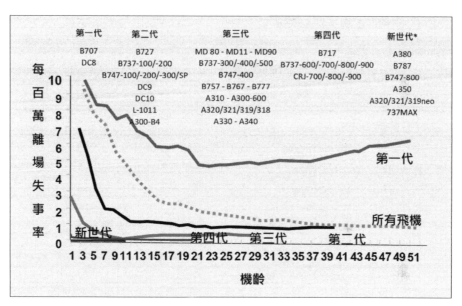

註*除737MAX外其餘失事率為0

圖12-1 不同世代飛機每百萬次離場失事率比較

資料來源：作者繪製

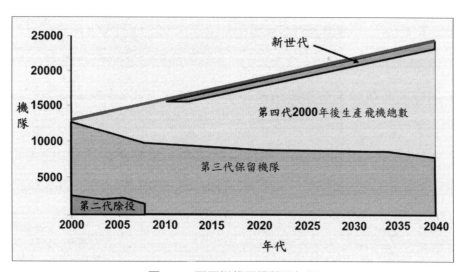

圖12-2 不同世代飛機營運年限

資料來源：作者繪製

表12-1 飛機的改進與安全關係

改進方式	有助於增進或預防
飛行包絡線保護（Flight Envelope Protection）	失控（Loss of Control）
風切偵測（Wind Shear Detection）	失控（Loss of Control）
結冰偵測（Ice Detection）	失控（Loss of Control）
全球定位系統（GPS）	導航／隔離（Navigation/Separation） 進場／落地（Approach and Landing）
加強型近地警告系統（EGPWS）	操控下撞地（CFIT）
晴空亂流偵測（CAT Detection）	客艙安全（Cabin Safety）
兒童約束系統（Child Restraints）	客艙安全（Cabin Safety）
抗火材料（Fire Retardant Materials）	客艙安全（Cabin Safety）
較大緊急出口（Larger Emergency Exits）	客艙安全（Cabin Safety）
引擎盤保護（Engine Disc Containment）	客艙安全（Cabin Safety） 結構損壞（Structural Damage）
空中防撞系統／詢答器（TCAS/Transponder）	空中相撞（Midair Collision）
資料連接（Data Link）	通訊（Communications）
全球航空遇險和安全系統 （Global Aeronautical Distress and Safety System）	導航（Navigation） 通訊（Communications）

二、系統

(一)優良的航空系統需要的條件

1.主管機關（政府）訂定航空、安全、健康、環境的適用法律（applicable law）。

2.完備的規則及規定（rules and regulations）：如符合國際民航組織標準等。

3.主管機關（政府）對檢查（inspection）、訓練（training）、紀錄及給證（records and licensing）的監督能力（oversight capability）。例如：遙控無人機註冊、檢驗、操作人員測驗、活動空（區）域、操

作限制、飛航活動申請及保險等事宜。

4.統計分析及資料蒐集。

(二)肇致失事的系統失誤

肇致失事的系統失誤如**圖12-3**所示。

1.典型的隱性失誤：

    (1)計畫或排程不良。

    (2)設計不足／裝備不良。

    (3)配置不當／缺乏資源。

    (4)缺陷的程序。

    (5)溝通不良。

    (6)訓練缺點。

    (7)不完整的選擇程序。

    (8)忽視已知的危險。

    (9)缺乏激勵。

2.改正一個隱性失誤能消除數個顯性失誤。

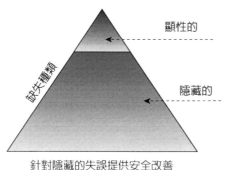

針對隱藏的失誤提供安全改善

圖12-3　失誤種類

資料來源：作者繪製

(三)人爲失誤

1. 人天生就會犯錯：

    (1)犯錯是人類正常行爲的一部分——人類會犯錯。

    (2)大部分失誤是無心的——人不會故意犯錯。

    (3)人爲失誤是症狀而不是失事肇因。

2. 管理階層也會犯錯：

    (1)管理階層犯少數顯性的失誤。

    (2)大部分是潛在的隱性失誤。

    (3)隱性失誤能長期靜止不動。

    (4)隱性和顯性失誤合在一起造成失事。

(四)管理階層負責安全

1. 安全從最高層開始。

2. 董事長／總經理倡導安全文化。

3. 管理階層訂定安全政策。

4. 管理階層須體認安全是營業價值的核心。

(五)良好安全管理的做法——董事長／總經理訂定公司安全政策

1. 公司安全政策要以安全爲營業價值核心。

2. 訂定安全計畫。

3. 遵守標準作業程序。

4. 落實意外事件報告計畫——保密及非懲罰性。

5. 具備管理及獨立督察機制。

6. 所有人員完備的訓練。

7. 提供足夠資源。

(六)管理態度轉變為行動

1.飛機修護：裝備良好、標準化、正確適當的維修。
2.標準作業程序：精心地發展、完全地執行、嚴格地遵守。
3.訓練及考核計畫：維持適當的工作技能。

三、裝備設施

(一)硬體之改善

裝備設施的改進，是指裝置或改裝機上裝備及地面設施對安全的助益（**表12-2**）。

長期以來，科技一直是航空業內變革的驅動力。自第二次世界大戰以來的數十年中，科技發展一直是提高航空運輸安全性能的最重要因素。隨著新一代電腦，自動化和複合材料的引進，在飛機和地面作業環境中的通訊、導航和監視方面的進步有增無減。

表12-2 裝備設施的改進與安全關係

改進方式	有助於增進或預防
航管 ATC	導航／隔離 Navigation/ Separation
最低安全高度警告系統 MSAWS	操控下撞地 CFIT
精確進場 Precision Approach	進場及落地 Approach and Landing
跑道標誌及燈光 Runway Signals and Lighting	跑道入侵 Runway Incursions
飛航模擬器 Flight Simulators	飛行訓練／複訓 Flight Training/ Recurrent Training

重要科技發展的例子包括：

1. 飛機設計、製造和複合材料的使用，生產更輕、更快的飛機，導致全球對低成本航空的需求增加。
2. 飛航管理系統讓更多飛機能夠進入航路和終端空域。
3. 新的機場基礎設施和地面設施讓運量增加。
4. 新世代飛機需要新的機場基礎設施和地面設施。
5. 支援新世代飛機和航空電子設備的工程和維修系統。
6. 航空保安、監視和乘客處理的設備和能力。
7. 降落和進場程序設計，與整合的機載技術，提供在非預期及低能見度下更安全的最低決定高度（例如增強型的全球定位系統）。
8. 電子飛行包（Electronic Flight Bag, EFB）的出現提供機載系統最新及全方位的數據和資訊。
9. 飛機和控制系統的整合提供前所未有的自動化，使通訊、導航和監視準確性和完整性。
10. 持續改進模擬設備以支援訓練系統。
11. 用於國防、保安和商用領域的無人機系統和無人駕駛飛行器。

其中許多發展正在改變，飛航作業任務需要提供大量新措施來減緩風險，並且還需主動管理新的安全威脅。

(二)軟體之應用

◆分析數位飛航資料紀錄器

航空業界以往對降低失事事件，通常是透過調查失事殘骸及分析「黑盒子」被動式地反應。當失事率處於水平高點時，被動反應不是有效做法。未來要減少失事，業界必須積極主動，識別及消除不利趨向，在失事發生前制止，分析及持續監控飛行資料紀錄器有助此項工作。

分析數位飛航資料紀錄器（DFDR）資料（**圖12-4**）稱之為「飛航作

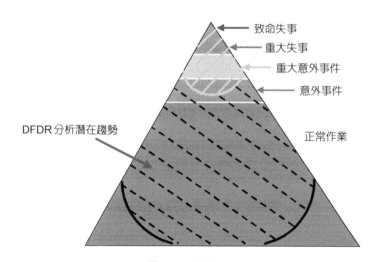

業品質保證」（FOQA）計畫，可以發掘組員行為及飛機性能的異常；在飛機方面，可以監控系統及性能；在組員方面，可以監控操作、協調合作（airmanship）、過量動作（exceedances）及行為（behavior）。DFDR可以辨識正常作業、強調不正常作業以及在正常操作中偵測不良趨向，這些潛在的危險在失事發生之前是能夠加以識別及改正的。總體來說，FOQA可以預防失事、降低傷害、保全人命、保護裝備及降低成本，因此深受民航業界歡迎。

◆大數據系統──IATA「全球航空數據管理」

國際航空運輸協會（IATA）利用全球每年超過三千萬次航班蒐集的FDA（Flight Data Analysis）／ FOQA（Flight Operations Quality Assurance）大數據，作為提高航空安全的關鍵。例如，航空公司可以透過IATA的飛航資料交換（Flight Data eXchange, FDX）使用更多的DFDR數據

圖12-4　分析DFDR資料

資料來源：作者繪製

來識別組織內系統性風險問題。

這些大數據是來自於IATA「全球航空數據管理」（Global Aviation Data Management, GADM）計畫的資料管理平台，GADM整合所有來自各種管道接收的作業數據，包括IATA獨有的程序，例如飛航作業、基礎設施和IATA查核，所有程序都提供一個共用、互連的資料庫結構。

航空安全技術的發展已經從獨立事故分析轉變至以數據資料導向的趨勢分析，以及在航空運輸鏈中各環節的相互作用，這就是GADM計畫的內容。GADM提供全面的跨數據分析，支援用於進階趨勢分析的主動式數據導向方法及被動式風險的緩解。

全球超過四百七十家業者將數據資料提交給GADM，超過90%的IATA成員航空公司參與其中。

所有的GADM都可以提供適用的匯整資料、識別報告與分析，包括下列數據資料：

1. 安全報告：IATA安全報告資料庫包含了航空業失事、原因和預防策略的關鍵資訊，這是來自航空公司、製造商和國際組織的產業合作夥伴共同努力的結果。

2. STEADES：IATA「安全趨勢評估、分析及數據交換系統」（Safety Trend Evaluation, Analysis & Data Exchange System, STEADES）是全球最大的「去識別化」（de-identified）航空公司意外事件報告資料庫，提供航空公司匯集全球基準化分析需求的一個安全資訊場所。

3. 飛航資料連結：IATA的飛航資料連結（Flight Data Connect, FDC）服務是針對有意將此業務外包給外部廠商的航空公司一項飛航資料分析服務。

4. 飛航資料交換：飛航資料交換（Flight Data Exchange, FDX）是整合FDA／FOQA事件類型的去識別化資料庫，它可以讓航務和安全部門主動地識別安全危害。

5. 地面損傷資料庫：地面損傷資料庫（Ground Damage Database,

GDDB）旨在促進「數據導向」（data-driven）的決策，以顯著減少飛機地面損傷事件。

6.IATA作業安全查核：IATA作業安全查核（IATA Operational Safety Audit, IOSA）程序是國際公認和接受設計作為航空公司作業管理與控制系統的評估系統。IOSA的品質查核原則旨在以標準化方式進行查核。

7.IATA地面作業安全查核：為提高安全性和減少地面損傷，IATA地面作業安全查核（IATA Safety Audit for Ground Operations, ISAGO）將航空公司、地勤公司、貨運公司和其他相關業者聚集一起。ISAGO使用國際公認的查核標準，旨在透過減少多餘的查核數量來提高效率。

8.客艙安全：全球航空數據管理（GADM）的客艙安全部分主要是提供客艙作業更深入的報告和建議，強化IATA會員航空公司的安全性，減少客艙安全相關事件。

四、業者

1.建立安全管理系統。

2.書面政策及程序。

3.執行安全計畫：自我督察（self audit program）與狀況警覺（Situation Awareness, SA）。

4.航管新技術的使用：通訊、導航、監視與飛航管理CNS/ATM（Communication, Navigation, Surveillance/ Air Traffic Management）。

5.飛安資訊分享：他山之石，可以攻錯。

6.飛行人員專長訓練：

(1)標準作業程序。

(2)操控下撞地。

(3)不正常姿態。

(4)風切。

(5)組員資源管理／航路導向飛行訓練（CRM/ LOFT）。

(6)進場與落地。

7.獨立的安全部門：

(1)飛航作業品質保證計畫。

(2)建立保密及非懲罰性報告系統（confidential and non-punitive reporting systems）。推行保密及非懲罰性的失誤報告計畫（error reporting programs）行動，能在失事發生之前偵測到不良趨向，並識別問題所在。

五、結語

　　安全就是省錢，也是航空業的首要任務，航空安全是一個社會現代化的指標，代表對尖端科技的掌握，代表對生命的尊重，也是一個國家形象之所繫。航空安全管理是民航業界最重要的基石，飛航零事故更是成熟的社會一場沒有終點的馬拉松競賽，唯有確保安全，民航方能永續發展。

　　過去改善航空安全常分為主動與被動兩種方式，傳統的失事或意外事件調查往往都要等到飛安事故發生後才被動地採取調查行動，蒐集到的資訊不但有限，而且早已付出慘痛的代價。相反地，透過航空業界目前積極進行的組員資源管理、維修資源管理、線上安全稽核、飛航作業品質保證、安全管理系統、自我督察、國際航空運輸協會安全查核、保密性飛安報告系統等由日常作業中找出可能引發空難事故的因子，採取積極主動的態度，才能將飛安事故防範於未然。

　　綜觀航空安全管理之演進，可以明顯看出下列趨勢：

1.從注重硬體（機械）改進，演進至重視軟體（管理）改善。

2.從注重物性環境改善，演進至重視人性因素和諧。

3.從注重個人價值層面，演進至重視團體企業文化。

4.從被動式遇事應變的措施（reactive analysis approach），演進至主動式事先預防於未然（proactive analysis approach）。

5.從強調第一線職場的（行動）失誤，演進至重視最高階決策（隱性）失誤。

今後航空安全管理的重點，在於航空器使用者（end user）的價值觀、願景、思考邏輯及特殊的文化品質。

過去全球及臺灣地區發生的空難成為國際注目的焦點，社會大眾對航空運輸安全產生質疑。近年來航空運輸需求量大幅成長及對運輸安全的訴求，其間仍有些微之落差。

科技的進步僅改善了航空器部分「硬體」的安全可靠度。「軟體」的配合、「地面基礎設施」的支援及系統管理之間仍然失調。航空器製造廠商（歐美國家）對全球各地航空業文化特質的瞭解有著無法彌補的落差。積極改善航空安全品質，恢復旅客對航空安全的信心，以及持續整體性改善航空體系的現況，是產、官、學、研各界共同的責任。

依統計數字顯示，航空仍是最安全的一種運輸方式，就目前所有的交通運輸業而言，沒有一項交通工具在人力、物力、財力等安全的投資上像航空業如此重視：各航空公司設有飛安室、民航局有標準組、行政院有「國家運輸安全調查委員會」、飛機製造廠有安全工程部門等，還有不包括在內的飛安相關單位以及航空公司全體員工等，每一位都是捍衛飛安的一顆小螺絲釘。

航空安全的改善不像機車規定戴安全帽那樣立竿見影、藥到病除，因為參與此工作的體系龐大，需要長時間及大家共同努力。欣慰的是，航空業界一直不斷戮力地在增進飛航安全，無論是裝備的改良、安全的管理及危機應變處理，都日趨精進，以期達成零失事率的目標。期待未來，我們會擁有一個更安全的天空！

參考書目

一、中文

中央大學環工所（2009）。事故調查專業人員訓練教材（初稿）。取自https://www.sh168.org.tw/toshms/Data/%E4%BA%8B%E6%95%85%E8%AA%BF%E6%9F%A5%E8%A8%93%E7%B7%B4%E6%89%8B%E5%86%8A.pdf

中央大學環工所（2005）。意外事故調查指引（Part 1）。取自https://www.sh168.org.tw/toshms/Data/%E6%84%8F%E5%A4%96%E4%BA%8B%E6%95%85%E8%AA%BF%E6%9F%A5%E6%8C%87%E5%BC%95.pdf

交通部民用航空局（2004）。組員資源管理（CRM）訓練。民航通告AC120-005B。取自https://www.caa.gov.tw/Article.aspx?a=1186&lang=1

交通部民用航空局（2006）。客艙安全檢查員手冊。

交通部民用航空局（2018）。航空器飛航作業管理規則。取自https://www.caa.gov.tw/ContentAndMorefiles.aspx?a=1309&lang=1

交通部民用航空局（2019a）。航空運輸專論。取自https://www.caa.gov.tw/article.aspx?a=863&lang=1

交通部民用航空局（2019b）。航空站地勤業現況資料。取自https://www.caa.gov.tw/Article.aspx?a=770&lang=1

交通部運輸研究所（1997）。國內外航空事故肇因分析與失事調查組織以及作業之研究。

交通部運輸研究所（2002）。應用風險管理於航空安全之研究。

交通部運輸研究所（2006）。飛航安全研究之回顧與發展。

行政院飛航安全調查委員會（2002）。中華民國89年10月31日新加坡航空公司006班機BOEING 747-400型機國籍登記號碼9V-SPK於中正國際機場起飛時撞毀在部分關閉跑道上。航空器失事調查報告。

李文魁（2005）。〈航空安全風險評估模式之研究〉。國立成功大學交通管理科學研究所博士論文。

李雲寧、王穎駿（1999）。〈高科技環境下之風險管理——人為失誤與飛航安全文化〉。《民航季刊》，1（1），25-46。

何立己（1998）。〈驚爆特內里費（上）〉。《世界民航雜誌》，10，74-78。

何立己（1998）。〈驚爆特內里費（下）〉。《世界民航雜誌》，12，74-78。

何立己（1998）。《黑盒子的秘密——航空安全人為因素剖析》。臺北：世界民航雜誌。

何立己（2012）。〈一個多贏且能協助解決飛安隱形挑戰的系統——疲勞風險管理系統〉。《飛行安全秋季刊》，70，10-15。

宋明哲（2008）。《現代風險管理》。臺北：五南圖書出版公司。

林佑儒（2004）。〈線上安全稽核成效及其影響因素之研究——以某國籍航空公司為例〉。國立成功大學交通管理科學研究所碩士論文。

官文霖（2014）。〈揭開黑盒子的祕密〉。《科學發展》，495，6-13。

官文霖、黃佑平（2016）。〈新式飛航紀錄器之特點與應用——第一部分：飛航紀錄器發展歷程及訊號編碼〉。《航空安全及管理》，3（3），214-227。

官文霖、黃佑平（2016）。〈新式飛航紀錄器之特點與應用——第二部分：新式飛航紀錄器系統與分析應用〉。《航空安全及管理》，3（3），257-273。

官文霖、蘇水灶（2006）。〈民用飛航記錄器之發展趨勢與挑戰〉。2006中華民用航空學會年會論文，II-4。

飛行安全基金會（1996）。85年國籍航空安全計畫管理訓練講義。

飛行安全基金會（1997）。86年國籍航空維修安全計畫管理講義。

飛行安全基金會（1994）。第四屆國籍航空飛安年會講義。

飛安基金會（2009）。2008年國籍航空客艙異常事件分析。取自http://www.flightsafety.org.tw/file/57analysis.pdf

飛航服務總臺（2019）。管制架次統計。交通部民用航空局。取自https://www.anws.gov.tw/ServiceStatistics/AnnualStatistics/as04.htm

高雄國際航空站（2016）。空側安全講習簡報。取自https://www.kia.gov.tw/FileDownLoad/FileUpload/20161024094915466115.pdf

凌鳳儀（1998）。《航空運輸總論》。臺北：文笙書局。

馬公航空站（2017）。馬公航空站106年度安全管理系統基礎訓練。取自https://www.mkport.gov.tw/UploadFile/20170711170418.pdf

桃園國際機場公司（2019）。臺灣桃園國際機場停機坪作業與管理規定。取自
　　https://www.taoyuanairport.com.tw/uploads/20180723/20180723094042_%E5
　　%85%AD%E3%80%81%E8%87%BA%E7%81%A3%E6%A1%83%E5%9C%
　　92%E5%9C%8B%E9%9A%9B%E6%A9%9F%E5%A0%B4%E5%81%9C%E
　　6%A9%9F%E5%9D%AA%E4%BD%9C%E6%A5%AD%E8%88%87%E7%A
　　E%A1%E7%90%86%E8%A6%8F%E5%AE%9A.pdf

國家運輸安全調查委員會（2019）。臺灣飛安統計報告2008-2017。取自https://
　　www.ttsb.gov.tw/media/1139/%E5%8F%B0%E7%81%A3%E9%A3%9B%E5
　　%AE%89%E7%B5%B1%E8%A8%88-2008-2017.pdf

張有恆（2001）。《航空安全人為因素探討及案例分析》。臺北：交通部民用
　　航空局。

張有恆（2016）。《飛航安全管理》。臺北：華泰書局。

張有恆、王穎駿（2004）。〈維修資源管理之探討〉。《民航季刊》，6
　　（4），33-70。

張航挺（1998）。〈飛機上為何不能使用電子通信產品〉。《世界民航雜
　　誌》，12，82-84。

凱林國際教育股份有限公司（2019）。作業風險管理。取自http://www.caring.
　　com.tw/02_1_4_Steps.html

葉武漢（2006）。安全管理系統──長榮航空的做法。第14屆國籍航空飛安年
　　會光碟。

維基百科（2019）。英國航空38號班機事故。取自https://zh.wikipedia.org/wiki/
　　%E8%8B%B1%E5%9C%8B%E8%88%AA%E7%A9%BA38%E8%99%9F%E
　　7%8F%AD%E6%A9%9F%E4%BA%8B%E6%95%85

劉天健（2006）。客艙非理性旅客與航空業者因應之道。第二屆全國航空客艙
　　安全研討會。

鍾政淋（2006）。〈國內飛航管制人員風險因素模式探討〉。國立成功大學交
　　通管理科學研究所碩士論文。

戴旭東（2006）。安全管理系統華航作為。第14屆國籍航空飛安年會光碟。

二、英文

AirSafe (2019). Top 10 Airline Safety Tips. Retrieved from http://airsafe.com/ten_tips.htm

Archive (2001). The risks of travel. Retrieved from https://web.archive.org/web/20010907173322/http://www.numberwatch.co.uk/risks_of_travel.htm

BBC (2000). Flying still the safest form of travel. British Broadcasting Corporation. Retrieved from http://news.bbc.co.uk/2/hi/uk_news/736582.stm

Ben S. (2010). *The Survivors Club: The Secrets and Science that Could Save Your Life*. New York: Grand Central Publishing.

Boeing (2018). *Statistical Summary of Commercial Jet Airplane Accidents 1959-2017*. Seattle: Boeing Company.

CAA (2013). Global Fatal Accident Review 2002 to 2011. Civil Aviation Authority, UK. Retrieved from http://publicapps.caa.co.uk/docs/33/CAP%201036%20Global%20Fatal%20Accident%20Review%202002%20to%202011.pdf

CFR (2019). § 830.2 Definitions. Retrieved from https://www.ecfr.gov/cgi-bin/text-idx?SID=58c5488d06f7fa5f8de29bea22141ec6&mc=true&node=pt49.7.830&rgn=div5

Chang, Y. H., & Wang, Y. C. (2010). Significant human risk factors in aircraft maintenance technicians. *Safety Science, 48*(1), 54-62.

FAA (2002). Aeronautical Decision Making. FAA AC 60-22. Retrieved from https://www.faa.gov/documentLibrary/media/Advisory_Circular/AC_60-22.pdf

FAA (2005). Human Factors Policy. FAA Order 9550.8A. Retrieved from https://www.faa.gov/about/initiatives/maintenance_hf/library/documents/media/support_documentation/faa_order_9550.8_hf_policy.doc

FAA (2009). Risk Management Handbook. Retrieved from https://www.faa.gov/regulations_policies/handbooks_manuals/aviation/media/faa-h-8083-2.pdf

FAA (2019). Runway Safety- Runway Incursions. Retrieved from https://www.faa.gov/airports/runway_safety/news/runway_incursions/

Flight Safety Foundation (2007). Ground Accident Prevention (GAP). Retrieved from https://flightsafety.org/toolkits-resources/past-safety-initiatives/ground-accident-prevention-gap/

Galea, E. R., Filippidis, L., Wang, Z., Lawrence, P. J., & Ewer, J. (2010). Fire and evacuation analysis in BWB aircraft configurations: computer simulations and large-scale evacuation experiment. *The Aeronautical Journal, 114*(1154), 271-277.

Gallagher, R. B. (1956). Risk management: new phase of cost control. *Harvard Business Review, 34*, 75-86.

Government of Canada (2019). Aviation Safety Posters. Retrieved from https://www.tc.gc.ca/eng/civilaviation/standards/systemsafety-posters-menu-723.htm

Hawkins, F. H. (1993). *Human Factors in Flight* (2nd edition). Orlady, H. W. Aldershot: Ashgate.

Helmreich, R. L., Merritt, A. C., & Wilhelm, J. A. (1999). The evolution of crew resource management. *International Journal of Aviation Psychology, 9*, 19-32.

IATA (1981). *Airline Guide to Human Factors*. International Air Transport Association, Montreal: IATA.

IATA (2006). *Safety Report 2005*. International Air Transportation Association, Montreal: IATA.

IATA (2008). *Safety Report 2007*. International Air Transportation Association, Montreal: IATA.

IATA (2011). *Airport Ramp Services, Course eTextbook* (1st edition). International Air Transportation Association, Montreal: IATA.

IATA (2018a). IATA Safety Report. Retrieved from https://www.iata.org/publications/Pages/safety-report.aspx

IATA (2018b). IATA Forecast Predicts 8.2 billion Air Travelers in 2037. Retrieved from https://www.iata.org/pressroom/pr/Pages/2018-10-24-02.aspx

IATA (2018c). *Safety Report 2017*. International Air Transportation Association. Montreal: IATA.

IATA (2018d). *IATA Ground Operations Manual*（IGOM）(8th edition).

International Air Transport Association, Montreal: IATA. Retrieved from https://www.iata.org/publications/store/Documents/igom08-toc-20181203.pdf

IATA (2019a). IATA Releases 2018 Airline Safety Performance. Retrieved from https://www.iata.org/pressroom/pr/Pages/2019-02-21-01.aspx

IATA (2019b). *Safety Report 2018* (55th edition). Retrieved from https://libraryonline.erau.edu/online-full-text/iata-safety-reports/IATA-Safety-Report-2018.pdf

IATA (2019c). *Cabin Operations Safety- Best Practices Guide* (5th edition). International Air Transport Association, Montreal: IATA.

IATA (2019d). IOSA Audit Organizations. International Air Transport Association, Montreal: IATA. Retrieved from https://www.iata.org/whatwedo/safety/audit/iosa/Pages/audit-organizations.aspx

ICAO (1998). *Human Factors Training Manual* (1st edition). ICAO Doc 9683-AN/950. Retrieved from http://dgca.gov.in/intradgca/intra/icaodocs/Doc%209683%20-%20Human%20Factors%20Training%20Manual%20Ed%201%20Amd%202%20(Corr1)%20(En).pdf

ICAO (2007). *Manual on the Prevention of Runway Incursions* (1st edition). International Civil Aviation Organization, Montreal: ICAO. Retrieved from https://www.icao.int/safety/RunwaySafety/Documents%20and%20Toolkits/ICAO_manual_prev_RI.pdf

ICAO (2013). Airport Economics Manual. ICAO Doc 9562. Retrieved from https://www.icao.int/sustainability/Documents/Doc9562_en.pdf

ICAO (2017). Model Accident Investigation Authority Act. International Civil Aviation Organization, Montreal: ICAO. Retrieved from https://www.icao.int/safety/Implementation/Library/Model%20AIG%20Act_31%20Mar%202017.pdf

ICAO (2018). Safety Management Manual. ICAO Doc 9859. Retrieved from http://dgca.gov.in/intradgca/intra/icaodocs/9859_cons_en.pdf

ICAO (2019a). Accident Statistics. Retrieved from https://www.icao.int/safety/iStars/Pages/Accident-Statistics.aspx

ICAO (2019b). 2018 Safety Report. Retrieved from https://www.icao.int/safety/

參考書目

Documents/ICAO_SR_2018_30082018.pdf

ICAO (2019c). ICAO CABIN SAFETY PROGRAMME. Cabin Safety. Retrieved from https://www.icao.int/safety/AirNavigation/OPS/CabinSafety/Pages/default.aspx

Kanki, B. G., Helmreich, R. L., & Anca J. (2010). *Crew Resource Management* (2nd edition). Boston: Academic Press/Elsevie.

Mehr, R. I., & B. A. Hedges (1974). *Risk Management Concepts and Application*. New York: McGraw-Hill.

Mowbray, A. H. (1930). *Insurance: Its Theory and Practice in the United States*. New York: McGraw-Hill.

Planecrashinfo (2019). Causes of Fatal Accidents by Decade. Retrieved from http://planecrashinfo.com/cause.htm

Rasmussen, J. (1986). *Information Processing and Human-Machine Interaction: An Approach to Cognitive Engineering*. New York: Elsevier Science Inc.

Reason, J. (1990). *Human Error*. UK: Cambridge University Press.

Reason, J. (1997). *Managing the Risks of Organizational Accidents*. UK: Taylor & Francis Ltd.

SKYbrary (2019). Use of Personal Electronic Devices (PEDs) on Aircraft. Retrieved from https://www.skybrary.aero/index.php/Use_of_Personal_Electronic_Devices_(PEDs)_on_Aircraft

Twiga Aero (2017). Solutions to the High Costs of Aircraft Ground Damage: White Paper. Retrieved from http://magazine.groundhandling.com/article-images/155744/WhitepaperSolutionstotheHighCostsofAircraftGroundDamage(1)%20(1)%20BRENDA.pdf

William V. (2006). Overview of Safety Challenges and Solutions. The 14th Annual Taiwan Aviation Safety Conference, Aviation Safety Council, Taipei.

William Rankin (2007). MEDA Investigation Process. Aero Quarterly, 02. Retrieved from https://www.boeing.com/commercial/aeromagazine/articles/qtr_2_07/article_03_2.html

三、網站

中華民國人因工程學會：http://www.est.org.tw/

中華航空公司：http://www.china-airlines.com/ch/index.htm

立榮航空公司：https://www.uniair.com.tw/rwd/index.aspx

臺灣虎航：https://www.tigerairtw.com/zh-tw/

交通部民用航空局：http://www.caa.gov.tw/

長榮航空公司：http://originalwww.evaair.com/zh-tw/index.html

飛行安全基金會：http://www.flightsafety.org.tw/

桃園航勤公司：http://www.tias.com.tw/

國家運輸安全調查委員會：https://www.ttsb.gov.tw/

國民健康署：https://www.hpa.gov.tw/Home/Index.aspx

華信航空公司：https://www.mandarin-airlines.com/

華航名古屋空難調查報告：http://www.rvs.uni-bielefeld.de/publications/Incidents/
　　　DOCS/ComAndRep/Nagoya/nagoyarep/nagoya-top.html

遠東航空公司：https://www.fat.com.tw/

維基百科：http://zh.wikipedia.org/

Aviation Safety Network：http://aviation-safety.net/

AIRBUS：http://accidentstats.airbus.com/

AirDisaster.Com：http://www.airdisaster.com/

Airline Ratings：https://www.airlineratings.com/

AirSafe：http://www.airsafe.com/

ASRS：http://asrs.arc.nasa.gov/main.htm

Bureau of Aircraft Accidents Archives：https://www.baaa-acro.com/

EASA：https://www.easa.europa.eu/

FAA：http://www.faa.gov

Flight International：http://www.flightglobal.com/Home/Default.aspx

Flight Safety Australia：http://www.casa.gov.au/index.htm

Flight Safety Foundation：http://www.flightsafety.org/

FORAS：http://foras.com.tw/

IATA：https://www.iata.org/pages/default.aspx

ICAO：https://www.icao.int/Pages/default.aspx

Jet Airliner Crash Data Evaluation Centre：http://www.jacdec.de/

NTSB：https://www.ntsb.gov/Pages/default.aspx

PlaneCrashInfo：http://planecrashinfo.com/index.html

SKYbrary：https://www.skybrary.aero/index.php/Main_Page

〜以上資料若有遺漏之處，惠請專家及讀者不吝指正。

觀光旅運系列

航空安全管理

作　　者／王穎駿
出 版 者／揚智文化事業股份有限公司
發 行 人／葉忠賢
總 編 輯／閻富萍
執行編輯／鄭美珠
地　　址／新北市深坑區北深路三段 258 號 8 樓
電　　話／(02)2664-7780
傳　　真／(02)2664-7633
E-mail ／ service@ycrc.com.tw
I S B N ／ 978-986-298-334-8
初版一刷／ 2019 年 10 月
定　　價／新台幣 580 元

國家圖書館出版品預行編目（CIP）資料

航空安全管理 / 王穎駿著. -- 初版. -- 新北
市：揚智文化, 2019.10
面；　公分. -- (觀光旅運系列)

ISBN 978-986-298-334-8 (平裝)

1.航空安全　2.航空運輸管理

557.94　　　　　　　　　　　　　108016154